高等学校医疗保险专业第一轮系列教材

健康保险学

鲍　勇　周尚成　主　编

科学出版社
北　京

内 容 简 介

本书是“高等学校医疗保险专业第一轮系列教材”之一,在编写时，章节内容的关联严格按照逻辑关系和学生的认知规律统筹考虑。全书共十四章。绪论部分论述了健康保险学的概念、健康保险学与相关学科的关系。随后按照逻辑关系论述了健康保险的医学基础、健康保险市场、健康保险类型、健康保险定价。按照健康保险运行的逻辑框架，将健康保险学的研究内容分成社会健康保险和商业健康保险两大部分，重点论述后者。商业健康保险主要介绍健康保险合同、营销、核保、理赔、客户服务、防范、监管。最后论述了健康保险制度创新，为健康保险的未来发展指明了方向。

本书可供高等医药院校的医疗保险、社会保障、卫生事业管理、预防医疗及保险等专业的本科生和研究生使用,也可供政府及社会保险经办管理机构中的相关人员参考。

图书在版编目(CIP)数据

健康保险学／鲍勇,周尚成主编. —北京:科学出版社,2015.6

ISBN 978-7-03-045058-6

Ⅰ. 健…　Ⅱ. ①鲍…　②周…　Ⅲ. 健康保险-高等学校-教材

Ⅳ. F840.62

中国版本图书馆 CIP 数据核字(2015)第 131506 号

责任编辑:丁　毅　郭海燕／责任校对:鲁　素

责任印制:赵　博／封面设计:陈　敬

科学出版社出版

北京东黄城根北街 16 号

邮政编码：100717

http://www.sciencep.com

北京科印技术咨询服务有限公司数码印刷分部印刷

科学出版社发行　各地新华书店经销

*

2015 年 6 月第　一　版　　开本:787×1092　1/16

2025 年 1 月第九次印刷　　印张:15 1/2

字数:367 000

定价:49.00 元

(如有印装质量问题,我社负责调换)

高等学校医疗保险专业
第一轮系列教材

编写委员会

《健康保险学》编委会

主　　编　鲍　勇　周尚成

副 主 编　刘　畅　张德春　张文龙　汪文新

编　　委　（按姓氏笔画排序）

卢曼曼　（安徽医科大学）

朱　鹏　（湖北医药学院）

刘　畅　（杭州师范大学）

刘爱超　（安徽中医药大学）

汪文新　（江苏大学）

张文龙　（广州中医药大学）

张德春　（潍坊医学院）

周尚成　（湖北医药学院）

郑先平　（江西中医药大学）

宗苏秋　（山西医科大学）

温琳琳　（辽宁医学院）

鲍　勇　（上海交通大学）

魏　宁　（江苏大学）

丛书出版说明

教材建设是专业建设中最基本的教学条件建设,直接关系到教学效果和人才培养质量。中国自20世纪80年代开始探索医疗保险制度改革之路,90年代启动试点和扩大试点范围,1998年国务院正式作出决定在全国建立城镇职工基本医疗保险制度,21世纪初开始新型农村合作医疗制度试点,随后又进行城镇居民基本医疗保险制度试点和建立城乡居民医疗救助制度。2009年开始的深化医药卫生体制改革(俗称“新医改”),使我国基本医疗保险制度建设得以迅猛发展,实现了历史性跨越。到目前为止,覆盖人数已达13亿,95%的国民有了基本医疗保障,全民医保体系初步形成。

伴随着医疗保险事业的发展,我国医疗保险专业建设也走过了20年历程。目前全国已有约40所高校设立医疗保险专业(方向),这对教材建设提出了更高的要求。

为适应新时期医疗保险专业人才培养和高等医疗保险教育的需要，体现最新的教学改革成果，经相关核心高校商讨，决定编写高等学校医疗保险专业第一轮系列教材。2014年5月成立了“高等学校医疗保险专业第一轮系列教材编写委员会”。经编委会反复论证，确定了12门专业基础课和专业课作为该专业核心课程，并决定进行相关教材的编写。此后在全国范围内进行了主编、副主编、编者的申报遴选工作。2014年8月在江苏大学隆重召开“高等学校医疗保险专业第一轮系列教材主编、副主编聘任会暨全体编委会会议”，编写工作正式展开。

本套教材是我国第一套医疗保险专业系列教材,是医疗保险专业高教工作者20年集体智慧的结晶,必将对我国高等学校医疗保险专业建设和人才培养产生深远的影响。

高等学校医疗保险专业第一轮系列教材
编写委员会
2015年5月10日

前　言

健康是幸福之本，但在人的一生中，疾病风险却始终挥之不去，影响人们的正常生活。在人类抵御疾病风险，寻求生活保障的过程中，健康保险应运而生，并在人们的生活中扮演着越来越重要的角色。国外发达国家健康保险发展较为成熟，而在2005年之前我国还没有专业的健康保险公司。现在我国已有5家专业的健康保险公司，但健康保险的市场份额相对较小，发展空间巨大。2013年，我国健康险保费收入占人身险保费收入比重的10.46%，远远低于国际成熟保险市场中健康险保费收入30%左右的占比。同时，我国建立全民医疗保险制度是新医改的重点内容，医疗保险基金规模异常庞大。由于健康保险的专业性较强，我国健康保险事业发展迅速，各保险公司及社会健康保险经办机构在健康保险业务的经营过程中都深感经验和专业人才非常缺乏，故而加强商业或社会健康保险领域的人才培养和科学研究是非常必要的。

目前，国内已有近40所高校开办了健康保险专业（方向），但这方面的专业师资和教材还相当匮乏。根据我国健康保险教育积累的20多年的经验，以及国内外健康保险理论和实践的最新进展，我们决定编写这部《健康保险学》（Health Insurance）。本书包括社会健康保险和商业健康保险两大部分，基于目前介绍社会健康保险（或社会医疗保险）的教材较多，而后者较少，且理论成果更新速度慢，故本书侧重介绍后者。

本书在编写时，章节内容的关联严格按照逻辑关系和学生的认知规律统筹考虑。全书分十四章。绪论部分论述了健康保险学的概念、健康保险学与相关学科的关系。随后按照逻辑关系论述了健康保险的医学基础、健康保险市场、健康保险类型、健康保险定价。按照健康保险运行的逻辑框架，将健康保险学的研究内容分成社会健康保险和商业健康保险两大部分，重点论述后者。商业健康保险主要介绍健康保险合同、营销、核保、理赔、客户服务、监管。最后论述了健康保险制度创新，为健康保险的未来发展指明了方向。

本书在编写时突出"三基"（基础理论、基本知识和基本技能）内容，知识点明确，在有限的时间内使教学者传授更多的知识，使学习者学以致用。与其他教材比较，本教材的特点：一是理论体系完整，内容丰富。全书共十四章，对健康保险学的理论基础及健康保险运行过程的主要方面作了详细论述。二是覆盖面广，资料丰富。本书不仅覆盖了健康保险学的基本理论、研究方法和结论，还包括了当今健康保险学的最新理论、实证研究成果、政府政策和实际应用。三是方法新颖，实用性强。每章后面附以思考题，并附录了许多带有启发性的案例，增进了理论与实践的结合，有助于学生掌握基本问题和提高学生思考问题的技能。四是实践性强，适用面宽。本书适用作高等院校健康保险（医疗保险）专业或者卫生管理专业及相关专业的基础课教材，亦可用作健康保险从业者或者医疗卫生管理者自学。

本书的编写历时数月。2014年8月在江苏大学召开了编委会，明确了编写目的、要求和分工；2015年1月在湖北医药学院召开了审稿会；其后，主编、副主编对各章内容进行互审；最后由主编终审定稿。在本书的编写过程中，上海交通大学、湖北医药学院、杭州师范大学、潍坊医学院、广州中医药大学、江苏大学等10余所高校给予了大力支持，各位编委辛勤笔耕，紧密配合，才得以最终成稿，在此表示衷心的感谢。

虽然深感首轮教材编写责任重大，一直力求完美，但限于时间和水平，书中不当之处在所难免，恳请读者、学者和同仁批评指正。

编　者

2015年3月15日

目　　录

第一章

绪　　论

内容提要　本章描述了健康的概念、健康风险的概念、风险因素的特点、风险因素的种类和风险因素的作用过程，阐述了健康保险的概念、特点，以及健康保险学的概念，并介绍了健康保险的产生与发展、健康保险的作用，对健康保险学与其他相关学科的关系进行了论述。

第一节　健康保险学概述

一、健　　康

（一）健康概念的发展

健康的英文是 wellness，健康状况的英文是 health。在一些词典中，“健康”通常被简单定义为“机体处于正常运作状态，没有疾病”。如在《辞海》中“健康”的概念是“人体各器官系统发育良好、功能正常、体质健壮、精力充沛并具有良好劳动效能的状态。通常用人体测量、体格检查和各种生理指标来衡量”。这种提法要比健康就是“没有疾病”完善些，但仍然是把人体作为生物有机体来对待。因为它虽然提出了“劳动效能”这一概念，但仍未把人当作社会人来对待。

《简明不列颠百科全书》（1987 年中文版）关于健康的定义是“使个体能长时期地适应环境的身体、情绪、精神及社交方面的能力”；疾病的定义是“以产生症状或体征的异常生理或心理状态”，是“人体在致病因素的影响下，器官组织的形态，功能偏离正常标准的状态”；“健康可用可测量的数值（如身高、体重、体温、脉搏、血压、视力等）来衡量，但其标准很难掌握”。这一概念虽然在定义中提到了心理因素，但在测量和疾病分类方面没有具体内容。

（二）现代健康的概念

1948 年，世界卫生组织（WHO）成立时在它的宪章中所提到的健康概念应该是标准概念：“健康乃是一种在身体上，心理上和社会上的完满状态，而不仅仅是没有疾病和虚弱的状态”（Health is a state of complete physical，mental and social well-being and not merely the absence of disease or infirmity）。WHO 关于健康的这一定义，把人的健康从生物学的意义，扩展到了精神和社会关系（社会相互影响的质量）两个方面的健康状态，将人的身心、家庭和社会生活的健康状态均包括在内，无疑是最权威和最全面的描述。

现代健康的含义是多元的、广泛的和深层次的，包括生理、心理和社会适应性三个方面。其中，社会适应性归根结底取决于生理和心理素质状况；心理健康是身体健康的精神支柱，身体健康又是心理健康的物质基础。良好的情绪状态可以使生理功能处于最佳状态，反之，则会降低或破坏某种功能而导致疾病。身体状况的改变可能带来相应的心理问题，生理上的缺陷、疾病，往往会使人产生烦恼、焦躁、忧虑、抑郁等不良情绪，导致各种不正常的心理状态。

二、健康风险

健康风险(health risk factors)是指能引起身心疾病的所有因素。

(一) 风险因素的特点

1. 潜伏期长

人体长期、反复接触风险因素之后才能产生健康问题，乃至疾病；同时，由于潜伏期不易确定，风险到疾病的潜伏期就可能很长。例如，吸烟是肺癌的一个重要风险因素，肺癌患者吸烟史往往长达数十年，之后才发病。当然，由于经过长时间接触暴露因素之后才发生疾病，同样又为风险因素干预提供了机会。这也是健康管理的理论基础。

2. 联合作用明显

多种风险因素同时存在，可以明显增强致病风险性。如高血脂是冠状动脉粥样硬化性心脏病(简称冠心病)发病的诱发因素，加上高血压引起血管内膜损伤促使脂质在血管内膜沉积，如果还有糖尿病则更加剧了冠心病的发病概率。

3. 特异性弱

风险因素对健康的作用，往往是一种风险因素与多种疾病有联系，也可能是多种风险因素引起一种慢性病。如吸烟和冠心病、肺癌等多种疾病有关。

4. 广泛存在

风险因素广泛存在于人们的日常生活之中。社会心理因素、环境因素和行为生活方式中存在的风险因素，往往是潜在的、不明显的，需要经过长期暴露才能产生明显的危害作用，这就增加了人们认识风险因素的困难程度。如至今还有些环境风险因素没有引起人们的足够重视。

(二) 风险因素的种类

1. 行为风险因素

行为风险因素是指由于自身行为生活方式而产生的健康风险因素，亦称自创性风险因素。风险因素如吸烟、酗酒、毒物滥用、睡眠障碍、网络成瘾、酒驾、不合理膳食、缺乏体育锻炼、摄入盐和油过量、紧张和静坐作业方式、肥胖和不安全性行为等都是诱发各种疾病的行为风险因素。该类因素造成疾病的比重最大，为60%～70%。

2. 环境风险因素

(1) 自然环境风险因素。包括①生物性风险因素：自然环境中影响健康的生物性风险因素如细菌、病毒、寄生虫、生物毒物及致病原等，是传染病、寄生虫病和自然疫源性疾病的直接致病原；②物理性、化学性风险因素：自然环境中的物理性风险因素如噪声、振动、电离辐射、电磁辐射等；化学性风险因素如各种生产性毒物、粉尘、农药、交通工具排放的废气等。

(2) 社会环境风险因素。社会经济和文化的发展程度与健康呈现密切的正相联系。一个先进的政治制度可以促进社会经济发展和保障健康；相反，落后的经济与贫困是严重危害健康的因素。

3. 生物遗传风险因素

随着分子生物学和遗传基因研究的发展，遗传特征、家族发病倾向、成熟老化和复合内因学说等都已经在分子生物学的最新成就中找到了客观依据。

4. 医疗卫生服务风险因素

医疗卫生服务风险因素是指医疗卫生服务系统中存在各种不利于保护并增进健康的因素，可及性低、公平性低、医疗质量低、误诊漏诊、医院交叉感染等都是直接危害健康和影响医疗质量的因素。

（三）风险因素的作用过程

1. 无风险阶段

该阶段，人们的周围环境和行为生活方式中不存在风险因素，预防措施是保持良好的生产生活环境和健康生活方式。通过健康教育使人们认识风险因素的有害影响，防止可能出现的风险因素。

2. 出现风险因素

随着年龄的增加和环境的改变，在人们的生产、生活环境中出现了风险因素，但是由于作用时间短暂及程度轻微，风险因素并没有产生明显的危害，或者对人体的危害作用还不易被检出。

3. 致病因素出现

随着风险因素数量的增加及作用时间的延长，风险因素转化为致病因素对机体产生危害的作用逐渐显现。这一时期人们处在可能发生疾病的风险阶段，由于机体防御机制的作用及致病因素的弱化，疾病尚不足以形成。

4. 症状出现

该阶段疾病已经形成，症状开始出现。疾病已经形成形态功能损害，用生理、生化的诊断手段可以发现异常的变化。但由于该阶段可以逆转，因此加强健康体检很有必要。

5. 体征出现

症状和体征可能并行或程度不一地先后出现。患者发现形态或功能障碍，因症状和体征明显而主动就医。该阶段即使停止健康风险因素的继续作用，一般不易改变病程。

6. 劳动力丧失

劳动力丧失是疾病自然发展进程的最后阶段。由于症状加剧，病程继续发展，丧失生活和劳动能力。这个阶段的主要措施是康复治疗。

三、健康保险

本书介绍的健康保险（health insurance）主要侧重商业健康保险，是由商业保险机构对因健康原因和医疗行为导致的损失给付保险金的保险，主要包括医疗保险、疾病保险、失能收入损失保险、护理保险，以及相关的医疗意外保险、医疗责任保险等。

加快发展商业健康保险，有利于与基本医疗保险衔接互补、形成合力，夯实多层次医疗保障体系，满足人民群众多样化的健康保障需求；有利于促进健康服务业的发展，增加医疗卫生服务资源供给，推动健全医疗卫生服务体系；有利于处理好政府与市场的关系，提升医疗保障服务效率和质量；有利于创新医疗卫生治理体制，提升医疗卫生治理能力的现代化水平；有利于稳增长、促改革、调结构、惠民生。

《国务院关于促进健康服务业发展的若干意见》（国发〔2013〕40 号）明确指出："在完善基本医疗保障制度、稳步提高基本医疗保障水平的基础上，鼓励商业保险公司提供多样化、多层次、规范化的产品和服务。鼓励发展与基本医疗保险相衔接的商业健康保险，推进商业保险公司承办城乡居民大病保险，扩大人群覆盖面。积极开发长期护理商业险以及与健康管理、养老等服务相关的商业健康保险产品。推行医疗责任保险、医疗意外保险等多种形式的医疗执业保险。"

四、健康保险学

健康保险是客观存在的社会经济现象。人们认识它、研究它，并逐步形成较为系统的理论体系，这就形成了健康保险学。健康保险学（theory of health insurance）是保险学领域内人身保险学的一个分支，包括商业健康保险和社会健康保险两大部分，本书主要侧重介绍商业健康保险，主要研究人的生命周期、病种规律与风险赔付之间的关系，其研究对象主要是相对于意外保险、分红保险、财产保险而言的。与健康保险学这个学科联系很紧密的是健康保险专业，国内很多高校自1993年以来也开办了健康（医疗）保险专业，如湖北医药学院、江苏大学、东南大学、四川大学等。但目前由于整个健康保险行业都处于一种摸索前进的状态，理论和实践都有待发展，各高校开展的健康保险专业一般都是在课程设置中考虑医学、保险课程的结合，因此，对于经营健康保险来说，所需人才的基本知识这些专业的学生已经具备。

第二节　健康保险的产生与发展

一、健康保险的起源

在很早以前人类就有针对意外和疾病造成财产损失的预防方式。但真正现代意义上的健康保险起源于19世纪的英国，源于意外伤害保险迄今已有约150年的历史。欧洲是商业健康保险的发源地。

早期健康保险的形式主要是疾病保险。1847年，美国马萨诸塞州波士顿健康保险公司开办了疾病保险，第一份疾病保单是在19世纪中叶的美国签发的，大约是与第一份意外保险保单同时签发的。这种疾病保险更像失能保险。

1883年，德国俾斯麦政府颁布了世界上第一部社会保险法——《疾病保险法》。这项法令批准由国家建立健康保险计划。该计划规定，凡是收入低于一定标准的工人，必须加入疾病保险基金会。

1899年，英国《传染病通告书法》制定了关于霍乱、白喉及各种传染病的强制性通报制度、法律，意外伤害保险公司借助于报告书中所做出的统计，在1893年推出了“意外伤害事故和特殊疾病保险”。这种保单除了提供通常的意外伤害给付以外，还加上了疾病给付，对象是因患特殊疾病招致伤残的被保险人，但因患慢性疾病招致伤残的被保险人一般不包括在内。

1900年，美国纽约州的优良意外保险公司把建立在年金基础上的意外伤害和疾病保险引进英国，并得到了很快的普及。这种保险尤其受到了个体经营者的欢迎。在这一时期，健康保险并不是独立的险种，而是在人身保险中包含有某些医疗风险责任，实际上是一种附加性质的医疗保险。

20世纪初，欧美等一些国家的人寿保险公司开始向各类团体提供包括死亡、伤残和医疗保险在内的团体保险保障。1911年，美国首次开发了针对团体的健康保险。

1929年，美国达拉斯市的贝勒大学医院为其1500位大学教师预交了团体住院保险费，此举揭开了商业健康保险发展新的一页，意味着商业健康保险开始作为一个独立的险种业务出现在保险市场上。

除了保险公司在经营团体健康保险业务以外，美国同期还出现了由医疗服务提供方，即医院和医生协会开办的私营健康保险。最早的私营健康保险组织是蓝十字和蓝盾健康保险计划。

20世纪40年代，团体医疗费用保险开始流行于美国，到第二次世界大战末期，美国团体健康保险保费收入已达7000万美元。1946年，美国民间创建了保险与医疗的结合体——健康维护组织，促使了美国商业医疗保险公司迅速地发展。到50年代中期，美国有7700万人拥有住院费用保险，6000万人拥有手术费用保险，2100万人拥有手术费用和医生诊治保险。

1959年，美国大陆意外保险公司签发了第一份团体牙科费用保单，承保对象是牙科设备公司雇员及其家属1200名。这一阶段，商业健康保险公司虽然为成千上万人提供了健康保险，但他们厘定保险费仍然以营业经验为依据。到20世纪60~80年代美国团体健康保险高速发展，商业保险公司开始为大众提供大额的综合性医疗保单，并使用精算技术厘定保费。

1960年前后，美国保险公司开始将癌症列入保险责任范畴。与此同时，列入保险赔付责任范畴的还有住院医疗津贴给付、外科手术给付及因疾病住院后死亡给付（包括住院后外科手术后死亡、癌症手术后死亡）。1970年左右，德国寿险公司在重大疾病新产品条款中加入因外科手术意外而死亡的保险赔付责任。

20世纪70年代前后，国际石油价格两次大幅度上升，国际金融体系瓦解，发达国家经济发展的速度慢了下来，相对于经济增长来说，曾使一些福利国家为之骄傲的社会保障制度，成为一件太昂贵的东西。英国的福利制度相当完备，并曾自夸是“从摇篮到坟墓都能使居民得到福利照顾的国家”，自70年代以来也出现了国家财力难以负担、日益庞大的福利开支问题，当时的英国首相撒切尔夫人不得不承认“国家的津贴过于慷慨，使国家元气大伤”。

1982年，南非的一家寿险公司首次推出了一个具有现代意义的健康保险险种——重大疾病保险，此举揭开了商业健康保险产品创新的序幕。20世纪90年代前后，重大疾病保险开始扩展到世界大多数国家。

如果说英国创建了商业健康保险的话，那么，美国则使得商业健康保险的经营制度化和全球化。目前，美国已发展成为世界上商业健康保险最发达的国家。

二、我国商业健康保险的历史沿革

1. 恢复期（1982~1994年）

初期商业健康保险主要开办的是医疗费用保险。最早为1982年经上海市人民政府批准，1983年1月起正式实施的原中国人民保险公司上海市分公司试办的上海市合作社职工医疗保险。

1985年起在部分地区试办了其他形式的医疗保险。1988年上海市分公司又开办了母婴安康保险、合资企业中国职工健康保险。其他分支机构也相继作了类似的尝试。

1990年以后，各保险公司纷纷加大了市场开拓力度，相继推出中小学生平安保险附加医疗保险、节育手术平安保险、母婴安康保险、住院医疗保险、综合医疗保险、防癌保险等健康保险险种。此外，保险公司还在部分地区为公费和劳保医疗提供第三方管理服务，有效地促进了公费和劳保医疗制度的改革。

2. 初级发展期（1994~2001年）

1994年，在江苏省镇江市和江西省九江市进行了“统账结合”城镇职工医疗保险制度改革试点工作，并在此基础上于1996年将试点工作扩大到全国近40个城市。

1998年12月25日，国务院正式颁布了《关于建立城镇职工基本医疗保险制度的决定》，全面推进了社会基本医疗保险制度的改革，这标志着实施了40多年的公费、劳保医疗制度将被新型社会医疗保险制度取代，此项改革也为我国商业健康保险的发展带来了良好的发展契机。

1999年以后，各类商业健康保险产品纷纷亮相，逐步开发出了一系列与社会基本医疗保险制度相衔接的高额医疗保险，以及包括住院和门诊医疗保障综合性医疗保险等产品。如住院安心保险、补充医疗保险、团体高额医疗保险、个人住院医疗保险、综合保险等。

与此同时（1995年），保险公司将重大疾病保险引入我国内地，险种责任由最初的七大种类疾病扩展到20多种，极大地激发了市场需求，成为寿险公司的主营产品，取得了良好的经济效益和社会效益。

3. 转型发展期（2001年至今）

2001~2006年，商业健康保险保费收入年均增幅高达48.94%，远远高于同期人身保险总保费收入25.14%和寿险保费收入22.44%的总长率。2006年，商业健康保险累计保费收入376.9亿人民币。

中国保险业与国际保险业主动接轨，于2002年修订了《中华人民共和国保险法》（简称《保险法》），允许财产保险公司经营短期健康保险，我国健康保险市场供给主体迅速增加到50多个，许多有着国际背景的合资寿险公司全面渗入我国保险市场，健康保险市场的竞争日益加剧。

2004年，中国保险监督管理委员会（简称中国保监会）批准筹建5家专业健康保险公司，标志着市场主体的进一步完善。中国人民健康保险股份有限公司是我国第一家。在商业健康保险业务增长的同时，产品增多达千种，保障呈多样化，涉及险种也在原来传统的费用补偿和费用津贴型保险的基础上，进一步开发出了带有失能收入损失责任和长期护理责任的保险。

2006年9月1日，中国保监会颁布了我国第一部专门规范商业健康保险业务的部门规章——《健康保险管理办法》。

2007年，中国保险行业协会与中国医师协会合作完成了我国首个保险业统一的重大疾病保险的疾病定义的制定工作，推出了我国第一个重大疾病保险的行业规范性指南——《重大疾病保险的疾病定义使用规范》（简称《使用规范》）。使用行业统一的重大疾病定义的作用：一方面，有利于消费者比较和选购重大疾病保险产品，保护消费者的权益；另一方面，有利于我国自行积累重大疾保险的经验数据，着手解决长期困扰我国健康保险发展的数据难题，促进健康保险产品的自主创新。

令人可喜的是，2014年11月17日，《国务院办公厅关于加快发展商业健康保险的若干意见》（简称《若干意见》）正式发布，成为继《国务院关于加快发展现代保险服务业的若干意见》（简称"新国十条"）后，保险业的又一重大政策利好。从"新国十条"到《若干意见》，国家为保险业尤其是商业健康保险做出了顶层设计，这是我国保险业发展史上具有里程碑意义的大事，商业健康保险即将步入全新的发展时代。

第三节　健康保险的作用

一、健康保险对个人和家庭的作用

疾病风险对于个人和家庭是客观存在的，大多数人在自己或家人患重病或遭遇严重身体伤害时，都无法独立承担全部医疗费用，也可能会因为疾病导致暂时或永久失能，减少或失去经济收入能力而面临严重的经济困难。防止因疾病造成贫困的风险，健康保险就是转移这种风险最常用的方法。具体分析如下。

1. 个人和家庭在购买健康保险之后，可以起到防患于未然的作用

因为人的一生会不时地生病，然后治疗，治疗期间人们会饱受疾病的折磨，而且会增加人们的经济负担，虽然疾病的折磨没人代替得了，但是经济的负担可以选择购买健康保险来分担。

2. 个人和家庭在购买健康保险后，可以有更便捷的医疗条件，不用再担心"看病贵和看病难"的问题

现在，"看病贵和看病难"尚没有解决，没有购买健康保险的人们，大多会先去药店购买药物自己吃药看看能不能好，吃药也不能好的情况下再去医院。而随便去药店开药可能会造成误诊和耽误病情，以致产生严重后果。

3. 个人和家庭在购买健康保险后，可以有专业人员咨询，提供全程服务

部分健康保险还会提供专业的医疗咨询服务，在医院没弄懂的一些问题，可以找保险公司的专业人员咨询，还可以提供相应的治疗建议。

二、健康保险对企业和单位的作用

（一）健康保险对被保企业员工的作用

1. 减轻企业负担

我国自20世纪50年代建立了企业职工的劳保医疗制度，1998年开始在全国范围内推行面向城镇职工的医疗保险制度改革。改革的目标是要根据财政、企业和个人的承受能力，建立保障职工基本医疗需求的社会医疗保险制度。医疗保险制度改革后，很多大型企业职工的医疗保障水平明显下降。为了维持员工既有的医疗保障水平，吸引住优秀人才，很多企业开始探索各种补充医疗保险制度。在商业保险公司介入以前，大型企业"办社会"现象非常明显，很多企业都成立了自己的医疗保险管理委员会，负责报销本单位职工的补充医疗保险费用，工作任务非常繁重，相比之下，商业健康保险以其紧密切合职工健康保险需求及与之相应的多选择性和风险费率、良好的风险控制能力、较高的运作效率开始逐渐地吸引了大型企业的目光，他们的介入可以把大型企业从繁重的医疗保险事务管理工作中解放出来。

2. 增加员工福利

健康保险在维护企业和单位的正常生产、抵御疾病造成的减员给生产带来的影响中发挥着日益重要的作用。特别是对于运用商业医疗保险来管控疾病风险的企业和单位，可以把不可控制的疾病风险转变为固定的保费支出，不仅便于成本核算，也减轻了企业的负担。此外，为企业重要员工提供健康保险对于增强企业凝聚力、留住人才、促进企业持续稳定发展具有重要意义。

（二）健康保险对保险企业的影响和作用

1. 保险企业迎来商机

近日，《关于开展城乡居民大病保险工作的指导意见》正式公布，规定大病医保的经办权交由险企，医保基金出资投保，险企自负盈亏，且遵循收支平衡、保本微利的总原则。新政将采取招标方式选定经办险企，且对经办险企提出了明确的要求。要想挣大病保险的钱，需要过两道坎：①入门不易，要在中国境内经营健康保险专项业务5年以上，完备的网络服务体系及配备医学专业背景的专职人员，这意味着很多外资和中小保险，以及新设立的保险公司将暂时无缘。②监测细腻，政府招标选定承办大病保险的商业保险机构。这为未来能够经办该项业务的险企带来了很大的商机。新政出台前后，中国人寿、平安人寿、太平洋人寿、人保健康等大公司都跃跃欲试，一致认为商业保险公司参与到大病医保体系中，将强化居民的健康风险意识，并极大地推动商业健康险的发展。由于这些公司曾经有过在各地试点经营大病医保的经历，从招标中获胜的概率较大。

2. 保险企业要加强自身建设

目前，保险监管机构正在研究制定相关的实施细则，进一步明确准入条件、服务范围、产品定义、合作模式等。保险公司必将发挥在精算、理赔和健康管理等方面的优势，为参保群众提供健康保险和健康管理服务。

三、健康保险对国家和社会的作用

健康保险在不同医疗保障制度模式的国家中所起的作用是不同的。在以国家税收和社会医疗保险作为国家的健康保险模式中，商业健康保险起到的是重要的补充作用；在以商业性健康保险作为国家的健康保险模式中，商业健康保险发挥的是主要作用；在我国，商业健康保险和社会医疗保险同为社会保障体系的重要组成部分，为全社会成员提供健康保障。具体如下。

(1) 化解疾病等风险危害,维护社会稳定。

(2) 生产和再生产社会劳动力,维护社会再生产的正常进行。

(3) 进行国民收入再分配,促进社会公平。

(4) 培养人们的健康意识和互助精神,促进社会文明与进步。

第四节 健康保险学与相关学科的关系

一、健康保险学与金融学

金融学(finance)是研究价值判断和价值规律的学科,主要包括传统金融学理论和演化金融学理论两大领域,是现代经济社会的产物。

(1) 健康保险学是金融学科的重要组成部分。一个学校的金融学科没有健康保险学,其金融学科就是残缺不全的,并将在一定程度上制约其金融学科地位的高度。

(2) 一个从事金融学教学和研究的人,如果不懂健康保险学,可以认为其知识结构是不全面的。

(3) 健康保险学的发展必须植根于金融学的基础之上。

二、健康保险学与卫生经济学

卫生经济学(health economics)是研究卫生服务、人民健康与社会经济发展之间相互制约关系,卫生领域内经济关系和经济资源的合理使用,以揭示卫生领域内经济规律发生作用的范围、形式和特点的学科。

(一) 卫生经济学研究的主要问题

(1) 卫生事业的经济性质和经济作用问题,包括医务劳动的性质、卫生事业与劳动力再生产、卫生事业与人民生活消费、卫生事业与社会主义福利、卫生事业中的商品关系等。

(2) 卫生事业的经济管理体制问题,主要是对原有的管理体制进行分析,总结各种形式卫生经济责任制的经验,探讨进一步改革经济管理体制的方案和措施。

(3) 卫生保健制度的经济问题,探讨如何改进卫生保健基金的筹集、分配和使用方式,调整和处理卫生领域中国家集体、医务工作者个人和服务对象的经济关系,完善卫生保健制度,杜绝浪费,提高健康投资的社会经济效益。

(4) 卫生费用的构成和发展变化的趋势,卫生费用的来源、分配、使用、补偿及合理使用问题。

(二) 健康保险学与卫生经济学的相互关系

健康保险学与卫生经济学的相互关系就是提出《健康经济学》。

1909 年,美国经济学家 Irving Fisher 提交国会的"国家健康报告"中提出,从广义的角度看待健康首先是个财富的形式。

在 20 世纪 60 年代理论经济学和计量经济学革新前后,有一批着力于医疗机构、技术和政策的研究。这就是政策导向的健康经济和经验研究的健康经济学。其代表人物是美国经济研究会长 Victor Fuchs, Jopse Newhouse Martin Feldstein。他们将经济学的基本概念和分析方法用于健康的决定要素和提高健康产出水平相应的政策选择之中。除了简单的经济学原理外大多采用经验分析、实证分析的方法,在政策建议上涉及规范经济学。

健康经济学应该是可持续发展的,因为为了延长人们的寿命和提高人们的健康水平,一个社会必须要配置一定的经济资源来预防和治疗人们的疾病。经济资源总是稀缺的，因此在配置资源时必须进行选择。这就要进行经济分析，如成本-效益分析等以优化资源配置。为此，公共决策者就要知道健康不良的社会代价。代价分两类：直接代价和间接代价。前者包括在治疗、照看和防护等方面的花费；后者包括由于疾病而次生出的社会经济损失，其中重要的一项是人们由于健康不良而在劳动市场的表现受到负面影响。

三、健康保险学与全科医学

（一）全科医学

全科医学也叫家庭医学（general medicine），是家庭医疗的学术领域，是指导全科医生的理论依据，它属于临床二级学科，包含两个部分：一是通过长期医疗实践产生的经验和知识技能；二是通过研究发展起来的新理论。

（二）全科医学的特色

1. 第一线的医学

全科医学最先接触和最常接触的是患者和健康者，是社区医学体系的门户和基础。在患者和全科医生接触的同时，全科医生主动担负起把患者和其家庭引入到方便有效的全科医学服务体系之中的责任。

2. 以门诊为主体的医疗保健

经过全科医学训练的全科医生服务涉及门诊和住院患者的预防保健及康复，其主要工作领域是患者所在的社区和家庭，其服务地点是医院的门诊部、急诊室及社区的全科诊所，也可以是在患者的工作单位或家中。

3. 一种专科性的医疗保健

全科医生为患者提供的是连续性的、周全性的、综合性的医疗保健，以全科医学的学术理论为基础，有其自己独特的知识和技术体系及鲜明的态度和价值观，全科医学在医疗体系中扮演的角色是任何专科所不能取代的。

4. 以个人为中心、家庭为单位、社区为范畴的医学

全科医学着重完整的人而不是单纯的疾病，它是以尊重人的个性和权利为特征的整体性医疗保健，强调以家庭为保健单位的重要性，同时注重个人与家庭的互动关系，并立足于社区，为个人及家庭提供必要的健康咨询和社区保健。

5. 一种持续性和周全性的医学

全科医学为社区居民提供“从子宫到坟墓”的全程医疗保健和康复，为他们提供连续性的保健服务，伴随着个人及其家庭的产生、发展直至消亡。此时，全科医师能真正了解患者的各种情况，建立长期和良好的医患关系，并使医疗保健措施的顺从性更好。同时，长期登记的病史资料，也是照顾患者和科学研究的重要资料。

6. 一种协调性（coordinated）的医学

全科医学善于利用社会、社区和家庭的有效医疗保健康复资源，为促进社区人群的卫生保健康复水平起到协调作用。

（三）全科医学在健康保险学中的作用

1. 全科医学从上游解决民众“看病贵和看病难”的问题，是对健康保险最有利的支持

慢性病的威胁和医疗负担的加重是引发当前全科医学“热潮”的直接原因和最大需求。只有实施战略前移(从疾病发生的"上游"入手,即对疾病发生的危险因素实行有效的控制与管理,从以患者为中心转向以健康/亚健康人群为中心)和重心下移(即将卫生防病工作的重点放在社区、农村和家庭),才是解决民众"看病贵和看病难"问题最有效的办法和举措。

2. 发展全科医学事业有利于适应疾病谱改变的需要,有利于健康保险事业的有序发展

卫生部公布的全国城乡调查数据显示,恶性肿瘤、脑血管病、心脏病、呼吸系统疾病、损伤及中毒、内分泌营养和代谢疾病、消化系统疾病、泌尿生殖系统疾病、神经系统疾病、精神障碍等的发病率均比上一年度大幅度上升。WHO 发布的健康公式(健康=15%遗传+10%社会因素+8%医疗+7%气候因素+60%生活方式)也明确显示,影响健康的主要因素是生活方式,而生活方式不当引起的疾病是可以通过全科医学管理有效预防的。管理好慢性病,尽量减少并发症和降低病死率是对健康保险事业的最大贡献。

四、健康保险学与预防医学

(一)预防医学

1. 概念

该学科是从医学科学体系中分化出来的,是以"环境-人群-健康"为模式,以人群为研究对象,以预防为主要思想指导,运用现代医学知识和方法研究环境对健康影响的规律,制定预防人类疾病发生的措施,实现促进健康,预防伤残和疾病为目的的一门科学。预防医学与临床医学的不同之处在于它以人群为对象,而不是仅限于以个体为对象。医学发展的趋势之一,是从个体医学发展到群体医学,今天许多医学问题的真正彻底解决,不可能离开群体和群体医学方法。

2. 特点

预防医学的工作对象包括个体和群体;工作重点是健康和无症状患者;对策与措施更具积极预防作用,更具人群健康效益;研究方法上更注重微观和宏观相结合;研究重点是环境与人群健康之间的关系。

3. 作用

该学科应用现代医学及其他科学技术手段研究人体健康与环境因素之间的关系,制定疾病防治策略与措施,以达到控制疾病、保障人民健康、延长人类寿命的目的。随着医学模式的发展,该专业日益显示出其在医学科学中的重要性。

(二)健康保险学与预防医学的关系

健康和疾病的动态平衡关系,疾病的发生、发展过程,预防医学的干预策略是健康保险的科学基础。个体从健康到疾病要经历一个完整的发生和发展过程。一般来说,从处于低危险状态到高危险状态,再到出现临床症状,有一个时间过程。在被诊断为疾病之前,进行有针对性的预防干预,有可能成功地阻断、延缓,甚至逆转疾病的发生和发展进程,从而实现维护健康的目的。只有维护了健康,健康保险才有意义。

五、健康保险学与保健医学

(一)保健医学

21 世纪是以自我保健为主的世纪。所谓自我保健,是指人民群众自己有知识、有能力,按医学科学的要求处理好自己或家庭成员的生活和一些小伤小病。这是提高人们医学文化水平的结果,也是健康教育的最终目标。

1. 定义

保健医学是研究环境对人群健康的影响,并探讨其发病的规律,从而制定有效的预防对策和措施,以达到保护健康、促进健康的科学,是预防医学的重要分支。有学者认为其是"第四医学"。

中医保健学是以中医基本理论为指导,用中医养生、保健的方法研究和促进人类健康、长寿的一门科学。其研究内容包括中医保健学的含义、源流、发展和特点,中医保健学的传统理论和保健原则,中医保健学的具体方法,人体不同年龄期的生理特点和保健常规,各类疾病的保健等。

2. 中医养生保健学的特点

(1) 形神兼养。在养生过程中既要注重形体养护,更要重视精神心理方面的调摄,即所谓形神兼养、守神全形、保形全神等。

(2) 综合和审因施养。保健养生不拘一法一式,应从形、神、动、静、食、药等多种途径、多种方式进行养生活动。另外,也要因人、因地、因时之不同,用不同的养生方法,即所谓审因施养、辨证施养。

(3) 顺其自然。体现了"天人合一"思想,强调在保健养生的过程中要符合自然规律,不可违背自然规律。同时也要重视人与社会的统一协调。正如《黄帝内经》主张"上知天文,下知地理,中知人事,可以长久"。

(4) 动静结合。现代医学主张"生命在于运动",中医也主张"动则生阳",主张运动健身,但中医养生也主张"动中取静"、"不妄作劳"。

(二) 保健医学的功能

1. 营养平衡

营养素是生命的物质基础,没有营养素就没有健康。成人身体已不再生长,要根据热能的消耗量来决定热能的摄入量,也就是"量出为入",使身体热能收支平衡,这样才能保持适当的体重、保持健康。摄入量过多或过少,吃的比例不对,就会失去平衡,也会没有了健康。

2. 动静平衡

适度运动,可增强心、脑、肺、胃肠、神经内分泌、免疫各系统的功能。美国哈佛大学的研究表明,人在35岁以后,这些功能每年以0.75%~1%的速度退化,不运动和坐着的人其退化的速度是经常锻炼人的2倍,衰老程度相差8年,到45岁时彼此相差达20年,以后每过10年差距递增2年。由此可见,运动对中老年人来说,是生命进程中多么重要的大事。美国疾病控制中心的报告指出,适度运动可使血液中好胆固醇含量上升4%,使坏胆固醇的含量下降5%。美国医学会公布,每天快走30分钟的人比不活动的人死亡率降低56%。当然运动过度,会有损健康,甚至发生猝死、卒中等。动得过少,甚至不动也有损健康,不动已成为全世界引起死亡或残疾的前10项原因之一。

3. 心理平衡

心理,即人的思维、内心活动。心理平衡,即内心世界的和谐状态。人的心理平衡与否,对人体健康的影响很大。联合国卫生组织曾讲,心理健康是人类21世纪最严重的问题。《黄帝内经》也说:"百病生于气也。怒则气上,喜则气缓,悲则气结,惊则气乱,劳则气耗……"所以医病先医"心"。现代医学也发现,人类65%~90%的疾病与心理压抑有关。紧张、愤怒、敌意等不良情绪容易破坏人体的免疫系统,使人易患高血压、冠心病、动脉硬化等病。

(三) 健康保险学与保健医学的关系

保健医学研究环境对人群健康的影响,并探讨其发病规律,从而制定有效的预防对策和措施,以达到保护健康、促进健康的目的。健康保险非常重视健康保健医学,只有通过健康保健医学的发展,达到减少疾病、促进健康的目的,健康保险事业才能可持续发展。

复习思考题

1. 简述健康风险因素的特点。
2. 简述健康管理流程。
3. 健康保险的作用和意义是什么？
4. 试述健康保险与相关学科的关系。

【案例分析】

美国凯撒健康保险模式的形成发展及对中国的启迪

近30%的美国人选择了集医疗服务和医疗保险于一体的凯撒医疗集团作为参保单位。凯撒医疗集团采取医疗保险和医疗服务统一管理模式，坚持预防为主、防治结合的理念，在探索加强疾病预防控制、推进健康管理和降低医疗成本等方面初步显示出了良好的发展前景，对于推进我国医药卫生体制改革具有借鉴意义。

1. 基本情况

美国医疗卫生体制的特点是以市场作为卫生资源配置的主要手段。过度的市场化、多元化和分散化导致医疗卫生资源配置效率较低、医疗服务体系运行成本过高、医疗保险覆盖面不足等突出问题。虽然美国的医疗卫生体制整体情况不尽如人意，但研究表明，以凯撒医疗集团为代表的整合型医疗保健模式在同等投入的情况下，其效果比英国的“国家卫生服务体系”(NHS)更好。

凯撒整合型医疗模式的雏形形成于20世纪30年代。凯撒是一个在边远地区修水坝的企业家，为了解决雇佣工人及家庭成员的医疗保健问题，他与一名叫卡费德的医生签订合同，设置医院，聘请医生，为企业工人及其家属提供医疗服务。卡费德医生每月根据接受服务的人员数量获取定额报酬，由此，预付式团体医疗服务模式逐渐形成。第二次世界大战后，凯撒医疗集团成立，这种预付式团体医疗服务开始向社会开放，允许其他企业以团体预付费用的方式购买服务。目前，凯撒医疗集团在美国拥有890万会员，覆盖8个地区、9个州和哥伦比亚特区。其中78%为公司企业集体参保，17%为政府购买的穷人、老人医疗保险服务，5%为个人参保。

凯撒医疗集团奉行的是集医疗保险和医疗服务于一体的管理理念。参保方通过总额预付的方式将资金交给凯撒医疗集团，成为会员。会员按照所购买保险的不同等级享受不同的医疗保健服务。在组织结构方面，凯撒医疗集团共设有35个集医、教、研于一体的国家级医疗中心，主要从事疑难重病的诊治。医疗中心周围设有诊所，负责提供一般疾病的诊治；边远地区则采用派出护士的形式，向会员提供预防保健、医疗和健康管理等综合性服务。

2. 主要特点

(1) 以健康为中心的基本理念：凯撒医疗集团强调以健康为中心的服务理念，具体表现在三个方面：一是注重对疾病的预防和人群的健康管理，对服务的个体和群体进行有针对性的健康指导和干预；二是注重为服务对象提供全程、连续的医疗服务；三是注重尊重服务对象的需要和选择，强调生活质量，鼓励其参与自身的健康管理。

(2) 建立整合、协同化的服务体系：主要是实现了三个整合。一是医疗保险与医疗服务提供的整合。医疗机构和保险公司是利益统一体，提供服务后的结余资金可以在集团内部进行再分配，改变了在按项目付费方式下，医疗机构缺乏节约资金动力的问题。二是供方和需方利益的整合。医生通过健康管理，使服务对象少得病，可以节约大量医疗费用，节约的资金可用于医生的收益分配。同时，也可减少患者就医的共付费用。因此，降低疾病发生和就医成本成为医患双方的共同目标。三是服务提供模式的纵向和横向整合。采用同行评议的方式对医务人员进行考核评价，促使全科医生和专科医生之间、不同层级的医务人员之间、不同专科医生之间的对接联系非常融洽。同时，实现了预防保健、门诊、住院、家庭康复之间的横向整合，使患者在不同阶段所接受的服务实现无缝衔接。基于企业运作的健康管理模式应运而生。

(3) 实行精细化、现代化的医院管理：一是对医疗质量的管理。设定严格的疾病诊疗规范、标准和临床路径,建立质量监控指标体系。二是对医疗服务流程的管理。将就医流程进行拆解和整合,相关的医疗流程采用并联方式同步进行,尽可能简化不必要的医疗程序。三是对医务人员的绩效考核管理。建立严密的考核体系,利用平衡计分卡等现代化管理手段对服务质量、效率,服务对象满意度和团队合作贡献度等进行考核。四是对诊疗方案和适宜技术选择的管理。采用基于临床案例的随机对照研究、循证医学研究和成本效果分析等卫生经济学评价方法,实现对拟选择方案的科学决策。

(4) 以信息化作为技术支撑:凯撒医疗集团提供的连续性、一体化服务有赖于系统内信息共享的强大支撑,主要体现在:一是医生可实时查询病例、治疗方法指南、电子处方等;二是为患者建立电子健康档案,患者能够在线预约就诊、付费,获得健康教育信息等;三是为医疗质量管理和监控提供数据,避免重复检查。同时,还可对员工进行全面绩效考核。

(5) 实现专业化、能级化的人力配置:对卫生人力资源按照不同能级进行合理配置。普通专科医生、全科医生和医疗辅助人员能解决80%~90%的医疗问题,医学中心、高级专家解决10%~20%的医疗问题,提高了人力资源的总体配置效率和利用效率。同时,美国已建立起比较成熟和稳定的医生培养制度。美国的住院医师规范化培训属于毕业后医学教育,由政府向提供培训的医疗机构足额支付培养资金,人均每年18万美元。

资料来源:深化医药卫生体制改革动态,2011年第40期,作者略有删减

【问题】

美国凯撒健康保险模式的形成与发展对中国健康保险的发展有何启示?

【提示】

“三医联动”是中国医改的切入口,而医保更是医改成功的重中之重。加强健康保险的理论与实践研究是医改的助推器。

拓展阅读

英国国家医疗服务体系(NHS)介绍

英国的国民健康保险制度NHS建立于1944年。它遵行救济贫民的选择性原则,并提倡普遍性原则。凡有收入的英国公民都必须参加社会保险,按统一的标准缴纳保险费,按统一的标准享受有关福利,而不问收入多少,福利系统由政府统一管理实行。

NHS的主要经费来源于税收。作为英国社会福利制度的最大项目开支,2009年政府拨款900多亿英镑,是60年前首次拨款90亿英镑的10倍。NHS为全英国6000多万人口服务,可以说是全球最大规模的公立医疗系统,雇员达150万,其中包括9万医院医生、3.5万家庭医生、40万护士和1.6万急救人员。全国有1600间医院和特别护理中心。

NHS体系分两大层次。第一层次是以社区为主的基层医疗服务,如家庭医生(general practitioner, GP)、牙医、药房、眼科检查等。每一个英国居民都得在家居附近的一个GP诊所注册,看病首先约见GP。任何进一步的治疗都必须经由第一层次的基层医疗转介。第二层次医疗以医院为主,包括急症、专科门诊,以及检查、手术治疗和住院护理等。

NHS实行分级保健制。一级保健又称基础保健,是NHS的主体,由家庭诊所和社区诊所等构成,NHS资金的75%用于这部分;二级保健是指医院,负责重病和手术治疗,以及统筹调配医疗资源等。

在建立之初,NHS曾经对改善人民的健康状况起到了非常积极的作用,并受到了社会的广泛欢迎。但是NHS面临的问题和矛盾也越来越突出,资金不足和效率低成为最主要的问题。随着人口的增加和健康质量要求的提高,NHS的医疗服务远远不能满足人们的医疗需求。而庞大的机构造成NHS内部的资源严重浪费、效率低、医护人员的医护积极性严重下降,人们对NHS的不满与日俱增。

(鲍 勇)

第二章

健康保险的医学基础

内容提要

本章主要介绍健康保险的医学基础，包括影响健康的自然环境、职业环境、心理与生活行为方式及社会因素四方面因素，国际疾病分类 ICD-10 的相关内容，高血压、糖尿病、肿瘤、脑卒中四种影响健康的常见病的现状和病因分析等。

第一节　健康的主要影响因素

一、自然环境与健康

（一）大气污染与健康

1. 二氧化硫

燃煤是大气中二氧化硫（SO_2）的主要来源，以石油为燃料的企业如火力发电厂、柴油发动机厂和造纸厂等排放二氧化硫。大气中 1 ~5ppm 的二氧化硫可引发呼吸系统疾病，儿童比成年人更敏感。进入大气的二氧化硫被氧化为硫酸 H_2SO_4，在云中形成酸雨，对建筑、森林、湖泊和土壤造成危害。

2. 颗粒物

空气动力学将直径介于 0. 001 ~100 μm、分散在空气中的固态或液态状物质称为颗粒物（particulate matter，PM）。空气动力学将直径≤100 μm 的颗粒物称为总悬浮颗粒物。根据颗粒物的粒径可分为可吸入颗粒物（PM10，粒径<10 μm）、细颗粒物（PM2. 5，粒径<2. 5 μm）和极细颗粒物（PM0. 1，粒径≤0. 1 μm）。颗粒物是我国许多城市大气污染的首要污染物。颗粒物可吸附多环芳烃和多氯联苯等有机物和重金属等。颗粒物对人体的危害程度主要决定于自身粒子的大小及化学组成。颗粒物的粒径越小，进入呼吸道的部位越深。PM10 可进入人的鼻腔及气管，PM2. 5 可侵入肺部，产生更严重的健康危害。空气颗粒物的污染程度与慢性呼吸道炎症、哮喘和心肺疾病有明显的关联性。

3. 氮氧化物

大气中的氮氧化物主要来自汽车废气，以及煤和石油燃烧的废气，主要包括一氧化氮、二氧化氮、亚硝酸和硝酸等。在强烈阳光的照射下，氮氧化物可与空气中的碳氢化合物发生反应，在近地面生成臭氧，有可能导致光化学烟雾污染。

4. 一氧化碳

以汽油和柴油为能源的汽车排放的一氧化碳长期作用于人体可引起心血管系统和神经系统的损害。例如，一氧化碳与血红蛋白结合可导致机体缺氧，损害胎儿的生长发育，使其智力低下。

5. 挥发性有机化合物

汽车发动机和油漆涂料厂等排放的挥发性有机化合物可引起黏膜发炎、儿童哮喘和支气管炎等。空气中苯、碳氢化合物和甲醛等在太阳光的作用下形成光化学烟雾可引发呼吸系统疾病，增加肿瘤的发生风险。

6. 光化学氧化物

氮氧化合物和碳氢化合物等及二次污染物臭氧、过乙酰硝酸酯和醛类等混合形成的淡蓝色烟雾称为光化学烟雾，它可致机体损害，表现为眼红流泪、气喘咳嗽、肺功能减退、头晕胸痛、血压下降，甚至昏迷致死。著名的洛杉矶光化学烟雾污染事件导致成千上万人受害或死亡。另外，光化学烟雾可降低能见度、减缓植物生长、影响农牧业生产和城市建筑等。

（二）饮水污染与健康

1. 物理性污染物

物理性污染物包括悬浮物、工业冷却水，以及来源于天然放射性核素、核试验沉降物、核工业的废水废气废渣、核研究和核医疗等单位排放的废水中的放射性物质。其中，放射性污染危害最大，人体通过食物（如海带、海藻、底栖生物和鱼类等）可吸收和浓集放射性物质，表现为毛发脱落、皮肤干燥、骨关节酸痛、晶状体混浊、肝脏肿大等。放射性物质损伤的程度与辐射元素的种类和剂量，以及机体自身因素等有关。

2. 生物性污染物

生物性污染物来源于生活污水、医院污水、畜牧和屠宰场的废水等，包括细菌、病毒和寄生虫等在内的污染物。饮用或解除受病原体污染的水会引发介水传染病（water-borne communicable disease），如霍乱、伤寒、痢疾、血吸虫病和阿米巴痢疾等。

3. 化学性污染物

化学性污染物来源于水中的化学性污染物有 2500 余种。水中化肥和农药等对人体有致畸、致癌和致突变作用。使用含铅盐的 PVC 塑料管时，重金属铅可从管道中析出造成饮用水污染。长期饮用重金属（如铁、铅、汞、锌、铬）污染的水可致机体多个系统和器官的损害，如痴呆、肾结石和胆囊结石等。

（三）土壤污染与健康

1. 化学性污染

化学性污染的危害主要是引起急性和慢性中毒性疾病，以及致突变、致畸、致癌作用。化学性污染中以重金属污染比较突出，常见的有汞、镉、铅、铬、锌、铜、钴、镍、锡、钒及类金属砷等。其次是农药，农药污染可引发急性中毒；可造成免疫功能改变、内分泌系统紊乱、生殖效应危害；可产生致突变、致畸、致癌作用。

2. 生物性污染

生物性污染可引起肠道传染病和寄生虫病；还可引起钩端螺旋体病、炭疽病、破伤风和肉毒中毒等。

（四）地质环境与健康

1. 碘缺乏症

由于自然环境碘缺乏，导致碘摄入不足而造成有机体碘营养不良所表现的一组疾病称为碘缺乏症（iodine deficiency disorders）。我国生活于缺碘地区的人口约有 7.2 亿。碘缺乏病的临床症状多种多样，地方性甲状腺肿和地方性克汀病是最明显的表现。

2. 地方性氟中毒

由于人们长期摄入过量的氟而导致的以氟斑牙和氟骨症为主要临床表现的慢性全身性疾病称为地方性氟中毒（endemic fluorosis），表现为中枢神经、肌肉和胃肠道等症状，但主要是牙齿和骨骼损害。我国受威胁人口达1亿多。

二、职业环境与健康

（一）生产过程中存在的职业性有害因素

1. 化学因素

（1）生产性毒物：指在生产过程中使用、接触的，能使人体器官组织功能或形态发生异常改变而引起暂时性或永久性病理变化的物质。生产性毒物主要来源于生产原料、中间产品、辅助材料、产品、副产品及废弃物等。常见的生产性毒物种类包括：①金属与类金属，如铅、汞、砷等；②有机溶剂，如苯、正己烷、三氯乙烯等；③有害气体，包括刺激性气体和窒息性气体，如氯气、氨气、氮氧化物、一氧化碳、氰化氢、硫化氢等；④苯的氨基和硝基化合物，如三硝基甲苯；⑤高分子化合物生产过程中的毒物，如氯乙烯、氯丁二烯、丙烯腈等；⑥农药，如有机磷农药、拟除虫菊酯类农药等。

（2）生产性粉尘：是指在生产过程中产生的，能够较长时间飘浮在空气中的固体微粒。按粉尘性质可分为无机粉尘、有机粉尘和混合性粉尘，如矽尘（含游离二氧化硅粉尘）、石棉尘、煤尘等。

2. 物理因素

（1）异常气象条件，如高温、高湿、强热辐射、低温等。

（2）异常气压，如高气压、低气压。

（3）噪声、振动。

（4）非电离辐射，如紫外线、红外线、射频辐射、激光等。

（5）电离辐射，如X射线、γ射线等。

3. 生物因素

（1）细菌，如炭疽杆菌、布氏杆菌等。

（2）病毒，如森林脑炎病毒等。

（3）真菌，如谷物、甘蔗上的曲霉菌、青霉菌等。

（二）劳动过程中和生产环境中存在的职业性有害因素

1. 职业紧张因素

职业紧张因素包括劳动组织、作息制度不合理，人际关系和组织关系不协调，不良的工作条件等。职业紧张因素是导致长线疾病发病率增高，以及工伤事故和“过劳死”发生的主要原因。

2. 厂房建筑布局不合理

厂房建筑布局不合理，如有害工序与无害工序安排在同一个车间内等。

在实际生产劳动过程中，上述职业性有害因素不是单一存在的，往往是多种职业性有害因素同时存在，并对劳动者的健康产生联合损害作用。

三、心理与生活行为方式与健康

（一）心理因素与健康

1. 情绪与健康

情绪是指人们对客观事件是否符合自己的需要所产生的态度和体验。当外界客观事物作用于人的时候，个体会根据是否符合主观需要而采取肯定或否定的态度。研究证明，积极、乐观的正性情绪可对人体功能起到良好的调节作用；相反，消极、悲观的情绪会使人的心理活动失去平衡，极有可能作为疾病的诱发因素，也可成为直接致病因素。临床上常见的高血压、冠心病、恶性肿瘤、糖尿病、消化性溃疡、哮喘和偏头痛等多种疾病，都与不良情绪有关。

2. 性格与健康

性格是人体对客观现实稳定的态度和与之相适应的行为模式，受意识、信仰、世界观的影响，是个体特征的核心。美国心脏病专家 Fredman 和 Rosenman 在对 3000 多例心脏病患者的研究中提出 A 型性格模型，关于它与冠心病的关系已有大量研究。结果表明，A 型性格者冠心病发病率、复发率、死亡率均较高。A 型性格的特征是：有雄心壮志，喜欢竞争，性情急躁，缺乏耐心，容易激动，有时间紧迫感。而把与此相反的性格，如不争强好胜、做事不慌不忙的性格称为 B 型性格。研究表明，A 型性格的人易患高血压、冠心病、神经衰弱等，A 型性格冠心病的发病率为 B 型性格的 2 倍。

3. 心理社会应激与健康

来源于生活事件、环境、工作等心理和社会应激引起的躯体非特异性反应即为心理社会应激。大量流行病学研究发现，心理社会应激是许多不良疾病的致病因素，包括各种慢性躯体性疾病、抑郁、各类神经症等。

（二）生活行为方式与健康

1. 健康的生活行为方式

（1）基本健康行为，如平衡饮食、合理营养、充足睡眠、积极锻炼。

（2）预警行为、避开危害环境的行为，如系安全带，预防车祸对健康的危害，安全的性行为，避开污染的环境，科学地应对紧张刺激。

（3）有效利用卫生保健服务，如定期体检、接受预防接种、有病主动求医、遵从医嘱、配合治疗等。

（4）戒除不良嗜好，如戒烟、戒酒、戒毒等。

2. 不良的生活行为方式与健康

（1）不良的生活习惯，如饮食过度、高脂、高糖、高盐、偏食、挑食和吃过多零食、嗜好含致癌物的食品（烟熏火烤、长时间高温加热的食品，腌制品）、不良的进食习惯（进食过热、过硬、过酸的食品）。

（2）吸烟，大量的流行病学调查资料证实，吸烟可增加肺癌、胃癌、肝癌、口腔癌、食管癌、喉癌等多种疾病的发病率或死亡率，并且与这些疾病存在明显的剂量-反应关系，还会对被动吸烟者造成危害。

（3）酗酒，一次性过量饮酒可发生急性酒精中毒；长期过量饮酒会导致胃炎、胃及十二指肠溃疡、酒精中毒性肝炎、脂肪肝、肝硬化及神经精神系统疾病，还会增加口腔、咽喉、食管、肝、胰腺等部位癌症的发病率。父母酗酒造成慢性酒精中毒，可使精子或卵子的活力减弱或发育异常，影响胚胎的发育，并易引起流产；胎儿出生后常有低体重、心脏及四肢畸形、智力低下等异常。另外，酗酒也是交通事故、犯罪、斗殴、自杀、家庭不和等的重要根源。

（4）网络成瘾，长期过度使用电脑可引起一系列以自主神经功能紊乱为主要症状的综合征，常见的症状为：视物模糊、眼睛干涩、注意力不易集中、头晕、头痛、多梦、失眠、心悸、心律不齐、血压高、不思饮食、恶心、呕吐、手脚麻木颤抖等。

（5）吸毒，不仅造成机体的功能失调和组织病理变化，同时吸毒者注射毒品的共用针具也是艾滋病的重要传播途径。

（6）不洁性行为，是导致艾滋病、淋病、梅毒、软下疳、性病淋巴肉芽肿、非淋菌性尿道炎、尖锐湿疣和乙型病毒性肝炎（简称乙肝）等疾病传播的重要途径。

（7）不良就医行为，如隐瞒病情，讳疾忌医，不去正规医院就诊，迷信偏方、巫术，自暴自弃等。

四、社会因素与健康

（一）社会经济因素与健康

经济发展是保障健康的物质基础，可为人们提供充足的食物、良好的生活条件，促进医疗卫生事业的发展。但在经济发展过程中，由于对环境的破坏和人们生活方式的改变，也会产生一些负面效应，带来一些新的健康问题。

1. 不良行为、生活方式的产生

随着社会经济的发展，人口流动性、交通的高度发达，以及自然资源的开采、大量化学合成物质的使用等改变了人们的生活条件和生活方式。如吸烟、酗酒、吸毒、乱性、不良饮食、不良睡眠习惯及缺乏运动等不良行为和生活方式直接对人的健康造成了有害的影响，导致了肥胖症、冠心病、高血压、糖尿病、恶性肿瘤等疾病，以及车祸等伤害。

2. 心理紧张因素增加

激烈竞争使人们的生活节奏加快、工作紧张、人际关系复杂、应激事件增加，从而心身疾病、精神疾病、自杀现象不断增多。

3. 环境污染加剧

工业生产、交通的发展大大增加了废物、废弃、废水的排放，工业化、都市化进程导致大量的植被破坏，汽车尾气及噪声成为影响现代城市环境污染的主要来源，由此产生的健康问题和潜在危害广泛存在。

（二）社会文化因素与健康

1. 受教育程度与健康

良好的教育有助于认识卫生保健的意义、提高感知疾病和自我保健的能力、改变不良的生活方式和卫生习惯、合理使用卫生资源、有效预防和控制疾病。此外，妇女受教育程度与下一代的健康紧密相关，对其成活率、生长发育及疾病等都有显著影响。

2. 风俗习惯与健康

良好的风俗习惯有利于健康，如我国民间以硬币刮痧解风寒；不良的风俗习惯可危害人群健康，如我国福建、广东等地有食生鱼的习惯，导致卫氏并殖吸虫病流行。

3. 宗教与健康

一方面，宗教有益于健康，如佛教的坐禅有益身心；另一方面，宗教信仰也会危害健康，如1977年美国人民圣殿教徒的集体自杀。

（三）医疗卫生因素与健康

1. 医疗保障制度

医疗保障制度是国家和社会团体对劳动者或公民因疾病、其他自然事件及突发事件造成身体与健康损害时，对其提供医疗服务或对其发生的医疗费用损失给予经济补偿而实施的各种制度的总和。良好的医疗保障制度是促进健康的有效手段；反之，医疗保障的缺失是导致健康问题的重要原因之一。

2. 医疗卫生服务

医疗卫生服务是指促进及维护人类健康的各类医疗、卫生活动。它既包括医疗机构所提供的诊断、治疗服务，必要的药物供应，足够的医务人员的良好服务，也包括卫生保健机构提供的各种预防保健服务。一个国家医疗卫生服务资源的拥有、分布及利用将对其人民的健康状况起重要的作用。

除以上因素之外，生物遗传因素也会影响人类健康，它对人类诸多疾病的发生、发展及分布具有决定性的影响。影响健康的生物遗传因素包括由病原微生物引起的传染病和感染性疾病；某些遗传或非遗传的内在缺陷、变异、老化而导致人体发育畸形、代谢障碍、内分泌失调和免疫功能异常等。在社区人群中，特定的人群特征如年龄、民族、婚姻、对某些疾病的易患性、遗传危险性等，也属于生物学因素。

上述五个方面的影响因素相互依存，其中，环境因素对健康起着主要的影响作用，生物遗传因素虽占较小的地位，但一经致病，常致不可逆转的终身伤残。21 世纪随着高科技的发展，将大大促进医疗技术的进步，而生活、工作环境的改变，将会使疾病谱继续发生变化。WHO 前总干事中岛宏博士告诫人们，大约到 2015 年，发达国家和发展中国家中人的死亡原因大致相同，而行为、生活方式导致的疾病将成为头号杀手。

预防影响健康因素的不良作用，已远非单纯应用生物医学的方法所能解决，而还需要注意致病的社会、心理等因素。如糖尿病患者不能只依靠生物化学的治疗方法。有关改变不良生活方式的措施、疾病发现得早晚、患者与医生合作的程度及自我保健等方面都对健康起着重要作用。由此可知，保持和促进每个人的健康，以达到最佳的健康状态，关键在于医务人员与个人、家庭与社会的密切合作。积极开展健康教育，把健康知识交给每一个人，让每一个人都能懂得和掌握保持健康的技能，不断增强自我保健意识，才能提高健康水平。

第二节　国际疾病分类

分类法是根据事物的某种外部或内在特征将事物分组排列、组合的方法，是统计、分析的前期工作，是认识事物发展规律，研究事物本质的一种行之有效的手段。

疾病分类法是根据疾病的病因、病例、临床表现和解剖位置等特性，将疾病分门别类，把同类疾病分在一起使其成为一个有序的组合。疾病分类法是卫生信息领域中一个重要的学科，它集基础医学、临床医学、医学英语、分类规则等于一身，是将原始资料加工成为信息的重要工具。

疾病分类旨在按照所设定的方案进行资料收集、整理、分析和利用。一个分类系统的用途取决于设定分类方法的初衷，也就是说设计者的初始目的。每一个分类方案都可以为一个或多个特殊目的而设定。国际疾病分类（international classification of disease，ICD）的分类方案最早是为了统计死亡原因，这个目的直至今天仍然是重要的目的之一。ICD 自第六次修订演变中，加入了对医院疾病的分类，也因此受到世界各国的支持与欢迎，在以后的修订演变中，特别是第九次修订起，更加照顾到了医院疾病统计、医疗管理和医疗付款等方面的需要，这种演变拓宽了 ICD 的用途。第十次修订本的名称改为《疾病和有关健康问题的国际统计分类》，WHO 还保留了 ICD 的简称。ICD-10 的修订，在内容上增补得更加详细，更能反映当前医学发展的现状，但在使用操作方面也变得更为复杂。

一、名 词 解 释

1. 疾病分类

疾病分类是根据疾病的某些特征，按照一定的规则将疾病分门别类。疾病分类实际上也是一种分组，有时一个组别可以包含若干种相同或相似性质的疾病，有时仅单纯地包含某种疾病。国际疾病分类是用编码的方法来表示疾病的分组情况，用 A01 表示伤寒和副伤寒。

2. 疾病命名

疾病命名是给疾病起一个特定的名称，使之可以区别于其他疾病。理想的疾病名称应既能反映疾病的内在本质或外在表现的某些特点，又是唯一性的，例如，急性阑尾炎，它表示了疾病的发生部位在阑尾，又表示了疾病的临床表现为急性炎症。通过急性阑尾炎这个名称，很容易理解这个疾病，也容易区别于其他疾病。以人名或地名命名的疾病虽然反映了疾病的最初发现者或疾病的发生地，但不能反映疾病的性质，有时还会引起误解。如雷克林豪森病（Recklinghausen's disease），这个名称实际上含有两个不同的疾病，其一是神经纤维瘤病 Q85.0，为不可分类于它处的斑痣性错构瘤病，归类于先天性疾病一章；另一个是纤维囊性骨炎 E21.0，为原发性甲状旁腺功能亢进症，归类于内分泌一章。如果在分类时不能准确地把握这个名称的内涵，或不理解临床医师书写这个诊断的实际情况，分类就会发生50%的错误率。对于这个名称，需要仔细地去了解疾病的性质和发生部位，才能准确编码。

3. 疾病分类轴心

疾病分类轴心是分类时所采用的疾病的某种特征。在国际疾病分类中，使用的疾病特征可以归纳为四大类，即病因、部位、临床表现（包括症状、体征、分期、分型、性别、年龄、急慢性、发病时间等）和病理，因此国际疾病分类称之为多轴心分类。疾病分类的轴心也是分类的标准，标准一旦确立，分类将围绕着标准进行。通常国际疾病分类的每个层次的分类轴心只有一个，例如，分类中某些传染病和寄生虫病的各个类目，都以病因为分类标准，但是类目下的亚目分类，个别情况有两个分类轴心，例如，A19 粟粒性结核病的亚目，A19.0 至 A19.2 的分类轴心是以部位为轴心的，而这个类目的主要分类轴心却是临床表现的急慢性。一个层次中出现两个分类轴心的情况是特殊情况。

4. 国际疾病分类家族

WHO 在 ICD-9 的修订过程中，就认识到单纯的 ICD 不能包括某些特殊的需要，所以自 20 世纪 70 年代末期，就开始创建分类"家族"，以作为 ICD 核心分类的补充。分类家族包含以下几个部分。

（1）初级卫生保健的信息支持

非医务人员报告

其他基于社区的卫生信息方案

（2）其他与健康有关的分类

损伤、障碍和残疾

操作

来访（申诉）理由

（3）国际疾病分类（ICD）

（4）专科使用本

肿瘤学

牙科学和口腔学

皮肤病学

精神病学

神经病学

产科学和妇科学

风湿病学和矫形外科学

儿科学

全科医学

在疾病分类工作中，有两个既基础而又影响广泛的问题需要认识清楚，其一是疾病命名与疾病分类的关系；其二是国际疾病分类与疾病名称标准的关系。前者影响到对国际疾病分类能否用于临床研究和其他特别需求的资料检索的认识；后者是临床医师的诊断能否采用国际疾病分类中的疾病名称问题。

疾病命名是疾病分类的基础,没有名称就无法分类,疾病命名的列表本身就是一份最详细的分类表。反而言之,将一个疾病分类表最详细地扩展开,使每一个编码都对应一个特指的疾病名称,这时的疾病分类表也就是一个疾病命名表了。了解了疾病分类与命名这种内在的联系,就能够从理论上解释ICD的分类可以按照临床或管理等特殊需要而扩展,也就是说,ICD可以满足临床研究和管理需求等特殊检索要求。只要在分类的基础上扩展,就不违背ICD的分类原则。

国际疾病分类是分类的国际标准,也是各国进行卫生信息交流的基础,WHO每年出版一本卫生年鉴就是以它为标准,收列了各国的死亡原因的统计资料。

二、疾病分类的目的和意义

在我国执行国际疾病分类,既有卫生行政要求,又有基层医院的实际需求,已形成了较为成熟的环境。《疾病分类与代码(修订版)》由卫生部于2011年12月30日卫办综发〔2011〕166号印发,等效采用WHO《疾病和有关健康问题的国际统计分类(ICD-10)》,广泛应用于医疗卫生服务、医疗保险、公安、民政等领域。国家标准与国际标准的接轨,有利于ICD的推广和应用。

我国作为WHO的成员国,有义务执行WHO的有关规定,向WHO报送本国的卫生统计信息。在WHO《关于疾病和死亡原因命名的条例》中第二条明确指出"编制死亡和疾病统计表的会员国,应根据世界卫生大会通过的疾病、损伤和死亡原因的国际统计分类现行修订本进行编制,该分类被称之为国际疾病分类"。这就是说,疾病分类统计要按照国际疾病分类执行。

目前我国全国县级和县级以上的医院已全部开展了ICD的疾病分类工作。医院投入大量的人力、物力从事疾病分类工作,主要有如下几个方面的意义。

1. 国内与国际交流

WHO每年都要出版一本《世界卫生统计年鉴》,它根据ICD的分类原则收集了各国的死亡原因的分类资料。许多国家根据ICD收集和编辑本国的卫生信息,包括疾病的资料,例如,美国每年都出版一本《美国卫生》,它包含了大量的医院住院患者的信息、疾病、年龄、性别等。一个国家的卫生资料,是一个国家卫生状况的反映,也是卫生资源投入,卫生行政管理、决策的依据,甚至对于涉及卫生领域的厂商都是一份珍贵的资料。

我国卫生部过去也有医院住院患者的疾病分类统计报告,但没有采用国际标准,现在每年的统计汇编都是按照ICD的分类原则进行的,医院住院患者统计报表包括了WHO的50项疾病统计类目,同时增加了我国卫生部希望了解的一些项目,完全可以与国际接轨。

随着ICD的推广和普及,它的影响越来越大,有的杂志、国际会议文章的交流在涉及疾病时,要求要有疾病的国际编码,甚至患者转诊时医院提供的病历摘要也被要求填写ICD疾病分类编码。

2. 医院中的医疗、研究与教学

如果我们承认医院病案是"宝",病案室是一个宝库的话,那么疾病分类就是一把打开宝库的钥匙。病案除了医疗时需要参考外,还被用于教学和临床研究,对于病案的检索,医师常常提出的要求是某一具体的疾病名称,而病案工作人员就是通过疾病编码索引查到病案号,进而抽取出医务人员所需要的病案。

3. 管理需求

病案中的信息是丰富的,通过疾病分类可以将病案中的信息按不同的用途加以归纳。例如,可以按病种来归纳,了解各病种住院的人数、平均医疗费用、最高或最低的医疗费用、平均住院天数、患者最长或最短的住院天数等,从而进行病种的管理。由于病案中还含有医疗人员的信息、各种检验的信息,因而还可以对医疗人员的医疗水平、资源的利用进行分析,对医疗质量进行评价。

4. 医疗付款

相关疾病诊断分组(diagnoses related groups)是目前各国医疗改革研究的重点,它是一个基于疾病分类和手术分类的医疗经费控制系统和医疗质量评价系统，将疾病性质、医疗费用、住院天数相同或相似的患者分在同一个类别中，并据此而进行医疗付费和管理。采用此系统，ICD 编码是分组患者的依据。由于每一组别的费用是限定的，医院不管提供了多少服务，也不能多收费。因而，医院只能通过加强管理，提高医疗质量，缩短住院天数来达到较高的回报。这种系统可以最大限度地激发医院的工作效率，自觉地消除过度治疗和浪费医院资源等现象。

三、分类系统的评价

作为一个分类系统，它的基本原则是分类准确与完整，作为好的分类系统则要求科学性、适用性和可操作性。ICD-10 完全符合分类的基本原则，用一个好的分类系统的标准来衡量，也达到了较高的标准。

1. 分类的科学性

ICD-10 能够反映当前医学科学的认识水平，与当前医学分类相适应。

2. 分类的准确性

类目独立、相互排斥、互不包括是一个号的分类系统的基本要求。

3. 分类的完整性

ICD-10 能包括所有分类对象，所有的医疗事件都能找到相应的编码，当然，索引条目是有限的，索引中没有列出的疾病还要依靠分类原则归类。

4. 分类的实用性

分组要合理，不能过粗或过细。适用性主要是从使用目的出发的，如果一个分类系统只是要统计几十项内容，就不必设立上千个类目。由于 ICD-10 扩展了应用范围，除主要用于疾病、死亡和有关健康问题的统计外，还要考虑到医、研、教和医院管理的需要，而且要考虑到医疗经费的控制和管理的需要。

第三节　影响健康的常见疾病

一、高　血　压

（一）我国高血压概况

高血压（hypertensive disease）是一个长期逐渐进展的慢性疾病，以动脉血压升高为特征，伴有心脏、血管、脑和肾等器官功能性或器质性改变的全身性疾病。高血压同时又是动脉粥样硬化的重要危险因素之一。流行病学调查表明，血压的分布是连续性的。正常血压和高血压的血压水平之间无截然界限。因此，以任一水平来划分正常血压与高血压都是人为的。高血压是指体循环动脉收缩期和（或）舒张期血压持续升高，一般指非同日 3 次测量血压，当收缩压≥140mmHg 和（或）舒张压≥90mmHg 时，即可成立高血压论断。

中国疾病预防控制中心（CDC）慢性非传染性疾病预防控制中心王丽敏等于 2012 年公布的一项横断面研究显示，2010 年中国成年人中高血压患病率高达 33.5%，估计患病人数达 3.3 亿，45 万人死于高血压。研究者于 2010 年在我国 162 个监测点，采用多阶段分层整群随机抽样方法调查了 98 548名 18 岁以上居民，采用电子血压计进行血压测量。对样本经过复杂加权后，计算了不同年龄、性别、城乡和地区居民的高血压患病情况。高血压患病率随年龄增高而上升，其中 18～24 岁组最低（9.7%），75 岁以上人群组最高，达 72.8%；男性高血压患病率高于女性（35.1% 与 31.8%，$P<0.05$）；城市与农村的高血压患病率无显著差异（34.7%与 32.9%，$P>0.05$）；东部、中部和西部高血压患病率依次降低，分别为36.2%、34.1%和28.8%。研究者指出，2002年高血压导致我国22万人死亡，所致直接经济负担约320亿美元。据估计，2010年我国约45万人死于高血压，直接经济负担超过660亿元，占我国卫生总费用的3.4%。

（二）高血压的病因分析

1. 遗传因素

高血压具有明显的家族聚集性。据调查，父母无高血压，子女患高血压的概率只有3.1%；父母一方有高血压，子女患高血压的概率则为28.3%；父母均有高血压，子女的发病概率可达46%。临床上约60%的高血压患者可询问到有高血压家族史。在遗传表型上，不仅血压升高的发生率体现遗传性，而且在血压高毒、并发症及其他有关因素方面，如肥胖也有遗传性。

2. 环境因素

（1）钠（Na），流行病学资料显示，不同地区人群血压的水平和高血压患病率与平均摄盐量显著相关。如果个体之间摄盐量相差较大而且摄入量又比较固定时，则可以显示人群内个体之间摄盐量与血压呈正相关。

（2）钾（K），摄入量与血压呈负相关，即趋向于降低血压。

（3）身体重量和肥胖，各人群血压的流行病学研究均表明，血压与身体重量、高血压与肥胖显著相关；肥胖的高血压患者减轻体重后出现血压下降是非常肯定和明显的。

（4）饮酒，少量饮酒对血压无急性作用，但收缩压和舒张压与每日饮酒量的多少呈线性关系。

（5）口服避孕药，服用避孕药的所有妇女血压均有升高，并随服用的时间而趋向增加，其中35岁以上妇女对口服避孕药的升压作用较年轻的妇女敏感，但停药后血压往往下降至正常。

（6）心理因素和社会文化因素，心理学研究表明，心理因素和社会文化因素与血压仅呈轻微的相关性，并且在许多的研究中潜在的干扰因素不能充分控制。但是，它们确实是成年人血压的重要影响因素。

二、糖　尿　病

（一）我国糖尿病概况

糖尿病（diabetes mellitus）是一组常见的代谢内分泌病，是当前威胁全球人类健康的最重要的慢性非传染性疾病之一，分原发性及继发性两类。前者占绝大多数，有遗传倾向，其基本病理生理为绝对或相对胰岛素分泌不足和胰升糖素活性增高所引起的代谢紊乱，包括糖、蛋白质、脂肪、水及电解质等，严重时常导致酸碱平衡失常。其特征为高血糖、糖尿、葡萄糖耐量减低及胰岛素释放试验异常。

为了评估糖尿病对全球的影响，为国际社会和各国政府和医疗机构制定针对糖尿病的政策提供依据，国际糖尿病联盟（IDF）定期根据全球糖尿病流行病学和卫生经济学研究的最新数据定期更新“IDF糖尿病地图”。在该份IDF的重要文件中，IDF不但提供了当前最新的糖尿病的全球患病情况和经济负担，还对今后全球糖尿病的发病趋势进行了预测。2013年11月14日，IDF借“联合国糖尿病日”全球关注糖尿病之际正式公布了第六版“IDF糖尿病地图”。在对各个国家和地区的发病率和发病趋势的估计中，中国2013年糖尿病的患病人数为9840万，居全球首位，其次是印度（6510万）、美国（2440万）、巴西（1190万）、俄罗斯（1090万）。IDF估计，到2035年中国的糖尿病患病人数将达到1.43亿，仍然居于全球首位，而美国仅将达到2970万。

1. 中国糖尿病发病率超11%

由中华医学会内分泌学分会前任主任委员、上海交通大学医学院附属瑞金医院宁光教授与中国疾病预防控制中心赵文华带领的研究团队在2010年统计结果的基础上，进一步跟踪了近几年的中国糖尿病发病趋势，并对近10万人进行了长期的随访调查显示，2010年中国成人糖尿病患病率男性为12.1%，女性为11%；城市居民患病率为14.3%，农村居民为10.3%。

按照之前国际糖尿病联合会的估计，现在全球共有超过3亿的糖尿病患者，新发布的中国糖尿病发病率数据意味着全球1/3的糖尿病患者来自中国。而这一数字与2007年相比，短短3年就增加了2200万名糖尿病患者，几乎相当于澳大利亚全国人口总数。

2. 中国成年人一半是糖尿病后备军

本次研究还显示，中国成年人群中糖尿病前期（IGT）患病率为50.1%。糖尿病前期是介于糖尿病和正常血糖之间的一种状态，被认为是糖尿病的必经阶段，是糖尿病的预警信号。具体来说就是，餐后血糖在（7.8~11.1）mmol/L（即糖耐量减弱），或空腹血糖在（6.1~7.0）mmol/L（即空腹血糖受损）的状态。

研究人员还发现，中国人在身体质量指数（BMI）远低于美国人的情况下出现了这种代谢疾病。这意味着经济的迅速发展、人们饮食习惯的改变和身体活动减少，导致了与肥胖相关的疾病提前出现。现在，有40%的18~29岁的青年人为糖尿病潜在人群，这些人罹患卒中、心脏病和肾衰竭的风险增加了。

（二）糖尿病的病因分析

糖尿病分1型糖尿病（type 1 diabetes）、2型糖尿病（type 2 diabetes）和妊娠期糖尿病（gestational diabetes）。其中，1型糖尿病多发生于青少年，其胰岛素分泌缺乏，必须依赖胰岛素治疗以维持生命；2型糖尿病多见于30岁以后的中、老年人，其胰岛素的分泌量并不低甚至还偏高；妊娠期糖尿病源于细胞的胰岛素抵抗，不过其胰岛素抵抗是由于妊娠期妇女分泌的激素（荷尔蒙）所导致的。妊娠期糖尿病通常在分娩后自愈。

1. 与1型糖尿病有关的因素

（1）自身免疫系统缺陷。因为在1型糖尿病患者的血液中可查出多种自身免疫抗体，如谷氨酸脱羧酶抗体（GAD抗体）、胰岛细胞抗体（ICA抗体）等。这些异常的自身抗体可以损伤人体胰岛分泌胰岛素的B细胞，使之不能正常分泌胰岛素。

（2）遗传因素。目前的研究提示，遗传缺陷是1型糖尿病的发病基础，这种遗传缺陷表现在人第六对染色体的HLA抗原异常上。科学家的研究提示，1型糖尿病有家族性发病的特点——如果你父母患有糖尿病，那么与无此家族史的人相比，你更易患上此病。

（3）病毒感染。流行病学及实验研究证明，与1型糖尿病发病有关的病毒有风疹病毒、巨细胞病毒、柯萨奇B4病毒、腮腺炎病毒、腺病毒及心肌炎病毒等。

（4）化学物质。对胰岛B细胞有毒性的药物和化学物质被摄入后抑制胰岛素的合成与分泌，如苯丙噻二嗪、噻唑利尿酮等；四氧嘧啶、链脲佐菌素、戊双脒均可损伤B细胞。Vacor，是一种灭鼠剂，口服后侵入人胰岛B细胞，导致B细胞破坏。

2. 与2型糖尿病有关的因素

（1）遗传因素。和1型糖尿病类似，2型糖尿病也有家族发病的特点。因此很可能与基因遗传有关。这种遗传特性2型糖尿病比1型糖尿病更为明显。例如，双胞胎中的一个患了1型糖尿病，另一个有40%的机会患上此病；但如果是2型糖尿病，则另一个就有70%的机会患上2型糖尿病。

（2）肥胖。2型糖尿病的一个重要因素可能就是肥胖症。遗传原因可引起肥胖，同样也可引起2型糖尿病。身体中心型肥胖患者的多余脂肪集中在腹部，他们比那些脂肪集中在臀部与大腿上的人更容易发生2型糖尿病。

（3）年龄。也是2型糖尿病的发病因素。有一半的2型糖尿病患者多在55岁以后发病。高龄患者容易出现糖尿病也与年纪大的人容易超重有关。

(4) 现代的生活方式。吃高热量的食物和运动量的减少也能引起糖尿病,有人认为这也是由于肥胖而引起的。肥胖症和2型糖尿病一样,在那些饮食和活动习惯均已"西化"的美籍亚裔和拉丁美商人中更为普遍。

3. 与妊娠型糖尿病有关的因素

(1) 激素异常。妊娠时胎盘会产生多种供胎儿生长发育的激素,这些激素对胎儿的健康成长非常重要,但却可以阻断母亲体内的胰岛素作用,因此引发糖尿病。妊娠第24~28周是这些激素的高峰时期,也是妊娠型糖尿病的常发时间。

(2) 遗传基础。发生妊娠型糖尿病的患者将来出现2型糖尿病的危险性很大(但与1型糖尿病无关)。因此,有人认为引起妊娠型糖尿病的基因与引起2型糖尿病的基因可能彼此相关。

(3) 肥胖症。不仅容易引起2型糖尿病,同样也可引起妊娠型糖尿病。

4. 高血糖症

高血糖症是引发糖尿病的原因,糖尿病肾病的发生与高血糖密切相关,血糖控制不佳可加速糖尿病肾病的发生发展,良好的血糖控制可明显延缓其发展。高血糖及糖基化终产物生成增多后引起系膜细胞增生、细胞外基质增多、系膜扩张、肾小球基底膜增厚等。

5. 甲状腺功能亢进症和糖尿病

(1) 甲状腺功能亢进症(简称甲亢)引起糖尿病。甲状腺激素可以拮抗胰岛素的作用。甲亢时超生理的甲状腺激素含量拮抗胰岛素的作用更强,并且可以促进肠葡萄糖的吸收及促进糖原异生,因此,引起血糖增高,导致糖尿病。这种糖尿病是由甲亢引起的,故可称为继发性糖尿病。甲亢引起的糖尿病在甲亢病情控制后,不予降血糖药物治疗,血糖即可完全恢复正常。

(2) 甲亢和糖尿病并存。甲亢和糖尿病都和家族性遗传有一定的关系。这两种病的基因缺陷往往发生在同一对染色体上,因此可能会连锁在一起遗传给后代。在临床上,两种病同时发生在一个患者身上的病例并不少见。这种糖尿病属于原发性,不继发于甲亢。在甲亢病情控制后,糖尿病依然存在,不予降血糖药物治疗,血糖不能降至正常。但是,甲亢可以加重糖尿病,使血糖进一步增高,故控制甲亢对减轻糖尿病也很重要。

糖尿病是一个巨大且不断加重的全球问题,糖尿病给社会带来越来越沉重的负担;在所有国家,处在社会底层的人反而更容易患糖尿病并承受相对更重的负担。糖尿病已经不仅仅是一个单纯的健康问题,解决糖尿病的问题需要社会多个方面具体的政策和行动。

三、肿 瘤

(一) 我国肿瘤概况

肿瘤是机体细胞在不同致癌因素的长期作用下,在基因水平上失去了对其生长的正常调控而致的克隆性异常,所形成的新生物叫肿瘤。肿瘤分为良性肿瘤和恶性肿瘤,恶性肿瘤又称癌症,本书主要探讨恶性肿瘤。

全国肿瘤登记中心根据全国24个省份的72个肿瘤登记处收集的2009年肿瘤发病与死亡资料,于2013年发布了《2012中国肿瘤登记年报》。年报披露,全国肿瘤登记地区恶性肿瘤的发病率为285.91/10万,发病率无论男女,城市均高于农村。从年龄段上看,40岁以上年龄组的发病率快速升高,80岁年龄组达到最高,城市和农村的变化趋势基本相同。

1. 每分钟有6人被诊断为恶性肿瘤

数据显示,全国每年新发肿瘤病例估计约为312万例,平均每天8550人,全国每分钟有6人被诊断为恶性肿瘤。我国居民一生罹患癌症的概率为22%。全国35~39岁年龄段恶性肿瘤的发病率为87.07/10万;40~44岁年龄段恶性肿瘤的发病率几乎翻番,达到154.53/10万;50岁以上人群发病占全部发病的80%以上;60岁以上癌症的发病率超过1%。全国肿瘤死亡率为180.54/10万,估计每年因癌症死亡的病例达270万例。我国居民因癌症死亡的概率是13%,即每7~8人中会有1人因癌症死亡。50岁以前肿瘤患者的死亡率处于较低水平,但男性45岁以上、女性50岁以上死亡率有较大升高,并随年龄增长而升高。

2. 肺癌仍居肿瘤发病及死亡第一位

从病种来看,全国恶性肿瘤发病第一位的是肺癌,其次为胃癌、结直肠癌、肝癌和食管癌,前10位恶性肿瘤占全部恶性肿瘤的76.39%。全国恶性肿瘤死亡第一位的仍是肺癌,其次为肝癌、胃癌、食管癌和结直肠癌,前10位恶性肿瘤占全部恶性肿瘤的84.27%。死亡率最高者男女均为肺癌。男性其他主要死因癌症包括肝癌、胃癌、食管癌和结直肠癌;女性其他主要死因癌症包括胃癌、肝癌、结直肠癌和乳腺癌。全国肿瘤登记中心副主任陈万青分析指出,从近20年的登记数据来看,我国肿瘤发病率和死亡率均呈现逐渐上升的趋势,如全国肿瘤发病率1989年仅为184/10万,但去除老龄化的影响,发病率和死亡率变化不大。因此,我国癌症负担的日益增加主要源于人口老龄化。

(二) 肿瘤的病因

恶性肿瘤是一类潜隐期较长,多因素、多效应、多阶段和多基因作用的疾病。肿瘤的致病原因异常复杂,过去30多年来,人类对恶性肿瘤病因学的探索有了一些突破性的进展,目前认为,主要危险因素分为内因(不可改变因素)和外因(可改变因素)两大类。

1. 内因

(1) 单纯遗传性肿瘤。某些罕见的肿瘤由单个基因异常所造成,通常以常染色体显性方式遗传。这种类型的遗传性肿瘤与外界诸因素几乎无任何关系,在患者生命个体形成时就被决定了。例如,家族性结肠息肉癌变、I型神经纤维瘤、异位胚胎瘤等。

(2) 遗传易患性肿瘤。某些恶性肿瘤表现为明显的家族,甚至种族聚集性或高发性的特点。例如,白种人妇女中乳腺癌患病率较高,也表现出家族多发趋向;食管癌也有一定的家族聚集性;鼻咽癌为“华人特有癌”,在华人中(不管居住世界任何地域)系常见的肿瘤之一,全球八成以上的病例在华人中,而在其他人种中,鼻咽癌是少发或罕见的肿瘤;拜仁皮肤癌较多,而有色人种皮肤癌较少,尤以黑人甚少。

2. 外因

(1) 生活中的致癌物

1) 烟草:很多病的病因归于吸烟,1/3的肿瘤患者死亡直接由吸烟所致,肺癌的发生与吸烟的关系更密切。

2) 饮酒:过量饮酒导致的疾病很多,危害严重。长期饮酒使一些癌症的发病率与死亡率增加。已证实饮酒能诱发肝癌、食管癌、咽喉癌等。

3) 食物烹调:1977年日本学者Sugimura报道了煎烤或烟熏的牛肉、鱼表面切下的焦痂物质有很强的致癌突变性,远远超过其中苯并芘或稠环芳烃类化合物所能引起的突变现象。

4) 药品:致癌物质最主要的一类为烷化剂,其次有免疫抑制剂、激素等。

5) 腌制食品,如咸菜、酸菜、泡菜、腌肉等,均含有亚硝酸盐,亚硝酸盐能引起食管癌、胃癌等。

6) 嗜好:不良嗜好可引起肿瘤,如高脂肪饮食易患乳腺癌,缺硒、维生素缺乏易患恶性肿瘤等。

(2) 理化因素。多种物理因素是恶性肿瘤的危险因素,约占全部致癌病因的5%,最突出的是电离辐射(X线、γ射线的外照效应;α、β射线内照射效应),由此可引起白血病、恶性淋巴瘤、多发性骨髓瘤、肺癌等多种恶性肿瘤。已明确的物理致癌因子还有紫外线(皮肤癌的主要原因)和氡(肺癌的致病因子之一)。已发现有的异物长期刺激可引起肿瘤,如玻璃纸、涤纶、尼龙、聚苯乙烯、电木等。

实际上，在众多致癌危险因素中，化学性因子所占的权重是最大的，至少占85%以上。目前，通过流行病学群体研究证实的对人类有致癌作用的化学物质达30多种。例如，二噁英、尼古丁、镍、石棉、苯丙吡、铬等可致人体多器官、多系统的恶性肿瘤；某些药（如已烯雌酚、环孢素、硫唑嘌呤等）有可能诱发恶性肿瘤。

（3）生物因素。生物性致癌危险因子包括病毒、真菌、寄生虫和某些藻类。其中，以病毒与人体肿瘤的关系最密切，研究也最深入。有15%~20%的肿瘤与病毒感染有关，较明确的有：乙肝病毒与肝癌关系密切；EB病毒与淋巴瘤、鼻咽癌有关；艾滋病病毒可引起卡波西肉瘤；人乳头状瘤病毒可引起子宫颈癌；黄曲霉素，其中以AFB1致癌作用最强，可引起肝癌、胃癌、肾癌、结直肠癌及卵巢癌。

（4）社会心理因素。人，是生物意义上的个体，更是一个有情感、思维的社会人。精神因素与肿瘤的发生发展有关，长期的忧虑和严重的精神创伤等高级神经活动障碍，抑制机体免疫功能，为肿瘤的发生发展提供有利的条件。有研究表明，长期处于孤独、矛盾、失望、压抑状态，可能是引起恶性肿瘤的重要因素之一。

四、脑　卒　中

（一）我国脑卒中概况

脑卒中（brain stroke），又称脑中风（cerebral apoplexy），通常是指具有潜在脑血管疾病的患者，因各种诱发因素致脑内血管破裂或狭窄，而造成的急性脑血液循环障碍和由此而引起的永久性或一过性脑功能异常。临床表现以突然晕倒、口眼㖞斜、半身不遂、言语障碍为主要特征。

目前，我国脑卒中呈现出高发病率、高致残率、高死亡率、高复发率、高经济负担五大特点，其发病率正以每年8.7%的速度上升，已成为居民的第一位死亡原因。中国工程院院士、2013脑卒中大会学术委员会主席王陇德发布《国家卫生计生委脑卒中筛查与防治工程工作报告》，在全国给予“六普”人口数据对脑卒中患者进行年龄、性别和城乡标化后，中国脑卒中的患病率为1.82%，以此估算全国40岁以上的人群有1036万例罹患过脑卒中。我国脑卒中的流行主要有三个特点。

1. 农村患病率高于城市

调查发现，农村男女患病率均高于城市。农村男性的患病率为2.29%，城市为1.73%；农村女性卒中患病率为1.83%，城市为1.39%。农村患病率高的主要原因是受教育水平低，教育水平不但与农村居民高血压和糖尿病知晓率低有关，也与不良的生活方式相关。再者就是农村整体医疗水平较低。

2. 中青年脑卒中发病率超五成

项目组分析了1个社区和2家医院上报的3份脑卒中患者样本，在总数超过7万例的患者中，小于65岁的患者比例已经达到50%以上。我国脑卒中发病的年轻化趋势非常明显，脑卒中这种疾病对劳动力人口的影响是非常大的。这个问题应该引起全社会的高度警惕。

3. 我国脑卒中的危险因素与西方国家不同

我国脑卒中患者的伴随高危因素，第一位是高血压，第二位是吸烟，低高密度脂蛋白胆固醇（HDL-C）血症位列第三，排在第四位的是高同型半胱氨酸（HCY）血症。我国的高同型半胱氨酸血症患病情况比较严重。约75%的中国高血压患者伴有同型半胱氨酸升高，在全球排名首位。高同型半胱氨酸血症可明显增加高血压患者的卒中风险。糖尿病和其他血脂异常排在后面，包括高三酰甘油血症、高低密度脂蛋白胆固醇（LDL-C）血症和高胆固醇血症，这与国外的情况又有所不同，国外高胆固醇、低密度脂蛋白胆固醇血症是卒中、冠心病的主要危险因素。

（二）脑卒中的病因

1. 高血压

高血压已是公认的首要的卒中危险因素。许多实验表明，在高血压的影响下，它可直接作用于直径 50~200μm 的小动脉，使这些小血管的动脉壁发生透明脂肪样变、微动脉瘤形成或微梗死；同时，高血压的作用可通过机械性刺激，损伤较大血管的内皮细胞，使之发生动脉粥样硬化。一旦出现这些病理变化，就使得发生脑卒中的危险性大为增加了。

2. 心脏病

各种原因所致的心脏损害是公认的脑卒中的重要危险因素。风湿性心脏病、冠心病、高血压性心脏病、心肌病和先天性心脏病，以及可能并发的各种心脏损害如心房颤动、房室传导阻滞、心功能不全、左心室肥厚、细菌性心内膜炎等，均可增加脑卒中，特别是缺血性脑卒中的危险。

3. 糖尿病

糖尿病是一种较常见的病症，同时也是脑卒中发生的重要危险因素之一。临床也发现，很多脑卒中患者同时存在糖尿病；伴糖尿病的脑卒中患者预后差。

4. 年龄

脑卒中的发病率或死亡率与年龄有着十分密切的关系。随着年龄的增长，脑卒中的发病率与死亡率都呈指数增加。一般认为，年龄在 55 岁以上者每过 10 年，脑卒中的危险性就增加 1 倍。人口老龄化将使脑卒中的危险性更加突出，约有 2/3 以上的脑卒中发生在 65 岁以上的老年人中，且这一年龄段的人因脑卒中而死亡的可能性要比正常人群高出 7 倍。

5. 生活方式

（1）吸烟。有较多的病例对照和前瞻性研究都证实，吸烟是缺血性脑卒中的独立危险因素。但吸烟对不同类型卒中的相对危险系数差异很大：蛛网膜下腔出血为 2.9，脑梗死为 1.9，脑出血为 0.9；女性吸烟的风险略高于男性；65 岁以下吸烟者的风险高于 65 岁以上者；吸烟数量越多，危险越大。

（2）酗酒。与出血性脑卒中的危险性有直接的相关性。但是，少量饮酒（乙醇≤24g/d）并不构成卒中的危险，甚至不少研究认为，其可能是卒中的保护因素，特别是饮用少量葡萄酒者。

（3）饮食习惯。也可能是脑卒中的危险因素之一。过多地摄入钠盐，人体内叶酸、维生素 B_{12}、维生素 B_6 的缺乏，常是脑卒中的危险信号。

1. 试述重大疾病的含义。
2. 如何理解自然环境对健康的影响？
3. 脑卒中的产生原因有哪些？

【案例分析】

案例一：有一位同志，11 月 1 日在北京买了许多白菜放在墙根儿。11 月 3 日下了一场雪，他怕白菜冻坏了，于是从 3 楼下来搬白菜。白菜一棵好几斤重，他第一次搬了 3 棵，从楼下搬到 3 楼阳台，第二次搬了 2 棵，第三次又搬了 2 棵，总共五六十斤重。可是因为平常不干活，他一下子上下 3 楼好几趟，累得直喘，越喘越厉害，咳嗽吐痰，吐血沫痰。他感觉不对，赶紧上医院吧！医生一看不得了，急性心肌梗死，赶紧抢救，打了一针药，这一针药 0.1g 15 000 元。金子 1g 是 300 元，0.1g 金子才 30 元，这个药 0.1 克就要 15 000 元。药效果不错，打进去之后病情很快就缓解了。最后一结账，医药费花了 6 万元。想一想，为了这 6 块钱的白菜花了 6 万元医药费，命差一点儿就没了。

案例二：在北京东郊某车间，医生为一位38岁的头圆、颈短、腰围大的肥胖高血压患者做体检，劝他戒烟，按时服药，患者却若无其事地说："能吃能睡就是没病，力气大就是身体棒。"并当场举起身边一个一百多千克的机床部件，毫不费力。在场工人都喝彩："哥儿们，好样的，全车间数你的身体最棒。"3个月后，在一次过度饮酒后的外出途中，他猝倒在路上，经全力抢救无效身亡。尸检发现：心脏冠状动脉高度狭窄，5处陈旧性的心肌梗死。一个年轻的生命就这样悄悄地走了，人们惋惜而又诧异："怎么全车间身体最好的倒是死得最早的？"

【问题】

1. 这2个案例对我们有什么启示？
2. 案例二中这位主人公真正的死因是什么？

【提示】

健康的影响因素很多，要着重预防。

（宗苏秋）

第三章
健康保险市场

内容提要

健康保险市场是健康保险业务的载体。本章从市场的内涵出发，引出健康保险市场的概念，阐述了健康保险市场的构成要素，分析了健康保险市场的需求与供给，并介绍了健康保险市场的组织形式。

第一节　健康保险市场概述

一、健康保险市场的含义

市场有广义和狭义之分，狭义的市场是指商品交换的场所和领域，是把买卖双方集中在一起进行商品交换的地点或空间。广义的市场可以从市场性质和市场营销方面进行解释。从市场性质的角度而言，市场是指交换关系的总和，即交换当事人（商品生产者、经营者、消费者）为了满足相互的需要进行买卖使其产品相互转让的交换关系，它反映了社会生产和社会需要之间的联系，从而在商品交换过程中反映着复杂的利益关系，这种交换关系是通过市场来实现的，市场成为交换关系的集合体。从市场营销角度而言，市场是指现实的和潜在的购买者的集合。从以上狭义和广义的市场概念来看，虽然其具体含义不同，但其共同点就是同时具备三个要素：商品、购买力、愿意买卖商品的人。

保险市场则是保险供求双方交易关系的总和。保险市场这一概念由其外延和内涵两方面构成。保险市场的外延指的是它的交易或地域范围；保险市场的内涵指的是与保险交易过程有关的全部条件和交易的结果，包括保险产品的设计和销售、核保、保费缴纳、保险索赔和理赔、保险中介撮合与风险管理服务等。

传统意义上的保险交易一般在某一固定的保险交易场所内或某一地域范围展开，或者围绕一个或若干核心点形成保险集中交易的场所。前者如1720年成立的英国特许皇家保险交易所、美国CATEX保险交易所、英国的劳合社，后者如集百余家跨国保险公司于伦敦金融城的伦敦保险市场、纽约曼哈顿的纽约保险市场等。而随着现代科技的发展和经济全球化的进程，世界保险市场实现了从传统外延型保险向现代内涵型保险市场的转变。现代意义上的保险市场则完全突破有形市场的束缚，囊括了所有有形和无形的保险商品交易关系，包括保险人、再保险人等保险商品的供给者，政府、企业、家庭和个人等保险商品的需求者，也包括保险经纪人、公估人、代理人、保险电子商务网站等保险中介，还包括保险仲裁机构、保险监管机构等。所有这些保险市场的运行要素共同作用形成了整个保险商品交易关系体系（图3-1）。

健康保险市场是指为了满足弥补自身发生疾病或者意外时的医疗费用或收入损失的需求而购买健康保险产品的消费群体。主要包括各类健康保险产品的供求双方，即经营健康保险业务的各类保险机构、消费者，以及相关保险中介组织和健康保险产品。

健康保险市场是保险市场的有机组成部分，是金融市场的一个分支。健康保险市场的发展与一个国家的历史文化传统、经济发展水平、社会保障制度、国家金融政策、国家金融信用体系的完善程度，以及公民的文化程度、健康意识和保险意识等有密切的关系。

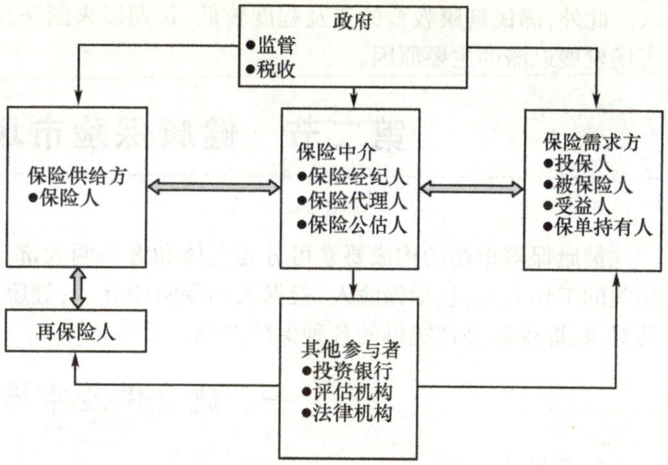

图 3-1　保险市场的结构

二、健康保险市场的分类

根据健康保险经济活动的内容、空间和环节的不同，健康保险市场可分为不同的种类。

（1）根据被保险人的特点可以分为个人健康保险市场和团体健康保险市场。

个人健康保险市场是指以个人或者家庭等自然人为销售目标经营健康保险产品的市场。其特点是市场容量比较大，覆盖范围比较大，风险因素复杂，销售和核保量大等。团体健康保险市场是指以企业、商店等法人为营销目标销售健康保险商品的市场。其优点是需求差异小，风险因素统一，销售和核保量小，但是市场容量较个人市场偏小，而且可以开展的业务种类较少。在其他条件相同的情况下，团体健康险费率低于个人健康险，因其管理成本和营销成本低。

在我国，绝大多数的健康保险产品都是针对个人市场设计并销售的，团体保险市场的开发程度很低，这使得团体健康保险市场的优势没有充分发挥。相比之下，美国的团体健康保险市场开发得比较好，几乎全部的医疗保险都是针对团体市场设计并进行营销的，而且取得了非常好的效果。

（2）根据健康保险的保障内容可以分为医疗保险市场和失能补偿保险市场。

医疗保险和失能补偿保险是健康保险的两种基本类型。在实际操作过程中，通常将这两种类型的健康保险所面对的消费者群体分成两个市场来操作。现代医疗保险市场超出了地理空间的限制，是指一定范围的有能力并愿意购买有关医疗产品的人群。它是医疗保险商品供给与需求关系的总和，交易的对象是保险人为消费者所面临的疾病风险提供的各种保障。其优点就是市场机会大，业务种类多，产品设计比较灵活，而且消费者认知程度较高；缺点就是风险较高而且因素复杂，销售、核保及给付的业务量大。失能补偿保险市场是指为了弥补因为某种疾病或者意外伤害导致丧失工作能力或者在一段时间内收入减少甚至中断而购买失能保险的消费者群体。其优点就是保费收入相对稳定，风险较小；缺点主要是消费者的认知程度不高，制约了这部分市场的发展。

由于我国的医疗保障制度改革已经进行了多年，消费者对于医疗保险的重要性认识已经有所提高，但是对于失能补偿保险市场的认识几乎为零。因此，在我国医疗保险市场业务不断扩大的同时，失能补偿保险的开发却举步维艰，甚至还存在健康保险等同于医疗保险的错误认识。而在西方发达国家，失能补偿保险源源不断的保费收入成为各大保险公司生存和竞争的基础。

（3）根据保险合同的时效长短可以分为长期保险市场和短期保险市场。

短期保险市场是指购买或准备购买一年期以下健康保险产品的消费者群体。其主要优点是风险较小，风险统计和控制相对简单，保单条款的设计时效性较强，投保人的保费负担较小，因而容易打开市场实现规模销售，同时选择面较宽，选择也比较灵活；缺点就是难以形成长期稳定的保费收入资金，保单到期后的续保也加大了业务量。长期市场是指购买或准备购买一年期以上健康保险产品的消费者群体。其优点就是保单收入比较稳定；缺点是产品种类较少而且销售相对困难等。

在我国，短期健康保险市场的发展速度很快，而长期健康保险市场的发展相对缓慢。这主要是由于我国医疗卫生服务行业不够规范，从而导致医疗费用一涨再涨，使得各保险机构根本无法及时、科学地对长期医疗费用做出可行性的预测，进而阻止了各保险机构对长期健康保险市场的开发和投人。此外,国民健康教育的普及程度较低,长期以来国民保险意识的淡薄及国家政策也是健康保险市场发展迟滞的主要原因。

第二节　健康保险市场的构成要素

健康保险市场的构成要素可分为主体和客体两大部分。健康保险市场的主体是指与保险供求相关的工作人员,包括保险人、投保人和保险中介人;健康保险市场的客体是指健康保险市场中的交易对象,即保险公司提供的各种保险产品。

一、健康保险市场的主体

1. 保险人

根据中国《保险法》规定,保险人又称"承保人",是指与投保人订立保险合同,并承担赔偿或者给付保险金责任的保险公司。本章节的保险人是指在健康保险市场上出售各种健康保险产品的保险机构,它是保险市场上的供给方。保险人一般为法人,但也存在自然人为保险人的情况(如劳合社社员)。

2. 投保人

投保人是健康保险产品的消费者或者潜在消费群体,是健康保险市场的需求方,又称"要保人"。被保险人或受益人作为投保人本身,或与投保人有关的利益方,对投保行为和健康保险需求有着不可忽视的影响,因而也是保险市场主体的组成部分。

3. 保险中介人

保险中介人是介于保险人与投保人之间,促使双方达成保险合同或者协助履行保险合同的人。保险中介人通过向健康保单买卖双方提供服务,把保险人和被保险人联系起来,并建立健康保险合同关系。在健康保险市场上,保险中介人可分为代表保险人招揽和推销业务并提供各种辅助服务的保险代理人;代表投保人和被保险人利益选择保险并进行"穿针引线"的保险经纪人;还有接受保险人或者被保险人委托,客观地从事保险查勘理赔估损的公估人等。

(1) 保险代理人。我国《保险法》第一百二十二条规定:"保险代理人是根据保险人的委托,向保险人收取代理保险费,并在保险人授权的范围内代为办理保险业务的单位或者个人。"根据组织形式的不同,我国《保险代理人管理规定(试行)》把保险代理人分为三种类型。

1) 专业代理人:是指专门从事保险代理业务的保险代理公司,其组织形式为有限责任公司。后来的《保险代理机构管理规定》中规定:"保险代理机构可以以合伙企业、有限责任公司或股份有限公司形式设立。"2007年修订后的《保险代理机构管理规定》又增加了可以申请一人有限责任公司。其业务范围包括:代理推销保险产品、收取保险费、协助保险公司进行损失勘查和理赔,以及保险监管机构批准的其他业务。

专业代理人的优点是:可以利用代理人的一切现有资源,大大降低了销售成本;代理人员素质较高,交易成功机会较大;代理人是独立法人,可以避免很多法律风险等。缺点是:代理人多为区域性经营,市场覆盖面较窄,而且代理成本较高会直接导致产品价格提升,降低产品的市场竞争力。目前,专业代理在我国团体健康保险市场上较为多见。

2) 兼业代理人:是指受保险人委托,在从事自身业务的同时,指定专人为保险人代办保险业务的单位。兼业代理人必须符合以下条件:具有所在单位法人授权书,有专人从事保险代理业务,有符合规定的营业场所。兼业代理人的主要业务范围包括:代理推销保险产品、代理收取保险费。

兼业代理人的主要优点是:可以利用银行现有的客户群从而使业务面更广,同时可以大大降低销售成本。由于代理人员不直接向保险人负责，而且专业素质较差，所以导致交易成功率较低是其主要缺点，因此只适合销售合同条款简单、责任非常明确的健康保险产品。目前，我国健康保险市场上的银行兼业代理方式并不多见，但随着健康保险市场竞争的不断加剧，各保险公司一定会为了争夺银行的已有客户群而将兼业代理作为竞争的主要手段。

3）个人代理人：是指根据保险人委托，向保险人收取代理手续费，并在保险人授权的范围内代为办理保险业务的个人。个人代理人不得办理企业财产保险和团体人身保险业务，不得兼职从事个人保险代理业务。其优点是：灵活机动，能及时得到投保人对产品的反馈信息，适于销售比较复杂的健康保险产品；缺点是：培训周期长，佣金费用高。

（2）保险经纪人。我国《保险法》第一百二十三条规定：“保险经纪人是基于投保人的利益，为投保人与保险人订立保险合同提供中介服务，并依法收取佣金的单位。”也就是说，保险经纪人是指代表被保险人在保险市场上选择保险人或保险人组合，同保险方洽谈保险合同条款、代办保险手续及提供相关服务的中间人。

保险经纪人的组织形式一般有三种：个人保险经纪人、合伙企业、保险经纪公司。大多数国家都允许个人保险经纪人从事保险经纪业务活动；英国等一些国家允许以合伙方式设立合伙保险经纪组织，并且要求所有的合伙人必须是经注册的保险经纪人；保险经纪公司是所有国家都认可的保险经纪人组织形式，一般采取有限责任公司或股份有限公司形式设立。我国《保险经纪机构管理规定》认可合伙企业、有限责任公司、股份有限公司这三种组织形式。虽然保险经纪人的佣金是由保险人付给的，但保险经纪人的行为对保险人不具有法律约束力，其行为所产生的结果完全由自己来承担。如果保险经纪人的过失行为使投保人蒙受了损失，则保险经纪人要对投保人承担损害赔偿责任。因此，许多保险经纪人都投保“保险经纪人职业责任保险”，以此作为自身责任的经济保障。

保险经纪人的优点是：丰富的经验和高水平的专业知识可以确保投保人的保险利益，同时为保险人节省了大量的中间销售成本等。在保险业发展水平很高的西方发达国家，保险经纪人制度十分完善、有效，已经成为健康保险、其他人身险和财产险的主要营销中介。但在我国健康保险市场乃至整个寿险市场上，经纪人几乎被忽略，只是在部分财产险的销售中起到一些作用。相信随着健康保险市场的进一步发展和扩大，经纪人会越来越受到重视。

（3）保险公估人。我国《保险公估人管理规定》（试行）第二条规定：“保险公估人是经中国保监会批准，按照本规定设立，专门从事保险标的的评估、勘验、鉴定、估损、理算等业务，并据此向保险当事人合理收取费用的公司。”在健康保险市场较为完善的国家，普遍建立了保险公估人制度。我国《保险公估机构管理规定》对公估机构的组织形式规定与保险经纪机构相同。常见的保险公估人有核保时的公估人和理赔时的公估人。

核保时的公估人主要从事保险标的的价值评估和风险评估。由核保时的公估人提供的查勘报告是保险人评估风险、审核承保能力的重要参考。理赔时的公估人是指在保险事故发生后，受托处理保险标的的检验、估损和理算的公估人。

健康保险公估人的优点是：社会服务面广、服务成本低、服务效率高和保障市场活动主体的合法权益等。其主要缺点是：佣金费用高，间接提高健康产品的价格。

综上所述，保险代理人和保险经纪人是媒介，是保险供需双方的桥梁，而保险公估人则类似于保险交易服务的“仲裁员”。随着商业健康保险的迅速发展，国内健康险市场将呈现全方位、多层次的竞争态势，将不再是单纯的市场份额和业务规模的竞争，更是战略决策、管理水平、服务形象、综合效益及长远利益的竞争。许多国外资本正在积极地关注着在我国医疗卫生体制改革的形势下健康险市场的发展趋势，凭借其较为丰富的经营管理经验与应用技术，一旦参与其中，势必加剧市场竞争程度，这对促进健康险市场的规范发展将会起到积极的作用。

二、健康保险市场的客体

健康保险市场的客体就是健康保险产品，是指保险人向被保险人提出的，在发生疾病或者意外伤害时向被保险人提供医疗费用和收入损失补偿的承诺。健康保险产品同其他类型的保险产品一样，都是以保险合同形式存在的。

健康保险产品的种类因国情不同而有所区别。发达国家的产品种类较多，发展中国家的健康保险产品种类较少。如美国的健康保险产品种类多达3000多种，涵盖了短期健康保险和长期健康保险、个人险和团体险，而且其支付能力更加直接、合理。我国的健康保险产品主要有定额给付型、费用报销型及住院津贴型三大类。截止2013年12月底，我国境内的保险公司推出的包括重大疾病保险、住院医疗保险和高端医疗保险在内的健康保险产品多达301款。这些产品针对0~50岁的全部人群及50岁以上的部分中老年群体，同时多家保险公司还推出了针对女性健康的女性疾病保险产品。保障内容更具人性化，根据被保险人自身的实际情况和经济负担能力，各保险公司设计了更多的可供选择的保障项目。部分中资保险公司推出覆盖全面并可根据客户需求进行搭配的健康险产品，而合资公司也将成熟的全球医疗保险"中国化"。以重大疾病保险为例，2012年各保险公司都在保监会规定必须涵盖的25种重大疾病基础上增加种类，目前重大疾病保险保障病种多在30种以上，有的保险公司这一产品的保障病种甚至超过40种。

因为我国的健康保险市场刚刚起步，发展水平较低，加上各大保险公司对健康保险产品的开发不够重视，所以至今很多健康保险产品都曾采用人寿保险附加险的形式进行捆绑销售，至今大部分产品都保持这种销售方式。但是，《国务院办公厅关于加快发展商业健康保险的若干意见》(国办发〔2014〕50号)文件规定："丰富商业健康保险产品。大力发展与基本医疗保险有机衔接的商业健康保险。鼓励企业和个人通过参加商业保险及多种形式的补充保险解决基本医保之外的需求。支持商业保险机构针对不同的市场设计不同的健康保险产品。根据多元化医疗服务需求，探索开发针对特需医疗、药品、医疗器械和检查检验服务的健康保险产品。"相信随着健康保险市场的进一步发展，健康保险的业务险种将不断完善扩大。

第三节　健康保险市场的需求与供给

在健康保险市场的运行中，保险的需求与供给是其最重要的因素。两者对健康保险市场的发展、对改善保险公司的经营管理、对健康保险经济的发展都有重要意义。保险供给与保险需求是一种相互依存、相互作用的关系。保险需求是保险供给的前提，潜在的保险需求决定着有效保险供给的发展规模；相反，保险供给是保险需求的实现条件，保险供给能力影响着保险需求的实现程度。

一、健康保险市场的需求

健康保险市场的发展首先取决于人们对健康保险的需求。换言之，健康保险市场的需求是指一定时期内在各种可能的价格下消费者愿意且可能购买的健康保险产品的数量。根据定义，消费者要形成对健康保险产品的需求，必须满足以下条件：一是购买欲望；二是购买健康保险产品的能力；三是购买健康保险产品的决定。

(一) 影响健康保险市场需求的因素

影响健康保险市场需求的因素比较复杂，主要包括风险因素、经济发展水平、产品价格、相关产品的价格、国家医疗保障制度、参保意识等。

1. 风险因素

这里的风险包括市场风险和疾病风险两部分。风险是健康保险产生、存在和发展的前提条件，健康保险市场需求总量与风险程度成正比关系，风险程度越高，健康保险市场的需求就越大；反之，健康保险市场的需求总量就越少。同其他保险需求一样，疾病和损伤风险存在的客观性和普遍性是产生健康保险需求的最主要动因，即消费者可能遭遇的疾病和伤害所导致的经济损失是其购买健康保险最直接的驱动力。疾病或损伤发生的可能性越大，人们购买健康保险的需求越强烈。

2. 经济发展水平

经济发展水平对健康保险产品市场主体的影响主要体现在经济收入对健康保险需求的影响上。一般而言，健康保险需求的增长是随着经济收入的增长而增长的，根据马斯洛需求层次理论，人们只有在满足了基本的生存需求后才会考虑健康保险需求，并且随着经济收入的增长，人们对自身生命和健康的关爱程度也会不断增加，对健康保险的需求也会越来越高。

3. 产品价格

在健康保险市场上，健康保险产品的价格即保险费率也是影响健康保险需求的一个重要因素。在其他条件一定的情况下，健康保险市场的需求与保险费率成反比。健康保险产品的价格上升，健康保险市场的需求下降；反之，价格降低时，健康保险市场的需求将增加。

4. 相关产品的价格

其他产品价格的变化对健康保险市场需求的影响，主要取决于他们是否存在互补关系或者替代关系。一般而言，健康保险市场的需求与替代性产品的价格成正比，与互补性产品的价格成反比。

5. 国家医疗保障制度

国家医疗保障制度直接影响一国健康保险市场的格局，如我国长期以来实行的由国家和企业统包统揽的公费和劳保医疗制度。在这一制度下，医疗费用完全由国家和企业负担，人们缺乏对健康保险的自我需求。而新的社会基本医疗保险制度实施后，社会医疗保险只提供最低限度的医疗保障，健康保险需求增加。总之，国家医疗保障制度越完备，居民对商业健康保险产品（尤其是医疗保险产品）的依赖程度就越低；反之，国家医疗保障制度越面向市场，居民对健康保险产品的依赖程度就越高，市场需求也就越大。

6. 参保意识

参保意识是人们对健康保险作用的认识与态度，参保意识越强，对健康保险产品的需求就越大。人们的参保意识受多方面的影响，如文化素质、传统观念、生活环境、国家的医疗保障体制变化等。消费者的参保意识越强，健康保险市场的需求就越大；相反，消费者的健康参保意识越淡薄，健康保险市场的需求就越小。

除上述因素外，经济体制、法律环境、人口因素、社会阶层、文化等都会在一定程度上影响健康保险市场的需求。

（二）我国健康保险需求的市场现状

1. 保费收入增长迅速

随着我国医疗卫生体制改革和社会保障制度改革的不断深入，商业健康保险在健全我国多层次医疗保障体系，满足人民群众日益增长的健康保险需求方面发挥着越来越重要的作用。虽然长期以来健康保险在人身保险业务中的比重较小，但在众多利好的政策与强劲的市场背景下，我国商业健康保险在10多年的发展过程中不断扩大业务，保费收入已经从2000年的65亿元提高至2012年的近863亿元，平均年增长率高达27.53%。在保险也普遍增长幅度放缓的2012年，健康险却保持着良好的发展势头，在人身业务中，健康险同比增长数值高达寿险的10倍（图3-2）。

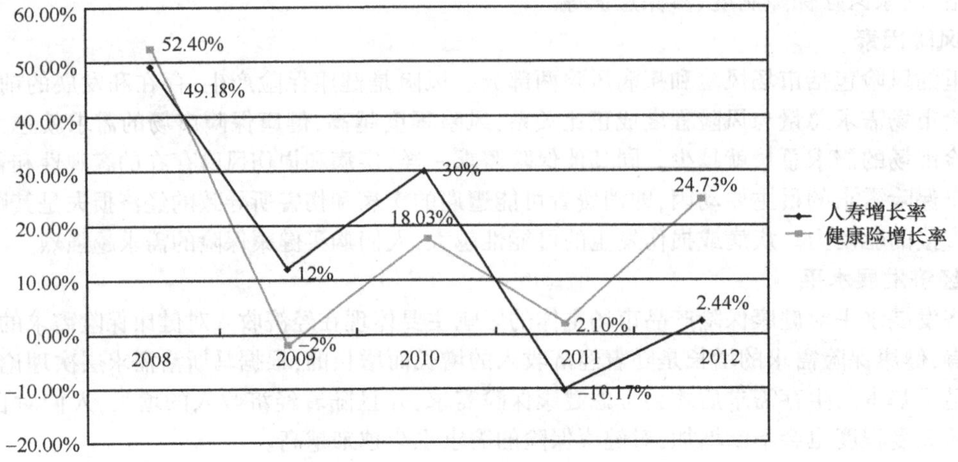

图 3-2 2008~2012 年寿险业务保费收入和健康保险保费收入对比

数据来源:中国保险年鉴(2009~2013 年)

其中,我国 4 家专业健康保险公司——人保健康、昆仑健康、和谐健康、平安健康 2012 年保费收入同比增长分别为 75.6%、318%、7117%、74.5%。比较 2009~2012 年健康险保费收入增长率与各专业健康保险公司保费增长率,我们可以看出,虽然在 2010 年和 2011 年各家专业健康保险公司保费增长率相对于同期健康保险保费增长率增长幅度波动比较大,昆仑健康和和谐健康甚至在 2011 年呈负增长,但是在 2012 年专业健康保险公司的保费增长均远远超出同期的全行业健康险保费增长率(图 3-3)。

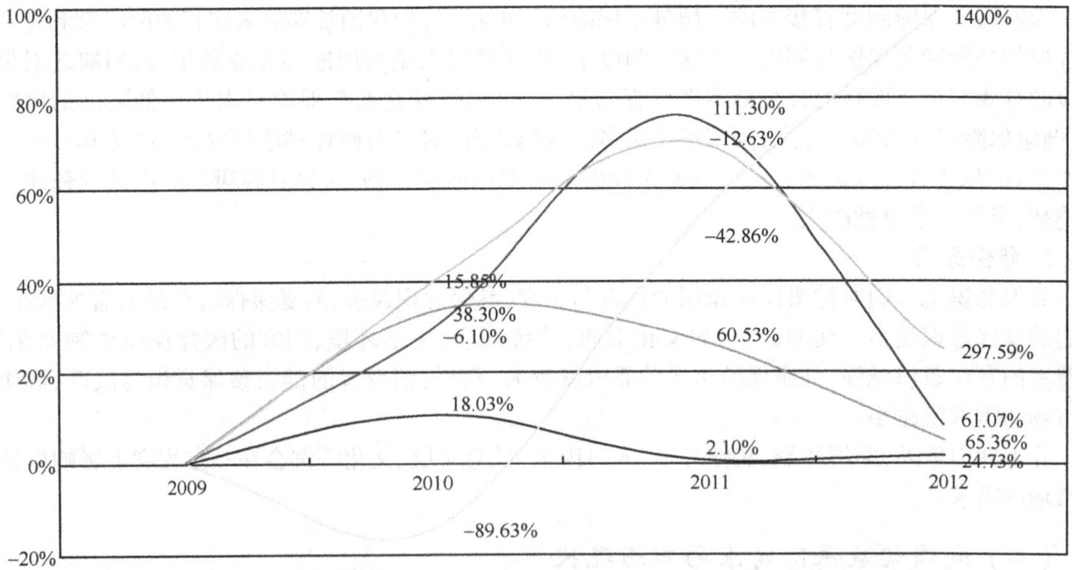

图 3-3 2009~2012 年健康保险保费增长率与各专业保险公司保费增长率比较

数据来源:中国保险年鉴(2009~2013 年)

2. 医疗保障制度派生健康保险需求

2012 年,健康保险业务原保险保费收入 862.8 亿元,同比增长 24.7%。健康保险费收入占人身险保费收入的 8.5%,同比增长 0.4%。虽然我国健康保险取得了较快的发展,但总的来说,仍处于初级阶段,由健康需求派生的健康保险需求非常巨大。

（1）医疗卫生费用占国内生产总值（GDP）的比例：2009 年以来，我国医疗卫生费用占 GDP 的比例刚刚突破 5%，而美国、法国、加拿大、德国等的医疗卫生费用占 GDP 的比例均超过 10%。从这一点可以看出，我国的医疗卫生支出还有很大的上升空间。

（2）个人卫生支出占医疗卫生费用的比例：新医改后，个人卫生支出占医疗卫生费用的比例有所回落。从全球范围来看，我国个人卫生支出所占比例仍处于较高水平。由于居民具有通过购买健康保险转移卫生支出的愿望，因此居民个人卫生支出会对医疗保险的潜在需求产生直接影响。2011 年，我国个人负担的医疗费用为 8465.3 亿元，假设有一半的个人自付部分由保险公司进行偿付，那么当年商业健康保险的市场潜力就有 4233 亿元，是当年健康保险实际保费收入的 6.1 倍。

（3）健康保险保费收入占医疗卫生费用的比例：2012 年，商业健康保险的收入占医疗卫生费用的比例只有 3.0%。全国基本医疗保险（不包括新型农村合作医疗）支出 5544 亿元，而健康保险赔款仅 298 亿元。

（4）我国健康保险保费收入占保险业保费收入的比例：2012 年，我国健康保险保费收入占行业总保费的 5.6%，占人身险保费收入的 8.5%，远低于成熟市场 30% 的比例。

3. 健康保险区域性、层次性需求差异明显

由于我国的经济发展水平存在较为明显的地区性差异，因此我国健康保险市场需求的地区性差异也十分明显。经济发达地区，居民收入水平越高，健康保险意识就越强，健康保险需求就越旺盛；相反，经济比较落后的地区，居民收入水平越低，健康保险意识越薄弱，健康保险需求就越低。从表 3-1 可以看出，健康保险保费收入较高的城市集中在东部发达地区，有 15 个省（自治区、直辖市）的健康保险费收入超过 20 亿元，健康保险费收入排名前 10 的地区占 59.4% 的市场份额。

表 3-1　2012 年各省、自治区、直辖市健康保险保费收入及排名

地区	健康保险保费（亿元）	排名	地区	健康保险保费（亿元）	排名
广州	81.37	1	重庆	17.19	19
北京	80.06	2	陕西	17.08	20
江苏	59.29	3	山西	16.20	21
上海	57.48	4	天津	14.81	22
山东	55.26	5	广西	13.54	23
四川	41.90	6	内蒙古	12.60	24
浙江	37.29	7	江西	12.52	25
河南	37.10	8	吉林	12.22	26
河北	34.19	9	青岛	10.22	27
福建	28.28	10	大连	9.31	28
湖北	27.70	11	甘肃	8.26	29
深圳	24.81	12	贵州	6.02	30
湖南	24.55	13	宁夏	5.83	31
辽宁	23.16	14	厦门	5.47	32
云南	20.67	15	宁波	5.21	33
安徽	19.40	16	海南	2.76	34
新疆	19.19	17	青海	1.99	35
黑龙江	18.29	18	西藏	0.78	36

资料来源：2012 年数据来源于中国保监会网站

二、健康保险市场供给

（一）健康保险市场供给的含义

健康保险市场供给是指健康市场上保险人在一定时期内在各种可能的价格下，愿意提供并且能够提供的保险商品的数量。它既可指整个保险行业为社会提供的保险产品总量，也可以指单个保险公司在一定时期内提供的保险产品总量。研究保险供给，要注意以下几点不同于一般市场供给的性质。

(1) 考虑保险价格确定的特殊性，保险价格包括纯保费和附加保费两部分。纯保费用于补偿风险损失，等于未来期望损失的现值；附加保费主要由各种费用和资本利润构成。费用的高低主要决定于保险公司的经营效率；利润水平由市场竞争程度所决定。因此，市场竞争程度和保险公司经营效率只对附加保费产生影响，不影响纯保费。

(2) 保险公司只是对它可以承保的风险提供保险。

(3) 对于某一具体险种，纯保险费率不会随供给保险商品数量的变化而发生变化；附加保费又分为固定费用（如固定资产折旧、管理费用）和可变费用（如佣金、理赔费用）。保险价格主要来自于附加保费中的固定部分，而该部分所占的比例较小。因此，保险供给曲线一般比较平缓。

（二）健康保险市场供给的影响因素

保险供给同时受宏观经济因素与微观经济因素的影响。制约保险供给的主要因素包括以下几个方面。

1. 健康保险公司的偿付能力

由于保险经营的特殊性，各国法律对保险企业都有最低偿付能力标准的规定，因而健康保险供给会受到偿付能力的制约。假定其他条件不变，偿付能力与保险供给能力呈正相关关系。经营资本越多，供给能力越强。另外，保险企业的业务容量比率也制约着企业不能随意、随时扩大供给。

2. 保险需求

保险需求就是购买健康保险的需要。因此，假定其他条件不变，一国的经济形势越好，消费者的购买力越强，人们对保险的需求就越大，保险供给的数量也就相应越多。

3. 保险费率

保险供给与保险费率成正相关关系。保险费率上升，从而刺激保险供给人向市场提供产品，进而增加保险供给；反之，如果健康保险产品的保险费率降低，企业盈利的可能性变小，从而影响健康保险供给者向市场提供产品的意愿，保险供给则会减少。

4. 保险技术

健康保险业的经营管理是科学技术性、专业性很强的业务活动，即在风险管理、险种设计、费率厘定、业务选择、准备金提存人事管理及法律知识等方面都需要一定的技术，其中任何一项技术的高低，都会影响健康保险的供给。假定其他条件不变，保险技术与保险供给成正比。保险人的经营技术和管理能力越高，保险的供给能力就越强。

5. 制度、政策环境

政府的监管政策在很大程度上决定了健康保险业的发展，决定了健康保险市场竞争的性质，也决定了健康保险经营企业的发展方向。各国政府监管程度不一，有宽松的，也有严格的。国家政策越宽松，健康保险市场供给能力就越强；反之，国家政策越严，越会抑制健康保险供给的增加。此外，市场的规范程度也是影响健康保险供给的重要因素。竞争无序的市场会抑制保险需求，从而减少保险供给；而竞争有序，行为规范，则使保险市场的信誉提高，从而刺激保险需求，扩大保险供给。

6. 保险人才的数量和质量

这里的保险人才主要是指保险经营所需的专门人才，如精算师、核保员、核赔员、风险评估人员等。保险供给者的数量越多，保险供给量就越大；反之，保险的供给量就会减少。在现代社会中，保险供给不但讲求数量，还讲求质量，质量提高的关键是保险供给者的素质。供给主体的质量同健康保险供给成正比。供给主体的质量越高，其开发的产品对投保人不断变化的需求的满足程度就越高，就越能扩大健康保险产品的有效供给；相反，供给主体的质量越低，其满足投保人需求的能力就越低，健康保险产品的有效供给也就越低。

除上述影响因素外，相关产品的价格、保险公司对市场的预期和保险公司的资金运营及投资情况等都会影响健康保险市场的供给。

（三）我国健康保险供给市场的现状

1. 经营主体增加

与国外健康保险公司单独经营不同，我国的寿险公司、财险公司和专业健康保险公司均具有经营商业健康保险的资格。截止 2013 年 12 月末我国大约有超过 100 家保险公司开办了健康保险业务。其中，在中资保险公司中，除国内 4 家专业健康保险公司专营健康保险业务外，尚有 28 家寿险公司和 35 家财险公司开办健康险业务；在外资保险公司中，大约有 26 家寿险公司和 21 家财险公司经营健康保险业务。2012 年移居健康险个人业务保费收入排名，前 10 名的寿险公司如下（图 3-4）。值得一提的是，外资保险公司友邦广东仔 2012 年的健康险营销表现不俗，健康险个人业务市场份额排名第七，在 26 家外资寿险公司中健康险个人业务市场份额排名第一。

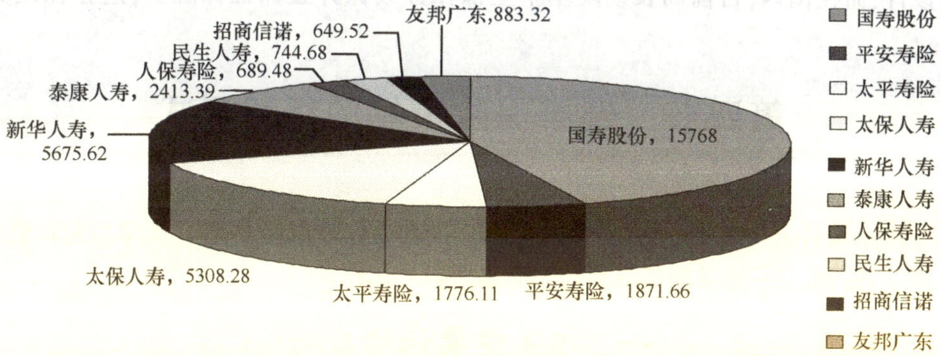

图 3-4　2012 年人身保险公司健康保险（个人业务）的市场份额（单位：百万元）

数据来源：中国保险统计年鉴（2013）

在健康险经营上，相对寿险公司而言，财产保险公司主要以经营短期健康保险为主，无论从业务规模还是保费收入上均略逊寿险公司一筹，2012 年短期健康保险保费收入排名前 10 位的财产保险公司如下（图 3-5）。

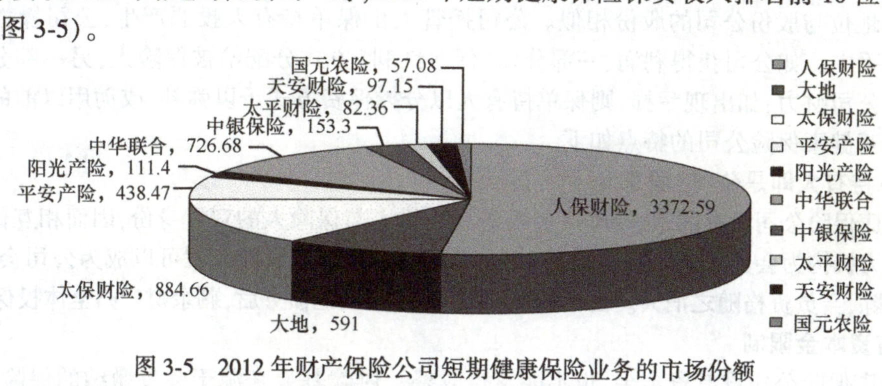

图 3-5　2012 年财产保险公司短期健康保险业务的市场份额

数据来源：中国保险统计年鉴（2013）

2. 产品结构优化

健康保险产品从1992年的70余种发展到目前的近千种,涵盖了医疗保险、疾病保险、护理保险和失能收入损失保险。服务范围也从费用报销和经济补偿逐步向预防保健、健康教育、医疗指导等服务领域拓展。建立和完善了针对不同类型客户的健康管理信息系统,诊疗绿色通道、慢性病管理、家庭医生和异地转诊制度。但由于健康保险同时在财险公司、寿险公司和专业健康保险公司销售,这在一定程度上挤占了专业健康保险公司的市场份额。据保险业人士透露,专业健康保险公司的保费收入中很大一部分来自于投资理财性质的业务,业务渠道则倚重于银行。急需建立包括专业的管理机构、单独核算、完善的健康保险产品体系、专门的核保核赔体系、专业的精算体系、专业的信息管理系统(理赔管理系统和统计分析系统)在内的专业化经营制度。

3. 服务领域日益拓宽,社会影响力日益扩大

商业健康保险公司提供的健康保险已经覆盖包括电力、铁路、邮政、通讯等行业在内的各大行业,社会影响力明显扩大。

4. 费率厘定上缺乏科学性

从精算角度来看,健康险产品的定价基础是疾病发生率、疾病恢复率和医疗费用率。此外,不同地区的疾病发生情况和医疗费用水平不同,一个地区的经验数据不一定适合另外一个地区。我国全面开展健康险不足10年,保险公司积累的经验数据不足,精算定价中的通常做法是借用外国的数据并加以修改,这样测试出来的费率必然存在较大的误差。由于疾病的种类和发生情况会随着社会和医学的发展而发生变化,所以在国外,健康险多是短期品种,长期险几乎已经全都采用不保证保险费的设计,而在国内,目前的长期险基本上都保证续保并且保证保险费,这存在巨大的风险隐患。

第四节　健康保险市场的组织形式

健康保险市场的组织形式是指在一国或一地区的健康保险市场上,保险人采取何种组织形式经营健康保险。各国健康保险业的组织形式一般包括如下几种。

一、相互健康保险公司

(一)相互健康保险公司的定义及特点

相互健康保险公司是在互助共济基础上产生和发展起来的公司组织形式,是所有参加保险的人为自己办理保险而合法成立的法人组织。它的本质是一种非营利性公司,公司为保单持有人(投保人)所共有,地位与股份公司的股份相似。公司托管人由保单持有人投票产生,公司操控权掌握在保单持有人手中。如公司获得利润,一部分以"保单红利"方式分配给被保险人,另一部分作为盈余金用于扩大公司财力;如出现亏损,则保单持有人以分摊保费方式予以弥补,或动用以前的盈余金加以补充。相互健康保险公司的特点如下。

1. 保单持有人即是公司"股东"

相互健康保险公司没有股东,保单持有人兼具投保人与保险人的双重身份,因而相互健康保险公司的最高权力机构为会员大会而不是股东大会。只要缴纳保费,投保人就可以成为公司会员,而保险合同一旦解除,会员资格随之消失。公司清算时,在偿付完其他债务后,剩余财产归全体投保人所有。

2. 没有资本金限制

相互健康保险公司没有资本金,也不能发行股票。风险基金来源于会员缴纳的保险费,营运资金由外部筹措。保险基金是相互健康保险公司的负债而非资本,需要偿还并支付利息。相互健康保险公司对公司债权人不直接承担义务,会员对公司的债务责任以缴纳的保费为限。

3. 非营利性保险组织

相互健康保险公司是不以营利为目的的法人,在经营上对被保险人的利益较为重视,故相互健康保险公司的经营具有"互助互济、内部经营"的特色。名义上公司不通过对外经营获得利润,而是在会员内部之间开展相互健康保险。保费收入在支付赔款和经营费用之后,盈余部分完全由会员共享。通常的做法是:一部分盈余分配给保单持有人,另一部分作为公积金或准备金,转入下一年度的风险基金。

4. 股权不得转让

相互健康保险公司保单持有人的权利不能转让,但公司可以通过终止保险合同来终止保单持有人的权益。而股份制保险公司的股东不一定持有公司保单,股份作为所有权的标志可相互转让,股东与公司的关系只有在出手了公司的股份后才得以终止。

目前,国际上有大量健康保险公司属于相互保险公司,而且规模巨大、实力雄厚。如日本的千代田保险公司、往友生命保险公司等,美国的全国保险公司、西北互助人寿保险公司、纽约人寿保险公司、麻省人寿保险公司等,英国的标准人寿公司等。但近几年来,由于国际保险市场的竞争日益激烈,很多相互健康保险公司为了增强竞争力、扩大融资渠道,纷纷改制为股份制公司。如美国规模最大的人寿保险公司之一的大都会保险公司就已经完成了从相互健康保险公司向股份制保险公司的转化。

(二) 相互健康保险公司的优、缺点

首先,相互健康保险形式适用于道德风险较高的保险。相互健康保险公司的投保人同时为保险人,成员利益同时就是投保人和保险公司的利益,可以有效地避免保险人的不当经营和被保险人的欺诈所导致的道德风险。其次,相互健康保险成本较低,为经济条件相对较差的人们寻求保险保障提供了机会。相互健康保险不以营利为目的,所有的资产和盈余都用于被保险人的福利和保障。相互健康保险公司通过所有权关系取代了市场交易,这为降低费率提供了条件。同时,由于没有为股东盈利的压力,使得相互健康保险公司更为重视那些对被保险人有利的长期健康保险项目。再次,由于相互健康保险公司的投保人具有双重性,因此,公司可以灵活地调整保险费率,从而可以有效地避免利差损、费差损等问题。

当然,任何事物都具有两面性,相互健康保险公司在具有诸多优势的同时,也存在一些劣势。最突出的是利用资本市场的能力有限。相互健康保险公司不能以发行股票的形式向社会募集资金,主要依靠留存盈余来扩大承保能力。不能充分地利用资本市场使它的发展速度受到一定的限制。此外,相互健康保险公司对市场的反应度较差、效率低等。

二、股份制保险公司

股份制保险公司是将全部资本分成等额股份,股东以其所持股份为限对公司承担责任,公司则为以其全部资产对公司债务承担责任的企业法人,又称保险股份有限公司。其性质为组织资合性、资本股份性。股东以领取股息的办法分配公司所取得的利润。为了保证股份制保险公司的稳定经营,各国保险业法对实收资本的最低限额,一般都有明确的规定。股份有限公司的资本以股东购买股票的形式募集资金,股东以领取股息或红利的办法分配公司的利润,并以自己认购的股份为限对公司的债务负责。

股份制保险公司的组织机构包括股东大会、董事会、监督会和经理。股东大会是公司的权力机构,由股东组成;公司的经营机构是董事会,董事会成员由股东选举产生,一般由5~19名成员组成,

其中，董事长1人，副董事长1~2人，董事若干名；监事会是股份制保险公司的监督机构，由股东代表和适当比例的公司职工组成，不得少于3人，检查财务，监督违法、违章等，提议召开临时股东大会；经理由董事会聘任和解除，负责执行公司的方针，并向董事会负责。

股份制保险公司具有分散风险、规模庞大的优点。首先，其所有权与经营权相分离，这有利于经营管理效率的提高，增加保险公司的利润，进而扩展保险业务，使风险更加分散，经营的安全性更高，对被保险人的保障性更强；其次，股份制保险公司通过发行股票（或股权证）筹集资本，容易筹集到大额资本，使经营资本充足；再次，股份制保险公司采取确定保险费制，符合现代保险的特征和投保人的需要，为业务拓展提供了便利条件。因此，许多国家的保险业法规定，经营保险业者必须采用股份有限公司的形式。

股份制保险公司的不足之处在于：①公司的控制权操纵在股东之手，经营的目的是为投资者攫取利润，被保险人的利益往往被忽视；②对保险金的赔付，往往附以较多的限制性条款；③对那些风险较大、利润不高的险种，股份制保险公司往往不愿意承保。因此，近几年来，各国股份制保险公司相互化的观念与行动日渐普遍。中国人民保险公司、中国人寿保险公司、中国再保险公司均于2003年由国有独资保险公司改制为股份制保险公司。目前，在我国，中国人民财产保险股份有限公司、中国人寿保险股份有限公司、中国平安保险（集团）股份有限公司、中国太平洋保险（集团）股份有限公司、新华人寿保险公司、华泰财产保险股份有限公司，均为股份制保险公司。

三、互助性保险组织

互助性保险组织是由保险合作社发展而来的一种企业化的保险市场组织形式。其典型代表是日本的三井生命和美国的美国教师退休基金会（TIAA-CREF）。美国教师退休基金会从创业至今已有80余年的历史，公司不仅为高级教职工和研究人员提供个人生命保险、终身健康保险，而且也为普通教师及其家人提供同样的服务，如今已经发展成世界上最大的退休保险提供者。

四、个人保险组织

个人保险组织是个人为保险人的组织。从严格意义上讲，个人保险组织不是保险公司，而是一个保险市场，它是由各种会员（包括公司会员和个人会员）组成的协会，具体保险业务由协会内承担组合办理。英国的劳合社是世界上最大的、历史最悠久的个人保险组织。劳合社实际上不是一家保险公司，而是一个保险市场。劳合社市场上的保险人是劳合社的承保成员，其资格要经过严格的审查。加入劳合社通常需具备：①经1名成员推荐，5名成员附议；②愿承担个人的无限责任（自1994年起已改为有限责任）；③个人财产不少于75万英镑；④经劳合社委员会审查、批准。另外，还应向劳合社管理公司提供不少于1万英镑的保证金，具体数额随业务量而定。20世纪初，劳合社仅有600多名成员，但到1988年底劳合社注册的成员已达32 433人，其中大部分是英国人；其后有逐步减少的趋势，2000年底劳合社成员为4171人。劳合社的每个成员都是保险人，他们常常组成承保小组，以组为单位承保，每个成员以其全部财产承担责任（自1994年起已改为有限责任）。在美国也有类似的组织，称为美国劳合社。但由于各州法律都加以限制，有的州还禁止此类组织成立，故其在保险市场中所处的地位，远不如在英国。现在，劳合社已经进入中国市场，在北京设立了代表处。

五、民间健康保障社团组织

民间健康保障社团组织是具有保险合作社性质的非营利性的慈善社团组织。如美国的东北卫生服务处。该处成立于1971年，是一个慈善性质的会团组织，主要为居住在华盛顿市的华人服务，在旧金山的华人也可以申请入会。申请人要在预约后携带家庭收入证件、现住址有关证件、社会安全卡及个人身份证明等，每人交纳入会费 5 美元，每户最多交纳 20 美元，便可领取黄卡。东北卫生服务处按个人或家庭收入分等级收费，并设有社会服务部门专为负担不起医药费的贫民申请医疗补助。目前，东北卫生服务处设有一般门诊、牙科、眼科、检验科、小型手术室、X 线放射科及针灸科，并提供许多额外的免费服务，如免费测量血压、指导儿童保持牙齿健康、聘请专科医生讲课等。目前，该处拥有会员 2 万余人。

六、行业(团体)自保组织

行业自保组织是指某一行业或企业为本企业或本系统提供保险保障的组织形式，常以公司命名。欧美国家的许多大型企业集团都有自己的自保公司。行业自保公司是在第一次世界大战和第二次世界大战期间首先在英国兴起的，到 20 世纪 50 年代，美国也开始出现了这种专业性自保公司。自保公司一般由其母公司拥有，母公司直接影响并支配其自保公司的运营。自保公司可以直接承保母公司及其下属公司的风险，或者间接地通过为母公司及其下属公司的原保险公司办理再保险，向母公司及其下属公司提供保障。

自保公司具有一般商业保险所具备的优点，但其适用范围有限制，故而不能像商业保险那样普遍采用。其优点在于：第一，降低被保险人的保险成本；第二，增加承保弹性，即自保公司承保业务的伸缩性较大，对于传统保险市场所不愿承保的风险，也可予以承保，以解决母公司风险管理上的困难；第三，减轻税收负担，自保公司设立的重要动机，就在于获得税收方面的利益；第四，加强损失控制，即通过建立自保公司，可以降低商业企业保险引起的道德风险，母公司会更加主动地监督其风险管理方案。

其缺点在于：第一，业务量有限。因现今多数自保公司虽都接受外来业务，以扩大营业范围，但在本质上其大部分业务仍以母公司为主要来源，危险单位有限，使大数法则难以发挥功能。第二，风险品质较差。因自保公司所承保的业务多为疾病损伤保险，不仅易于导致风险的过分集中，且保险的风险品质较差，如损失频率高、损失额度大、损失补偿所需的时间常拖延甚久等，增加了业务经营的困难。第三，组织规模简陋。自保公司通常因规模较小，组织较为简陋，不易罗致专业人才，无法采用各种损失预防或财产维护的措施。第四，财务基础脆弱。因其设立资本较小，财务基础脆弱，同时外来业务少，不易分散经营的风险。

目前，世界上大部分国家采用的保险组织形式有保险股份有限公司、相互保险公司和保险合作社，同时，在许多国家已有行业自保公司或自保集团。保险组织形式的多元化，在一定条件下将有利于发挥每个保险组织优势互补的功能，满足不同层次的保险需求。

复习思考题

1. 如何理解健康保险市场的含义？
2. 健康保险市场的构成要素有哪些？
3. 影响健康保险市场供给与需求的因素有哪些？
4. 健康保险市场的组织形式有哪几种？各有何优、缺点？

【案例分析】

2014 年 8 月 14 日下午两点左右，一名新疆乌鲁木齐 43 岁的男性因急性心梗患者由直升机从乌鲁木齐直接送往北京安贞医院抢救，急救直升机降落到北京的闹市区，转运仅用 9 分钟，与此同时，120 急救车早已等候在安贞医院北 200 米处，准备接机。

这正是由保险机构提供的高端健康险中紧急救护的服务，在这样的服务中，几乎每一秒钟都体现生命的价值。但是目前享有这种服务的国人并不算多。统计数据显示：2013 年中国商业健康险保费的总额是 1123.5 亿元人民币，折合人均 83 元人民币，仅相当于一件普通衣服的投入。而国人每年仅在购买新车上就花费2.5万亿元人民币，相当于健康险投入的22倍。国民的保险意识远远滞后。

2014年8月，中国健康险领导企业招商信诺人寿保险有限公司邀请全国10余家主流媒体及业内专家在杭州召开“健康保险发展探讨沙龙”。会上，招商信诺健康险市场营销副总裁周睎烨介绍，根据全球商业健康险的发展模式来看，可分为基础产品阶段、成熟产品阶段和创新产品阶段，目前，中国正处于提供基础产品的阶段，并有向提供成熟产品阶段发展的趋势。

来自波士顿咨询公司的合伙人兼董事总经理罗英女士指出，国内健康保险渗透率低的现状是由供求方面的多种原因导致的。她表示：在需求端，一是负担能力低；二是认识不足；三是有“充足的”替代品。在供给端，一是保险机构提供的产品差异小；二是由于缺乏医疗数据，导致保险机构承保能力差；三是缺乏拓展个人消费者的有效渠道。

但也正是由于商业健康险的低渗透率，给未来留下了巨大的想象空间。“老龄化、城镇化、中产和富裕阶层的产生、国家政策的支持、医保覆盖范围的不足、高质量医疗资源的紧缺都是中国商业健康险的发展机遇。”周睎烨说。

在目前市场上，提供健康险的保险机构分为两类，一类是传统的保险公司，以支付赔款为主，停留在应对式的服务理念。另一类是以招商信诺为代表的专业健康险公司，秉承前瞻式的服务理念，其医疗团队向客户提供相关医疗信息、住院期间的进程跟踪和医生间的沟通协调，其医疗网络提供医疗直付、预授权及支付担保和大额费用及非合理费用议价，其客服中心推荐国内外医院/医生以及相关预约服务、确认医疗保障范围及核查理赔进度等服务。

周睎烨介绍说，招商信诺这类专业健康险公司兼具国际化视野与服务资源，通过本地化和全球化相结合的独特模式，可为客户提供更高端的健康服务。“上述急性心肌梗塞患者在转用过程中利用了高端医疗保险的紧急救援服务，事实上这类保险的功能远不止这些。”周睎烨说，高端医疗打破了一贯事后报销的模式，就医时保险公司直接付费，在约定合作的医院就医还可能享受一定的折扣，保险公司甚至可为一些罕见病提供国际医疗咨询服务。

以招商信诺为例，其是一家在医疗健康险领域有着丰富经验中美合资寿险公司，外资股东信诺保险集团是美国四大商业健康保险公司之一，在全球30个国家和地区开展业务，向世界8000多万客户提供医疗、牙科、行为健康、药品、视力、人寿、意外事故及伤残福利保险产品和服务，拥有超过110万间国际医护中心构成的全球网络。

目前招商信诺高端医疗险在大陆地区覆盖49座城市，截至今年7月，共有456家医疗机构纳入招商信诺直付范围，其中包括公立医院118家，值得一提的是，高端医疗保险对于一些先天性疾病、慢性病，在直付方面也基本不受限制。

“近五年来，招商信诺在中国高端健康险行业中始终保持高速增长，另外，招商信诺的架构透明稳定，是目前市场上唯一一家集出单和服务于一身的合资保险公司（与市场上的第三方管理即TPA相比），也是第一家将综合型健康管理方案（“关爱有加”增值型服务）引入健康险市场中的保险公司。”周睎烨说。

（资料来源：凤凰网）

【问题】

1. 结合“健康保险发展探讨沙龙”的开会内容，分析国内健康保险业发展的挑战与机遇。

2. 预测我国健康保险市场未来的发展方向。

【提示】

1. 挑战：参保意愿、市场供求状况、市场发展程度、医疗保障制度等；机遇：时代背景、政策环境、经济发展水平等。

2. 从专业化经营、市场经营主体增加、深化健康管理服务、技术应用、与医疗包新合作关系、转变有利于健康保险发展的宏观环境等方面考虑。

拓展阅读

消费者购买寿险产品,旨在缓解难以预测或防范的未来事件的不确定性和潜在的负面后果。在拥有寿险的情况下,个人及其家庭在万一丧失获得收入的身体能力(失能险)、面临高额的医疗费用(医疗、重病、长期护理风险)、面对退休后难以承担长寿所需费用的风险(给付年金)或过早死亡的风险(死亡险)时,能够缓解经济负担并且维持生活水准。

对于个人和家庭而言,风险保障需求在整个生命周期中是不断演变的,不同的保障需求将相继出现。年轻人在刚完成学业、找到工作、结婚、购置住房和生育儿女时,重点是收入保障。随着年龄越来越大,重点将转移到退休资金的积累和确保投资回报。进入老年和退休年龄,将更多是防范个人储蓄难以承担长寿所需费用的风险、为长期护理需求提供资金,以及能否将财富转移给下一代(图 3-6)。

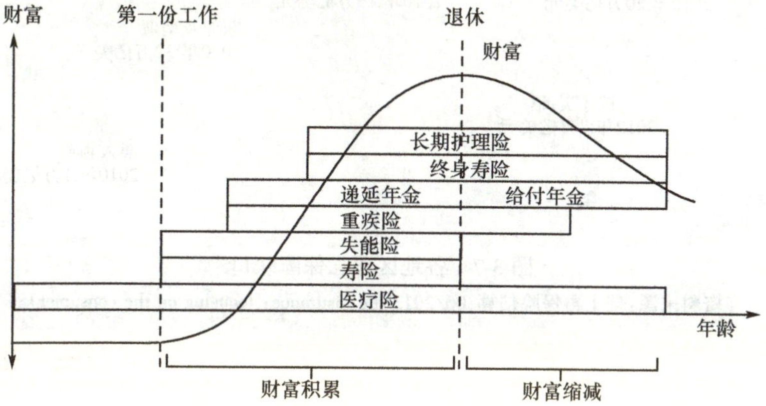

图 3-6 生命周期过程中的寿险保障需求

(资料来源:瑞士再保险经济研究及咨询部)

重大事件往往会刺激做出购买特定形式寿险的决策。例如,对大多数人来说,家庭主要支柱死亡时所产生的收入丧失风险保障也许并不是他们首先想到的问题。很多消费者实际上没有考虑到这一需求。那么产生该需求并最终购买某种形式保险的消费者通常是受到结婚、孩子出生、找到新工作或者购置新房等触发因素的推动。最近一项对一个家庭随着时间推移产生不同寿险需求的研究发现,孩子出生与购买定期寿险及保障金额具有很强的正相关性。这项研究还发现,找到新工作令该家庭更有可能开始购买定期保险。

其他因素,诸如财务顾问的建议、通过邮件或者媒体渠道的寿险营销活动和广告,或亲朋友的建议(这个因素相当重要),也会触发购买寿险。同样的,工作相关经历,如作为雇员福利一部分提供的寿险、失去团体寿险保障或创业,都有可能推动购买寿险的决策。经历家人或朋友死亡后考虑自己的死亡风险,或目睹了灾难事故或事件(如纽约 911 事件),都有可能促使消费者购买寿险。

除了教育、收入、婚姻状况和就业等社会经济因素之外,实证研究还显示出消费者个性特征对于了解保险需求的重要性,如风险态度和责任心。注重生活方式的人一般会规避风险(比如这些人不会沉溺于一般被视为具有风险的行为,如吸烟、饮酒,也不会从事危险性兴趣爱好),而且会采取防范措施以减少风险(健康饮食、锻炼、系安全带等),并更有可能拥有各类寿险产品。责任心是另一个重要的个性特质。在保护赡养者方面具有强烈个人责任感的人最有可能感知重病或伤害带来的风险，并具有强烈的购买寿险或者失能险的意愿。

寿险产品往往为社会保障和雇主提供的保险计划承担风险和提供保障。然而，政府和雇主正日益将承担这些风险的责任转移给个人。经济理论显示，个人可以通过购买保险来改善自己的福利，以消除影响自己家人生活水准的风险。

然而，现实却是，人们并没有购买足够的寿险。事实上，死亡保障缺口(即，一旦家庭主要支柱不幸死亡，家庭所获得保障的不足程度)表明社会各阶层都存在需要更多保障。瑞士再保险估计，全球保障缺口达86万亿美元(图3-7)。

图3-7　各地区死亡保障缺口

(资料来源：瑞士再保险估算，06/2013 life insurance: focusing on the consumer)

(刘　畅　章琦琴)

第四章

健康保险类型

内容提要 商业健康保险按照保险责任的不同，可以分为医疗保险、疾病保险、失能收入损失保险和护理保险。本章中，医疗费用保险部分介绍了医疗费用保险的概念、分类及费用控制措施。疾病保险部分介绍了疾病保险尤其是重大疾病保险的概念、责任范围和给付方式，在此基础之上结合国内相关重大疾病保险产品进一步分类比较。失能收入损失保险部分介绍了失能收入损失保险的概念、失能的界定、保险金的给付和特殊条款。长期护理保险部分介绍了长期护理保险的概念、保险金的给付条件和给付方式、分类和常见条款。

第一节　健康保险分类

一、按照保险责任分类

《健康保险管理办法》按照保险责任的不同，将健康保险分为疾病保险、医疗保险、失能收入损失保险和护理保险。其中，疾病保险是指以保险合同约定的疾病的发生为给付保险金条件的保险；医疗保险是指以保险合同约定的医疗行为的发生为给付保险金的条件，为被保险人接受治疗期间支出的医疗费用提供保障的保险；失能收入损失保险是指以保险合同约定的疾病导致工作能力丧失为给付保险金的条件，为被保险人在一定时期内收入减少或者中断提供保障的保险；护理保险是指以因保险合同约定的日常生活能力障碍引发护理需要为给付保险金的条件，为被保险人的护理支出提供保障的保险。

二、按照保险金给付的性质分类

按照保险金给付性质的不同，健康保险可分为费用补偿型、住院津贴型和定额给付型三种不同性质的健康保险。

费用补偿型健康保险是指保险公司根据被保险人实际支出的各项医疗费用，按照合同约定的比例报销，但总额不能超过该险种的保险金额。如果被保险人的医疗费用已经通过其他途径获得补偿，保险公司仅补偿其差额部分。

住院津贴型健康保险是指保险公司针对被保险人实际住院天数，根据合同约定的津贴标准，按次数、天数或项目给付保险金的一类健康保险产品。与费用补偿型健康保险不同的是，住院补贴型健康保险的保险金给付与被保险人实际发生的医疗费用支出无直接关联。

定额给付型健康保险是指保险金额是投保双方在签订合同时就已经确定的，当被保险人初次患保险合同规定的疾病，并经保险公司指定的医疗机构确诊，保险公司将按照合同规定向被保险人一次性给付保险金，则保险合同终止或该项保险责任终止。今后，对于所患疾病的治疗无论发生多少医疗费用，保险公司将不再承担责任。

三、按照保险期限分类

按照保险期限长短的不同，健康保险可分为长期健康保险和短期健康保险。长期健康保险是指保险期限超过 1 年或者保险期限虽不超过 1 年但含有保证续保条款的健康保险；短期健康保险是指保险期间在 1 年及 1 年以内，且不含有保证续保条款的健康保险。

四、按照投保对象分类

按照投保对象的不同，健康保险可分为个人健康保险和团体健康保险。个人健康保险是指投保人以自然人的身份，向保险公司投保健康保险的一种方式；团体健康保险是指企事业单位以法人身份，为本单位成员投保健康保险并因此与保险公司签订健康保险合同的一种方式。

五、按照险种性质分类

按照险种性质的不同，健康保险可分为主险和附加险。主险是指可以单独投保的险种。附加险是指不能单独投保，只能在投保某主险之后才可以投保的险种。主险因失效、解约或满期等原因效力终止或中止时，附加险效力也随之终止或中止。主险的生效、失效、复效是独立的，不依赖于附加险；但附加险效力的产生和存续却要以主险效力的存在为前提条件，附加险的效力不能独立存在。

健康保险分类如左(图 4-1)。

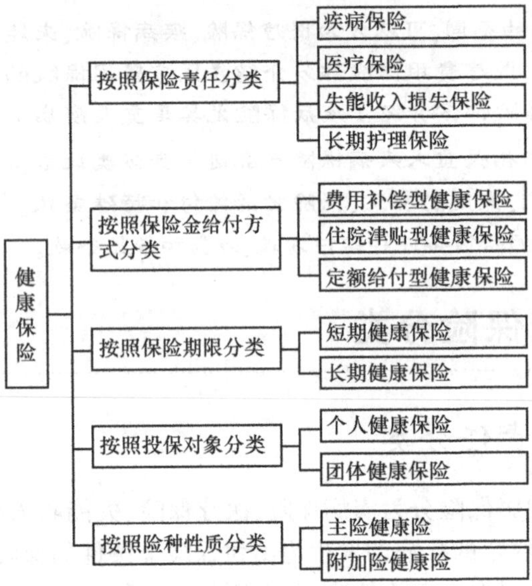

图 4-1　健康保险分类

第二节　医疗费用保险

一、医疗费用保险的概念

医疗费用保险(medical expense insurance)，通常也称为医疗保险，是指以保险合同约定的医疗行为的发生为给付保险金的条件，为被保险人接受诊疗期间的医疗费用支出提供保障的保险。医疗费用支出种类繁多，随着医疗技术的进步和商业医疗保险的不断发展，国内商业医疗费用保险可以承保的医疗费用支出项目越来越多(表 4-1)。

表 4-1　医疗费用保险的承保项目

医疗费用项目	具体支出项目
住院医疗费用	床位费、膳食费、护理费、检查检验费、治疗费、医生费、药品费、手术费、重症监护室床位费、加床费、精神疾病治疗费、临终关怀医疗费、救护车费
门诊医疗费用	医生诊疗费、治疗费、检查检验费、药品费、门诊手术费、物理治疗及其他特殊疗法费、精神疾病治疗费、意外牙科治疗费、激素替代治疗费、糖尿病治疗用品费、救护车费
特殊门诊医疗费用	门诊肾透析费，门诊恶性肿瘤电疗费、化疗费或放疗费

续表

医疗费用项目	具体支出项目
女性生育医疗费用	产前检查费、产前处方补充维生素和钙剂费、自然分娩费、医学必要的手术分娩费、流产费、产后检查费、孕产期并发症治疗费;婴儿出生后14日内护理费、免疫费和治疗费
牙科医疗费用	基本牙科治疗:简单补牙费、简单拔牙费、牙周治疗费
	重大牙科治疗:根管治疗费,牙冠修复费,义齿、智齿拔除费
眼科医疗费用	眼科检查:眼科常规检查费和视力检查费
	眼镜:购买框架眼镜或隐形眼镜的费用
紧急医疗救援费用	紧急医疗转送费、医疗转送回国或居住地费、遗体安排费;直系亲属探病及住宿费;随行未成年子女回国或居住地费;紧急回国或居住地料理直系亲属后事费;直系亲属前往处理后事费
第二诊疗意见医疗费用	初次罹患某些特殊或重大疾病,通过保险公司联系全国或全球相关领域的医学专家咨询疾病诊断及治疗意见的费用

资料来源:由笔者根据平安智胜全球团体医疗保险产品条款整理而得

医疗费用保险是承保种类繁多的医疗费用支出的一类保险的总称,不同的医疗费用保险,其所承保的医疗费用可能仅是上述费用中的一项或是若干项。某种医疗保险所承保的费用种类越多,被保险人可获得的保障就越全面,当然其保险费也就越高,投保人可以结合自身需求与保费预算加以选择。

二、医疗费用保险的分类

(一)按照保障内容的不同分类

1. 住院医疗费用保险

住院医疗费用保险,是最常见、最基本的医疗费用保险,它是为被保险人在保险期间内因意外伤害或疾病而住院治疗时所发生的医疗费用提供保障的保险产品。住院医疗费用保险不承担被保险人的门诊医疗费用,仅对被保险人因为住院治疗所发生的床位费、药费、治疗费、部分检查费等各项费用进行补偿。不同的保险公司提供的住院医疗费用保险的补偿范围有所不同,如有的包括手术费用,有的则将手术费用单列出来计算。

传统住院医疗费用保险为典型的费用补偿医疗保险,适用损失补偿原则,为了防止被保险人的道德风险,住院医疗费用保险一般规定了每日给付限额、免赔天数、最长给付天数等,保险人只对超过免赔天数且没有超过最长给付天数的住院费用承担赔付责任。住院医疗费用保险的保险期限多为1年,大多数保险公司推出的个人住院医疗费用保险为附加险,一般是附加在长期寿险后出售的。因为人寿保险无法对医疗费用提供补偿,如果将人寿保险与住院医疗费用保险两种产品合理搭配,消费者可以获得更为全面、充分的保障。

2. 手术医疗费用保险

手术医疗费用保险为被保险人在患病治疗过程中进行必要的住院和门诊外科手术费用提供保险保障。在美国等发达国家,除医院外,很多的手术是患者以门诊方式在独立手术中心或医生诊室进行的,患者无须住院进行手术,因而催生了承保包括住院手术和门诊手术在内的手术医疗费用保险。在国内,手术费用目前一般还是包含在住院医疗费用保险中,包括器官移植手术费用和非器官移植手术费用两大块,鲜有单独发售的手术医疗费用保险。随着医疗技术的进步,以前需要住院手术治疗的疾病,现在在门诊也可以手术治疗了,但因为没有住院,即使投保了住院医疗保险,其在门诊发生的手术费用也不可以通过住院医疗保险报销。因此,国内手术医疗费用保险产品亟须完善。

3. 门诊医疗费用保险

门诊医疗费用保险为被保险人的门诊医疗费用提供保障。在国内,门诊医疗费用一般都是排除在医疗保险的报销范围之外,市场上更是鲜有单独发售的门诊医疗费用保险产品。一是因为国内门诊医疗设备有限,门诊医疗费用支出相较于住院费用不高,患者可以自行承担;二是门诊费用难以控制,保险公司无心承保。近些年,国内一些高端医疗保险开始承保特殊门诊医疗保险费用,将门诊肾透析费用,门诊恶性肿瘤电疗费用、化疗费用或放疗费用等纳入给付范围。

4. 补充医疗费用保险

补充医疗费用保险是对医疗费用保险保障功能的补充、扩展或增强。可以说,医疗费用保险很少能为保险人提供全面保障,总是有很大的缺口——免赔额、共保额、最高给付金额的限制及不负责保障的一些医疗费用。因此出现了补充医疗保险,包括牙科费用保险、处方药费保险、眼科保健保险等,但是这些保险产品在我国市场上并不多见。另外,还有生育保险,包括新生儿保险和母婴安康保险。

5. 综合医疗费用保险

综合医疗费用保险是指保险公司为被保险人提供的一种全面的医疗费用补偿的保险产品,其费用补偿范围包括门诊、住院、手术等一切费用。综合医疗保险是目前国外常见的医疗费用保险,国内各家保险公司也都先后推出了各自的综合医疗费用保险产品。综合医疗费用保险能对疾病和意外伤害导致的大部分医疗费用进行补偿,其提供的医疗费用补偿无论是在保障范围还是在补偿程度上,都大大超过了普通医疗保险。当然,由于保障范围宽泛,综合医疗保险的保费比普通医疗保险高。

除了医疗费用补偿外,综合医疗费用保险还可提供健康管理服务,包括年度体检,健康咨询,健康知识讲座,为患病的被保险人提供全国、全球第二医疗建议和预约专家等一系列服务。综合医疗费用保险提供健康管理服务,目的是引导被保险人对自身健康更加关注,改善有害健康的不良生活习惯,增加体检次数以便较早发现病情并及时治疗,最终通过改善被保险人的健康状况,降低发病率,减少保险公司赔付。

(二) 按照给付性质的不同分类

1. 费用补偿型医疗保险

费用补偿型医疗保险,是指根据被保险人实际发生的医疗费用支出,按照一定的比例支付保险金的医疗保险。费用补偿型医疗保险一般适用损失补偿原则,也即费用补偿型医疗保险的保险金给付不会超过被保险人的实际医疗费用支出。通常费用补偿型医疗保险的合同条款中都会写明:如果被保险人已经从其他途径(包括社会医疗保险、公费医疗、工作单位、其他商业保险机构等)获取了医疗费用补偿的,费用补偿型医疗保险的最高给付金额不超过被保险人实际发生的医疗费用扣除其所获补偿后的余额。也正因如此,费用补偿型医疗保险往往被看做是社会基本医疗保险的补充,其保障额度相对较低(表4-2)。

表4-2 费用补偿型医疗保险的主要内容

投保年龄	28日至59周岁、续保年龄可至64周岁
保险期限	1年
交费方式	趸交

续表

等待期	特定疾病180日，一般疾病90日；意外伤害、续保无等待期
住院医疗费用保险金	因意外伤害或等待期满后因疾病经指定医院诊断必须住院治疗，对入住指定医院普通病房期间，发生的合理且必需的医疗费用，在扣除500元免赔额后 (1) 若被保险人享有社会医疗保险或公费医疗的，对符合社保支付范围的医疗费用，在社保支付后个人负担的部分，按100%的比例给付 (2) 若被保险人未享有社会医疗保险和公费医疗的，对符合社保支付范围的医疗费用，按70%的比例给付 住院费用保险金的给付以保障表中相应档次约定的保险金额为限
自费医疗费用保险金	(1) 因意外伤害或等待期满后因疾病经推荐医院诊断必须住院治疗，对入住推荐医院普通病房期间，发生的超出社保支付范围的医疗费用，扣除500元免赔额后，按50%的比例给付 (2) 等待期满后发生本合同约定的恶性肿瘤经推荐医院诊断必须住院治疗，对入住推荐医院普通病房期间，自恶性肿瘤确诊之日起发生的超出社保支付范围的医疗费用，按80%的比例给付
附加功能	(1) 责任延续：合同满期后30日内的住院治疗，仍承担给付保险金的责任 (2) 无理赔优惠：连续3个保单年度未发生理赔，则下个年度保费打9折

保障表	保障项目	一档	二档	三档
	住院医疗费用保险金额(元)	40 000	80 000	120 000
	自费医疗费用保险金额(元)	10 000	20 000	30 000

资料来源：编者根据人保健康医诊专家住院费用个人医疗保险整理而得

2. 定额给付型医疗保险

定额给付型医疗保险与被保险人的实际医疗费用支出没有直接关联，而是根据投保时约定的保险金额或给付标准来做出给付。定额给付型医疗保险不适用损失补偿原则，无论被保险人是否已从其他途径获得医疗费用补偿，保险人均按照责任条款的约定给付保险金。也即该种保险的给付金额可以超过被保险人的实际医疗费用支出，具体可以在投保时加以约定(表4-3)。

表4-3　定额给付型医疗保险的主要内容

投保年龄	新投保年龄0~59周岁、续保年龄可至69周岁
保险期限	1年，首年即享有保证续保权
交费方式	趸交
等待期	特定疾病180日，一般疾病90日；意外伤害、续保无等待期
一般住院日额保险金	因意外伤害或疾病经医院诊断必须住院治疗，从每次入院第4日开始给付一般住院日额保险金。即一般住院日额保险金给付天数=实际住院天数-3
重症监护病房日额保险金	因意外伤害或疾病经医院诊断必须住院治疗，且在入住医院期间必须入住重症监护病房的，按被保险人实际入住重症监护病房的天数给付重症监护病房日额保险金。即重症监护病房日额保险金给付天数=实际入住重症监护病房的天数
手术定额保险金	因意外伤害或疾病经医院诊断必须住院治疗，且在住院期间施行手术治疗的，按手术定额保险金给付表及手术等级分类表的规定给付手术定额保险金。如被保险人所施行的手术不在手术等级分类表所列范围内，则不承担给付责任
附加功能	责任延续：合同满期后30日内的住院治疗，仍承担给付保险金的责任

保障表	给付项目	一档	二档	三档
	一般住院日额保险金(元/日)	50	100	150
	重症监护病房日额保险金(元/日)	100	200	300
	手术定额保险金(元/次)	200~1000	400~2000	600~3000
	保证续保权终止额度(元)	50 000	100 000	150 000

续表

		一类手术	二类手术	三类手术	四类手术
手术定额保险金给付表	一档	1000	800	500	200
	二档	2000	1600	1000	400
	三档	3000	2400	1500	600

资料来源：由笔者根据人保健康守护专家住院定额个人医疗保险整理而得

三、医疗费用保险的费用控制

（一）观察期

观察期又称免责期，是指医疗保险合同从生效到保险人开始承担医疗费用补偿责任的一段时间。在观察期内，被保险人因疾病所致的医疗费用支出，保险人不承担责任，观察期结束后保险公司才按照约定的内容承担保险责任。如某短期医疗费用保险规定，初次投保的观察期为30日，此期间被保险人因疾病发生医疗费用支出，保险公司不承担给付责任。保险公司在医疗费用保险中设置观察期的主要目的是防范被保险人带病投保的风险，维护其经营的安全和稳定。

（二）免赔额

免赔额也叫起付线，是指保险公司做出赔付之前，被保险人先要自己承担的损失金额数，也即保险公司只对超过免赔额部分的损失负责，免赔额以下部分的损失，由被保险人自己承担。如某费用报销型的医疗保险产品规定："被保险人住院支出的医疗费用，超过人民币500元以上部分，按照80%的比例给付。"这里的500元就是该保险合同的免赔额。

从免赔额的性质来看，可以分为两种：一是绝对免赔额。绝对免赔额是指在保险公司做出赔付之前，被保险人要自担一定的损失金额。例如，合同中规定医疗费用在200元以下（含200元）者，保险公司不予赔付，若损失超过200元者，保险公司对超过的部分给予赔付。那么，200元就是绝对免赔额。二是相对免赔额。相对免赔额是指对被保险人在保险期限内所发生的医疗费用，如果低于规定金额，保险公司不承担赔偿责任；但当医疗费用高于规定金额时，保险人将赔偿全部损失。如规定被保险人医疗费用在500元以下，由被保险人全部自理；如果高于500元，全额由保险公司赔付，免赔额500元也纳入医疗费用赔付计算基数。

按照免赔额的计算方式来分，又可分为三种：一是单一赔款免赔额。即针对被保险人每次索赔，都设定一个免赔额，如规定一个年度内每次住院费用报销，都扣除200元免赔额。二是全年免赔额。即按照同一被保险人全年索赔总金额计算，只扣除一次。三是集体免赔额。这是对团体投保的被保险人而言的，对于同一事故，按所有成员的费用累计来计算一个免赔额。

（三）比例给付

所谓比例给付，是指被保险人和保险公司按一定的比例共同承担医疗费用损失，即对被保险人的医疗费用支出，保险公司并不是全额给付，而是按照一定的比例来给付，需要被保险人自己承担一部分费用。设置比例给付的目的是为了让被保险人承担一定的医疗费用损失，加强医疗费用控制意识，减少医疗资源浪费。

给付比例的确定一般有两种方式：一是固定给付比例。对被保险人的报销比例有一个固定统一的标准。二是累进给付比例。即将医疗费用分成几段，支出费用越大，给付比例越高。如某医疗保险产品规定的给付方式为："医疗费100~1000元，按50%给付；医疗费1000~5000元，按60%给付；

医疗费 5000～10 000 元，按 70% 给付”。

（四）限额给付

一般在医疗保险中，保险人对医疗保险金的最高给付均有限额规定，即在合同中规定最高给付金额。医疗费用实际超过最高限额的部分，由被保险人自己负担，以控制保险人的总支出水平。在费用报销型医疗保险中，要特别注意给付限额是累计计算还是分项计算。如果是累计计算，则被保险人发生的各项治疗费用都进入赔付计算基数，保险公司按照被保险人的整体实际医疗费用支出按比例给付，最高不超过投保时约定的保额；若是分项计算，则是指对药品费、住院费、检查费、手术费等费用项目分别设定最高给付限额，实际补偿的金额通常要少于累计计算的补偿金额。

第三节　重大疾病保险

一、重大疾病保险的概念

我国《健康保险管理办法》根据保险责任的不同，将健康保险分为疾病保险、医疗保险、失能收入损失保险和长期护理保险四大类。其中，疾病保险是指以保险合同约定的疾病的发生为给付保险金条件的保险。在商业健康保险发达的国家，疾病保险通常包括特种疾病保险（如生育保险、牙科费用保险、眼科保健保险等）、重大疾病保险（如癌症保险、重大器官移植保险等）和普通疾病保险。在国内，疾病保险主要是指重大疾病保险。

重大疾病保险（critical illness insurance）是指被保险人在保险期限内确诊患有保单规定的重大疾病时，保险人按照合同规定的保险金额给付保险金的保险。从本质上看，重大疾病保险是向被保险人提供的一种经济补偿，这种补偿的目的在于缓解被保险人高额医疗花费和因疾病导致的其他费用开支所造成的经济压力。

重大疾病保险属于定额给付型健康保险，且多数是 1 年以上期限的长期或终身保险。投保人购买重大疾病保险是对未来可能发生某些疾病的一种预防措施，实际上是一种健康储蓄，这就是重大疾病保险通常以长期保险或终身保险形式出现的原因。

二、重大疾病保险的责任范围

不同的重大疾病保险所承保的重大疾病数量有多寡之分，少的可能仅是针对某一种重大疾病，比如少儿白血病重大疾病保险；多的则可以覆盖包括主要的致死性疾病和大型手术等在内的三四十种重大疾病。由中国保险行业协会、中国医师协会颁布的，于 2007 年 8 月 1 日实施的《重大疾病保险的疾病定义使用规范》提供了 25 种重大疾病作为参考。其中，6 种核心疾病是必须承保的，其他 19 种疾病，保险公司可以根据本公司的具体情况选择承保（表 4-4）。

表 4-4　重大疾病保险承保的疾病种类

6 种必须承保的核心疾病	19 种可选承保的疾病
恶性肿瘤、急性心肌梗死、脑卒中及后遗症、重大器官移植手术或造血干细胞移植术、冠状动脉搭桥术、终末期肾病	多个肢体缺失、急性或亚急性重症肝炎、良性脑肿瘤、慢性肝衰竭失代偿期、脑炎后遗症或脑膜炎后遗症、深度昏迷、双耳失聪、双目失明、瘫痪、心脏瓣膜手术、严重阿尔茨海默病、严重脑损伤、严重帕金森病、严重Ⅲ度烧伤、严重原发性肺动脉高压、严重运动神经元病、语言能力丧失、重型再生障碍性贫血、主动脉手术

资料来源：《重大疾病保险的疾病定义使用规范》

各保险公司还可以在重大疾病保险产品中增加《重大疾病保险的疾病定义使用规范》范围以外的其他疾病种类。实务中,随着竞争的加剧,国内各家保险公司的重大疾病保险覆盖的疾病数量越来越多,一般都有三十几种。纵观这三十几种重大疾病,大致可以分为四大类:一是主要的致死性疾病,包括恶性肿瘤、急性心肌梗死、再生障碍性贫血等;二是大型手术,包括重要器官移植手术、冠状动脉搭桥手术、心脏瓣膜手术等;三是严重的慢性疾病,包括慢性肾衰竭、帕金森病、慢性肝衰竭等;四是意外伤害所导致的高度残疾,包括严重烧伤、严重头部外伤、瘫痪、双目失明等。

三、重大疾病保险的给付方式

(一) 附加给付型

附加给付型重大疾病保险,又称额外给付型重大疾病保险,一般作为终身寿险的附加险。如果被保险人在保险期限内罹患某种约定的重大疾病,保险人给付重大疾病保险金,然后当被保险人身故时,再向受益人给付死亡保险金。如果被保险人在保险期限内没有罹患重大疾病而身故,保险人只给付死亡保险金。附加给付型重大疾病保险的优点是:死亡保障总是存在,不会因为重大疾病保险金的给付而减少。

(二) 独立主险型

独立主险型重大疾病保险的保险责任一般包括死亡和重大疾病,但是死亡和重大疾病责任是相互独立的。死亡保额和重大疾病保额为单独保额,通常数额一致。保险期限可以是终身的,也可以是定期的。如果被保险人在保险期限内身患保单规定的重大疾病,无论是否死亡均给付重大疾病保险金,保险责任终止。如果被保险人在保险期限内没有罹患重大疾病而死亡,保险人给付死亡保险金,保险责任终止。

(三) 提前给付型

提前给付型重大疾病保险通常被设计与寿险结合成为一种组合式保单,其重大疾病保额是该保单总保额的一部分,以被保险人是否罹患该保单所定义的重大疾病作为部分保额提前给付的标准,即在保险期限内如果被保险人经诊断罹患重大疾病,被保险人可以提前领取一定比例的死亡保额作为重大疾病保险金(一般为身故保险金的25%或50%),用于被保险人医疗费用支出或家庭花费的需要,达到延长被保险人寿命和减轻家庭经济负担的目的。当被保险人身故时再给付受益人该保单总保额扣除重大疾病已给付的剩余部分。如果被保险人没有发生重大疾病事故,则全部保险金额作为死亡保障。提前给付型重大疾病保险的主要缺陷是:提前给付会相应地降低死亡保险金的给付。

(四) 多次给付型

多次给付型重大疾病保险不同于普通重大疾病保险的地方在于它可以给付两次乃至多次的重大疾病保险金,它主要针对罹患重大疾病之后的被保险人无法再次购买重大疾病保险的情况而设计。多次给付型重大疾病保险一般是将其所保障的所有重大疾病分成几组,一旦被保险人罹患重大疾病,即可先行赔付1倍基本保额。若被保险人在间隔一定时间之后,一般为1年,再次罹患前次重大疾病所在组别之外组别的重大疾病时,即可再次得到1倍基本保额的赔偿。

(五) 回购式选择型

回购式选择型重大疾病保险产品是针对提前给付型重大疾病保险产品存在的因领取重大疾病保险金而导致死亡保障降低的不足而设计的。该类产品的条款规定:“保险人给付重大疾病保险金后，如果被保险人在某一特定时间后仍存活，可以按照某固定费率买回原保险总额的一定比例（如25%），使死亡保障有所增加；如果被保险人再经过一定的时间仍存活，可再次买回原保险总额的一定比例，最终使死亡保障可以达到购买之初的保额。”回购式选择带来的逆选择是显而易见的，因此对于“回购”的前提或条件的设定至关重要。

（六）比例给付型

重大疾病保险可以考虑按照疾病的严重程度分成若干等级来按比例给付，例如，在英国和南非已经推出针对心脏病和癌症的分级理赔重大疾病保险。该保单的心脏病分为五级，每一级按照一定比例给付：第一级属于初级阶段，对生活没有太大影响，保险人不需理赔；第二级给付20%；第三级给付35%；第四级给付50%以上；第五级给付100%。

四、国内销售的四种不同给付方式的重大疾病保险产品

国内目前销售的重大疾病保险产品数量很多，除传统寿险公司推出的大量重大疾病保险产品外，专业的健康保险公司也有重大疾病保险产品在售。虽然国内目前重大疾病保险产品的数量繁多，但各家保险公司所推出的重大疾病保险产品的差异性不大。表4-5根据给付方式的不同，从国内目前在售的众多重大疾病保险产品中挑选了四种具有代表性的重大疾病保险产品，加以对比介绍。

表4-5　国内销售的四种不同给付方式的重大疾病保险产品

保险公司	和谐健康保险股份有限公司	昆仑健康保险股份有限公司	平安人寿保险股份有限公司	和谐健康保险股份有限公司
保单名称	和谐附加额外给付重大疾病保险	昆仑祥宁终身重大疾病保险	平安附加智盈人生提前给付重大疾病保险	和谐健康之友多次给付重大疾病保险
保险期间	1年，可续保至70周岁	终身	终身	终身
险种类型	附加险	主险	附加险	主险
给付方式	附加给付型	独立主险型	提前给付型	多次给付型
保障内容	1. 重大疾病保险金 40种疾病，25+15（经输血导致的人类免疫缺陷病毒感染、严重克罗恩病、多发性硬化、严重肌营养不良症、重症肌无力、植物人状态、严重原发性心肌病、系统性红斑狼疮-Ⅲ型或以上狼疮性肾炎、严重类风湿性关节炎、急性出血坏死性胰腺炎、坏死性筋膜炎、慢性复发性胰腺炎、终末期肺病、严重脊髓灰质炎、慢性肾上腺皮质功能衰竭）	1. 重大疾病保险金 32种疾病，25+7（严重心肌病、肌营养不良症、终末期肺病、多发性硬化、严重类风湿性关节炎、经输血导致的人免疫缺陷病毒感染、系统性红斑狼疮伴肾炎） 2. 身故保险金	1. 重大疾病保险金 30种疾病，25+5（严重的多发性硬化、严重的1型糖尿病、侵蚀性葡萄胎、系统性红斑狼疮并发重度的肾功能损害、严重的原发性心肌病）	1. 重大疾病保险金 40种疾病，24（不包括深度昏迷）+16（慢性呼吸衰竭、经输血导致的HIV、系统性硬皮病、严重克罗恩病、多发性硬化、严重肌营养不良、颅脑手术、重症肌无力、植物人状态、严重心肌病、象皮病、系统性红斑狼疮-Ⅲ型或以上狼疮性肾炎、严重类风湿性关节炎、急性出血坏死性胰腺炎、溶血性链球菌引起的坏疽、坏死性筋膜炎） 2. 身故保险金

续表

保险公司	和谐健康保险股份有限公司	昆仑健康保险股份有限公司	平安人寿保险股份有限公司	和谐健康保险股份有限公司
特点	附加重大疾病保险无死亡给付,重大疾病给付不影响主险死亡给付额度	保险责任包括重大疾病和死亡,但两者共享一个保险金额	附加重大疾病保险无死亡给付,附加重大疾病保险提前给付后,主险合同身故保险金按照减少后的基本保险金额及保单账户价值重新确定	将40种重大疾病分成4组,首次罹患重大疾病获得给付后,等待期后再次罹患其他组别的重大疾病,可再次获得给付,最多不超过4次

资料来源:由笔者根据相关保单整理而得

第四节　失能收入损失保险

一、失能收入损失保险的概念

失能收入损失保险(disability income insurance),一般又被称为失能收入保险、伤残收入保险,是指以因保险合同约定的疾病或者意外伤害导致工作能力丧失为给付保险金的条件,为被保险人在一定时期内收入减少或者中断提供保障的保险。

失能收入损失保险本质上是对被保险人因疾病或意外伤害造成的收入损失提供经济补偿,从该类保险的保险金给付性质来看,失能收入损失保险属于定额给付性质的健康保险。从该类保险的责任范围来看,失能收入损失保险的责任范围仅包含疾病和意外伤害,而不包括由于生育和工伤引致的失能(一般由社会保险给予保障)。

二、失能的界定

失能收入损失保险涉及的一个重要定义就是失能。失能,即丧失工作能力,无法获得正常收入,在具体的失能收入损失保单中又可分为完全失能、部分失能、永久失能等。就具体实际而言,各个国家的健康保险公司或人寿保险公司所发售的失能收入损失保险的责任范围差异较大,主要因为是对完全失能所采用的定义不同。

明确界定完全失能的定义,对失能收入损失保险的承保、理赔及经营风险的防范至关重要。通常,失能的鉴定一般是被保险人在治疗结束后,由司法鉴定机构或其他有资质的医疗鉴定机构进行。若被保险人在患疾病或发生意外伤害事故之日起第 180 日时治疗仍未结束,按第 180 日时的身体情况进行鉴定。具体而言,失能收入损失保单中可以采用的完全失能的定义有以下几种:

(一) 任何职业完全失能

任何职业完全失能,一般也称绝对全残,是指被保险人因疾病或意外伤害以致不能从事其原来的工作或其他任何与其所受的教育、培训和经验相当的职业。由于该定义过于严格,使得大多数被保险人都不能满足获得残疾给付的资格,这不仅会影响到被保险人的利益,同样也会影响到保险公司的经营。

(二) 以往职业完全失能

以往职业完全失能,一般也称原职业全残,是指被保险人因疾病或意外伤害而不能完成其以往职业的基本工作时,即被视为完全失能。采用该定义的保单通常向从事某些特殊职业的被保险人签发,而且通常见于个人保单而非团体保单中,保险公司在签发这类保单时进一步放宽了限制,扩大了保险范围,即只要被保险人因伤残不能完成原职业的基本任务,就应向其支付保险金,无论他此时还能否从事另一项有偿工作。

(三) 通用完全失能

目前,很多失能收入损失保单将上述两种定义结合使用,在特定期限内采用以往职业完全失能定义,在这一期限后使用任何职业完全失能定义,这样能更好地保护被保险人的利益。如保单中约定一个期限(我国通常规定为2年),称为残疾初期,若被保险人在残疾初期由于伤残不能履行惯常职业的基本职责,则该被保险人可被认定为完全失能,并按规定领取失能保险金;该期限结束后,如果被保险人仍然不能完成任何与之所受教育、训练或经验相当的任务,可仍被认定为完全失能,并继续领取失能收入保险金直至保单规定的给付期满。

(四) 推定完全失能

有的失能收入损失保单中规定,只要被保险人出现下列情形之一,即可自动被认定为完全失能,因而可以领取保单规定的全残保险金,而不论他能否从事原职业或任何职业。通常这些情形包括:①双目永久完全失明;②两上肢腕关节以上或两下肢踝关节以上缺失的;③一上肢腕关节以上及一下肢踝关节以上缺失的;④一目永久完全失明及一上肢腕关节以上缺失的;⑤一目永久完全失明及一下肢踝关节以上缺失的;⑥四肢关节功能永久完全丧失的;⑦咀嚼、吞咽功能永久完全丧失的;⑧中枢神经系统功能或胸、腹部器官功能极度障碍,终身不能从事任何工作,丧失生活自理能力的。

三、失能收入损失保险的保险金给付

(一) 保险金额的确定

失能收入损失保险的保险金额要根据被保险人的职业及失能前的各项收入确定,既不能过高也不能过低。一方面是为了避免道德风险,失能收入损失保险的保险金额一般低于被保险人在失能以前的正常收入,否则被保险人将失去财务激励而不愿重返工作岗位,甚至可能会为了领取保险金而有意延长失能期间。另一方面,失能收入损失保险金也不能过低,以至于被保险人生活水平大幅降低,这样也有违被保险人投保的本意。具体,失能收入损失保险保单有两种方法确定保险金额。

1. 固定给付金额法

固定给付金额法通常适用于个人失能收入损失保险。在固定给付金额法中,保险双方事先在保单中约定一个固定金额作为保险金额,当被保险人因疾病或意外事故造成失能时,保险人按照约定给付保险金,无论被保险人在失能期间是否还有其他收入来源,保险人都需如数给付事先约定的保险金。这一约定的给付金额取决于投保时被保险人的收入水平,保险公司在确定某一投保人的最大残疾收入限额时需考虑以下因素:①投保人惯常的税前劳动收入;②投保人的非劳动收入,如红利与利息,被保险人在残疾期间能够继续享有这些收入;③投保人残疾期间的其他收入来源,如团体残疾收入保险和政府资助的残疾收入计划所提供的残疾保险金;④投保人目前所使用的所得税率组别,因为投保人的惯常劳动收入属于应税收入,而个人残疾收入保单提供的残疾收入保险金不属于应税收入。

通常个人失能收入损失保险金的最大限额是其投保时惯常收入的50%~70%。在美国,为了控制伤残收入保险的保额,有的保险公司规定,对于年收入较低的被保险人每月给付金额不超过工资的85%;而对于高收入阶层,这一比例逐级下降到65%或更少。这些限制是考虑失能的保险人可能从其他途径获得补偿,比如雇主疾病补贴计划、政府补贴和其他个人或团体保险。

2. 收入给付公式法

收入给付公式法通常适用于团体失能收入损失保险。团体失能收入损失保单通常包括一个收入给付公式,保险人据此计算向失能被保险人给付的保险金额。收入给付公式将失能收入保险金表述为被保险人失能前收入的一个约定百分比,并要扣除其他收入。用公式表示如下。

完全失能收入损失保险金=月保障工资×失能收入替代比例(百分比)-其他收入

这一约定的百分比因保单而异,通常团体长期失能收入损失保险中规定的百分比为60%~70%,团体短期保单规定的百分比通常高于团体长期保单,一般为90%~100%。

(二) 给付期限

失能收入损失保险金的给付有一个时间规定,也就是所谓的给付期限,保险人在此期间内给付保险金。不同的失能收入损失保单,给付期限长短不同,短的只有几个月,长的有1年、2年、3年、5年、10年,或到65岁,甚至终身。显然给付期限越长,投保人需缴纳的保费就越多。短期失能收入损失保险通常适用于蓝领阶层或低收入者,较长给付期限的通常适用于中高收入的专业人士及高收入者。需要提醒的是,在给付期间内,如果被保险人因保险责任规定的原因死亡,保险公司将停止给付收入损失保险金,按照死亡保险金一次性给付,失能收入损失保险合同也因此终止。

(三) 等待期

失能收入损失保险的等待期与医疗费用保险和重大疾病保险中的等待期内涵不同。在医疗费用保险和重大疾病保险中,等待期是从合同生效之日起到保险人承诺开始承担责任的一段时间,在这段时间内,被保险人即使发生合同载明承保的疾病或事项,保险人也不承担责任。如国内某重大疾病保险条款规定:被保险人在本合同生效之日起180天内初次发生本合同所定义的重大疾病,本公司将无息返还您所交的本合同的保险费,本合同终止。这180天的时间称为等待期。医疗费用保险和重大疾病保险的等待期是保险公司为了规避道德风险与逆选择,防范被保险人带病投保而设置的。

失能收入损失保险的等待期,是合同成立生效后,被保险人发生合同约定的意外或疾病并被认定失能,从被认定为失能到开始领取保险金所需等待的一段时间,即在失能刚开始后保险人不予支付保险金的一段时间。如国内某附加失能收入损失保险条款规定:本附加合同所指的等待期是自被保险人经医生诊断确定完全丧失劳动能力之日起,完全失能的状态持续不断达到一定的天数后,本公司才开始给付失能收入损失保险金,该天数称为等待期。在我国,失能收入损失保险的等待期从30天到1年不等,等待期越长相应保费越便宜。失能收入损失保险设置等待期的目的在于:一是便于保险公司观察被保险人丧失工作能力的持续情况,以便于准确判断其工作能力丧失程度;二是考虑到对于短期的失能,大多数人完全可以依靠自己的日常积蓄维持度过,保险人的理赔支出因此降低,从而保证较低的保险费率,有利于被保险人。

四、失能收入损失保险的特殊条款

(一) 豁免保费条款

豁免保费条款又称失能免缴保费条款,常作为一个附约附加在主合同后面,它是指保险公司承诺豁免被保险人在完全失能后的应缴保费,包括人寿保险的续期保费和失能收入保险附约的附加保费。豁免保费是对被保险人在连续失能超过90天或超过免责期间豁免其应缴纳的保费。只要被保险人还是处于失能状态,保费豁免可以一直到65岁。有些保险公司还可豁免在康复之后90天之内的保费。豁免保费条款本身通常也包含一些限制条件，如等待期、有效年龄、缴费方式变更、除外责任等。

（二）部分失能保险金给付

部分伤残是指导致被保险人不能完成其原有职业的某些工作或全日从事其职业的伤残。作为对原有失能收入保险业务的扩展，许多保险公司提供部分失能收入保险。这些公司在某些失能收入保单中规定：当被保险人部分伤残时，可在约定期间内领取失能收入保险金。通常，该保险金可以是一个约定金额（通常是完全失能收入保险金的一个固定比例），也可以应用保单所规定的公式确定。在应用公式法时，给付金额将取决于被保险人因部分伤残而导致的收入损失程度。

（三）加保选择权益

如果失能收入保单按照约定的固定金额给付，那么它就可能包含一种加保选择保险人在增加保险额度时，不必提供可保证明，但通常需要证明其收入有相应的增加。一般而言，被保险人每年可以进行一次增加购买，直到合同条款中规定的截止购买年龄（一般为50周岁或55周岁）止。每年可增加购买的保险额度依各保险公司的规定而不同，但一般不会超过最初合同给付额的2倍。有的保险公司还进一步规定，被保险人在45岁之前按上面规定的额度购买，在此之后，每年可购买的额度降为原始额度的1/2或1/3。

（四）通货膨胀条款或生活费用调整给付

对于永久失能者来说，保险金的支付是长期性的，在一个比较长的时期内，通货膨胀发生的概率较大。为防止被保险人因物价上涨而生活困难，许多保险公司在其提供的保单中设置了通货膨胀条款，即规定保险金额自动增加，调整的比例取决于通货膨胀率，调整的依据是物价指数。一般为每5年以一固定比例增加。该比例通常为5%~6%，而其所增加部分的年缴保费将以其增加时的年龄来计算。被保险人有权利拒绝任何一次或多次自动增加保险金额的机会。

生活费用调整给付能够有效地保障失能的被保险人的生活不会因通货膨胀而受到很大的影响。但同时，为了控制给付金额过大，有些保险公司还规定调整后的保险金额不能高于原有金额的2倍。

第五节 长期护理保险

一、长期护理保险的概念

（一）长期护理保险的定义

长期护理保险（long-term care insurance）是指以因保险合同约定的日常生活能力障碍引发护理需要为给付保险金的条件，为被保险人的护理支出提供保障的保险。通常护理保险都是指长期护理保险，其保险期限一般可长达半年、数年、十几年、几十年，甚至终身。引发护理需求的原因包括年老、严重或慢性疾病、意外伤残等因素导致身体上的某些功能全部或部分丧失，生活无法自理，需要入住安养院接受长期的康复和支持护理或在家中接受他人护理。大多数情况下，这种保险并不是以完全康复为目标，而是使患者的情况稍有好转，或仅仅维持现状。

（二）长期护理的层次

(1) 医护人员护理。属于护理中的最高级别，是在医师嘱咐下的24小时护理，由有执业证书的护士或护理人员担任。

(2) 中度安养护理,程度与医护人员护理相类似,不同点在于被保险人不需接受24小时的护理,也不需要专业医务人员全日看护。同时,相对于专业护理而言,其费用要低,持续时间也长。

(3) 照顾式护理,也是最基本的安养护理。它通常是非医疗性质的,被保险人在日常生活起居上得到照顾,护理人员不需要经过专业训练。

二、长期护理保险的给付条件

(一) 日常生活活动失败

日常活动指人们日常生活所必须从事的活动,包括起床、穿衣、脱衣、洗漱、进食、行走、移动物品、克制力、如厕、沐浴等。一个人在没有他人的帮助下,不能进行上述日常活动中的某一种或某几种,称为日常生活活动失败。目前国内保险公司发售的长期护理保险大多规定被保险人须符合日常生活活动失败的条件。所以,对于长期护理保单来说,日常生活活动失败的界定需非常明确。

如国内某长期护理保单规定:日常生活活动失败是指经相关专科医师明确诊断或其他依法具有鉴定资格的机构明确鉴定被保险人丧失独立完成以下6项日常生活活动中的3项或3项以上活动的能力。

(1) 步行,是指室内从房间到房间之间的平地行走。

(2) 进食,是指在食物已经准备好的情况下,自己进食。

(3) 更衣,是指穿衣、脱衣、扣紧或解开所穿衣物的能力,包括脱穿吊带、脱戴假肢及其他医疗辅助器具。

(4) 洗澡,是指沐浴或淋浴(包括自行出入浴缸或冲淋房)或以任何其他方式清洗身体。

(5) 如厕,是指自行使用厕所和控制大小便,需要时可以通过使用保护性衣物或医疗辅助器具协助如厕动作。

(6) 移动,是指自床上移动至座椅或轮椅或替代器械上。

国外机构对此标准的研究证明,日常生活能力标准较为客观,能够真实反映人们对长期护理服务的需求程度,对保险给付的评定操作效果较好。

(二) 认知能力障碍

当然,也有一些特殊情况,有些人尽管具有上述基本生活能力,但仍无法安全独处。随着老年人老年性痴呆症发病率的增加,保险公司推出把因智力损伤(如因老年性痴呆症)引起的长期护理纳入给付范围的长期护理保险产品,并设立了一种针对护理需求的认定办法作为判断保险给付的条件,其通常表现形式是专业的医疗诊断加上专业智力和行为能力测验。

三、长期护理保险的给付方式

(一) 费用补偿型

费用补偿型长期护理保险是在被保险人满足给付条件的前提下,保险人根据长期护理引发的实际费用进行给付,给付金额以保单所约定的保险金额为限。这种给付方式将保险给付与实际护理费用挂钩,在一定程度上避免了被保险人通过保险不当获利的行为。但是由于它只补偿由保单持有人自己支付的实际和合格的护理费用,而且这种护理只能由获得许可的提供者提供(如安养院),并且一旦发生护理费用,被保险人要出具很多证明。由于它对理赔管理体系要求较高,对普通寿险公司和专业健康保险公司而言,开发此类产品成本过大。

（二）定额给付型

定额给付型长期护理保险是在被保险人满足给付条件的前提下，保险人按保单约定的固定津贴额进行给付，而被保险人实际发生的护理费用对给付金额不产生影响。这种给付方式较为简单，对保险公司理赔管理体系的要求相对较低，容易被消费者接受，但是容易引发被保险人的道德风险。

（三）直接提供长期护理服务

直接提供长期护理保险服务既不补偿被保险人支出的护理费用，也不给付津贴额，它是在被保险人满足给付条件的前提下，保险人直接向被保险人提供长期护理服务作为保险的给付方式。这种给付方式简化了被保险人获得长期护理服务的途径，对保险公司的保险服务能力有很高的要求，对普通寿险公司而言，此类产品专业化要求过高，目前国内长期护理保险鲜有这种给付方式。

四、长期护理保险的分类

长期护理保险按照不同划分方式划分有多种类型，除了按给付方式的不同，可以分为费用补偿型保单、定额给付型保单和直接提供长期护理服务型保单外，还可有如下分类。

（一）按保险责任划分

1. 单一责任护理保险

单一责任长期护理保单只提供长期护理保障，即只在被保险人满足保险公司规定的护理条件时才对保险合同进行给付。其不足在于：若被保险人在缴纳多年保费后，却在长期护理发生之前就因疾病或意外死亡，被保险人将没有任何死亡保障，容易使被保险人家属产生不满情绪，不利于保险公司的社会形象。

2. 寿险保单附加长期护理保障

寿险附加长期护理保障保单在提供传统寿险保障的同时，或者通过约定长期护理提前给付责任，或者通过附加单项的长期护理保险责任，为被保险人提供长期护理保障。这种产品弥补了独立长期护理保单的缺陷。另外，这种保单与具有提前死亡给付条款的寿险保单不同，提前死亡给付条款是在被保险人死亡之前给付部分人寿保险金；而长期护理保险是为了使老年人更好地享受晚年生活或者帮助需要长期护理照顾的患者，保障的出发点不同，因此，含有提前死亡给付条款的人身保险并不能真正替代长期护理保险。

3. 失能收入补偿保险的扩展

被保险人在退休前购买长期护理保险，在其退休后，保险公司提供给被保险人与失能收入补偿保险等额的保险金。在投保时不需要核保，只是要比正常人多缴一些保费。实际上，这是将失能收入补偿保险自动转为长期护理保险。

4. 医疗费用保险附约

长期护理保险类似于医疗费用保险，两者的主要区别在于：医疗费用保险是对被保险人偶然性的急性疾病的治疗费用提供保障，而长期护理保险则是对被保险人因慢性病或健康状况恶化所发生的费用提供保障。但两者都是健康保险，都涉及费用补偿，所以可以将长期护理保险视为医疗费用保险的延伸。

5. 有投资性质的长期护理保险

很多人可能在中青年时就购买了长期护理保险，但是可能在很多年后才会申请护理服务，这时，有投资作用的长期护理保险就带有储蓄的性质。如果将其开发成可以随账户余额的变动增加保险金额的长期护理保险，例如，变额长期护理保险万能长期护理保险、变额万能长期护理保险等，就会吸引更多的人来购买。

（二）按保额是否变动划分

1. 保额固定型长期护理保险

该种保单指在被保险人满足给付条件的前提下，保险人按保单约定的固定金额进行给付，没有任何变化。

2. 保额变动型（递增）长期护理保险

该种保单指在被保险人满足给付条件的前提下，保险人的给付金额随着生活费用指数或护理机构费用指数的增加，通常逐年递增。

（三）按投保人划分

1. 个人长期护理保险

个人长期护理保险即以个人的名义购买的长期护理保险，在被保险人满足给付条件的前提下，保险人按保单约定给付保险金。

2. 团体长期护理保险

团体长期护理保险可分为雇主型保险计划和非雇主型保险计划两种。雇主型保险计划是由雇主为其雇员以团体的形式购买的个人长期护理保险，其优点是：保费相对较低，免核保，雇员能够得到作为个人投保所不能得到的保险金给付方式。非雇主型保险计划是一些社会团体希望通过团体形式购买保险，以获得较好的保险条件，实际上是以特别的费率向团体中的个人提供个人保险，对此，保险公司的态度是：除非团体中参加者众多，否则不会降低投保条件。

五、长期护理保险的常见条款

（一）通货膨胀保护条款

由于通货膨胀因素的存在，若干年后护理津贴很可能不足以支付逐年上升的护理费用，通货膨胀保护条款要求保单根据通货膨胀指数进行给付或者按照每年3%或5%的比率调整给付额。另一种抵御通货膨胀的办法是保单赋予被保险人定期（如逐年）增加保险金额的权利，按购买保险时的年龄确定缴费率，被保险人可运用这项权利不断增加其保单上的保险金额，以提高其抵御通货膨胀的能力，但是这将大幅度提高被保险人的年缴保费。

（二）不丧失价值条款

长期护理保险具有现金价值，带有一定的储蓄功能，所以保单中应该包含不丧失价值条款。当被保险人退保时，保险人应返还当时的现金价值。

1. 健康保险的分类有哪些？
2. 费用补偿型医疗保险与定额给付型医疗保险有何区别？
3. 重大疾病保险的给付方式有哪些？
4. 失能收入损失保险的保险金额如何确定？
5. 长期护理保险的给付方式有哪些？

【案例分析】

重大疾病的认定

2007年7月26日，张某购买了某保险公司的重大疾病保险，2009年4月8日张某突发疾病，在天津市环湖医院住院治疗，经诊断为：脑干梗死，冠心病。张某的配偶马某遂向保险公司申请重大疾病理赔金2万元。保险公司于2009年6月23日告知张某，该合同条款第二十三条承保的25种重大疾病中，第3种是“脑中风后遗症”：指因脑血管的突发病变引起脑血管出血、栓塞或梗塞，并导致神经系统永久性的功能障碍。神经系统永久性的功能障碍，指疾病确诊180天后，仍遗留下列一种或一种以上障碍：①一肢或一肢以上肢体机能完全丧失；②语言能力或咀嚼吞咽能力完全丧失；③自主生活能力完全丧失，无法独立完成六项基本日常生活活动中的三项或三项以上。保险公司认为，被保险人的理赔申请不符合条款规定的重大疾病定义，没有达到条款中约定的“导致神经系统永久性的功能障碍”的程度，如无进一步鉴定辅助材料，拒付。因被保险人一直未出示进一步的鉴定材料，故保险公司未赔付。2009年9月18日，张某向人民法院起诉。

（资例来源：中国保险行业协会．保险诉讼典型案例年度报告（第二辑）．北京：法律出版社．2010）

【问题】

1. 本案的争议焦点何在？
2. 保险公司是否该承担保险金给付责任？

【提示】

该案的争议焦点之一：张某所患的疾病有没有达到保险合同中约定的重大疾病理赔标准？被保险人从医院拿到的诊断结果的根据是医学标准，而保险公司理赔的根据是保险合同条款中的保险标准，两者之间的偏差及根据标准不同产生的认定结论极易引发保险理赔纠纷。

2007年4月中国保险行业协会与中国医师协会共同制定了《重大疾病保险的疾病定义使用规范》作为指导保险公司使用疾病的定义。这是我国针对重大疾病保险建立的第一个行业规范，对重大疾病保险产品中最常见的25种疾病的表述进行了统一定义，明确了凡以“重大疾病保险”命名且保险期间主要为成年人（18周岁以上）阶段的保险产品的保障范围必须包括25种疾病中发生率最高的6种疾病，对重大疾病保险产品涉及的保险术语制定了行业标准。2007年8月1日后，保险公司签订的保险期间主要为成年人阶段的重大疾病保险合同应当符合本规范。

争议焦点之二：重大疾病保险条款的解释问题。合同条款第二十三条中的“脑中风后遗症”有着严格的限制条件，对于不能同时符合该限定条件的均不被认定为该疾病症状，其对于保险公司来讲实质上是限责条款。鉴于重大疾病定义的专业性和复杂性，作为提供格式合同的保险公司，由于没有将该内容列明于“保险责任”项下及“责任免除”项下，更应当就该限责的具体内容向投保人作特别解释，要特别提请投保人注意。

司法实践中，法院经常会认定，保险合同构成文件内容、项目繁多，不具单一的告知书性质，且其是保险公司提供的事先拟制好的格式文件，不容易引起投保人注意，如果保险公司不能有其他明显证据证明签订合同时业务员已就限责条款向投保人进行了特别说明，法院则会判定保险公司的抗辩理由不能成立，应当承担赔付责任。

（刘爱超）

第五章

健康保险定价

内容提要

健康保险定价是健康保险产品设计的基础环节。健康保险定价过程分为毛保费计算和实际价格确定两个过程。保险人根据承保风险的大小和公司盈利的目标，计算出健康保险的毛保费，之后还需根据健康保险市场竞争状况、公司市场占有率、保险监管要求等，对毛保费进行适当调整，最终确定健康保险产品的市场价格。本章在阐述健康保险费率、定价原则和原理的基础上，分析了健康保险产品的定价过程及介绍了健康保险准备金和盈余分配。

第一节 健康保险定价概述

一、保险费与保险费率

（一）保险费

保险费是投保人按照一定的保险条件，支付给保险人的费用。投保人为了转移风险，获得保险保障，通过缴纳保险费向保险人购买保险，将风险转移给保险人，保险人获得保费收入。保险人将积累的保费建立为保险基金，用于应对被保险人发生保险事故时的经济损失。投保人所缴纳的保险费是保险基金的唯一来源，因此，缴纳保险费是投保人最基本的一项义务，在此基础上，保险人才能提供相应的保障，履行合同载明的保险责任。

健康保险费同样由纯保费和附加保费构成（式 5.1）。纯保费是指用于支付未来理赔成本或风险损失所收取的保费；附加保费则至少包括异常风险损失费用、公司经营管理成本和利润三方面费用。纯保费和附加保费共同构成保险公司的毛保费。

$$\text{健康保险费}=\text{健康保险纯保费}+\text{健康保险附加保费} \tag{5.1}$$

（二）保险费率

保险费率，又称为保险价格，是保险费与保险金额的比率，通常用每百元或每千元保险金额来表示（式 5.2）。保险费率是保险人计算保险费的依据，是保险产品的价格，但是保险费率不同于市场一般产品的价格。保险人计算保险费率不是依据已有产品或投保标的的损失率，而是依据以往的损失数据和资料。

$$\text{保险费率}=\text{保险费}\div\text{保险金额} \tag{5.2}$$

保险费率作为保险产品的价格，保险费率定得过低，最直接的后果是导致保险人收取的保费不足以支付对应的保险金，造成亏损；保险费率定得过高，又会影响保险产品的市场竞争力。保险费率受多种因素的影响，一般影响因素有利率因素、死亡率因素、费用率因素、失效率因素、疾病率因素、利润率因素等。保险人需要综合考虑相关因素的影响，根据以往的数据和对未来的预期，通过科学的方法计算出保险产品的费率。

二、健康保险费率分类

(一) 毛费率

健康保险的毛费率,又称充分费率,与风险的大小、风险成本的高低、预期的利润和费用有关。健康保险的毛费率由纯费率和附加费率构成(式5.3)。

$$毛费率=纯费率+附加费率 \tag{5.3}$$

(二) 纯费率

纯费率是纯保费与保险金额的比率。纯保费,也称净保费,是保险人主要用以应对保险事故发生后保险金的给付,是恰好用于补偿承保风险成本的保费。纯保费是预期的损失金额,是保险人的期望损失成本。

健康保险产品与其他保险产品相比,有其特殊性,其中很重要的一点就是更为严重的逆选择和道德风险。健康状况较差的投保人更为倾向购买健康保险,因此,保险人需要通过科学的计算方法将不同风险等级的投保人相区分。年龄、性别、疾病率、既往健康状况、职业、收入水平、医疗服务费用的地区差异等因素,将综合影响纯费率的计算。此外,健康保险中常用的等待期条款、免赔额等风险控制措施,也是保险人在计算纯费率时需要考虑的因素。

(三) 附加费率

附加费率是附加保费与保险金额的比率,它由安全附加率和费用附加率构成(式5.4)。

$$附加费率=安全附加费率+费用附加费率 \tag{5.4}$$

1. 安全附加率

安全附加率是安全附加与保险金额的比率。如果保险人只收取纯保费,那么保险人必然面临着破产的境地,安全附加是保险人为了应对未曾预料到的未来的赔付,在纯保费的基础上附加的一笔费用。在实务中,保险人的预期目标是盈利,在制定保险费率时,利润附加的内容通常也加入安全附加中。常用的方法是通过相对保守的精算估计和一定的安全附加来保证保险人的利润空间。

2. 费用附加率

费用附加率是费用附加与保险金额的比例。费用附加是指保险人销售保单和维持保单的费用。在实务中,各家商业保险机构作为商业健康保险的供给方,日常业务开展的费用,都需要由自身承担,包括销售佣金、手续费、保单管理费、理赔费用及其他日常管理费用等。费用附加就是保险人应对此类费用的加成,费用附加率的高低需要保险人仔细分析当前的各项费用成本,并对未来的费用进行合理预估,同时考虑到税收和保险保障基金的缴纳等。

三、健康保险定价原则

(一) 保费充足原则

保费充足原则是要求保险人所收取的保费要足以应对保险金的给付、营运费用的支出和税费等,并且要求有一定的结余。这种原则的主要目的在于保证保险人的偿付能力,保险公司的经营不同于其他机构,如果保险费率过低,会造成保险人偿付能力不足,保险人的经营存在风险和不稳定性,且不利于整个保险市场的稳定发展。因此,各个国家都对保险费率进行了一定范围的管控,防止保险人之间恶性竞争,导致偿付能力不足。

（二）保费合理原则

保费合理原则是要求健康保险产品定价时，必须让投保人对保险人制定的保险费感觉是合理的、值得的。为此，保险公司对纯保费的厘定必须以损失概率为依据，收取的保费应与其所化解的风险相对应，与其所承担的责任相当，即要与保险种类、保险期限、保险金额等因素相关联；制定附加费率时对业务费用和预期利润的估算要适当，不能盲目追求利润。

（三）保费公平原则

保费公平原则是要求每个健康保险投保人缴纳的保费应与被保险人期望获得的保障相当，即投保人缴纳的保险费应该与被保险人的风险状况相匹配。保险人应根据被保险人的实际损失差异区分不同的费率标准，对同一风险等级的投保人征收相同的保费。如果不考虑损失风险的差异而向所有被保险人收缴相同的平均费率，会导致高于平均损失概率的被保险人出现逆向选择，而低于平均损失概率的被保险人则不购买健康保险。保费公平原则的实现要求保险人不断提升核保水平，科学地对被保险人风险评价或分类，以及不断完善精算技术，以保证公平对待不同风险的投保人，采用更加公平的保险费率。

（四）保费竞争原则

保费竞争原则是要求保险人在制定健康保险产品价格时，不能过于保守或盲目追求利润，其保费不能明显高于市场上其他同类产品，这是保障健康保险产品竞争力的重要原则。适度偏低的保险价格有利于吸引消费者，提高市场份额。

（五）保费稳定原则

保费稳定原则是要求保险人对于健康保险产品的价格应坚持相对稳定，不轻易或频繁变动费率。保费的不稳定一方面不利于保险人的业务管理和核算，增加营运成本；另一方面也会有损保险人的公众形象，令消费者感觉该保险公司业务不稳定，信誉不佳，从而造成退保率的增高，进一步造成保险人经营的不稳定。实务中，虽然很多保险条款中都规定了保险人有权调整保费，但实际上，保险人会努力维持保费的相对稳定，不会轻易调整保费。

（六）保费灵敏原则

保费灵敏原则，又称弹性原则。保费灵敏原则与保费稳定原则并不矛盾，反而更加体现了健康保险费率厘定的严谨和科学，该原则具体是指在一定程度上保证健康保险费率稳定的基础上，要求保险人根据承保风险的变动情况，对保险费率做出相应的调整。国内商业健康保险起步较晚，相关的精算数据还在逐步完善中，保险人对健康保险产品的定价也应根据市场情况进行适当调整。

第二节　健康保险定价原理

一、健康保险定价数理基础

（一）健康保险定价相关理论

保险精算建立在概率论与大数法则基础之上，健康保险定价作为保险定价的分支，其数理基础同样是概率论与大数法则。

概率论是研究随机现象的数学方法。随机现象是指在基本条件不变的情况下,一系列的实验或观察会得到几种不同的结果,每一次实验或观察之前,不能确定最终出现的是哪种结果,这一结果的出现存在偶然性。对随机现象的演变情况即随机过程的研究,是概率论的主要内容。

大数法则作为统计学概念,来源于统计数据的规律性。大数法则是概率论中用来阐述大量随机现象平稳规律的一系列定理。在保险领域,大数法则运用的意义在于:大量同质风险的集合,会导致最后的观察结果更趋近于预测结果。此时,风险的不确定性将随着风险数量的增加而下降,据此成为保险定价的数理基础。

健康保险定价的数理基础也有着不同于其他类型保险定价的数理基础之处,健康保险定价主要建立在伤病发生概率和损失分布基础之上。对伤病发生的概率和损失分布的建模,是健康保险精算师的一项十分重要的工作。不同的统计数据具有不同的分布特征,在研究这些数据时,我们通常会根据历史统计数据的特征,选择分布形态进行拟合。通过选择我们建立的理论模型,将实际数据带入其中进行参数估计和拟合检验。在实务中,如果我们事先能够对数据的分布类型比较明确,那么就可以直接对其建模,进行参数估计和检验,大大减少了工作量。下面我们将分别介绍伤病发生的概率模型和健康保险损失模型。

(二)伤病发生的概率模型

伤病发生次数的分布形式是健康保险定价中的一项重要内容。现代健康保险精算研究认为,伤病发生次数的分布主要有二项分布、泊松分布和负二项分布三种分布形式。在大多数情况下,这三种分布形式对于大多数伤病发生的次数统计具有较好的拟合性。

1. 二项分布

二项分布来源于重复 n 次的伯努利试验。伯努利试验是在相同的条件下,重复地、各次之间相互独立地进行的一种试验,在每次试验中,只会出现两种结果,各次试验结果互不干扰。如果一种结果发生的概率记为 p,那么这一结果不发生的概率为 $1\text{-}p$,n 次重复伯努利试验下,事件发生 k 次的概率为:

$$P\{X=k\}=C_n^k p^k(1-p)^{n-k}\qquad(k=0,1,2,\cdots,n)(0<p<1)$$

二项分布应用于伤病发生次数的分布模型,则 p 代表每个被保险人伤病发生的概率,$1\text{-}p$ 代表每个被保险人不发生伤病的概率。那么由二项分布可以得到以下几个基本概率式。

(1) $p^k(1-p)^{n-k}$ 表示 n 个被保险人中有 k 人发生伤病,其余 $n\text{-}k$ 人健康的概率;

(2) $F(T)=\sum_{k=0}^{T}C_n^k p^k(1-p)^{n-k}$ 表示被保险人群体中至多有 T 人发生伤病的累积概率。

在伤病发生次数的分布研究中,二项分布是一种最为简单的分布类型,从二项分布的假定中可以看出,二项分布要求每个被保险人发生伤病的概率相同,都为 p,这是一种理想状态,现实情况很难达到。但是二项分布的研究在健康保险定价的理论研究中有着十分重要的意义。

2. 泊松分布

泊松分布是一种常用的离散型随机变量的概率分布。泊松分布是泊松在研究二项分布是渐进式的过程中提出的,适合于描述单位时间内随机事件发生的次数。如果随机变量 X 的概率分布服从:

$$P\{X=k\}=\frac{\lambda^k}{k!}e^{-\lambda}\qquad(k=0,1,2,\cdots,\lambda>0)$$

则称随机变量 X 的分布为泊松分布,记为 $P(\lambda)$。

泊松分布应用于伤病发生次数的分布模型,则 $F(T)=\sum_{k=0}^{T}\frac{\lambda^k}{k!}e^{-\lambda}$ 作为累积概率,表示被保险人

群体中至多有 T 人发生伤病的概率。

在伤病发生次数的分布研究,泊松分布主要应用于许多发生率较低的伤病发生次数的分布研究。泊松分布自身的性质使得其应用在健康保险定价中更为方便。首先,当 k 取 λ 的最大正整数时,概率最大,当 λ 为整数时,k 在 λ 和 λ-1 处同时达到最大。在健康保险分布模型中,λ 可表示被保险人患病住院的平均概率,则此时被保险人患病住院的概率最大。其次,在大样本情况下,泊松分布逼近于正态分布。再次,泊松分布具有可加性,其可加性是指如果独立的随机变量 X_i($i=0,1,2,\cdots,n$),服从参数为 λ_i 的泊松分布,则其和 $Y=\sum_{i=1}^{n}X_i$ 的分布形式仍为泊松分布,而且参数 $\lambda=\sum_{i=1}^{n}\lambda_i$。应用泊松分布的可加性,我们知道,如果某一团体健康保险中,保险期内每个被保险人可能发生的疾病有 n 种,如果这个团体中感染第 i 种疾病的人数服从参数为 λ_i 的泊松分布,利用泊松分布的可加性就可以得出这一团体在保险期内所有发病人数 n 的统计分布,从而使保险经营的风险概率预测成为可能。

3. 负二项分布

负二项分布,又称帕斯卡分布,是一种离散概率分布,它同二项分布一样,也产生于 n 重伯努利实验。一系列独立的实验,每个实验都有成功、失败两种结果,成功的概率为 p,实验成功的次数累积到 r 次时,实验次数 X 的分布为负二项分布。从此假设可以看到,第 r 次试验的结果一定是成功,需要达到这 r 次成功的实验,实验的总次数是 k。那么我们可知,k 次实验中,前 k-1 次实验中成功的次数为 r-1 次,第 k 次实验成功,r 为正整数,得出概率式为:

$$P\{X=k\}=pC_{k-1}^{r-1}p^r(1-p)^{k-r}\qquad(k=r,r=1,\cdots)$$

n 重伯努利实验中第 r 次实验成功前失败 k 次的分布也可以用负二项分布的形式表示,其概率式为:

$$P\{Y=k\}=C_{k+r-1}^{k}p^r(1-p)^k\ (k=0,1,2,\cdots,Y=X\text{-}r)$$

在伤病发生次数的分布研究中,负二项分布的应用也十分广泛。其主要原因在于:实践当中风险群体并不是有着严格的同质性,对于他们的分布研究,需要使用负二项分布来进行拟合。在健康保险实务中,当某一险种的被保险人群体中,每个个体的伤病发生概率不同时,可以使用负二项分布来拟合,一旦通过了拟合优度检验,该模型就可以用于风险概率估测和保费的制定。

4. 其他复合分布

在健康保险实务中,影响伤害和疾病发生的原因多种多样,同时健康保险也在不断发展,很多新险种不断涌现,还有专门针对一种或几种特殊疾病的健康保险产品。在这样的背景下,仅仅用以上三种分布来进行拟合是远远不够的,单一参数的普通模型已经不能满足复杂情况的需要。因此,需要我们借助一些复合型的分布对更为复杂的实际情况来进行拟合。在看到复合型分布优势的同时,我们也应看到其不足之处,实务中判断样本数据到底属于哪种复合型分布的难度很大,而估计出其参数值的难度就更大,因此,相对于采用复合型分布,我们更常用的是采用增大样本容量的方法改善模型的拟合度。常用的复合型的离散分布主要有 β-二项分布、泊松-泊松分布、泊松-二项分布及混合泊松分布等。

(1) β-二项分布:是对二项分布中等概率假设的改进,假设二项分布中参数 P 不是固定不变的,而是一个服从 β 分布的随机变量,则这样的复合分布我们将其称为 β-二项分布。其概率式如为:

$$P\{X=k\}=C_n^k p^k(1-p)^{n-k}\qquad(k=0,1,2,\cdots)$$

其中,p 为服从 β 分布的随机变量。

β 的分布概率密度式为:

$$f(p)=\frac{1}{B(\alpha,\beta)}p^{\alpha-1}(1-p)^{\beta-1}\qquad(0\leqslant p\leqslant 1)$$

其中,

$$B(\alpha,\beta) = \int_0^1 x^{\alpha-1}(1-x)^{\beta-1}d_x$$

在伤病发生次数的分布研究中,β-二项分布可以适用于个体发病概率不同,但其变化服从β分布的情况。β-二项分布在某些伤病发生次数的拟合上要优于二项分布,它可以用来描述聚集性疾病的分布模式,特别是针对家庭、企业或居民区的某种传染性疾病的发病率的拟合有着很好的效果。

(2) 泊松-泊松分布和泊松-二项分布:在健康保险定价中,这两种复合分布主要用于测量疾病的发生率与住院概率情况。在实际生活中,面对某些重大疾病,其疾病的发生与住院的发生基本一致,而其他一般性疾病由于严重程度不同,疾病发生率与住院率不存在这种一致性,不是所有的患者都需要住院,绝大多数患者是采用门诊就医的。

假设保险期间被保险人疾病发生的次数(X_1)服从参数为λ的泊松分布,而在疾病发生后住院人数(X_2)又服从泊松分布,则投保期内因疾病发生而导致住院的人数(X)将服从于泊松-泊松分布。其概率为:

$$P\{X=k\} = \sum_{i=0}^{\infty}\frac{e^{-\lambda_1}\lambda_1^i}{i!}\cdot\frac{e^{-i\lambda_2}(i\lambda_2)^k}{k!} \quad (k=0,1,2,\cdots)$$

假设保险期间被保险人疾病发生的次数(X_1)服从参数为λ的泊松分布,而在疾病发生后住院人数(X_2)又服从二项分布,则投保期内因疾病发生而导致住院的人数(X)将服从于泊松-二项分布。其概率为:

$$P\{X=k\} = \sum_{i=0}^{\infty}\frac{e^{-\lambda}\lambda^i}{i!}C_{im}^k\pi^k(1-\pi)^k \quad (k=0,1,2,\cdots)$$

(3) 混合泊松分布:针对事故发生强度存在个体差异的情形下,我们多使用混合泊松分布模型,与β-二项分布不同的是:混合泊松分布个体事故概率服从于离散型分布。设想保险公司在多个地区开展保险业务,对于同一种疾病,由于不同地区环境的差异可能造成不同的伤病发生率差异,如某些地方病。当在所有的地区收取统一的保费时,需要评估所有地区的风险概率,分散发病率高的地区的风险,一个自然的想法是分别在各地区建立风险测算模型,再分配不同的权重,计算综合的或平均的风险水平,以此作为风险保费制定的基本依据。这种风险的加权平均所体现的正是混合泊松分布的特点。我们称下式为M阶混合泊松分布。

$$P\{x=k\} = \alpha_1 p\{x=k,\lambda_1\} + \alpha_2 p\{x=k,\lambda_2\} + \cdots + \alpha_m p\{x=k,\lambda_m\} = \sum_{i=1}^{m}\alpha_1\frac{e^{-\lambda_i}\lambda_i^k}{k!}$$

$$(k=0,1,2,\cdots,0<\alpha_i<1)$$

α_i的含义是第i个分布在混合泊松分布中的比重,M为阶数。

(三) 健康保险损失模型

健康保险个体损失分布是指每次发生费用的分布,该分布用于描述每次健康保险损失费用的变化规律。在健康保险的实际研究过程中,我们发现,健康保险损失数据的分布表现为右移长尾,即右偏态的特征,这种特征对于保险人经营健康保险业务极为重要,它预示着极大医疗费用支付发生的可能性。

在阐述健康保险损失分布之前,我们需要明确健康保险赔付额与损失额这两个概念。健康保险损失额是指保险标发生的实际损失额的大小,例如,医疗费用保险中,损失额是指被保险人花费的医疗费用。健康保险赔付额是指保险人赔付给被保险人的金额。可见,健康保险赔付额与损失额是两个不同的概念,在健康保险实务中,常有免赔额或者赔付比例的规定,这导致赔付额往往只是损失额的一部分。对保险人而言,最为关心的是其赔付额,其实只要我们确定了赔付额与损失额之间的数量关系,那么根据健康保险的损失分布可以推导出赔付额的分布。

健康保险实践中,对于损失的分布我们最常用的五种分布有:Γ 分布、对数:Γ 分布、对数正态分布、威布尔分布、帕累托分布,此外,还有布尔分布、广义帕累托分布及广义 Γ 分布等。下面我们将分别介绍以上五种常用的分布。

1. Γ 分布

Γ 函数的定义式为:

$$\Gamma(\alpha)=\int_0^{\infty}s^{\alpha-1}e^{-s}d_s \qquad (\alpha>0)$$

Γ 函数可以看成是 $n!$ 阶乘的推广,当 α 为正整数时,$\Gamma(\alpha)=(\alpha-1)!$,且 $\Gamma(\alpha+1)=\alpha\Gamma(\alpha)$。在 Γ 函数的基础上,我们将 Γ 分布定义为:

如果随机变量 x 的概率密度函数为:

$$f(x)=\beta\,(\beta x)^{\alpha-1}\frac{e^{-\beta x}}{\Gamma(\alpha)}\ (x>0,\ \alpha>0,\ \beta>0)$$

那么随机变量 x 服从参数为 (α,β) 的 Γ 分布。其中,α 为形状参数,β 为尺度参数。

$$F(x)=\int_0^{x}\beta\,(\beta x)^{\alpha-1}\frac{e^{-\beta x}}{\Gamma(\alpha)}d_s\ (x>0)$$ 为 Γ 分布累积分布函数。

Γ 分布有如下性质:

(1) Γ 分布的形状函数 $\alpha>1$ 时,Γ 分布的分布密度形状为单峰,达到峰顶时 x 为 $\frac{\alpha-1}{\beta}$;形状函数 $\alpha\leqslant1$ 时,Γ 分布的分布密度单调递减趋近于零。

(2) Γ 分布的数学期望和方差分别为:$E(x)=\frac{\alpha}{\beta}$,$D(x)=\frac{\alpha}{\beta^2}$。

(3) Γ 分布的矩估计量为:$\hat{\beta}=\frac{\bar{x}}{s^2}$,$\hat{\alpha}=\bar{x}\hat{\beta}$。

(4) 相互独立的同尺度随机变量,如果都服从 Γ 分布,那么它们之和仍服从 Γ 分布。加总后的随机变量分布,其尺度参数 β 不变,形状参数 α_i 为各独立随机变量分布的形状参数之和。

在健康保险实践中,假如某医疗保险险种的保险赔付实践中发现,某种药物的支付费用服从参数为 $(\alpha,\ \beta)$ 的 Γ 分布,那么通过 α,β 的值,我们将很快速地预测出该项药品支付费用在各个金额区间上的概率分布。

2. 对数 Γ 分布

对数 Γ 分布是在 Γ 分布基础上的变形,如果随机变量在取对数后服从 Γ 分布,则称该随机变量服从对数 Γ 分布。lnY 服从参数为 $(\alpha,\ \beta)$ 的 Γ 分布,其概率密度函数为:

$$f_Y(y)=(\ln y)^{\alpha-1}\frac{\beta^{\alpha}}{y^{\beta+1}\Gamma(\alpha)} \qquad (y>1)$$

对数 Γ 分布有如下性质:

(1) 对数 Γ 分布的期望和方差分别为:

$$E(Y)=\left(\frac{\beta}{\beta-1}\right)^{\alpha},\ (\beta>1)$$

$$D(Y)=\left(\frac{\beta}{\beta-2}\right)^{\alpha}-\left(\frac{\beta}{\beta-1}\right)^{2\alpha},\ (\beta>1)$$

(2) 对数 Γ 分布的幂变换仍为对数 Γ 分布。假设随机变量 Y 服从对数 Γ 分布,则 Y^c 同样服从对数 Γ 分布,且形状参数不变,尺度参数变为原有参数比上幂值,即 $\ln Y^c\sim\Gamma(\alpha,\beta/c)$ 。

损失分布图形的尾部代表极大赔付的发生,对数 Γ 分布的尾巴比 Γ 分布更厚,它表明当损失服从对数 Γ 分布时比服从 Γ 分布时有更大的可能性发生大额赔付,健康保险实践中,对数 Γ 分布对于估计巨大赔款的再保险费时效果很好。

3. 对数正态分布

某些正偏态的随机变量，在经过对数转换后，服从正态分布，则称该随机变量服从对数正态分布。对数正态分布的密度函数为：

$$f(x)=\frac{1}{\sigma\sqrt{2\pi}\cdot x}\cdot e^{-\frac{(\ln x-\mu)^2}{2\sigma^2}} \qquad (x>0)$$

对数正态分布有如下性质：

（1）对数正态分布的数学期望和方差分别为：

$$E(X)=e^{\mu+\frac{1}{2}\sigma^2}$$

$$D(X)=e^{2\mu+\sigma^2}\cdot[e^{\sigma^2}-1]$$

（2）对数正态分布的图形是长尾右偏，但其尾部趋于零的速度很快。

（3）若随机变量 X 服从对数正态分布，则 $Y=aX^c$ ，$(a>0,c>0)$ 这一随机变量也服从对数正态分布。

（4）对数正态分布与标准正态分布之间的关系是：$F_X(x)=\Phi(\frac{\ln x-\mu}{\sigma})$ 。

对数正态分布是健康保险损失分布中最常见的分布类型，特别是在医疗费用保险中，保险人的赔付只是实际医疗费用的一部分，如果统计的医疗费用支出服从对数正态分布，那么从其性质出发，可以分析出保险人赔付的概率分布。

4. 威布尔分布

威布尔分布是连续性的概率分布，它的概率密度函数为：

$$f(x)=\beta\alpha x^{\alpha-1}e^{-\beta x^{\alpha}} \qquad (x>0)$$

威布尔分布有如下性质：

（1）威布尔分布的数学期望和方差分别为：

$$E(X)=\beta^{-\frac{1}{\alpha}}\Gamma(\frac{1}{\alpha}+1)$$

$$D(X)=\left[\Gamma\left(1+\frac{2}{\alpha}\right)-\Gamma^2\left(1+\frac{1}{\alpha}\right)\right]\beta^{\frac{2}{\alpha}}$$

（2）威布尔分布的累积分布函数式扩展的指数分布函数，当 $\alpha=1$ 时，它为指数分布；当 $\alpha=2$ 时，它为瑞利分布。

（3）当 $\alpha>1$ 时，威布尔分布的图形中尾部很薄，即尾部概率低。

（4）服从威布尔分布的随机变量作倍数变换后仍服从威布尔分布。若 X 服从参数为 (α,β) 的威布尔分布，则 $T=cX$ 服从参数为 $(\alpha,\beta/c^{\alpha})$ 的威布尔分布。

威布尔分布的应用同以上分布一样，如果随机变量服从威布尔分布，都可以用来预测每次损失的均值及损失额的概率分布区间。例如，当 $\alpha>1$ 时，威布尔分布的极薄的尾部表示发生极大损失的概率很小。

5. 帕累托分布

帕累托分布是从大量现实世界的现象中发现的幂次定律分布，它的概率密度函数为：

$$f(x)=\frac{\alpha}{\beta}\cdot\left(\frac{\beta}{\beta+x}\right)^{\alpha+1} \qquad (x>0)$$

帕累托分布有如下性质：

（1）帕累托分布的数学期望和方差分别为：

$$E(X) = \frac{\beta}{\alpha - 1}$$

$$D(X) = \frac{\beta^2 \alpha}{(\alpha - 1)^2(\alpha - 2)}$$

(2) 帕累托分布是随机变量 X 的单调递减函数,且其分布图形有右移的长尾,尾部较厚。

(3) 当随机变量 X 服从参数为(α, β)的帕累托分布时,其倍数变换 cX 服从参数为$(\alpha, c\beta)$的帕累托分布。

在健康保险定价实务中,帕累托分布是一种常用的分布类型,帕累托分布较长且厚的尾部特征,使得其用于健康保险大额损失和再保险费时更加安全。

二、健康保险定价的一般测算因子

(一) 死亡率

健康保险定价过程中,长期和终身健康保险的保费和寿险保费一样,通常采用均衡费率制,在均衡费率制下,被保险人在不同年龄的死亡率是影响长期和终身健康保险费率的重要因素。中国人民银行于 1996 年编制了第一张中国保险业经验生命表。2005 年 12 月,中国保监会颁布了《中国人寿保险业经验生命表(2000-2003)》。国内保险公司在寿险产品、长期和终身健康保险产品的定价中,都可以选用经验生命表作为其定价的依据。

(二) 费用率

费用率是健康保险定价中考虑的一项重要因素,它影响的是保费构成中的附加保费部分。健康保险定价中的费用通常包括:销售佣金、手续费、保单管理费、理赔费用、税收及其他日常管理费用等。目前,世界各国对于商业健康保险的税收都有一定的优惠政策,我国对于商业健康保险的税收优惠主要集中在针对商业健康保险公司和团体健康保险商。从 2001 年起,我国对保险公司的营业税率进行了调整,保险企业按照 5.5% 左右的营业税率上交营业税,并对一年期以上(包括一年期)健康保险业务取得的保费收入免征营业税。具体的流程是采用先上交再退回的模式,这种模式的流程耗时长且较为复杂。针对企业职工补充医疗保险,我国目前的税收优惠政策是将企业补充医疗保险的提取额在工资总额的 5% 以内的部分,可以从成本中列支。

(三) 利率

在经济中,货币是具有时间价值的,特别是对于长期或终身的商业健康保险业务,其保费采用均衡保费制,精算师在健康保险产品定价时不仅要估计目前的保险金的给付,还要估计整个保险期间保险金的给付总额,利率是其考虑的重要因素。2013 年之前,我国人身保险预定利率一直限制在 2.5% 以内。2013 年 8 月 5 日,经国务院批准,我国正式实施普通型人身保险新政策,放开普通型人身保险预定利率,将定价权交给公司和市场,由保险公司按照审慎原则自行决定预定利率,这一新政策对于保险公司来说,是机遇与挑战并存。

(四) 安全附加

安全附加作为保险人为所承保风险的不确定性提供保障的一种附加准备。健康保险保费构成中,纯保费是由保险承保风险的期望值决定的,最终总风险保费和总赔付应当基本持平。实际上,健康保险赔付额并不一定等于其期望值,总是会或多或少地偏离期望值。如果健康保险赔付额低于定价时的期望值,将成为保险人的利润;如果健康保险赔付额高于定价时的期望值,则会增加保险人的风险水平。根据稳健经营的原则，在健康保险定价时，精算师会考虑到安全附加的因素，以保障保险人面对突发风险的情况，避免实际赔付额超过预期赔付期望值的发生。此外，安全附加的多少也应遵循一定的比例，不能盲目增大，损害投保人和被保险人的利益，有失公平。

（五）利润率

商业健康保险公司是以盈利为目的的企业，利润率对于保险人来说至关重要，可以说是保险人经营商业保险的目的和动力。目前，我国商业健康保险公司在健康保险产品定价时，一般不直接假定利润率，通常是采用比较保守的疾病率、费用率等的精算假定来保证利润率的实现。

（六）退保率

退保率是健康保险定价中一个重要的测算因子，尤其是在长期和终身健康保险产品定价过程中，精算师需要着重考虑退保率高低的影响。退保率过高，会对保险人的现金流造成相当大的影响，甚至于当年保费支付退保金后，所剩余保费不足以支付当期赔款的情况。对于健康保险产品定价中需要使用的退保率的相关数据，目前我国各保险公司历史经验数据尚不充足，精算师在定价时往往很难把握，从这方面也要求我国保险公司在经营健康保险业务时，努力搭建起全面、系统的健康管理服务体系，能使投保人和被保险人信赖和欢迎的保险公司的健康管理服务，降低退保率。

三、健康保险定价的特有测算因子

（一）疾病率

疾病率是健康保险定价特有的测算因子，也是健康保险定价时考虑的最重要的一个因素。疾病率是健康保险损失的一个重要指标，是健康保险产品定价、评估、精算监管的重要内容。健康保险是以疾病和意外伤害事故发生的频率和每次损失发生额的大小为定价依据的，我们这里所说的疾病率，并不是简单的疾病和意外伤害事故发生的频率，它包括伤病发生率和每次伤病发生后的损失幅度两个部分。我们可以将疾病率简单地定义为被保险人在特定时间段内因疾病或意外伤害导致的损失幅度的大小。在商业健康保险定价实务中，我们常常是利用疾病表和持续时间表来估算伤病的发生率和持续时间。

1. 疾病表

简单的疾病表就是包含每一年龄、每一性别伤病发生概率的统计表。完全疾病表是指年龄分组以 1 岁为一组的疾病表；简略疾病表是指年龄分组以 5～10 岁为一组的疾病表。在疾病表中，男性和女性在同一年龄段的伤病发生率有所不同，同时，各年龄段的人其伤病发生率也是不同的。疾病表作为健康保险定价的主要依据，其制定过程也是相当复杂的。要统计每个单个个体疾病发生率的规律十分困难，具有随机性，但根据大数法则原理，大量人群作为一个整体，其伤病发生还是有一定规律的。目前，由于经验数据的限制，保险人想要利用自身数据来完成疾病表的编制难度是很大的，主要是利用国家统计数据、门诊利用率表和住院率表等外部数据为基础来编制疾病表。

2. 持续时间表

持续时间表是表达每一年龄段的被保险人疾病和残疾持续时间的表格。例如，不同年龄患者的平均住院天数的表格即是一种持续时间表，可以用于医疗费用保险的定价中。健康保险精算师可以利用持续时间表得到每个年龄段被保险人疾病或残疾持续时间的期望值，从而计算健康保险的费率。

（二）趋势因子

在长期和终身健康保险产品定价过程中，趋势因子的作用在于对预计的医疗费用支出情况进行校正。医疗服务费用不是一成不变的，它通常有一个增长的趋势，这一增长的幅度系数就是趋势因子。对于趋势因子的计算和选择是精算师的一项重要内容，关系着健康保险定价的科学性。从我国卫生统计数据中发现，近年来我国医疗费用增长速度很快，几乎以15%左右的比例增长，而2012年全国医疗费用较2011年上涨了将近20%，达到2.9万亿元。在健康保险定价过程中，精算师应当对这一趋势因子做出合理的测算。

（三）观察期

健康保险中的医疗费用保险和疾病保险中通常规定了观察期条款。观察期条款是指在保单生效后的一定时期内（如30日或90日），被保险人因疾病导致的医疗费用的损失或疾病给付，保险人不承担给付保险金的责任，观察期结束后，被保险人因疾病导致的医疗费用或疾病给付由保险人承担保险责任，但因意外引起的医疗费用的损失，没有观察期，保险人均应承担保险责任。观察期条款主要是为了防止投保人的道德风险问题，防止投保时已患病的消费者带病投保。观察期时间的长短关系着健康保险产品的定价，观察期越长，保险人承担的风险相对越低，其保险费率也相应越低。

（四）等待期

健康保险中的收入损失保险通常规定了等待期条款。等待期是指在残疾失能开始后不能领取保险金的一段时间。等待期条款规定："被保险人在丧失工作能力后的一段时间内（如10日或30日），保险人不承担保险金给付的责任。"这一条款的目的在于防止已患病的投保人带病投保，并留出时间给保险人进行核保调查。收入损失保险中的等待期条款类似于医疗费用保险和疾病保险中的观察期条款，其时间越长，保险人承担的风险相对越低，其保险费率也相应越低。

（五）免赔额

免赔额是医疗保险的重要特征，免赔额条款规定："保险人只承担医疗费用支出超过免赔额的部分，低于免赔额的损失由被保险人自己承担。"免赔额条款可以减少很多小额索赔，降低保险公司的理赔费用和营运费用等。因此，在健康保险定价过程中，精算师还应将免赔额的大小因素考虑在内，免赔额越高，保险费率相应越低。

以上介绍的因素都是影响健康保险定价的测算因子，此外，还有很多因素同样是健康保险定价过程中需要考虑的，如被保险人的性别、职业、所在地区、婚姻状况、吸烟历史，通货膨胀，保险销售方式，核保和理赔原则，医疗技术的进步等。精算师在健康保险的定价过程中，应结合具体险种情况，选择最为重要的影响因子进行测算，保证健康保险产品定价的科学性。

健康保险定价中所需要的数据很多，其数据的来源渠道也有很多，保险人可以利用卫生部门的卫生服务调查、社会医疗保险和农村合作医疗组织的数据资料、国际统计机构的统计数据、专家的调研报告，以及再保险公司整理的数据等外部数据，也可以建立自己的数据库，作为健康保险定价数据的来源。经营健康保险业务的保险公司应努力建立自身完备的健康险数据库，收集整理疾病率和健康保险产品赔付等数据，这些数据对于保险公司的经营有着十分重要的参考作用。此外，在使用外部数据时，应注重数据来源的真实性、权威性、可靠性和准确性。

第三节　健康保险定价过程

一、个人健康保险产品定价

（一）个人健康保险产品定价简介

保险产品的定价包含两个方面的内容：一是毛保费的计算，二是市场价格的设定。精算师根据大量数据和精算原理、模型，遵从保险人追求长期利润的目标，根据风险因素、费用因素、利润因素计算出保险产品的毛保费。但是，此处毛保费并不一定等于保险产品的市场价格，保险产品的市场价格是保险人参考市场竞争状况、国家政策要求和公司市场经营目标，在毛保费的基础上或加或减而得到的。也就是说，保险产品的市场价格可能会高于其毛费率，也可能低于其毛费率，我们在此讨论的健康保险产品的定价主要集中在精算原理上的毛费率的计算过程。个人健康保险产品中医疗保险、重大疾病保险、长期护理保险和失能收入保险产品的定价过程各有不同的特点，下面我们分别介绍以上四种健康保险的定价过程。

（二）医疗保险产品定价

1. 纯保费的计算

（1）短期医疗费用保险的纯保费。要以疾病率为基础，即确定预期索赔发生率和平均索赔额。各个年龄的预期索赔发生率和平均索赔额可以通过疾病表统计得出，也可以通过健康保险损失分布模型来估计得出预期值。

短期医疗费用保险的纯保费记为 P_{net}，预期索赔发生率记为 p，平均索赔额记为 $\bar{x}$。则短期医疗费用保险的纯保费计算公式为：

$$P_{net} = p \cdot \bar{x}$$

医疗费用保险保障的每一项内容的风险保费都可以用 $P_{net} = p \cdot \bar{x}$ 公式来计算得出，实务中，一款医疗费用保险有时包含多项保障内容，如某住院医疗费用保险可以附加手术费用保险。此时，同样可以用各自的预期索赔发生率乘以平均索赔额得出各项保障的风险保费，最后加和即可得到该款医疗费用保险的总纯保费。

第 i 类保障或保险金的索赔发生率记为 p_i，第 i 类保障或保险金的平均索赔额记为 $\bar{x}_i$，则短期医疗费用保险的总纯保费计算公式为：

$$P_{net} = \sum p_i \cdot \bar{x}_i$$

（2）长期医疗费用保险的纯保费。长期医疗费用保险的纯保费的计算比短期医疗费用保险更为复杂，原因在于长期医疗费用保险采用均衡费率，均衡费率制是指缴费在整个缴费期中平均，在定价中需要抹平各年的风险保费。由于随着被保险人年龄的增加，其医疗费用支出金额和频率都会变化，此外，医疗技术的进步，也会影响每年的风险保费，因此长期医疗费用保险的纯保费估计更为复杂。在长期医疗费用保险的纯保费计算中，除了要知道每年的净索赔成本外，还需要加入利率、年龄和死亡率因子。

例如，计算终身医疗费用保险产品的均衡纯保费 P。

假定：

预定利率记为 i；

贴现因子记为 V,根据利息理论,$V=\dfrac{1}{1+i}$;

生命表中存活到 x 岁的人数记为 l_x;

x 岁的人在未来 1 年内死亡的概率,或 x 岁的人在 x 岁至 $x+1$ 岁之间死亡的概率,记为 q_x;

x 岁的人在未来 t 年内死亡的概率,或 x 岁的人在 x 岁至 $x+t$ 岁之间死亡的概率,记为 $_tq_x$;

x 岁的人在未来 1 年内退保的概率,或 x 岁的人在 x 岁至 $x+1$ 岁之间退保的概率,记为 c_x;

x 岁的人在未来 t 年内退保的概率,或 x 岁的人在 x 岁至 $x+t$ 岁之间退保的概率,记为 $_tc_x$;

x 的取值范围是 0~w 岁,w 是生命表的终极年龄,即被保险人最多存活到 $w-1$ 岁,$l_w=0$。

则,

$x+1$ 岁时保险合同仍然有效的被保险人的人数是:$l_{x+1}=l_x(1-q_x-c_x)$;

$x+t$ 岁时保险合同仍然有效的被保险人的人数是:$l_{x+t}=l_x(1-{}_tq_x-{}_tc_x)$;

引入替换函数 $D_x=v^xl_x$,得到被保险人在 x 岁时投保终身医疗费用保险的趸交纯保险费为:

$$^hA_x=\frac{^hK_x}{D_x}=\frac{\sum_{t=0}^{w}{}^hH_{x+t}}{D_x}=\frac{\sum_{t=0}^{w}{}^hS_x\cdot D_x}{D_x}$$

在趸交纯保费的基础上计算均衡纯保费只需要除以生存年金的精算现值即可。

如果缴费期是终生缴费,每年年初缴费,则终身医疗费用保险产品的均衡纯保费:$P=\dfrac{^hA_x}{\ddot{a}_x}$,$\ddot{a}_x$ 表示每年以生存为条件提供的给付额为 1 的期初付终生生存年金在 x 岁的精算现值。

如果缴费期是定期缴费,每年年初缴费,则终身医疗费用保险产品的均衡纯保费:$P=\dfrac{^hA_x}{\ddot{a}_{x:n}}$,$\ddot{a}_{x:n}$ 表示每年以生存为条件提供的给付额为 1 的期初付 n 年定期生存年金在 x 岁的精算现值。

2. 毛保费的计算

毛保费等于纯保费加附加保费。医疗费用保险的附加保费包括费用附加和安全附加两部分。利润附加通常是通过保守的精算假定和安全附加来实现的。将费用附加记为 α,安全附加记为 γ,则毛保险费与纯保费、费用附加和安全附加的关系为:

$$G=\frac{1+\gamma}{1-\alpha}\cdot P_{net}$$

3. 费率细分和调整

医疗保险产品费率的影响因素有很多,仅仅靠以上精算技术计算出的标准费率,还不足以体现保险的公平性原则。在核保阶段,保险人应根据被保险人的风险状况不同,在标准费率的基础上提高或降低费率,使之适合被保险人的风险状况。核保时考虑的费率细分因素有性别、职业、健康状况、生活习惯等。

在医学统计和保险业以往的理赔数据中显示,女性的疾病发病率要高于男性,女性的疾病持续时间也要长于男性。对于不同性别的被保险人采用同一费率显然是与其风险等级不符的。目前,市场上很多医疗保险产品都没有将性别作为因素对费率进行细分。被保险人的职业同样对其风险状况有影响,有些高危职业,如赛车手、特技演员、工作环境恶劣、长期接触辐射或粉尘等工作,导致这类被保险人的健康风险高于一般被保险人,采用统一的费率当然对其他标准风险的被保险人不公平。因此,保险人在核保阶段通常都会询问被保险人的职业,高危职业应当采用加费措施。被保险人在投保前如果患有某些疾病或有先天性疾病的,未来其健康风险也会相对较高,故被保险人投保医疗保险时,保险人要求其体检,体检的内容主要是体格,血压,心率和尿液、血液检查,检查被保险人是否有高血压、高脂血症、糖尿病等疾病。同时询问被保险人的既往病史,通过这些手段判断被保险人的风险等级,确定其费率。此外,被保险人的生活习惯也会影响其未来疾病的发病率,如现代医学已经证明吸烟可以导致肺癌,不健康的高脂肪、高盐饮食习惯会增加患高血压的风险等。拥有不健康生活习惯的被保险人的健康风险将高于其他标准体,这类型被保险人购买健康保险时应缴纳更高的保费。

医疗保险产品的费率不是不能变动的,医疗费用索赔成本随着社会经济发展和医疗技术的进步而呈现上升趋势,同时,各种疾病的构成、新型疾病的出现和疾病发生率也是变动的,这些情况使得医疗保险产品的费率也应当适当调整。因此,一般医疗保险产品的费率只能维持1年左右,精算师会根据医疗保险产品的赔付情况、费率影响因素的变动情况对保险产品的费率进行调整。对于长期医疗保险产品,精算定价时采用的是均衡费率制,其费率调整不同于短期医疗保险,精算师一般以3~5年为一周期,对新加入的投保人采用调整后的新费率,相当于新投保人缴纳的保费用以弥补上期投保人缴费的不足。

费率调整的基本公式是:

$$R = KR_0$$

式中:R 为调整后的费率;R_0 为当前费率;K 为调整因子。

费率调整的关键在于确定费率调整因子 K。通常,健康保险精算师通过经验损失率和目标损失率之比来确定调整因子 K, $K = \dfrac{W}{T}$(W 为经验损失率,T 为目标损失率)。当经验损失率大于目标损失率时,$K>1$,应在当前费率的基础上提高费率,$R> R_0$;当经验损失率小于目标损失率时,$K<1$,应在当前费率的基础上降低费率,$R< R_0$;当经验损失率等于目标损失率时,$K=1$,即保持当前费率不变,$R= R_0$。

经验损失率 W 是经验损失与经验期内已赚保费之比。目标损失率 $T = \dfrac{1 - V - Q}{1 + G}$,$V$ 是可变费用因子,是其他费用与保费之间的比例,Q 为利润因子,G 为与保费不直接相关的费用与损失之比。

(三)重大疾病保险产品定价

1. 纯保费的计算

重大疾病保险定价的影响因素很多,对其纯保费计算起最重要影响作用运的因素和首要因素就是重大疾病预期发生率。重大疾病保险产品的保障范围各有不同,计算某种重大疾病保险产品的纯费率,首先应当根据该产品的保障范围,对范围内的每一种重大疾病分别确定其预期发生率。此外,在确定重大疾病预期发生率时,我们还需考虑重大疾病保险产品不同给付方式的影响。

(1) 独立主险型的重大疾病保险。保险金的给付条件是被保险人罹患保险保障范围内规定的重大疾病,且存活过保单规定的年限后,保险人才承担给付保险金的责任。假设某种保险保障范围内的重大疾病的预期发病率为 i_x,被保险人在保单规定的生存期间内生存的概率为 ${}_tp_x$(其中,${}_tp_x$ 表示生命表中 x 岁的人在 t 年内存活的概率),则最终的实际重大疾病预期发病率应为:$i_x \cdot {}_tp_x = i_x \cdot (1 - {}_tq_x)$。

假定:

预定利率记为 i;

贴现因子记为 V,根据利息理论,$V = \dfrac{1}{1+i}$;

在$(x+1)$岁仍然存活且享有保险保障的人数,即 x 岁生存的被保险人中未罹患重大疾病且仍然存活的人数,记为:$l_{x+1}^{aa} \cdot (1 - q_x^{aa} - i_x)$;

替换函数 $D_x^{aa}=l_x^{aa}\cdot V^x$，$N_x^{aa}=\sum_j D_{x+j}^{aa}\cdot V_{x:n}$。

则独立主险型定期重大疾病保险产品的纯保费计算公式为：

$$P_{x:n}=\frac{1000}{N_x^{aa}-N_{x+n}^{aa}}\sum D_{x+j}^{qq}\cdot i_{x+j}\cdot V^{7/12}$$

(2) 提前给付型重大疾病保险。保险金的给付条件是被保险人罹患保险保障范围内规定的重大疾病，保险人按照总保额的一定比例给付保险金，剩余部分留待被保险人死亡后给付；当被保险人因其他保险范围内的事故死亡时，保险人给付全部保险金，保险合同终止。此时考虑实际重大疾病预期发生率，除了保险责任范围内的重大疾病预期发生率 i_x，还应考虑被保险人因其他原因在保险期间内死亡的概率 $(1-k_x)\cdot {}_tq_x$，(其中，k_x 表示 x 岁的人死亡中因重大疾病致死所占死因的比例，$1-k_x$ 表示 x 岁的人死亡中因其他原因致死所占死因的比例，${}_tq_x$ 表示 x 岁的人在 t 年内死亡的概率)。则最终的实际重大疾病预期发病率应为：$i_x+(1-k_x)\cdot {}_tq_x$。

假定：

预定利率记为 i；

贴现因子记为 V，根据利息理论，$V=\frac{1}{1+i}$；

替换函数 $D_x^{aa}=l_x^{aa}\cdot V^x$，$N_x^{aa}=\sum_j D_{x+j}^{aa}\cdot V_{x:n}$；

x 岁投保的 n 年定期保险在第 j 年的责任准备金记为 ${}_jV_{x:n}$。

则提前给付型重大疾病保险产品的纯保费计算公式为：

$$P_{x:n}=\frac{1000}{N_x^{aa}-N_{x+n}^{aa}}\sum D_{x+j}^{qq}\cdot i_{x+j}\cdot V^{7/12}\cdot(1-{}_{j+1}V_{x:n})$$

2. 毛保费的计算

重大疾病保险的附加费率主要是计算业务费用、经营费用、预期利润和税收等。附加费率等于附加费用总额比上保险金总额，它包含除保险金给付外的一切费用支出(包括预期利润)的总额。各重大疾病保险产品应当根据产品的具体条款规定，分别考虑其附加成本的大小，在公平性原则的基础上核算附加费率。同其他保险产品一样，重大疾病保险的毛保费也等于纯保费加附加保费。

3. 费率细分和调整

重大疾病保险产品定价的影响因素远不止以上纯保费和毛保费计算中考虑的几种因素，性别、职业和健康状况同样对重大疾病保险的定价有着重要影响。在重大疾病保险的销售过程中，应进行费率细分，按照投保人不同的风险等级，将被保险人分为标准体、次标准体和拒保体，采用差别费率进行承保。

在重大疾病保险产品定价过程中，还需要考虑到趋势因子造成的费率调整。保险人在经营过程中，统计到的十分重要的理赔数据及发病率变动趋势，都应进行跟踪调整，通过时间序列分析方法，分析出各种重大疾病保险理赔率的变动趋势，及时对重大疾病保险产品的价格进行调整，使之能够更为准确地反映被保险人的风险状况。

(四) 长期护理保险产品定价

长期护理保险产品的定价基础是接受护理的发生率和转移率，其具体的定价方法分为三类：减量表模型法、多状态模型法和曼联法。

1. 减量表模型法

假定：

生命表中在 x 岁时生存的人数记为 l_x；

生命表中在 x 岁与 $x+t$ 岁之间死亡的人数记为 ${}_td_x$；

生命表中在 x 岁与 $x+t$ 岁之间，从表 h 转移到表 j 的总人数记为 ${}_t^{ih}d_x^j$；

生命表中在 x 岁时从表 h 转移到表 j 的总人数记为 ${}_t^{ih}l_x^j$。

则有：${}_t^il_x^j=-\sum_{\substack{h=1\\h\neq j}}^{k+1}{}_t^{ij}d_x^h+\sum_{\substack{h=1\\h\neq j}}^{k}{}_t^{ih}d_x^j$。

得出年龄在 x 岁到 $x+t$ 岁之间的个体从状态 i 转移到状态 j 的概率为：

$$ {}_t^ip_x^j=\Pr[S(x+t)=j\,|\,S(x)=i]=\frac{{}_t^il_x^j}{{}^il_x} $$

2. 多状态模型法

假定：

x 岁的性别为 s（女性，$s=1$；男性，$s=0$）的个体从状态 i 转移到状态 j 的年转移比率记为 r_{ij}；

性别为 s 的个体在年龄为 x 岁时处在状态 i，并且在年龄为 y 岁时处在状态 j 的概率记为 p_{ij}；

多状态模型的转移比率为常数，记为 $P(s,x,y)=\exp[(y-x)R(s,x)]$。

得出对于每一个时间间隔的转移概率为：

$$ P(s,x,y_n)=P(s,x,y_1)P(s,y_1,y_2)\cdots P(s,y_{n-1},y_n) $$

3. 曼联法

假定：

年龄在 x 岁至 $x+1$ 岁之间的生存平均人年数记为 L_x；

年龄在 x 岁至 $x+1$ 岁之间需要长期护理的周数记为 r；

年龄在 x 岁至 $x+1$ 岁之间每个人需要的平均护理周数记为 $s_x=\dfrac{r}{L_x}$；

替换函数 $D_x=v^xl_x$，$H_x=v^{\frac{x+1}{2}}\cdot l_{\frac{x+1}{2}}\cdot s_x$，$K_x=\sum_{t=0}^{\infty}H_{x+t}$。

得出趸交纯保费和均衡年缴纯保费为：

$$ (AS)_{x:n}^{0/m}=\frac{K_x^{0/m}-K_{x+n}^{0/m}}{D_x},\quad (PS)_{x:n}^{0/m}=\frac{K_x^{0/m}-K_{x+n}^{0/m}}{N_x\text{-}N_{x+n}} $$

（五）失能收入保险产品定价

失能收入保险产品的定价基础是失能发生率，其常用的定价方法也是减量表模型法、多状态模型法和曼联法三种方法。

1. 减量表模型法

假定：

观察的健康被保险人因失能或死亡达到 x 岁时剩余的人数记为 $(al)_x$；

在 x 岁至 $x+1$ 岁之间死亡的人数记为：$(ad)_x$；

在 x 岁至 $x+1$ 岁之间因原因 k（$k=2$ 表示失能，$k=3$ 表示死亡）引起死亡的人数记为 $(ad)_x^k$；

年龄为 x 岁的被保险人总数记为 $(al)_x^k=\sum_{t=0}^{\infty}(ad)_{x+t}^k$；

被保险人在 x 岁至 $x+1$ 岁之间失能的概率记为 $(aq)_x$；

被保险人在 $x+t$ 岁时开始失能的概率记为 $(aq)_{x+t}$；

失能收入保险的死力记为 $(a\mu)_x^k = -\frac{1}{(al)_x}\frac{d}{d_x}(al)_x^k$。

得出失能收入保险的趸交纯保费为：

$$PV = \int_0^{x+t}\frac{(al)_{x+t}}{(al)_x}(a\mu)_{x+t}v^t(R\cdot\bar{a}_{x+t})d_t$$

2. 多状态模型法

假定：

从状态 i 到状态 j 的转移力记为 μ_x^{ij}；

被保险人在 x 岁到 $x+t$ 岁之间保持状态 i 的概率为 ${}_tp_x^{ii}$。

得出一次性支付保险金为 1 的失能收入保险的趸交纯保费为：

$$A_{x:n(\tau)}^{PD} = \int_0^n {}_tp_x^{11}\mu_{x+t\tau}^{12}p_{x+t}^{22}v^{t+\tau}d_t$$

3. 曼联法

假定：

被保险人在 x 岁时处于的状态记为 a，$a=1,2,3$；

被保险人在 x 岁时处于状态 a，且在 $x+t$ 岁时处于状态 b 的概率记为 ${}_tp_x^{ab}=\Pr(s(x+t=b)\mid s(x)=a)$。

得出失能收入保险的趸交纯保费为：

$$\bar{a}_{x:n}^{12} = \int_0^n {}_tp_x^{12}v^td_t = \int_0^n({}_tp_x^{12}+{}_tp_x^{11})j[x]+{}_tv^td_t$$

二、团体健康保险产品定价

团体健康保险使用团体保单，风险选择的对象是一个团体而非个人，且团体保险的核保过程一般比个人健康保险更为简单，大部分团体保单不用对单个投保人进行核保，降低了保险人的经营成本，这使得团体保险保费要低于同等保障下的个人保单。此外，团体健康保险合同相比于个人健康保险合同，其修改的弹性更大，保险双方可以在协商的情况下，订制更为合适的保险计划。由于团体健康保险不同于个人健康保险的特征，其定价的方法也有别于个人健康保险。团体健康保险的定价通常依赖于团体的大小，不同大小的团体使用不同的模型和方法，通常将团体健康保险的团体分为大团体、中型团体和小团体三种。团体健康保险主要采用以下三种费率制度。

1. 经验费率

经验费率法，又称经验定价法，当团体健康保险的投保团体较大时，保险人可以依据团体以往的理赔经验和实际损失大小数据来确定团体的费率。投保团体的规模为大团体时，在团体健康保险定价中一般采用经验费率制度。

对于大团体的团体健康保险定价，采用经验费率制度，有以下优势：首先，按照团体中每个被保险人的风险情况分别计算风险保费，最后加总得出相应的团体健康保险保费，这种定价方法在理论上是可行的。但是对于大团体而言，这种定价方法的工作量巨大，实务中的可行性不高，因此，面对大团体，通常采用经验费率制度，根据投保团体的整体风险特征来分析团体应缴的保费。其次，经验费率制度可以避免团体因为个别被保险人的定价水平而采取选择性投保的行为，尽量避免逆选择的出现。再次，保险人采用经验费率制度制定团体健康保险费率时，通常会把团体以往的经验数据考虑其中，通过团体以往的费率经验预估出下一个保险年度的费率水平。在这一模式下，对投保团体将产生重要激励，即今年团体健康保险的赔付额将会影响下一个保险年度的保费水平，投保团体将有足够的动力去尽力减少风险事故的发生，从而降低下一个保险年度的保费，有利于保险人降低道德风险，控制成本。

大团体的团体健康保险定价过程如下。

第一步，对历史数据进行收集和整理。经验历史数据的准确性和详细程度，很大程度上决定了后期定价的准确程度，在整理历史赔款数据时，需要注意区分不同险种下被保险人的理赔数据。

第二步，对异常赔付数据的剔除。对于一些发生概率极小，或是不在保险责任范围内的以往保险事故发生导致的保险赔付，应当在整体数据中将其做相应的剔除。

第三步，对经验期内的合同保险责任进行计算。在大团体健康保险定价过程中，需要的赔付数据，应当是经验期内的合同保险责任。我们得到的年度最终赔付数据中，不仅包含经验期内的合同保险责任，还包含经验期之前的合同赔付责任，即经验期之前发生的保险事故产生的保险赔款在经验期内进行的支付。对于经验期之前的合同赔付责任，应当在年度最终赔付中进行扣除。此外，对于发生在经验期内，但其保险赔付在经验期外的保险责任，应当考虑在经验期内的保险合同责任之中。

经验期内的合同保险责任的一般计算公式为：

经验期内已发生保险事故的赔款=经验期内已付赔款+经验期期初责任准备金-经验期期末责任准备金=经验期内已付赔款+经验期责任准备金的提转差

第四步，将历史经验转化为预期赔付。将历史经验数据转化出预期赔付数据，这一过程中需要考虑众多风险因素对于预期赔付数据的影响，包括经济环境、社会环境、保险人、被保险人、投保团体等。此外，还需要考虑经验数据的可信性。

第五步，通过纯保费计算毛保费。在历史经验转化为预期赔付后，可以得到团体健康保险的纯保费，在此基础上，通过对风险附加成本和利润的考虑，最终可以得出团体健康保险的毛保费。

2. 表定费率

表定费率与经验费率不同，它是由保险人根据自身的理赔记录和数据库，通过综合考虑投保团体的成员年龄、性别结构、收入、职业和工作环境等因素，按照保险的保障范围确定投保费率的方法。表定费率制度将被保险团体成员按照其风险程度分为不同的风险分类，将每一个风险分类的被保险人的风险通过费率表或费率手册的形式呈现。在计算团体健康保险保费时，根据团体每个成员的风险状况，在团体健康保险的费率手册中查找出其相应的标准费率，再根据该成员的健康状况等因素进行调整，得到该成员的最终保费。整个团体的风险保费是由每个团体成员的风险保费总和得到的。表定费率法适合于小团体的团体健康保险定价。

小团体健康保险定价一般采用表定费率制度，而不采用经验费率制度的一个重要原因在于：小团体的人数较少，如果采用团体以往的理赔数据作为定价参考，将历史经验转化为预期赔付，在统计学上不具有可信性。保险人在编制团体健康保险的费率手册时，需要得到赔款成本的具体细节和相关的调整因子，包括年龄、性别、地区、行业、收入水平和费率不变期限的长短等。

3. 混合费率

混合费率法是综合经验费率法和标定费率法，综合考虑保险公司以往的赔付数据、团体自身的损失、赔付记录和特点确定团体健康保险费率的方法。混合费率法适合于中型团体，混合费率制度实际上是经验费率制度和表定费率制度的线性组合。

混合费率的一般计算公式为：

混合费率=经验费率×Z+表定费率×$(1-Z)$

其中，Z 为信度因子，是指团体经验保费在团体总保费中所占权重的大小。

团体健康保险的混合费率制度体现了信度理论的思想。一般而言，团体规模越大，团体过去的赔付经验越可靠，Z 值越大，即越接近 1；团体规模越小，团体过去的赔付经验越不可靠，Z 值越小，越接近 0。

可以看出,当 $Z=1$ 时,混合费率制度下的保费实际上就是经验费率制度下的经验保费;当 $Z=0$ 时,混合费率制度下的保费实际上就是表定费率制度下的表定保费。

假定:

团体标准风险保费记为 M;

团体经验保费记为 X;

根据团体大小确定的团体经验保费在纯保费中所占的比重,即信度因子记为 Z。

得出团体健康保险的纯保费的一般计算公式为:

$$PE = M \cdot (1 - Z) + X \cdot Z$$

在纯保费的基础上加上附加保费,得到的就是团体健康保险的毛保费。

第四节 健康保险准备金与盈余分配

一、保险准备金与健康保险准备金

(一) 基本概念

保险准备金是保险人为了确保将来履行给付责任,预先提存的准备金。提存足够的准备金是保险人履行赔付责任、保证被保险人权利的重要保证。

健康保险准备金是保险人针对其健康保险业务已有的或未来的负债而建立的准备基金。健康保险准备金大致分为保单准备金和赔款准备金两大类,健康保险精算师需要针对不同类型的准备金进行科学估计,并在此基础上按照保险公司经营的目标和通用会计准则的要求,提取合理的健康保险准备金。

(二) 保单准备金

健康保险保单准备金是指保险人为了保证未来保险金给付责任而提存的准备金。健康保险保单准备金包括短期健康保险未赚保费准备金、长期健康保险均衡保费准备金和保费不足准备金。

1. 短期健康保险未赚保费准备金

短期健康保险未赚保费准备金,又称短期健康保险未到期保费准备金,是指保险人就短期健康保险业务未来赔付准备而提存的准备金。短期健康保险业务的保险期间一般在 1 年以内,其保险期间内风险的分布较为平均,风险变动情况也不大,通常可以采用按年、季、月和日的方法来提存短期健康保险的未赚保费准备金。

短期健康保险未赚存款准备金的表达式为:

(1) 以年为单位进行观察,t 为观察期末至承保缴费的时间间隔年,n 为保险期限,S 为观察期内保费收入总额(式 5.5)。

$$V_{(t)} = \frac{2(n-t)+1}{2n} \cdot S \tag{5.5}$$

(2) 以季为单位进行观察,m 为保单承保缴费的季度,S_m 为承保缴费季度保费收入总额(式 5.6)。

$$V_{(t)} = \frac{8(n-t)+(2m-1)}{8n} \cdot S_m \tag{5.6}$$

(3) 以月为单位进行观察,m 为保单承保缴费的月度,S_m 为承保缴费月度保费收入总额(式 5.7)。

$$V_{(t)} = \frac{24(n-t)+2(m-1)}{24n} \cdot S_m \tag{5.7}$$

(4) 以日为单位进行观察,N 为保险期间的总天数,T 为保险责任的剩余天数,S 为承保缴费某日的保费收入额(式 5.8)。

$$V_{(t)} = \frac{T}{N} \cdot S \tag{5.8}$$

2. 长期健康保险均衡保费准备金

长期健康保险均衡保费准备金,又称长期未满期责任准备金,是指保险人就长期(包括终身健康保险)健康保险业务未来赔付准备而提存的准备金。从精算的角度看,对于 1 年期健康保险,若以年为考察单位,则每年的保费收入和保险金给付支出是相等的,不存在不足或多余的问题。而在长期健康保险业务中,由于采用均衡保费,每年收入的保险费与给付的保险金是不相等的,随着被保险人年龄的增加,发病率不断提高,需要给付的保险金也越来越多,使得前期保费收入大于保险金收入,而后期保费收入却小于保险金给付。因此,保险人必须把前期剩余的保费收入以复利形式积存起来以弥补后期的不足。这种以保险合同为依据,为将来发生的给付提存的基金,就为长期健康保险的未满期责任准备金。

长期健康保险均衡保费准备金的计算方法类似于人寿保险,可以采用将来法和过去法来计算准备金,这两种方法计提的准备金金额是相等的。

将来法的计算原理是选取准备金提取时间,在此时间之后将来发生的赔付的保险金在选取时间点上的现值减去在此时间之后将来收取的保费在选取时间点上的现值。记为:

$${}_mV_x = A_{x+m} - P_x \cdot a_{x+m} = (P_{x+m} - P_x) \cdot a_{x+m}$$

过去法的计算原理是选取准备金提取时间,在此时间之前已经收取的净保费在选取时间点上的终值减去在此时间之前已经赔付的保险金的终值。记为:

$${}_mV_x^r = \sum_{\xi=0}^{m-1} \frac{D_{x+\xi}}{D_{x+M}} \cdot p_x - \sum_{\xi=0}^{m-1} \frac{D_{x+\xi}}{D_{x+M}} \cdot k_{x+\xi}$$

3. 保费不足准备金

健康保险准备金评估时,如果发现提存的未赚赔款准备金不足以应对未来预期的赔付,则需要再提取保费不足准备金,保费不足准备金等于预期的未来赔付与已经提取的未赚赔款准备金之差。

(三) 赔款准备金

健康保险赔款准备金是指保险人对于保单有效期内已经发生的尚未理赔的保险事故即将进行的赔付而提存的准备金。健康保险赔款准备金分为已发生已报告未决赔款准备金、已发生未报告未决赔款准备金和理赔费用准备金。

1. 已发生已报告未决赔款准备金

已发生已报告未决赔款是指保险人已经收到了理赔申请书,但由于相关证明文件未收到等原因致使损失证据不充分,保险人还不能决定是否进行赔付的赔款。将这类业务提取的准备金称为已发生已报告未决赔款准备金。

2. 已发生未报告未决赔款准备金

已发生未报告未决赔款是指已经发生,但保险人还未收到理赔报告的赔款。将这类业务提存的准备金称为已发生未报告未决赔款准备金。

3. 理赔费用准备金

保险人在健康保险业务的理赔过程中,会发生一些衍生的费用,包括理赔的调查费用等,将这类业务提存的准备金额即称为理赔费用准备金。

健康保险赔款准备金的分布有短尾特征，即大多数未决赔款都能在保险事故发生后的短期（半年内）决定赔付与否，决定是否发生保险金的给付。对于赔款准备金的计提，精算上通常采用的是传统的发展因子法和延迟流量法，其原理是利用赔款的发生日期编制出每日或每月的赔款流量三角形，根据保险人以往的赔付经验和赔款流量三角形，预提出相关的赔款准备金。发展因子法确定赔款准备金的关键在于确定发展因子。

假定：

某一时间段 t 内发生的所有赔案的总赔款额记为 M_t；

在统计时间段内发生的保险事故，并在随后的一段时间 t 内不断给付的赔款额记为 N_t。

得到发展因子为：

$$CF = M_r/N_t$$

通过发展因子 CF 可以估计出，某一时间段内发生赔案的总赔款额等于评估期内该段时间发生并给付的赔款比上相应的发展因子。

二、健康保险盈余分配

对于具有分红功能的健康保险产品，如果健康保险产品的分红账户有余额，健康保险精算师在考虑了公司的偿付能力，未来红利分配的持续性、稳定性，以及市场竞争状况的基础上，可以对账户盈余进行分配。中国保监会关于《分红保险管理者暂行办法》规定："分红保险，是指保险公司将其实际经营成果优于定价假设的盈余，按一定比例向保单持有人进行分配的人寿保险产品"，"保险公司每一会计年度向保单持有人实际分配盈余的比例不低于当年全部可分配盈余的 70%"。

1. 简述商业健康保险费率分类。
2. 简述健康保险定价原则。
3. 试述短期医疗费用保险纯保费的定价方法。
4. 健康保险产品设计开发应遵循哪些原则？

【案例分析】

某医疗保险赔付支付中某一构成项目，如某种药品费，每次支付费用 x 服从参数为 (α,β) 的 γ 分布，其中 $\alpha=5.0,\beta=2.0$。试确定每次支付此药品费的平均值及每次支付小于 1500 元的概率（x 的单位为百元）。

分析：根据 γ 分布的性质，可知 γ 分布的均值 $E(x)= \alpha/\beta$，即每次支付此药品费的平均值。通过 γ 分布的累积函数，即 γ 分布密度函数在 $(0,1.5)$ 区间上的积分值，可以算出每次支付小于 1500 元的概率。

拓展阅读

中国保监会启动普通型人身保险费率政策改革

【颁布单位】中国保监会

【发文字号】保监发〔2013〕62 号

【颁布时间】2013-08-01

各人身保险公司、各保监局：

为建立符合社会主义市场经济规律的保险费率形成机制，推动保险公司经营管理和保险监管的创新，切实保护保险消费者合法权益，促进人身保险业持续稳定健康发展，我会决定实施普通型人身保险费率政策改革。现将有关事项通知如下：

一、人身保险费率政策调整

（一）普通型人身保险，是指保单签发时保险费和保单利益确定的人身保险。

（二）普通型人身保险预定利率由保险公司按照审慎原则自行决定。

分红型人身保险的预定利率、万能型人身保险的最低保证利率不得高于2.5%。

（三）保险公司对人身保险产品进行定价，应当符合有关精算规定。

（四）保险公司采用的法定责任准备金评估利率不得高于保单预定利率和中国保监会公布的法定评估利率的小者。

二、人身保险费率政策改革配套措施

（一）普通型人身保险保单的法定评估利率。

1. 2013年8月5日以前签发的普通型人身保险保单法定评估利率继续执行原规定。

2. 2013年8月5日及以后签发的普通型人身保险保单法定评估利率为3.5%。

3. 中国保监会支持保险公司参与多层次养老保障体系建设，对国家政策鼓励发展的养老保险业务实施差别化的准备金评估利率。2013年8月5日及以后签发的普通型养老年金或保险期间为10年及以上的其它普通型年金保单，保险公司采用的法定责任准备金评估利率可适当上浮，上限为法定评估利率的1.15倍和预定利率的小者。

（二）分红型人身保险保单法定评估利率为2.5%。

（三）中国保监会鼓励保险公司发展风险保障业务，发挥经济补偿功能，服务经济社会发展。计算长期人身保险业务的最低资本时，与风险保额相关的最低资本等于风险保额与相应计算因子之乘积。各保险责任计算因子如下：

责任类别	计算因子
健康保险责任	0.24%
死亡保险责任	0.15%
意外伤害保险责任	0.06%

（四）保险公司根据代理协议向代理销售保险的个人支付佣金的，佣金占年度保费的比例以所售产品定价时的附加费用率为上限。

（五）前述配套措施第（三）款、第（四）款适用于所有长期人身保险业务。

三、人身保险条款和保险费率的审批与备案

（一）保险公司报送中国保监会审批或者备案的人身保险条款和保险费率，应由董事长或总经理签发。

（二）保险公司开发普通型人身保险，预定利率不高于中国保监会规定的评估利率上限的，应按照《人身保险公司保险条款和保险费率管理办法》的有关规定报送中国保监会备案。

（三）保险公司开发普通型人身保险，预定利率高于中国保监会规定的评估利率上限的，应按照一事一报的原则在使用前报送中国保监会审批。在中国保监会作出批准或者不予批准的决定之前，保险公司不得再次报送新的保险条款和保险费率审批。

（四）保险公司报送普通型长期人身保险条款和保险费率审批或者备案的，除按照《人身保险公司保险条款和保险费率管理办法》提交有关材料外，还应提交《费率改革产品信息表》。

（五）保险公司报送人身保险条款和保险费率审批的，最近季度末偿付能力充足率不得低于150%；保险公司报送人身保险条款和保险费率备案的，最近季度末偿付能力充足率不得低于100%。

（六）保险公司报送的人身保险条款和保险费率违反法律法规的，自中国保监会认定之日起1年内，该保险公司不得报送新的保险条款和保险费率审批或者备案。

四、其　他

（一）本通知中"2.5%"、"3.5%"等利率，指年化复利。

（二）本通知自2013年8月5日起施行。

（三）中国保监会1999年6月10日发布的《关于调整寿险保单预定利率的紧急通知》（保监发〔1999〕93号）自本通知施行之日起废止。

（四）中国保监会此前下发的有关规定与本通知内容不符的，以本通知为准。

中国保监会

2013年8月1日

（郑先平　王业鸿）

第六章

社会健康保险

内容提要

本章主要介绍社会健康保险的概念、内涵、基本特征、基本原理，社会医疗保险运行管理的主要内容，如何从供需双方去进行社会医疗保险费用控制，以及中国的社会健康保险体系构建的具体实践。

第一节　社会健康保险概述

一、社会健康保险的概念、内涵与基本特征

（一）社会健康保险的概念与内涵

社会健康保险，亦称社会医疗保险。严格意义上说医疗保险是健康保险的一个子集，健康保险不仅补偿医疗费用，还补偿收入损失等。一定意义上说，社会健康保险与社会医疗保险的含义基本相同。

因为目前涉及补偿收入损失的国家和地区不多，本书将社会健康保险初步界定为社会医疗保险，除非有特别区分及说明之处。社会医疗保险指由国家通过立法形式强制一定范围内的居民参与，从国家、企业、组织和个人多方筹集医药保险基金，当人们因疾病、受伤或生育需要治疗时，根据有关法律或规定，由国家或社会向其提供必需的医疗服务或经济补偿的一种医疗保障制度形式。其实质是社会共担风险，目的在于鼓励用人单位和个人缴纳一定的医疗保险费用，通过社会调剂，保证劳动者在其健康受到伤害时得到基本医疗保障，不会因医疗缺乏而影响生活。其中“基本医疗保障”是指保证职工在患病时能得到目前社会所能提供的、能支付得起的、适宜的治疗技术，包括基本用药、基本服务、基本技术和基本收费。

健康保险在早期发展过程中并没有明显的政府行为。最初，在一些大企业中的工人组建了工会，形成了互助式的疾病基金组织，以应对恶劣的工作环境带来的疾病风险。这种组织往往由一家企业的所有雇员或一部分雇员组成，主要由员工自己管理。随着工业化带来的社会问题和阶级矛盾日渐突出，为解决这些问题，一些国家政府将这种自愿形式的保险以法律的形式规定下来，建立了疾病保险制度，实行国家监管，这是最初的社会健康保险形式。

后来，各国陆续建立了社会健康保险制度以应对社会化的疾病风险，由于各国情况不同，其制度选择和安排也不尽相同，但社会健康保险具有两个非常重要的特征：即缴费通常基于被保险人的工资收入；独立的准公共组织（通常称为疾病基金组织）作为该体系的管理主体和医疗服务的购买者。社会健康保险的内涵主要涉及社会健康保险系统构成和运行管理模式。前者一般包括政府、经办管理机构、参保人、医疗服务提供者；后者则涉及健康保险基金的筹资、费用支付、监管等内容。因此，社会健康保险作为一项社会制度安排，其核心是保障国民的基本健康需要，实质是在保险这种制度安排下，由社会统筹、互助共济、国家资助，帮助社会成员防范和抵御疾病风险，维护和促进经济发展

和社会稳定。

（二）社会健康保险的基本特征

（1）保险机构或组织及与之配套的一系列政策都是依照国家法律建立和制定的，由国家法律规定保险的范围、权利、义务及给付标准，其目的是为了使尽可能多的社会劳动者都能获得医疗服务保障，从而保护人们健康，维护社会成员正常的劳动与生活秩序。

（2）参加社会健康保险是人的一项权利和义务，是强制性的。

（3）政府机构除了立法和监督之外，通常直接参与健康保险的计划、实施及组织管理，或委托社会组织执行国家的医疗保险政策。

（4）社会健康保险基金来源除了雇主和雇员缴纳的保险费之外，政府在必要的时候给予一定的补贴。

（三）社会健康保险的基本原则

1. 强制性原则

社会健康保险是通过国家立法或政府文件规定享受范围、权利、义务及待遇标准，强制执行的社会保障制度，因此，又叫强制性医疗保险或法定医疗险。医疗保险通过立法强制执行，直接强化了“劳动力的修复费用”作用，劳动力的修复作用更为及时、有效。

2. 社会性原则

劳动者已不再是家庭劳动力，而是社会劳动力，社会化大生产中劳动力的修复，也必须依靠社会力量来完成，仅靠个人的力量去抵抗疾病的风险是不够的，那样将会影响社会经济的发展。从企业的角度来看，企业有大有小，经营状况参差不齐，职工年龄和健康状况也各不相同，企业的医疗费用负担也有轻有重。实行社会医疗保险后，在企业间横向互助，为企业创造一种公平竞争的环境。

3. 保障性原则

社会医疗保险保障劳动者的基本医疗需求，从根本上维护社会稳定。社会医疗保险规定的基本医疗因生产力发展水平的不同而不同，并随社会生产力发展水平的提高而逐步提高。社会医疗保险使劳动者的健康有基本的保障，生产和生活不致因患病而受到影响。

4. 以支定收、量入为出、收支平衡、略有结余的原则

在征收医疗保险费时，要注意做到“以支定收”，应考虑到以往医疗费用的实际支出，尤其是应考虑医疗费用的上涨速度；在医疗保险基金支付时要注意“量入为出”，保险机构一定要根据医疗保险基金的经济实力，决定偿付标准的高低；在医疗保险基金运营的过程中要注意“收支平衡”；“略有结余”是为了保障医疗保险系统运行的稳定，应对基金运营过程中的一般风险和防备某些疾病的大流行。

5. 专款专用的原则

医疗保险基金不同于其他类型的基金，是患者享受基本医疗服务的保障，必须确保医疗保险基金确实用在患者的身上，不得挪作他用。在使用过程中必须严格加强管理，遵守规章制度，真正做到“取自于民，用之于民”。

6. 国家、单位、个人三方面合理分担费用的原则

这一原则有两层含义：一是医疗保险基金由三方共同筹集，改变了公费医疗完全由财政支付、劳保医疗经费由企业支付的局面，缓解了财政和单位的负担，提高了劳动个人的自我保护意识；二是在遇到特大疾病风险时，超过一定金额的医疗费用由三方负担，有利于劳动者的病伤得到及时、有效的医治，有利于消除或减轻劳动者及其家属由于患病或负伤而在经济上或精神上产生的负担，保证了劳动者及其家庭的正常生活。

7. 公平与效率相结合的原则

社会健康保险的公平性包括三个方面：一是按规定比例缴纳医疗保险费，无论其实际金额是多少，享受的医疗待遇一样；二是无论患病大小，享受的医疗保险待遇一样，不会因为患大病需要更多的医药费用而不支付医疗保险金；三是在社会健康保险面前人人平等，不存在“特权阶层”或“特权人物”。效率主要是指筹集医疗保险基金的效率和使用医疗保险基金的效率。参保单位和个人缴纳保险费的积极性越高，筹集资金越多，说明基金筹集的效率越高；执行合理检查、合理用药、合理治疗的医疗原则越好，保险基金浪费越少，说明使用医疗保险基金的效率越高。

8. 合理偿付医疗费用的原则

合理偿付医疗费用是指医疗保险机构要对医疗服务的提供机构所提供的符合医疗保险规定的医疗服务费用给予及时、合理的偿付，以保证医疗服务提供机构能继续为患者提供医疗服务，维持医疗服务提供机构的简单再生产。

二、社会健康保险的基本原理

（一）社会健康保险的筹资模式

社会健康保险是在政府主导下，集中社会多方面力量对参保人员提供的医疗保障。各个国家在建立和完善社会健康保险制度的过程中，结合本国国情实施过各种筹资模式，大致可以分为现收现付模式、完全累积模式和部分积累模式三种。

1. 现收现付模式

现收现付模式(pay-as-you-go)以短期“横向平衡”为依据，也就是说每年筹集的健康保险资金要全部用于支付当年的医疗费用，即由用人单位和在职工人按工资总额的一定比例缴纳的健康保险基金，能够且只能满足当年的医疗费用支出。这种筹资模式实施期限不长，每年筹集的保险费与当年的支出基本平衡，只留有供周转之用的少量储备金。现收现付模式实现了医疗费用的代际转移，通过再分配达到了公平的目的，同时只需考虑资金的短期平衡，不必承担长期风险，但当经济不景气，失业率上升且较长时间居高不下时，现收现付模式必然陷入收不抵支的困境。

2. 完全积累模式

完全积累模式(fully funded)以远期“纵向平衡”为依据，在对有关的人口健康指标和社会经济指标(如患病率、工资水平、平均医疗费用和通货膨胀率等)进行长期宏观测算之后，将被保险人在保险期间的医疗费用总和分摊到整个筹资期间，并对已提取但尚未支付的保险基金进行有计划的管理和运营。完全累积模式可增强参保单位和个人的保险意识，但基金要承担保值和增值的风险，还需要对通货膨胀率进行准确预测，由于实施过程复杂，不定因素多，保持长期的精算平衡仍有较大困难。

3. 部分积累模式

部分积累模式(partially funded)是介于现收现付模式与完全积累模式之间的混合筹资模式。在这种模式中，社会健康保险基金的收支呈“T”型平衡结构，一方面，在一定区域内的人群中“横向”筹集健康保险基金，费用共济，风险分担；另一方面，保险费中的一部分资金进入个人账户进行“纵向”积累，以劳动者年轻力壮时积累的资金弥补年老体弱时的费用缺口，自我缓解后顾之忧。这种把社会共济与个人自我保障综合起来的筹资模式，既体现了社会公平的原则，又有利于培养被保险人的费用意识，自觉约束其医疗消费行为。目前我国城镇职工基本医疗保险实行的社会统筹与个人账户相结合的模式即是一种符合我国目前的国情和未来发展的需要并具有创新意识的部分积累模式。

（二）社会健康保险成本估计的基本原理

社会健康保险计划是集合大量参保人的疾病风险建立的，虽然对每一个社会健康保险参保人来讲,何时会得疾病、医疗花费多少等都是难以准确预测的,但通过对面临同样风险的个体进行大量观察,可以发现风险事故发生的规律,通过对风险事故发生的概率和平均损失额度进行估计,在此基础上即可估计出社会健康保险计划的风险成本及其变动范围。将上述风险成本和相应的管理费用分摊给每个计划参加者就可以确定社会健康保险基金相应的筹资比例(contribution rate),或称缴费费率。在实行现收现付制的社会健康保险中,社会健康保险的基金来源主要由雇主资助、个人出资、国家补贴三方共同负担。其他筹集渠道还包括社会健康保险基金的保值增值收入、区域调剂收入、转移收入、滞纳金等。

(三)社会健康保险基金的平衡原理

健康保险计划作为社会保障计划的一部分,不论是通过保费筹资还是通过税收筹资,都应该遵循基金总体均衡(collective equivalence)的原则,这就意味着某一特定时期内社会健康保险计划的支出现值应该等于该时期内该保险计划的收入现值。

第二节　社会医疗保险运行管理

一、筹资管理

(一)筹资管理的概念

社会医疗保险筹资是指由专门的社会医疗保险基金征缴机构或者税务部门按照社会医疗保险的相关制度规定的筹集对象和方法,定期、强制性地向参与社会医疗保险的缴费(税)主体征收社会医疗保险费的行为。

社会医疗保险筹资具体包括以下含义:第一,社会医疗保险筹资有指定的征缴机构。第二,社会医疗保险筹资有相关的依据。一般社会医疗保险比较发达的国家,其筹资的相关制度安排比较完善,基本包括了权力部门和不同行政层级的一些制度安排;社会医疗保险还不够发达的国家,其筹资的相关制度安排尚不完善,可能表现出有关立法层次较低、筹资制度安排协调性不足等。第三,社会医疗保险筹资有规定的对象和方法。各个国家会根据其具体国情决定社会医疗保险筹资的对象和方法。一般来说,社会医疗保险筹资对象不外乎雇主、雇员、政府补助等几种。筹资方法则包括缴费和征税两种。第四,社会医疗保险筹资一般具有强制性。这主要是为抑制医疗保险中由于信息不对称所引致的道德风险和逆向选择问题。

(二)筹资管理的主要内容

1. 筹资主体

社会医疗保险筹资主体指社会医疗保险费用征缴机构。筹资主体因国家不同可能不同。一般来说,社会医疗保险基金征缴机构可以是专门的社会医疗保险基金征缴机构,也可以是税务部门,还可以是专门的社会医疗保险征缴机构和税务部门作为征缴机构同时存在。例如,德国以专门的社会医疗保险基金征缴机构作为筹资主体;美国则以税务部门作为筹资主体;我国目前以专门的社会医疗保险征缴机构和税务部门同时作为筹资主体。

2. 筹资标准

社会医疗保险筹资是按照一定的标准进行的。具体来说,筹资标准包括两个方面:一是筹资对象;一是筹资费率。筹资对象即筹资客体,即社会医疗保险以谁为对象进行资金筹集。从世界范围来看,社会医疗保险的筹资对象一般以工薪阶层为基础。对于劳动者而言,一般以工资为筹资基数;

对于其他一些群体而言，则一般以某种收入为筹资基数。社会医疗保险筹资费率在不同国家有所不同，国际上社会医疗保险筹资费率为10%～12%。

3. 筹资来源

社会医疗保险在实践中形成了多元化的筹资渠道，其筹资来源主要包括被保险者本人缴纳的费用（税）、被保险者所在的组织缴纳的费用（税）、公共财政投入、捐赠收入、社会医疗保险基金自身运营收益、罚没收入等几个方面。这几个方面的资金来源在社会医疗保险基金筹集中的结构会因为各国社会医疗保险的建制理念和社会医疗保险项目的保障对象不同而有所不同。例如，新加坡的医疗储蓄账户资金主要来源于雇员和雇主供款，而且对不同年龄段的人群规定了不同医疗储蓄账户供款率；中国城镇职工基本医疗保险采取了职工和用人单位共同负担社会医疗保险费用的方式；而在新型农村合作医疗制度和城镇居民基本医疗保险制度中，公共财政承担着一定的直接筹资责任。

二、基金管理

（一）基金管理的概念

社会医疗保险基金管理是指有关主体依据相关法律、法规征缴、分配、投资运营、支出和监督社会医疗保险基金全过程的行为。社会医疗保险基金管理的含义包括：第一，社会医疗保险基金管理有指定的管理主体。不同的管理阶段管理主体不同。第二，社会医疗保险基金管理有相关的管理依据。不同的管理阶段管理依据不同。第三，社会医疗保险基金管理是多环节的综合管理，包括征缴、分配、投资运营、支出和监督五个主要环节，这五个环节是相互影响的，任何一个环节都会影响到其他环节的处理。

（二）基金管理的主要内容

医疗保险基金从筹集到支付，从管理运作到使用的过程，实质上是国民收入的分配与再分配过程。它涉及多方经济利益关系的调整与均衡。

医疗保险基金同失业、养老保险基金一样，也是社会保障基金的一种。建立和运行社会保障基金是国民收入再分配的形式之一。国民收入经过初次分配形成国家、集体（企业）和个人的原始收入，这种初次分配会导致社会不同行业、不同阶层和个人之间的收入差距。为了对收入差距进行调节，国家通过预算拨款，集体和个人则通过按一定比例缴纳保险费建立社会保障基金，对低收入者提供收入补偿和帮助，以减少贫富差距，实现对一部分国民收入的再分配。它体现了社会公平的原则。同时，也是医疗保障制度得以确立并能解决基本医疗问题的物质基础。由于社会保障基金先提取、积累，后开支使用，从而在客观上也表现为后备基金形态。社会保障基金均以强制性、福利性为特征，不同于人身保险、特种医疗保险、补充医疗保险等以自愿、营利为特征的商业形态、半商业形态的保险基金。

医疗保险基金还具有一些特殊性。主要体现在医疗保险所承担的风险程度和风险损失率不易测定。人们对医疗消费的需求会随着生活水平的提高而增加，给确定医疗保险基金的筹集标准和基金管理带来了一些困难。因此，通常将医疗保险作为一个单独项目，与养老、失业等社会保险分开进行管理，在保险给付上也较多强调个人责任；但这并不影响医疗保险的社会保障性质。

医疗保险基金的管理是指根据国家关于社会保险体系的方针、政策、制度、法令、法规，按照医疗保险基金运动的客观规律，对医疗保险基金的筹集、支付、使用、运营进行计划、组织、协调、控制、监督等各项工作的总称，是整个医疗保险管理的一个重要组织部分。与定点医疗机构的资格审查、医疗服务的管理、对被保险对象的管理等不同的是，它侧重于基金本身的管理，属价值形式的管理。

医疗保险基金的管理包括基金的筹集、给付、使用、核算、审计，以及基金的运用增值与监督等。

（三）基金管理的主要任务

认真贯彻执行国家有关法律、法规和方针、政策。基本医疗保险是一项难度很大、政策性很强的工作，它涉及广大保险对象的切身利益，还直接影响改革、发展和稳定的大局。因此，基本医疗保险基金管理工作必须坚决按照国家有关法律、法规和方针、政策执行。

依法筹集和使用基金。根据国家有关方针、政策的规定，既要按规定及时、足额筹集基金，同时还要保证支出的需要。

建立、健全各项管理制度。基本医疗保险基金管理工作包括：通过制定基本药品、诊疗项目、服务设施等范围明确的医疗保险保障范围；制定科学的基本医疗保险待遇支付制度；建立、建全基本医疗保险基金预算制度、财务会计制度、审计制度和各项内部管理制度等，做到计划有依据、收支有标准、拨款有预算、管理有制度、监督有要求，使基本医疗保险基金管理工作有法可依、有章可循，实现规范化管理。

做到基金的计划、控制、核算、分析和考核工作。基金的计划、控制、核算、分析和考核是基本医疗保险基金管理工作的基本任务，通过对基金的筹集、支付、营运等环节进行严格管理，发现问题要及时解决。

基本医疗保险基金纳入财政专户，实行收支两条线管理。专款专用。任何部门、单位和个人均不得挤占、截留和挪用，也不得用于平衡财政预算。

建立、健全职工基本医疗保险基金行政监督、审计监督和社会监督机制，保证国家及社会保障方面的各项方针、政策、法规的贯彻执行，强化社会保险基金收支运行的管理、保证基金的安全完整。

三、定点机构管理

（一）定点机构管理的概念

定点机构管理是指有关部门在按照规定对医药服务机构的资格进行审查的基础上，由社会医疗保险经办机构和医药服务机构之间就参保者的社会医疗保险形成契约关系，以便通过合理控制医药费用和管理医疗服务质量来保障居民基本医疗安全的一种社会医疗保险管理活动。定点服务管理这一概念可以从几个方面来理解：第一，定点服务管理有明确的管理主体，一般是社会医疗保险行政主管部门或者卫生行政部门。第二，定点服务管理的本质是社会医疗保险经办机构和医药服务提供者之间的契约关系，管理的主要内容是使形成契约关系的双方有效履行权利和义务。第三，定点服务管理的目的服从于社会医疗保险的目的。定点服务管理是整个社会医疗保险管理和运行的组成部分，两者的最终目的都是保障被保险人的基本医疗安全。

（二）定点机构管理的主要内容

1. 定点医疗服务机构管理

定点医疗服务机构是按照社会医疗保险定点服务管理的原则和规定选择的、为社会医疗保险被保险人提供基本医疗服务和承担相应责任的医疗服务机构。定点医疗服务机构管理包括以下两个方面的内容。

（1）定点医疗服务机构的确定，是由社会医疗保险的目标决定的。各国定点医疗服务机构的确定一般都会考虑四个方面的因素：第一，定点医疗服务机构符合区域医疗服务机构设置规划；第二，定点医疗服务机构符合国家规定的医疗服务机构提供医疗服务的相关标准；第三，定点医疗服务机构有完善的医疗服务管理制度；第四，定点医疗服务机构必须包括大量的基层医疗服务机构。定点医疗服务机构的确定一般要经过四个基本步骤：首先，医疗服务机构向社会医疗保险定点服务管理主体提出申请；随后，定点服务管理主体组织相关机构对提出申请的医疗服务机构进行审核；然后，由定点服务管理主体对审核通过的医疗服务机构颁发定点资格证书并向社会发布相关信息；最后，定点服务管理主体定期对定点医疗服务机构的选择进行调整和评估。

（2）定点医疗服务机构的监管，定点医疗服务机构选择完成后，定点医疗服务管理主体要对定点医疗服务机构实施监管。主要责任：第一，负责和定点医疗服务机构结算符合相关规定的医疗费用；第二，加强对定点医疗服务机构医疗服务需求者发生的医疗费用的检查和审核；第三，组织相关部门定期对定点医疗服务机构服务和管理情况进行监督检查。

2. 定点药店管理

定点药店是指按照社会医疗保险定点服务管理的原则和规定、依照相关法律、法规程序选择的，为社会医疗保险被保险人提供基本药品销售服务并承担相应责任的药品供应机构。定点药店管理包括以下两个方面的内容。

（1）定点药店的确定，也是由社会医疗保险的目标决定的。各国定点药店的确定一般都会考虑四个方面的因素：第一，定点药店能够保证社会医疗保险的基本用药安全和需求；第二，定点药店药品的价格有利于合理的药品价格机制的形成；第三，定点药店布点有利于购药方便和监管；第四，定点药店有利于促进药品流通产业的发展。

定点药店的确定和定点医疗服务机构确定的步骤基本是一样的：首先，由药店向社会医疗保险定点服务管理主体提出申请；接着，定点服务管理主体组织相关部门对提出申请的药店进行审核；再次，定点服务管理主体对审核通过的药店颁发定点资格证书并向社会发布相关信息；最后，定点服务管理主体定期地对定点药店的选择进行评估和调整。

（2）定点药店的监管，定点药店选择完成后，定点服务管理主体要实施对定点药店的监管。其主要管理职能包括：第一，负责和定点药店结算符合相关规定的药品费用；第二，加强对定点药店医疗服务需求者发生的药品费用的检查和审核；第三，组织相关部门定期对定点药店的服务和管理状况进行监督检查。

第三节 社会医疗保险费用控制

一、社会医疗保险费用的影响因素

（一）医疗费用增长的需求因素

医疗保险费用从广义上来理解，是指参保人患病后发生的医疗费用总和。医疗保险费用控制则是医疗保险费用支出管理的一项重要手段。控制的对象是医疗保险范围内的各类医疗费用，控制的目的是为了最大限度地实现医疗保险保障基本医疗的宗旨，维护参保人员的基本权益。

国际上普遍认为，收入是影响医疗费用增长的一个重要因素。经济发展水平的不断提高、人均GDP的增加、居民对医疗服务质量和数量要求的提高，均可影响医疗费用的增长。

1. 人口老龄化提升医疗保险需求

Grossman（2009）所提出的医疗需求模型，认为健康是一种资本存量。随着年龄的增加，健康资本存量会下降。因此，人们为了增加健康存量，会增加对医疗服务的使用，进而造成了医疗费用的上升。在实证研究中，Hitiris（2009）和Posnett（2008）证实，老年人人口比例对医疗支出有显著的正向影响。Murthy（2009）和Ukpolo（2007）的研究也指出，人口老龄化与医疗费用增长存在长期的正向关系。

2. 医疗保险普及化促进了医疗保险需求增长

医疗保险的普及化是医疗费用增长的一项重要原因。一般认为它会增加对医疗质量及医疗服务数量的需求。因此,医疗保险的普及,一定程度上解释了医疗费用的增长。大部分学者认为,医疗保险的介入,表面上看是消费者对医疗服务的需求价格降低,但医疗服务的实际价格并未降低。随着医疗保险的普及,将会促使医疗费用进一步上升。

3. 政府对医疗卫生的支出减少促使了医疗费用增长

一个国家对卫生事业的财政投入量与医疗费用增长存在负相关关系。政府公共预算卫生支出的增加,短期可能会使医疗费用支出增加;长期方面因居民医疗健康状况的改善,反而会使全社会的医疗费用支出降低。

(二) 医疗费用增长的供给因素

1. 医疗资源的增加增加了医疗费用

医生人数和医院床位数的增加,提高了医院的生产成本。医院为了保持原有的利润水平或增加利润,在医疗服务需求既定的条件下,必须通过提高服务价格和提供更多的医疗服务来达到这个目的,直接导致医疗费用的增加。

2. 医疗技术的提高促进了医疗费用增长

医疗技术的不断提高,先进医疗仪器的使用,使疾病能够较早地被诊断和治疗,提高了医疗服务的潜在需求。在发达国家,如美国,卫生服务的统计数据比较齐全,通常用卫生服务研发费用来表达医疗技术进步,其他 OECD 国家(经济合作与发展组织)用高端医疗设备增长率来表达。

3. 医疗市场的信息不对称诱使了医疗费用增长

医疗市场上存在着严重的信息不对称。医疗服务产品具有异质性、不可转售性及提供的强专业性,使得医疗服务市场中,医方相对于患者具有信息优势,医方有可能为了自身利益而诱导患者接受具有完全信息时不会接受的医疗服务,从而损害患者的利益,造成不必要的医疗费用支出。医疗市场中信息不对称形成医方诱导需求,它是医疗费用增长的重要因素之一。

二、需 方 控 制

(一) 费用分担

常见的费用分担(cost-sharing)方式有:扣除法(起付线)、共付法(参保人和保险公司共同付费)、限额法(封顶线)、扣除法与共付法相结合等。目前,在全国范围内实施的社会基本医疗保险制度明确规定了统筹基金和个人账户各自的支付范围,分别核算,不得互相挤占,并确定了统筹基金的起付标准和最高支付限额。起付标准原则上控制在当地职工年平均工资的10%左右,最高支付限额原则上控制在当地职工年平均工资的4倍左右。起付线以下的医疗费用由个人账户支付或个人支付;对于起付线以上,最高支付限额(封顶线)以下的费用,主要从统筹基金中支付,但个人也要负担一定比例;超过封顶线的医疗费用,可以通过商业医疗保险等途径解决。通过费用分担,提高了个人自负能力,增强了参保人的费用意识,减少了不合理及不必要的医疗服务消费。但在引进费用分担机制的过程中,要正确处理公平与效率之间的矛盾,要兼顾一般人群与特殊人群的差异,要消除收入与风险的“剪刀差”等诸多问题,确保弱势群体的基本医疗。国际上的自付比例一般为20%,当自付比例达到25%或以上时,患者就诊就会明显受到抑制。

(二) 缩小医疗保险报销范围与报销比例

为了有效控制需方过度需求和超前消费,可增加法定的医疗保险非覆盖服务范围,如制定药品报销范围,减少基本用药品种,增加限制药品品种,除了制定药品报销目录外,还可制定不予报销的药品目录。

（三）经济激励措施

对于年内未就医者，可获得适当奖励，以鼓励被保险人节约卫生资源。例如，德国曾于1989年制定了卫生服务法规，对1年内未就医者由各省疾病基金会奖励相当于1个月保费的红利，以鼓励参保人节约医疗费用；深圳医疗保险实施办法明确规定：职工当年结余医疗经费的20%结转下一年度继续使用，历年结转未用的余额，在职工迁离该市时发给职工本人，若职工死亡，则可由其家属继承。对超费用者要适当征收附加税，通过用税收的办法控制医疗消费。政府可通过制定法律条文，规定当个人医疗费用超过某一限度后，对其超额部分费用要征收附加税，或用收入所得税抵补，以达到控制过度消费医疗资源的目的，也可减免参加私人医疗保险人员的收入税。如西班牙规定15%的个人卫生费用和健康保险费可由个人收入税抵补，但药品须按比例付费，不可由收入税抵补，对医疗机构实行"总量控制，结构调整"。

（四）加强费用意识教育

加强对参保人的保险费用意识教育，一旦发现就诊时冒名顶替、费用转嫁等现象，则对违规参保人员进行严肃处理。如通报点名批评、经济处罚、吊销或取消"医疗保险就医卡"等。

三、供方控制

（一）对供给量的限制

出于医疗服务市场的特殊性及医疗消费的特殊性，控制医疗保险费用的关键在于对供方的费用控制。

对供方的控制主要通过对供给量进行限制，这样可以有效控制医疗服务供方的费用，具体措施如下。

资金预算限制。采用资金预算限制或总额预算制，控制医疗保险费用的上涨幅度，政府可制定相应的卫生政策，控制医疗费用的上涨幅度，采取资金预算限制的国家，如西班牙、爱尔兰、意大利、葡萄牙、英国和丹麦等国实施此方案后，使医疗保险费用得到了很好的控制。上海市1994年7月1日起对医疗机构医药费用实行"总量控制，结构调整"政策，有效遏制了医疗保险费用的增长速度。我国基本医疗保险制度应进一步实行医疗保险费用的"三总"控制：卫生资源的总量控制——小于区域卫生规划；医院收入总量控制——小于GDP年平均增长率；医疗保险费用的总量控制——小于职工工资总额年增长率。

医疗保险经费预算包干。对公立医院实施年度内医疗保险经费预算包干，结余归医院，超支不补。同时鼓励医院加强医疗质量管理，提高床位周转率，缩短住院天数，降低住院成本，减少"诱导性"或"超前性"医疗消费行为。此外，防止供方的道德危害和价格歧视，全面实行诊疗常规！使用成本低、效果好的诊疗技术，同时，做到合理检查、合理用药、建立医院用药目录。

限制医院的规模和数量，转换医院功能。医院规模的限制指医院床位数量的限制与床日费用定额的限制。据西方发达国家统计，医疗保险费用中住院费用占50%～60%，而门诊费用仅占30%左右。因此，控制费用的力度应放在住院上。欧美许多国家的卫生行政管理机构近20年来均面临着关闭需求过剩、效率不高的公立医院和小医院，限制大医院的规模，转换和调整现有医院的功能，使医院规模合理化。同时，针对人口老化的特点，将医院转换为慢性病医院或老年保健院。

限制医院贵重仪器设备的配置与使用。限制医院和医疗诊所购置大型贵重医疗设备是有效防止医院过度扩充医疗设备和服务、缓解医疗保险费用上涨的有效措施之一。1974年，美国国会通过了医院配置贵重设备和开设新服务项目的需求证明书法案(《CON 法案》),它规定了每一个州与人口分布相应的,每年设备投资的最高限额。丹麦设有全国最高评估各医院上报需配置新设备和开展新技术的专门机构。

(二) 卫生人力资源的限制

通过对卫生人力资源的限制,可以控制医疗服务供方的费用,具体措施如下。

医生人数的限制。据美国卫生资源管理局及有关部门的统计资料表明,每一位医生服务 2000 人左右,医生数量每增加 10%,卫生服务费用增加 4%。德国有关部门统计,每增加 1%的医生数量将导致 1.1%卫生服务需求的增加。因此,应适当限制医生的人数,避免或减少“医生诱导需求”现象的发生。

医务人员结构的调整。合理调整临床医师与预防医师、专科医师与全科医生、医护及医师与辅助人员的比例,使卫生人力资源配置趋于合理化,是降低医疗保险费用的有效措施。

对社会办医的控制。控制社会办医和个体开业医师的数量,不仅是确保医疗质量,而且又是控制医疗保险费用增长的另一有效措施。美国等西方国家对个体开业医师有严格的资格或培训要求,要申请和考核行医执照,每年或每 5 年要重新考核才能获取行医执照。因此,对社会办医和个体开业医师应按市场发展趋势,严格制定审批及考核制度,加强年审制度。

鼓励医务人员流向基层。采取激励措施鼓励医务人员向基层服务地区流动,向社区卫生服务机构流动,以此控制发病率,降低医疗保险费用。

(三) 增加非住院保健项目

可针对服务对象的医疗卫生需求,开办低成本的老年护理院。让区卫生服务中心设置家庭病床,为老年人提供医疗保健和家庭式照料;为病危患者和临终患者或晚期癌症患者在家庭内或临终关怀所提供医疗护理和善后医疗保健服务。开设长期卫生保健服务站,专门为慢性病患者和生活不能自理的残疾人提供长期或终身的医疗护理服务,或提供以居住式为主的医疗护理服务。开设夜间医院,为患者提供夜间医疗服务和私人保健服务。

(四) 加强对医疗服务机构的监督与管理

由医疗保险机构对医疗单位进行考核,择优确定合同医疗单位。增设参保就医点,加大职工自主选择定点医疗机构的“自由度”,促使医疗单位以优质、高效、合理收费的服务来吸引消费者。此外,调整不合理的医疗服务价格和医药费用结构,提高医务人员的技术劳务价值。另外,通过制定医疗保险基本用药范围和基本诊疗项目和诊疗常规,规范医疗机构的经营行为,限制转诊,控制医药费用的过快增长。还需要加强对医生的医德医风教育,对违规医院和医生进行行政通报或经济处罚。

第四节 中国社会健康保险体系

一、概　　述

在我国社会健康保险制度的建设和完善过程中,核心是社会医疗保险制度的形成,其制度形成的标志有四个:一是 1998 年底,国务院颁布的《国务院关于建立城镇职工基本医疗保险制度的决定》,明确指出加快医疗保险制度改革、保障职工基本医疗是建立社会主义市场经济体制的客观要求和重要保障;二是 2003 年,针对广大农村居民的医疗保障问题,出台了《关于建立新型农村合作医疗制度的意见》;三是2007年,进一步针对城市居民出台了《国务院关于开展城镇居民基本医疗保险试点的指导意见》;四是2010年10月28日,《中华人民共和国社会保险法》的颁布,完成了我国基本医疗保险的制度设计安排。目前,我国的社会健康保障体系已经初步形成,含有城镇职工基本医疗保险制度、城镇居民基本医疗保险制度和新型农村合作医疗制度三个基本医疗保险制度。

二、城镇职工基本医疗保险

1. 管理和经办机构

在我国,医疗保险机构以组织网络的形式存在,上由国家劳动和社会保障部管理、调控,下由医疗保险事务管理中心承担具体医疗保险业务。各地的社会医疗保险机构作为各级政府直接管理、领导的事业性行政单位,是城镇职工基本医疗保险的经办机构,在医疗保险活动过程中,它是指代表国家具体负责承办医疗保险参保、费用筹集、支付和其他事务管理等工作的医疗保险业务机构或组织。其具体业务可以简单概括为计划、筹资、服务、付费、监控和管理几个方面。

(1) 参与制定政府医疗保险法规、政策和计划。社会健康保险业务专业性较强,政府在制定有关政策时,需要有医疗保险部门的参与。

(2) 筹集医疗保险基金,包括市场调查研究、主要指标的预算和测算、宣传政策和选择缴纳保险费的有效方式等。

(3) 监督和保证合理的医疗服务提供。社会健康保险机构有责任保证被保险人享受到必要的、合理的医疗服务,包括医疗机构的选择、确定服务的范围和标准、定点医疗机构提供服务的监督,以及提供一些直接的医疗保健服务,如健康教育、健康促进活动等。

(4) 支付被保险人的医疗费用。

(5) 对医疗服务提供者和被保险人的监督和控制。

(6) 社会健康保险基金管理。

2. 参保人

城镇职工基本医疗保险的参保人包括参保单位和参保个人。基本医疗保险要求覆盖城镇所有用人单位和人员,既要遵循社会保险的内在要求,也要考虑到我国社会保险的管理能力。《社会保险法》第三章第二十三条规定:"职工应当参加职工基本医疗保险,由用人单位和职工按照国家规定共同缴纳基本医疗保险费。无雇工的个体工商户、未在用人单位参加职工基本医疗保险的非全日制从业人员及其他灵活就业人员可以参加职工基本医疗保险,由个人按照国家规定缴纳基本医疗保险费"。

3. 医疗服务提供者

城镇职工基本医疗保险的医疗服务提供者主要包括定点医疗机构和定点零售药店。

(1) 定点医疗机构。医疗机构是为患者进行诊断和治疗的机构,是医疗保险系统中的医疗服务"供方"。在目前基本医疗保险制度下,医疗服务形式基本实行定点医疗。参保人员必须在医疗保险管理机构认可的约定医疗机构名单中选择几所医疗机构就医。定点医疗机构是指通过劳动保障部门资格审定并与社会保险经办机构签订合同,为职工基本医疗保险参保人员提供医疗服务并承担相应责任的医疗机构。要取得定点医疗机构的资格,其程序为:①医疗机构自愿申请、公平竞争;②对所申请的医疗机构进行资格审查;③取得定点资格的医疗机构名单要向社会公布;④参保职工可以自己选择就医医院;⑤社会健康保险经办机构与获得定点医疗服务资格的医疗机构签订服务协议或合同。

(2) 定点零售药店。除定点医疗机构外,另外一个与医疗保险有关的就是定点零售药店。它是指通过劳动行政部门资格审定并与社会保险经办机构签订合同,为职工基本医疗保险参保人员提供处方外配服务,并承担相应责任的零售药店。要取得定点零售药店的资格,程序为:①零售药店自愿申请;②对所申请的零售药店进行资格审查,合格后向社会公布;③社会健康保险经办机构与之签订协议;④零售药店的服务限定在处方外配,遵循参保人自愿决定的原则,处方要加盖定点医疗机构专用章,并要有医师审核签字、备案。参保职工可以在定点医疗机构就医、取药,也可持定点医疗机构处方到定点零售药店购买处方药。

三、城镇居民基本医疗保险

城镇居民基本医疗保险保障范围是不属于城镇职工基本医疗保险制度覆盖范围的中小学阶段的学生(包括职业高中、中专、技校学生)、少年儿童和其他非从业城镇居民都可自愿参加城镇居民基本医疗保险。新出台的《社会保险法》第三章第二十五条规定:“国家建立和完善城镇居民基本医疗保险制度。城镇居民基本医疗保险实行个人缴费和政府补贴相结合。享受最低生活保障的人、丧失劳动能力的残疾人、低收入家庭六十周岁以上的老年人和未成年人等所需个人缴费部分,由政府给予补贴。”由国务院决定,城镇居民基本医疗保险的运行实践从 2007 年开始实施,其具体内容如下。

1. 参保范围

参保范围包括不属于城镇职工基本医疗保险制度覆盖范围的中小学阶段的学生(包括职业高中、中专、技校学生)、少年儿童和其他非从业城镇居民都可自愿参加城镇居民基本医疗保险。如南京市的保障对象范围包括:城镇老年居民、婴幼儿、学生儿童、市属大中专院校学生、在本市就读的外来务工人员子女及劳动年龄段内的“无固定职业、无稳定收入、无社会保险”的居民。

2. 筹资水平

试点城市应根据当地的经济发展水平及成年人和未成年人等不同人群的基本医疗消费需求,并考虑当地居民家庭和财政的负担能力,恰当确定筹资水平;探索建立筹资水平、缴费年限和待遇水平相挂钩的机制。如南京市的筹资标准为:老年居民和其他居民每人每年 450 元;学生儿童每人每年 150 元。

3. 政府补助办法

对试点城市的参保居民,政府每年按不低于人均 40 元给予补助,其中,中央财政从 2007 年起每年通过专项转移支付,对中西部地区按人均 20 元给予补助。在此基础上,对属于低保对象的或重度残疾的学生和儿童参保所需的家庭缴费部分,政府原则上每年再按不低于人均 10 元给予补助,其中,中央财政对中西部地区按人均 5 元给予补助;对其他低保对象、丧失劳动能力的重度残疾人、低收入家庭 60 周岁以上的老年人等困难居民参保所需家庭缴费部分,政府每年再按不低于人均 60 元给予补助,其中,中央财政对中西部地区按人均 30 元给予补助。中央财政对东部地区参照新型农村合作医疗的补助办法给予适当补助。财政补助的具体方案由财政部门和劳动保障、民政等部门研究确定,补助经费要纳入各级政府的财政预算。

4. 基金管理

要将城镇居民基本医疗保险基金纳入社会保障基金财政专户统一管理,单独列账。试点城市要按照社会保险基金管理等有关规定,严格执行财务制度,加强对基本医疗保险基金的管理和监督,探索建立健全基金的风险防范和调剂机制,确保基金安全。

5. 保障待遇

城镇居民基本医疗保险基金重点用于参保居民的住院和门诊大病医疗支出,有条件的地区可以逐步试行门诊医疗费用统筹。

附:南京市城镇居民基本医疗保险保障待遇

南京市城镇居民基本医疗保险保障范围包括住院、门诊大病和门诊医疗费用。

(1) 住院待遇:起付标准为三级医疗机构 1000 元,社区卫生服务机构 600 元(原二级医疗机构

800 元)。在一个自然年度内多次住院的,第二次住院按规定住院起付标准的 75%计算,第三次及以上住院按规定住院起付标准的 50%计算。起付标准以上、最高支付限额以下的费用,在三级医疗机构就诊,基金支付 50%;在社区卫生服务机构就诊,基金支付 60%(在原二级医疗机构就诊,基金支付 55%)。

(2)门诊大病待遇:起付标准为 1000 元,1000 元以上的医疗费用,基金支付 55%。

(3)门诊待遇:按照"累加支付"的原则,确定起付标准为 300 元。老年居民和其他居民:300~600 元的费用,基金支付 40%,600 元以上的费用由个人自理;学生儿童:300~500 元的费用,基金支付 40%,500 元以上的费用由个人自理。

(4)住院、门诊大病和门诊医疗费用累计最高支付限额为 8 万元。

6. 医疗结算服务

城镇居民基本医疗保险实行以定点社区卫生服务机构为主的首诊、转诊制,参保居民因病情需要转诊的,由首诊社区卫生服务机构负责转诊;城镇居民定点医疗机构从符合条件的城镇职工基本医疗保险定点医疗机构中选定并向社会公示;城镇居民基本医疗保险的药品、诊疗和服务设施目录原则上参照城镇职工基本医疗保险药品、诊疗和服务设施甲类目录;医疗费用结算采取总额控制、结算控制指标和人头付费相结合的结算方式。

7. 管理服务工作

城镇居民基本医疗保险实行全市统一政策、统一信息网络系统、统一基金管理结算、统一发放劳动和社会保障卡;建立健全社会保险四级(市、区、街道、社区)经办管理服务体系,实行医疗保险社会化管理服务;市、区劳动和社会保障部门按照职责分级管理、分工负责,各级经办机构经费列入市、区两级财政预算。

四、新型农村合作医疗

新型农村合作医疗是由政府组织、引导、支持,农民自愿参加,个人、集体和政府多方筹资,以大病统筹为主的农民医疗互助共济制度。《社会保险法》第三章第二十四条规定:"国家建立和完善新型农村合作医疗制度。"新型农村合作医疗的管理办法,由国务院规定。按目前的设计,政府是新型农村合作医疗"游戏规则"的制定者,并且在实际地操作着新型农村合作医疗的运行,如 2003 年《关于建立新型农村合作医疗制度的意见》(以下简称《意见》)要求试点地区的县级政府要成立专门的农村合作医疗管理委员会和具体经办机构,并明确规定经办机构的人员和工作经费列入同级财政预算。《意见》还明确规定了对新型农村合作医疗制度的财政支持政策,这对引导农民参与新型农村合作医疗,促进地方政府对合作医疗的重视和支持,深入推进新型农村合作医疗都将起到关键的作用。

1. 筹资标准

新型农村合作医疗制度实行个人缴费、集体扶持和政府资助相结合的筹资机制。《意见》规定:"个人、地方财政和中央财政为主要的筹资主体,标准是农民个人每年缴费不少于 10 元,地方各级财政资助人均不低于 10 元,中央财政每年通过专项转移支付对中西部地区除市区以外的参保农民按人均不低于 10 元安排补助资金。"随着社会经济的发展,新型农村合作医疗制度将建立与社会经济同步发展的筹资增长机制,筹资水平将会得到不断的提高。

2. 保障待遇

新型农村合作医疗基金主要补助农民的大额医疗费用或住院医疗费用,在有条件的地方,可实行大额医疗费用补助与小额医疗费用补助结合的办法。对参加新型农村合作医疗的农民,年内没有动用农村合作医疗基金的,要安排进行一次常规性的体检。

3. 基金管理

新型农村合作医疗基金由合作医疗管理委员会及其经办机构进行管理。经办机构在管理委员会认定的国有商业银行设立新型农村合作医疗基金专用账户，确保基金的安全和完整，并按照规定合理筹集与及时审核支付。各县(市)要根据筹资总额，结合当地实际，科学合理地确定农村合作医疗基金的支付范围、支付标准和额度，防止农村合作医疗基金超支或过多结余。经办机构要定期向农村合作医疗管理委员会汇报农村基金的收支、使用情况，采取张榜公布等措施，定期向社会公布农村合作医疗基金的具体收支、使用情况，保证参加合作医疗的农民参与、知情和监督的权利。审计部门要定期对农村合作医疗基金收支和管理情况进行审计。

4. 医疗服务管理

加强农村卫生服务网络建设，强化对农村医疗卫生机构的行业管理，积极推进农村医疗卫生体制改革，不断提高医疗卫生服务能力和水平，使农民得到较好的医疗服务。各地区在农村卫生机构中择优选择农村合作医疗的服务机构，加强监管力度，完善并落实各种诊疗规范和管理制度，保证服务质量，提高服务效率，控制医疗费用。

5. 组织实施

由省级政府制定新型农村合作医疗的管理办法，县级政府制定具体方案，各级相关部门在同级人民政府统一领导下组织实施。加强对新型农村合作医疗的宣传教育，引导农民不断增强自我保健和互助共济意识，动员广大农民自愿、积极参加新型农村合作医疗。

五、其他制度：长期护理保险

长期护理保险又称长期看护健康保险、老年护理健康保险或老年看护健康保险，简称长期护理保险或护理保险，它是为那些因年老、疾病或伤残而需要长期照顾的被保险人提供护理服务费用补偿的健康保险，是一种主要负担老年人的专业护理和家庭护理及其他相关服务项费用支出的健康保险产品。随着人口老龄化趋势的日益明显和医疗费用上涨的加剧，老年人护理缺乏保障的问题日益突出，长期护理保险就是为解决这一问题而设计的。

长期护理保险有多种实现模式，世界各国均根据自己的国情采取相应的模式。美国主要以自愿保险的方式，采取商业保险模式。但这种以盈利为目标的保险模式，仅限于收入较高的中产阶级以上的人群。而低收入人群的长期护理费用主要由美国联邦政府和各州政府共同资助的医疗计划(Medicaid)支付，目前Medicaid已承担了美国主要的长期护理费用。日本和德国采取社会保险模式。它们将长期护理保险纳入社会保障体系，由政府强制实施。在日本，凡40岁以上的人必须参加长期护理保险，日本长期护理保险的特点是全民皆保，社会保险的覆盖面几乎是所有国民。德国则以法律的形式，规定“护理保险跟随医疗保险的原则”，凡参加了法定医疗保险的人自动参加护理保险，德国的社会保障制度建立已有100多年的历史，目前已覆盖全国人口的90%左右。两国的长期护理保险覆盖率之高，是采用社会保险模式的结果。这主要取决于两国有成熟的社会保障制度和雄厚的经济实力。

复习思考题

1. 简述社会健康保险的概念及特征？
2. 社会医疗保险筹资的主要内容有哪些？
3. 社会医疗保险基金管理的环节有哪些？
4. 社会医疗保险定点服务管理的内容是什么？
5. 简述中国社会健康保险体系的构成。

【案例分析】

青岛实施长期医疗护理保险制度

健康报网讯(记者甘贝贝)2014年7月1日，青岛市《关于建立长期医疗护理制度的意见(试行）》（以下简称《意见》）正式实施，该市率先实施长期医疗护理保险制度。凡参加城镇基本医疗保险的青岛市在职职工及退休人员、老年居民、重度残疾人、城镇非从业人员，均应同时参加长期医疗护理保险。

据介绍，青岛市护理保险试行期间，护理保险费主要通过调整基本医疗保险统筹金和个人账户结构进行筹集，财政根据基金使用情况给予补助，用人单位和个人不需要另行缴费。护理保险基金分为城镇职工护理保险和城镇居民护理保险两部分。青岛市财政按照每年度2000万元的标准，从福彩公益金划转到城镇居民护理保险基金，同时还将从福彩公益金中分年度另外划拨1亿元，作为城镇居民护理保险制度运行的启动资金。

《意见》明确，经批准享受护理保险待遇的参保人，在定点服务机构接受医疗护理、居家接受医疗护理照料，发生的符合规定的医疗护理费，由基金支付96%；在定点医院接受医疗专护发生的医疗护理费，暂定基金支付90%。不再设立起付标准。社保经办机构对定点服务机构的结算标准，实行按每床日包干定额管理办法，分60元、170元、200元3个标准。

据介绍，截至2011年年底，青岛市60岁以上老年人有132.7万，占该市总人口的17.32%；80岁及以上户籍人口已达21.5万，占该市老年人口的16.71%；失能失智老年人数量快速增加。

（资料来源：甘贝贝，青岛实施长期医疗护理保险制度，http://www.jkb.com.cn/localnews/qingdao/2014/0418/339277.html）

【问题】

青岛实施长期医疗护理保险制度如何进行筹资管理？是否可以全国推广？

【提示】

从筹资主体、筹资标准、筹资来源分析，推广的条件是要适应当地社会经济发展。

（朱　鹏　周尚成）

第七章

健康保险合同

内容提要

本章围绕健康保险合同展开，主要介绍健康保险合同的概念、基本特征、共同条款，个人健康保险合同的概念、特点和合同条款，以及团体健康保险合同的概念、特点和合同条款。

第一节　健康保险合同及其基本特征

一、健康保险合同的概念

按照《保险法》的规定，保险合同是投保人与保险人约定保险权利和义务关系的协议。通过保险合同，将保险产品的保障内容、各方法律关系、双方应履行的义务和各自的权利以格式化的保险条款体现出来。健康保险合同(health insurance contract)是人身保险合同的一种，是指保险人在被保险人疾病、分娩，以及由此所致的支出、残废或死亡时，依照合同约定负有给付保险金义务的保险合同。在疾病未致残、致死时，保险给付的目的在于填补医疗费用的支出；在疾病致残时，保险给付的目的在于填补医疗费用支出及生活收入减少所致之损失；在疾病致死时，保险给付的目的在于填补丧葬费用与遗属生活费用的支出。

健康保险合同是以书面形式订立的。严格来说，客户在购买保险时填写的保单、保险公司签发的打印装订好的保单、车站旅游景点等保险中介代理机构出具的简易保险凭证、通过网上保险超市购买的保险卡及保险公司对所签发保单所做的各种修订文本都属于保险合同。一般来说，我们讨论的健康保险合同主要指保险公司签发的保单。

任何法律关系都包括主体、客体和内容三个不可缺少的要素。保险合同的法律关系也是由这三个要素组成的。保险合同的主体为保险合同的当事人和关系人，保险合同的客体为可保利益，保险合同的内容为确立保险合同当事人和关系人的权利和义务。

1. 健康保险合同的主体

保险合同的主体是在保险合同中享有权利和承担义务的人，保险合同的主体包括保险合同的当事人和保险合同的关系人。保险合同当事人和保险合同关系人在保险合同中各自享有一定的权利并承担一定的义务，两者的主要区别在于保险合同当事人直接参与保险合同的签订，而保险合同关系人则不直接参与保险合同的签订。与保险合同一样，健康保险合同的主体也包括健康保险合同的当事人和健康保险合同的关系人。

(1) 健康保险合同的当事人：指订立健康保险合同的双方，包括保险人和投保人。

保险人(insurer)，也就是通常所说的保险公司，是指与投保人订立保险合同，向投保人收取保险费，并在保险事故发生时对被保险人承担赔偿或给付保险金责任的法人。根据《保险法》规定，依法成立的人寿保险公司、健康保险公司，在经中国保监会核定之后可以经营健康保险业务。除此规定以外的保险公司，经中国保监会核定后，可以经营短期健康保险业务(保险期限为 1 年或 1 年以下的健康保险业务)。

投保人(applicant),是指与保险人订立保险合同,并按照保险合同负有交付保险费义务的人。投保人可以是自然人,也可以是法人或非法人团体。投保人可以为自己投保,也可以为他人投保。作为投保人,应具备两个条件:一是具有完全民事权利能力和民事行为能力;二是对被保险人必须具有保险利益(有关保险利益的具体内容,将在下文中进行讨论)。

(2) 健康保险合同的关系人:指不参与保险合同的签订,但在保险合同中享有权利和承担义务的人,包括被保险人和受益人。

被保险人(insured),是指受保险合同保障的人。对于健康保险合同的被保险人,我国《保险法》在一般情况下并无特别限制,但当投保人以第三人为被保险人订立健康保险合同时,如果内容涉及死亡为保险事故的,缔约时应经被保险人书面同意。除父母为其未成年子女缔约外,不能以无民事行为能力的人为被保险人订立以死亡为给付条件的健康保险合同。按照我国《民法通则》的规定:“不满十周岁的未成年人和不能辨认自己行为的精神病人属于无民事行为能力人,十周岁以上的未成年人和不能完全辨认自己行为的精神病人属于限制民事行为能力人。”所以,健康保险合同一般限制患有包括精神疾病在内的某些特种疾病的人为被保险人。

受益人(beneficiary),指由被保险人指定,或者经由被保险人同意、投保人指定的,当被保险人死后,享有保险金给付请求权的人。受益人通常为被保险人,但由于在部分长期健康保险中含有身故责任,因此就存在指定他人为身故受益人的情形。

2. 健康保险合同的客体

健康保险合同的客体是保险利益(insurable interest)。保险利益,又称可保利益,是指投保人对被保险人的身体具有法律上承认的利益。通俗地讲,就是当被保险人因疾病而发生医疗费用支出或因疾病死亡致使收入损失时,会导致投保人经济困难。

之所以规定保险合同的成立必须以保险利益为前提,其意义在于:第一,可以防止道德风险的发生,保障被保险人的人身安全。保险金的补偿或给付以被保险人发生疾病、身故等保险事故为前提,以补偿被保险人的经济损失、帮助被保险人尽快恢复到损失前的生活状态为目的。保险利益原则要求投保人对被保险人的身体具有保险利益,则可以防止投保人放任或促使与其不具有保险利益的人发生保险事故,甚至产生投保人对被保险人身体的故意伤害以谋取保险赔偿的行为。第二,可以防止赌博行为的发生。健康保险合同是一种机会性合同,如果投保人对被保险人的身体不具有保险利益,那么就意味着投保人可以不受损失而得到赔偿,这种保险必然带有赌博性质。

3. 健康保险合同的内容

健康保险合同的内容以条款形式体现,可分为法定条款和约定条款两大类。法定条款是指法律规定保险合同必须具备的条款,新《保险法》第十八条规定,保险合同应当包括下列事项。

(1) 保险人的名称和住所。这是指保险人的名称及地址应在保险合同上书面体现。

(2) 投保人、被保险人的姓名或者名称、住所,以及人身保险受益人的姓名或者名称、住所。该信息一般由投保人提供并体现在投保单中,为避免法律纠纷,必须明确记录。

(3) 保险标的。保险标的即保险合同所要保障的对象,在健康保险合同中,保险标的就是人的身体健康。对投保人来说,就是肯定了转嫁风险的范围;对保险人来说,则是指明了它对哪些健康承担保险责任。

(4) 保险责任和责任免除。保险责任是保险合同中约定的由保险公司承担责任的保险事故范围;责任免除是保险公司不承担的风险项目。

(5) 保险期间和保险责任开始时间。保险期间是从保险责任开始生效到保险责任终止的期间,是确定发生事故是否属于保险事故的客观依据,也是保险人承担保险责任的时间规定,保险期满后,双方可续签保险合同。

(6) 保险金额。保险金额是投保双方约定的、保险事故发生时保险公司承担赔偿或者给付金额的最高限额。

(7) 保险费及支付办法。保险费即投保人为获得保险保障所需缴纳的费用,保险费可以一次性缴纳,也可以分期缴纳,具体金额及缴费方式在保险合同中有明确规定。

(8) 保险金赔偿或者给付办法。

(9) 违约责任和争议处理。违约责任是双方当事人因过失或故意不履行合同规定的义务而承担的法律后果。

(10) 订立合同的年、月、日。

除法定条款外,投保人和保险人还可以就健康保险有关的其他事项做出约定。约定条款是由保险合同的性质和特点决定的,不同的保险产品有不同的约定条款,对一般的健康保险而言,还包括投保范围、如实告知、合同效力终止、合同内容变更、保险金申请、解除合同处理等条款。

二、健康保险合同的基本特征

健康保险合同作为人身保险合同中的一种,有区别于其他险种的特点。

1. 保险标的是被保险人的身体健康

保险标的(insured object)是指保险合同所要保障的对象。例如,财产保险的保险标的是客观存在的物品,人身保险的保险标的是人的生命或身体。当将人的生命作为保险标的时,被保障对象以生存和死亡两种状态存在;当将人的身体作为保险标的时,被保障对象以健康的生理能力、劳动能力等状态存在。健康保险的保险标的是被保险人的身体,确切地说,是被保险人的身体健康状态。目的是要确保被保险人在非健康状态时借助保险补偿金使疾病得到治疗,及时恢复健康。健康保险的保险标的有两个显著的特点:一是保险标的具有复杂性。因健康保险的保险标的是人的身体,对其状态是否健康的判断带有很大的主观性,且标的健康状态与保险事故的发生之间还存在不一致的现象,即当健康状态受损,但导致健康受损的事故并非投保的健康保险险种所规定的保险事故时,是得不到保险金给付的。二是保险标的的价值具有不可量化性。人的健康状态很难通过货币价值来衡量,恢复治疗费用在不同的个体之间存在较大差别,只能由合同双方来约定一个最高金额(保险金额)来限定。

2. 合同内容具有广泛性

与人寿保险、人身意外险相比,健康保险的内容广泛而复杂。人寿保险以被保险人的生存或死亡作为保险标的,通俗地讲就是以人的生存或死亡作为给付保险金的条件,或给死亡保险金或给生存保险金,条件较容易判断,内容简单明确。人身意外险则是被保险人遭遇突发的、外来的、非本意的意外伤害后,如果导致死亡,则给死亡保险金,内容也不复杂。但健康保险就不同了,不少书上都提到:凡是人寿保险、人身意外险不承保的人身保险都可以归为健康保险。这句话尽管不一定严密,但足以说明健康保险内容的广泛性和综合性。因而,就内容而言,健康保险合同承保的危险包括被保险人因疾病、分娩所致的费用支出,以及因疾病、分娩所致的伤残、死亡等,并不是单一的危险。

3. 经营具有综合性

健康保险合同中涉及十分复杂的医疗专业术语、医疗技术知识,而且社会成员的患病率、致病率、死亡率、致残率的计算和运用又有较大难度,导致保险公司经营此类保险业务的风险极大,利润不高,因此,保险实务中,商业保险公司很少开办单一的健康保险业务,而是采取综合保险的经营方式,与其他人身保险业务结合为综合保险险种。在实践中,不少保险公司会在人寿保险中附加医疗给付,或者在意外伤害险中附加医疗给付。如泰康人寿保险公司推出的"泰康健康人生重大疾病终身保险计划"这款产品中,主险为分红型的"泰康健康人生终身寿险",而健康保险"泰康附加健康人生终身重大疾病保险"则是作为附加险列入。

4. 承保风险具有特殊性

健康保险合同确定的承保风险，在构成要件与表现形式上都与人寿保险和意外伤害险存在区别，因而具有自身的特色。健康保险所针对的是对被保险人身体造成损害的疾病或危险，必须是严格的内在原因所致，由身体内部发生危害健康的病变引发。同时，还要排除身体上某些器官缺残或功能丧失的非后天原因。对于身体功能的自然衰减，如老年性眼花、耳聋、衰老等，也是不能被列入健康保险的承保范围的。

5. 多为短期合同

市面上常见的健康保险产品保险期限多为 1 年，之所以规定为 1 年，主要原因有：一是健康保险保障性质的纯粹性决定了保险期限的短期性。相对于人寿保险，健康保险更加偏重于对被保险人疾病风险的补偿，其保障性质更具纯粹性，基本不具备储蓄和投资的性质，不需要靠长期的资本运作获得收益。二是疾病发生概率与被保险人年龄关联较大，需要经常变动交费标准。一般来说，被保险人年龄越大，疾病发生的概率越高，健康保险的成本（保险费）也越高。因此，保险期限设定为 1 年，参加健康保险的保险费可以随年龄的增长而发生变化，体现了被保险人参加健康保险的公平性。另外，从流行病学角度来看，疾病谱（各类疾病的发生概率）也在不断发生变化，保险公司需要根据这些变化适时调整保费标准，设置一个相对较短的保险期限有利于保费的调整。三是便于保险公司财务核算简便，厘定科学的保险费率。对保险公司而言，短期健康保险每个自然年度末核算一次。保险期限设置为 1 年，可以使保险公司很容易掌握盈亏数据和经营情况，制定适当的费率（价格）标准。同时，健康保险受医疗市场的影响较大，保险期限较短，使保险公司能够适应医疗市场的变化，了解市场情况并开发新产品。

6. 被保险人受到一定的限制

从年龄方面来说，一般情况下，健康保险对被保险人的年龄没有特别的限制，但是在国际保险实践中，除团体健康保险以外，一般不接受年龄在 16 周岁或者 17 周岁以下的人为被保险人的投保申请。另外，健康保险条款一般也会限制患有某些特种疾病的人投保。如在上文对被保险人的介绍中也提到，不能以无民事行为能力的人或精神病患者作为被保险人投保健康保险。

第二节 健康保险合同的共同条款

健康保险合同的条款说明了有关健康保险计划的保障、保费、理赔，以及被保险人和保险人的各项法律权利，是健康保险合同中最重要的组成部分。商业健康保险中的共同条款是在健康保险合同中对某些事项的规定，在长期的实践过程中，经过不断淘汰、修正、检验和完善，这些条款含义逐渐确定统一，文字形式也日趋规范。下面我们着重介绍一下健康保险合同中的共同条款。

一、责任相关条款

1. 保险责任条款

保险责任是指保险人承担的经济损失补偿或保险金给付的责任。当被保险人签订保险合同并交付保险费后，保险合同条款中规定的责任范围，即成为保险人承担的责任。

（1）免赔额条款（deductible provision）。该条款指出了保险人对一定限度内的损失不负赔偿给付责任，通俗地讲，就相当于设置了起付线。免赔额通常有两种分类：绝对免赔额和相对免赔额。在健康保险中，绝对免赔额指的是保险人对被保险人的费用支出只有在超过约定的免赔额后才支付，且保险人只支付超过约定额度的部分，在免赔限度内的金额是需要被保险人自己垫付的；相对免赔额指的是保险人对发生的损失和费用，必须超过约定的免赔额度后才能给付，但给付时按损失数额的全数给付，不扣除免赔额度以内的金额。在健康保险中，通常采用绝对免赔的方式。

(2) 比例给付条款。这一条款规定，对医疗费用中超过免赔额的部分，采用保险人和被保险人按照一定的比例共同分摊费用的办法。一般而言，被保险人自己需要承担的自付比例为 20%～30%，其余部分由保险公司承担。这样的规定有利于增强被保险人的费用意识，促使被保险人主动减少对医疗服务的过度利用。

(3) 给付限额条款。由于危害人体健康的风险大小差异很大，医疗费用支出的高低也相差很大，为了加强对健康保险的管理，保障保险人和被保险人的利益，健康保险合同中一般均对保险公司向被保险人给付的医疗保险金有最高给付限额的规定，以控制总支出水平。限额以内由保险人承担，限额以外的部分需要由被保险人自己承担。不过，在以某些专门的大病为承保对象的健康保险中，也可以没有赔偿限额的规定，但这种合同的免赔额一般比较高，被保险人自负的比例一般也较高。保险公司设置这一条款的目的是希望控制总的保险金给付水平，避免过度给付。

2. 除外责任条款

除外责任条款(exclusion provision)指的是保险公司对某些事故不负责任的规定，通常在保险合同中都有专门的除外责任条款。健康保险中常见的除外责任除了人寿保险中常用的战争或军事行动、暴乱、吸毒、故意自杀或企图自杀造成的疾病、残废和死亡，跳伞、蹦极、滑雪、冲浪等高风险体育运动，探险及高空作业等危险工作外，还包括以下一些原因所导致的医疗费用和收入损失：①艾滋病或感染艾滋病病毒、性病、各种精神疾患；②由于不孕症或不育症的治疗，如避孕和节育、产前产后检查、流产、堕胎或分娩、人工生殖及由以上原因引起的并发症；③疗养、康复治疗、美容、矫形、非意外事故所致的整容手术、变性手术及由以上原因引起的并发症；④法定传染病和职业病；⑤由于投保前未如实告知既往病史造成保险人不能赔付损失的情况。

关于除外责任条款，需要注意的是，根据新《保险法》第十七条规定："订立保险合同，采用保险人提供的格式条款的，保险人向投保人提供的投保单应当附格式条款，保险人应当向投保人说明合同的内容。对保险合同中免除保险人责任的条款，保险人在订立合同时应当在投保单、保单或者其他保险凭证上作出足以引起投保人注意的提示，并对该条款的内容以书面或者口头形式向投保人作出明确说明；未作提示或者明确说明的，该条款不产生效力。"

二、费率相关条款

决定健康保险费率(premium rate)的因素主要包括：疾病发生率、残疾发生率、疾病持续时间、利息率、费用率、失效率、死亡率等。其他因素如展业方式、承保习惯、理赔原则及其公司的主要目标等也会影响健康保险费率。医院管理和医疗方法、经济发展、地理环境等条件的变化同样给我们对将来赔款的预测带来影响，但这些因素不容易被完整地、准确地预测。常见的与费率相关的条款如下。

1. 保险费率条款

这是健康保险条款中重要的条款之一，它给出了健康保险产品的价格，也是客户最关心的内容。一般的健康保险保单都能保证最初的保险费率可以持续 12 个月。实践中，保险费率条款都表现为费率表的形式。

2. 保费缴付方式和期限条款

该条款规定了健康保险的保险费可以采取何种缴付方式。一般来讲，个人健康保险大多采用年缴的方式，长期或终身健康保险则又有限期缴清和终身缴费等形式。团体健康保险多采用按月缴付方式，有时也采用季缴、半年缴和年缴的方式。

3. 续保保费条款

需要每年更新的健康保险在续保时保险费率常常会发生改变，次条款规定保险人是否有在续保时变更保险费率的权利，如果有的话，保险人必须在保单到期前将新费率通知投保人。

三、期限相关条款

1. 宽限期条款

宽限期条款(grace period provision)是一个对投保人很有用的条款,合理运用该条款能够使自己的财务规划更为灵活,也能确保自己的保障利益不受损失。宽限期条款的基本内容是:在分期缴费的保险合同中,如果投保人未按时缴纳第二期及以后各期的保险费,保险公司将给予一定时间的宽限,我国《保险法》规定的宽限期限为60日。在宽限期内,保险合同依然有效,在此期间如果发生保险事故,保险公司仍按规定承担保险责任,但要扣除所欠缴的保险费。宽限期结束后,如果投保人仍然没有缴纳保险费,也无其他约定,则保险合同自宽限期结束的次日起失效。

2. 等待期条款

由于仅仅依据以前的病历难以判断被保险人是否已经患有某些疾病,保险人为了保证利益,防止已经患有疾病的被保险人投保,通常要在保单中规定一个等待期或称免责期,这个时间是从保单生效之日起算,通常为半年。被保险人在等待期内因疾病支出的医疗费及收入损失,保险人不负责,只有在等待期结束后保单才正式生效。此外,需要注意的是,如果在被保险人要求续保或增加保险金额的情况下,保险人会重新安排一段新的等待期,发生在新的等待期内的保险事故,保险人不承担所增加部分的保险金给付。通常情况下,当连续续保若干年度以后,保险人不再对该被保险人设置等待期。

3. 观察期条款

观察期是一个容易同等待期混淆的概念,这里我们有必要特别区分一下。上文提到的等待期是从保险生效日开始算的,而观察期是指从保险事故发生之日起的一段时间内,保险人对被保险人不负保险给付义务。在实践中,观察期一般为30日至1年,最常见的是3个月,观察期越长,保费相应也会越低。对保险人来说,设置观察期是为了防止投保人在明知保险事故将要发生的情况下选择马上投保,以获得经济补偿的行为,可以有效避免产生逆向选择,降低道德风险(moral hazard)。

4. 合同的失效和复效条款

失效条款规定,当宽限期结束时如果投保人仍然没有按时缴纳保险费,则健康保险合同处于暂时失效的状态,在合同时效期间内保险人不承担保险金给付的责任,但失效后一定期限内,投保人可以提请复效。

复效条款(reinstatement provision)规定了健康保险合同失效后恢复效力所需的时间、缴纳欠缴保费和利息的情况。

5. 抗辩时效条款

该条款又称不可抗争条款(incontestable provision),多出现在长期健康保险合同中,是指自保险合同生效时起,超过法定时限后(一般为2年),保险公司将不得以投保人或被保险人在投保时因故意误告、漏报、隐瞒被保险人的某些事实为由,而主张合同无效或拒绝给付保险金。需要注意的是,根据我国《保险法》规定,不可抗辩条款只适用于年龄方面,对被保险人隐瞒病史、带病投保的情况,即使超过2年,保险公司仍然有权利解除合同。此外,不可抗辩条款应以被保险人的生存为条件,如果被保险人在可争议期内死亡而受益人拖延至可争议期后再向保险公司请求保险金的,保险公司仍可因被保险人的不实告知而撤销合同,拒绝给付保险金。

四、保险金给付相关条款

1. 保险事故通知条款

保险事故通知条款,又称索赔通知条款(notice of claim),该条款规定了投保人、被投保人或受益人应当在保险事故发生后的一定期限内通知保险人,约定的时间通常短则3~5日,长则15~20日。我国《保险法》第二十一条规定:“投保人、被保险人或者受益人知道保险事故发生后,应当及时通知保险人。故意或者因重大过失未及时通知,致使保险事故的性质、原因、损失程度等难以确定的,保险人对无法确定的部分,不承担赔偿或者给付保险金的责任,但保险人通过其他途径已经及时知道或者应当及时知道保险事故发生的除外。”

2. 损失证明条款

该条款规定了保险金申请人必须在申领保险金时向保险人提供相关的损失证明。在医疗费用保险中,通常要求保险金申请人必须提供的损失证明材料包括:入院证明、出院证明、医院出具的诊断证明书和手术证明书、各项检验和检查结果及医疗费用单据等。

3. 索赔时效条款

该条款规定了可进行有效索赔的时限,若保险金申领人在知道或应当知道保险事故发生之日起到规定时限截止日内未行使索赔权利,则索赔权自行消灭。

按照《保险法》第二十六条规定:“人寿保险以外的其他保险的被保险人或者受益人,向保险人请求赔偿或者给付保险金的诉讼时效期间为二年,自其知道或者应当知道保险事故发生之日起计算。人寿保险的被保险人或者受益人向保险人请求给付保险金的诉讼时效期间为五年,自其知道或者应当知道保险事故发生之日起计算。”

这里,我们补充介绍两类保险人不负保险给付义务的情形,分别是法定情形和约定情形。其中,法定不负义务的情形如下。

(1) 保险事故已发生。保险危险须属于未发生的危险,否则,不能为保险人承保。例如,缔约时,被保险人已经怀孕或患病。一般来说,判断事故是否已发生常根据外表迹象来判断,即自外表所显示的迹象足以判断被保险人已经患病或怀孕,不得推诿为不知。保险事故已发生,系确定事实,当然不在承保之列。

(2) 故意致保险事故发生。其包括:第一,投保人、受益人故意促使保险事故发生。第二,被保险人故意制造保险事故,包括故意患疾病,例如,被保险人明知第三人患乙肝,而毫不避讳,仍与其亲密接触,以致患该病;故意堕胎;故意患疾病致残致死;故意堕胎致残致死。关于人工流产,以是否基于防治疾病或其他健康为目的来判断。根据优生保健的目的故意促使事故发生为合法行为,保险人不可将其列为除外义务。在医学上,若怀孕或分娩有招致生命危险、危害身体或精神健康的情形,可以实行人工流产,而保险人仍应负保险给付义务。

约定不负义务的情形包括:法定传染病;美容手术及整形手术;牙齿的治疗、镶补或装设义齿;本合同等待期内所患的疾病;未按医生指定使用药品以致疾病、伤残、死亡等。

五、其他条款

1. 年龄误告条款

年龄误告条款(misstatement provision)规定由于被保险人年龄告知错误,保险人可要求投保人补缴保险费,或在赔付时按比例给付,或退还多缴纳的保险费,某些情况下还可以解除保险合同。《保险法》第三十二条规定:“投保人申报的被保险人年龄不真实,并且其真实年龄不符合合同约定的年龄限制的,保险人可以解除合同,并按照合同约定退还保单的现金价值。投保人申报的被保险人年龄不真实,致使投保人支付的保险费少于应付保险费的,保险人有权更正并要求投保人补交保险费,或者在给付保险金时按照实付保险费与应付保险费的比例支付。”

2. 合同内容变更条款

该条款规定在健康保险合同有效期内,投保人可申请变更合同的有关内容,但须经过保险人审核同意,并在原保单上批注、出具批单或与保险人订立书面变更协议。

3. 解约条款

该条款规定了投保人和保险人在什么情况下可以终止合同的效力，一般来讲，投保人有随意解除合同的权利，而保险人只有在合同期满或宽限期满但投保人仍未缴纳保费的情况下才可以解除合同。

4. 争议处理条款

该条款规定了合同双方对合同履行过程中产生的争议协商无效时，可通过仲裁机构仲裁或向人民法院提起诉讼。

5. 名词释义条款

由于健康保险涉及很多医学专业名词，因此对名词的解释显得非常重要。

6. 体格检查与尸体解剖条款

该条款规定了为确定保险金申请人的索赔是否有效，保险人可指定医生对被保险人进行体检及残疾鉴定，有关的费用由保险人承担。必要时还可以进行尸体解剖。

第三节 个人健康保险合同

一、个人健康保险合同的概念和特点

个人健康保险合同与团体健康保险合同是相对的概念。个人健康保险合同是保险公司与保单持有人之间订立的一种合同，是只对某一个人或某几个人提供保障的保险。就合同内容来说，它规定了个人健康保险的保障范围、保险金额和保险费率及保险费的缴付方式等。这类保险的被保险人不能选择保障范围，但可以就可续保条款、给付水平等与保险人进行协商。在医疗保险中，被保险人还可以选择自负额的不同计算方式；在残疾收入补偿保险中，被保险人可以选择免赔期间、观察期和给付期间的不同组合。不同的选择，保险费率也不同。

因为个人健康保险与团体健康保险有一些明显不同的区别，所以个人健康保险合同也有不同于团体健康保险合同的特征。例如，个人健康保险的逆向选择相对较为严重，所以除了在个人健康保险合同订立之前进行严格的核保外，个人健康保险合同还对既往症、等待期条款有非常严格的规定。此外，由于购买个人健康保险的人大多都不是专业人员，他们一般缺乏相关知识来审查保险条款的具体内容，所以保险监管部门特别关注保险人拟定的个人健康保险合同是否有损投保人的利益，对个人健康保险条款的要求也比较多。

个人对健康保险方面的需求往往是长期的，甚至是终身的，所以在外国，有许多个人健康保险合同是长期或终身的。即使个人健康保险合同是一年期的，一般也应该可以保证续保，这样才能保障被保险人不会因为年龄原因而在年老时无法获得相应的健康保障。目前我国有些保险公司也在前期经验积累的基础上，对部分个人健康保险产品，如津贴型计费的住院医疗保险承诺可在一定条件下保障续保。

投保个人健康保险是一个相对比较复杂的过程，在投保个人健康保险时，投保人必须就保险人提出的有关被保险人健康状况的询问详细作答，这是个人健康保险核保工作的需要。个人健康保险合同中，投保书是非常重要的材料和保险文书，因此，个人健康保险投保书中有关被保险人的资料，特别是健康状况的资料特别详细，这也是个人健康保险合同一个重要的特征。

二、个人健康保险的合同条款

由于个人健康保险合同自身的特征，其合同也包含一些独特的条款。

1. 可续保条款

一般的健康保险都是一年期的。无论对保险人还是投保人,初次投保本身就有着一系列复杂的手续和各项杂费,对于希望长期投保健康保险的客户来说,反复投保一年期保单显然更不方便,也不现实。为了解决连续投保健康保险的问题,保险公司会通过在保单中加入一些条款说明,使健康保险保单变成为连续有效的保单。常见的可续保条款有以下几类。

(1) 保证续保条款。这类条款规定,在前一保险期间届满后,只要投保人提出续保申请,保险公司必须按照约定费率和原条款继续承保合同,而不能单方面改变合同中的任何条件。《健康保险管理办法》规定:“健康保险按照保险期限分为长期健康保险和短期健康保险。长期健康保险是指,保险期间超过一年或者保险期间虽不超过一年但含有保证续保条款的健康保险。短期健康保险是指,保险期间在一年及一年以下且不含有保证续保条款的健康保险。”因此,一般来说,保障续保条款包含于长期健康保险合同中。

(2) 有条件续保条款。这类条款规定,当合同期满时,只要被保险人符合合同规定的条件,就可续保其合同,直到某一特定的时间或年数。与保证续保条款不同的是,保险人有权决定是否予以续保,在更新合同时,也可以更新费率。

可见,虽然健康保险的保险合同大多是短期的,但可以根据保险条款中的相应规定使所持保单成为连续有效保单,从而满足投保人获得长期健康保障的要求,也保证健康保险人的业务总量和保费收入。

2. 既往病症条款

这类条款规定,在保单生效的约定期间内,保险人对被保险人的既往病症不负保险给付义务。既往病症(pre-existing conditions)是指在保单签发之前被保险人就已患有但却未在投保单中如实告知的疾病或伤残。通常保单规定被保险人必须告知保单签发前2年或更多年内所患过的疾病。例如,有些保单中会规定:“对被保险人因既往病症而引发的、属于保险责任范围内的损失,保险人只在保单生效两年以后才给付保险金。”既存状况条款有助于避免被保险人出现逆向选择,避免那些得过某些疾病但有复发危险或未痊愈的人通过购买健康保险获得保险给付。

3. 职业变更条款

在健康保险中,被保险人的职业发生变动将会直接影响发病率、遭受意外伤害的危险,这时就可以通过在保险合同中设置职业变更条款对保险费率进行调整或对保险金给付加以限制。职业变更条款通常规定,如果被保险人的职业危险性提高,保险人可以在不改变保险费率的前提下降低保险金额,或者根据被保险人之前的缴费水平和现有职业的费率重新计算新的保险费数额。

4. 犹豫期条款

犹豫期指的是投保人可以撤销保险合同,并全额收回已交保费的约定期限。犹豫期的起算时间一般为保单送达日,或接收邮件邮戳的次日。根据《健康保险管理办法》第十五条规定:“长期健康保险产品应当设置合同犹豫期,并在保险条款中列明投保人在犹豫期内的权力。长期健康保险产品的犹豫期不得少于10天。”

5. 超额保险条款

超额保险条款,又称重复投保条款,由于健康保险的保险金具有补偿性质,因此为防止被保险人因疾病或残疾后获得超过其损失的利益,该条款规定:“当在有多个保险人或在某一保险人处有重复投保的情况下,被保险人实际获得的保险金不应该超过其损失的总额”。对于有多个保险人的情况,通常,如果被保险人在申请给付时,没有书面通知保险人在其他保险公司投保有相同的保单,保险人将按比例减少保险金,并适当退还保费;对于在某一保险人处重复投保的情况,如果总计的保险金额超过公司的标准,将按比例减少保险金。

6. 防卫原因时间限制条款

防卫是指投保书上所列明的重大不实告知事项。根据此条款,保单生效经过一定时间后,除非被保险人有欺诈行为,否则保险人不得以重大不实告知为由决定保单无效或拒绝赔付。典型的防卫原因时间限制条款如下:"保单生效两年后,仅限于欺诈性的不实告知,保险公司才可终止合同;否则,不能以保单生效前的既存状况而拒绝赔付,除非既存状况属于保单列举的除外责任。"

7. 理赔条款

该条款规定:"理赔申请人有及时将损失通知保险人的义务,保险人有迅速理赔的责任。"我国《保险法》第二十三条规定:"保险人收到被保险人或者受益人的赔偿或者给付保险金的请求后,应当及时作出核定;对属于保险责任的,在与被保险人或者受益人达成有关赔偿或者给付保险金额的协议后10日内,履行赔偿或者给付保险金义务。"

第四节 团体健康保险合同

一、团体健康保险合同的概念和特点

团体健康保险合同是保险公司与团体保单持有人(通常是雇主或购买健康保险的其他法定代表)之间订立的合同,它对主契约下的人群提供保障。保险人对一个团体签发一份团体保险保单,在此保单下可以提供所有团体保险保障。作为团体健康保险成员的被保险人并不是健康保险合同的一方当事人,所以不会得到健康保险保单,但是可以得到保险证或保险金给付手册,以获得团体健康保险保障的有关信息。保险人可以在一份团体健康保单中提供多种团体保障,也可以为每一种保险保障签发独立的团体保单。投保团体健康保险的可以是各类企业、政府机关、各类事业单位及各种社团等,但是不能专为购买团体健康保险而组成团体。

在国外,团体健康保险是常见的一种雇主为雇员投保的保险形式,它和团体寿险、团体意外伤害险及团体养老保险等都是员工福利计划的重要组成部分。而在我国,团体健康保险常常作为基本医疗保险的补充,是单位福利制度的一种体现形式。团体健康保险除提供与个人健康保险相类似的医疗保障,如住院、手术、高额医疗费用保险、长期或短期残疾收入给付外,还提供一些个人健康保险所没有的保障,如牙科医疗、处方药费用等。在我国,市场上最常见的一些团体保险形式有企业为员工购买的团体医疗保险、团体重大疾病险,以及针对学生的学生团体疾病医疗保险等。如中国人寿推出的"国寿绿洲员工福利系列产品",该系列包括13款产品,满足多种组合需要,为员工提供意外伤害、门诊费用、住院费用、住院定额给付、补充医疗、重大疾病、重症监护等全面保障;中国太平的"长期健康保险计划"、"城镇职工补充住院团体医疗保险"、"太平盛世团体重大疾病保险"、"太平盛世团体女性疾病保险"、"太平附加盛世重大疾病住院津贴团体医疗保险"等;泰康人寿的"世纪泰康团体住院医疗保险"、"世纪泰康门急诊团体医疗保险"、"高额无忧团体医疗保险"、"学生团体疾病住院医疗保险"等。

与个人健康保险相比,团体健康保险具有以下几个特点。

1. 保险运营成本低

团体健康保险的运营成本低主要表现在两个方面:管理费用低和行销费用低。

首先,团体健康保险的管理费用低于个人保险。其一,团体健康保险的保险费收缴便利,通常由雇主在雇员的薪资中扣缴;其二,事故发生后,雇主会协助雇员填写或准备各种证明及相关事宜,从而大大减少了理赔时的人力、物力;其三,由于雇员早日返工有利于雇主的利益,因此雇主会制止雇员不适当的病假延长或索赔欺诈。其次,团体健康保险业务由保险公司与团体代表直接接洽即可订立保险合同,相对于个人健康保险合同一对一的方式,行销更为简便,从而使行销费用大大降低了。

2. 核保标准宽松

团体的存在是因为工作,而不是专为参加保险而设立,其道德风险和逆选择的情形相对较少。对个人健康保险的核保,需要审查年龄、性别、职业、业余爱好、生活习惯、家族病史、既往病症等;而对团体健康保险的核保,则主要审查团体规模、新成员流入量、团体稳定性等。

3. 关于被保险人情况的资料填写更为简单

团体健康保险合同中的投保书可以有两种形式:一种是详细的表格,包括每个被保险人的个人情况、健康告知等详细资料,但即使这样也比个人健康保险中的投保书要简略得多;另一种是一个简略的表格,可能只有被保险人的清单和一些简单的资料。

4. 给付条件优厚

团体健康保险的给付手续简单,给付处理迅速。在西方国家团体健康保险还有税收方面的优惠。

二、团体健康保险的合同条款

团体健康保险合同中有一些条款的规定是不同于个人健康保险合同的,也有一些是团体健康保险合同特有的,下面列举几项。

1. 生效日条款

一般来讲,个人健康保险合同的生效日期是在投保人在投标书上签字并缴纳首期保险费的第2日零时。但在团体健康保险中,合同生效日期一般是双方达成协议的日期。此外,投保团体和保险人之间还经常就生效日期做出一些特别的约定,如当保险人接受从其他保险人那里转入的一笔业务时,投保人常常与现在的保险人约定,老合同终止的日期就是现有合同生效的日期。

2. 保险责任的终止条款

在个人健康保险合同中,一般规定在保险合同到期或宽限期结束而投保人仍未补缴所欠保费时,保险合同终止。而在团体健康保险中,除了以上原因,保险人对某些被保险人的保险责任还可能会因为该被保险人被解雇、调换工作、合同内容修改等其他方面的原因终止。

3. 既存状况条款

该条款的具体内容与个人健康保险有所不同。在团体险中,该条款规定除非被保险人享受保险保障已达到约定的期限,保险人不负对被保险人的既存状况给付保险金的责任;但被保险人如果对某一既存状况已连续3个月未因此而接受治疗,或者参加团体保险的时间已达12个月,则该病症不属于既存状况,由此而发生的医疗费用支出或收入损失可以向保险人提出赔付申请。

4. 转换条款

转换条款主要是对团体医疗费用保险而言的。该条款允许团体被保险人在脱离团体后,若购买个人医疗保险,可不提供可保证明。但是,被保险人不得以此进行重复保险,否则保险人拒签保单。将团体健康保险转换为个人健康保险时,被保险人通常要缴纳较高的保费,有关保险金的给付也有更多的限制。

5. 协调给付条款

该条款在美国和加拿大的团体健康保险中较常见,因为在这些国家,有资格享受多种团体医疗保险的被保险人较普遍,如双职工家庭可能享有双重团体医疗费用保险。该条款主要是为防止那些享有双重团体医疗费用的团体被保险人获得的双重保险金给付,而将两份保单分别规定为优先给付计划和第二给付计划。优先给付计划必须给付它所承诺的全额保险金;如果其给付的保险金额不足以补偿被保险人所应花费的全部合理医疗费用,被保险人则可以要求第二给付计划履行赔付差额部分保险金的责任,同时告知保险人优先给付计划的给付金额,第二给付计划方可按照协调给付条款支付保险金。

关于优先给付计划的确定,协调给付条款通常规定:“两份团体保单中不包含协调给付条款的作为优先给付计划，另一份则作为第二给付计划；如果两份保单都含有此条款，则以雇员身份作为被保险人的那份团体保单是优先给付计划，而以受抚养者身份作为被保险人的那份作为第二给付计划；如果受抚养者持有多份团体保单时，优先给付计划可按生日规则或性别规则确定，即以生日较早的雇员或男性雇员所享有的计划作为受抚养者的优先给付计划。”

1. 什么是健康保险合同？健康保险合同有哪些特征？
2. 健康保险合同的三要素是什么？
3. 试对保险人、投保人、被保险人、受益人进行辨析，并画出四者的关系图。
4. 健康保险合同的共同条款有哪些？
5. 等待期和观察期有哪些区别？
6. 个人健康保险合同和团体健康保险合同分别有哪些特殊条款？

【案例分析】

“破财”与“免灾”之间的诚信博弈

日前，江苏南通崇川区法院对一起投保人隐瞒病史，其死亡后受益人要求保险公司理赔案作出了一审判决，保险公司支付10.9万元。

投保隐瞒病史

南通居民段国良的女儿段兰妮，1998年上大三时，因患有慢性乙型病毒性肝炎住院40天。段兰妮于2009年3月18日，在保险公司南通中心支公司（简称保险公司），投保《健康福星增额终身重大疾病保险》，保期为“终身”，身故受益人填写为“法定”。保险合同“健康告知”页中，“您是否曾患有下列疾病或因下列疾病而接受检查或治疗”一栏内列有各类疾病的详细询问表，其中第7条载明——肝炎、肝炎病毒携带者——段兰妮勾选了“否”。

保险合同载明：投保人及被保险人在投保时应如实填写投保书中的各项内容，不得故意隐瞒或不实告知，如未履行告知义务的，本公司有权解除合同，并对解除合同前发生的保险事故不负赔偿或给付保险金责任。

段兰妮在该声明栏下方签字。

2009年3月25日，段兰妮缴纳了保险费。3月27日，保险公司出具了保险单，保险金额为10.9万元。

保险公司拒赔

2012年10月11日，段兰妮因身体不适住院治疗，诊断为原发性肝癌。

2012年10月30日，段兰妮将自己投保的保险受益人变更为父亲段国良，并由保险公司出具保险单。

2012年11月4日，段兰妮死亡。

料理完女儿丧事后，段国良向保险公司提出理赔申请。

保险公司经审查发现，段兰妮系原发性肝癌死亡，怀疑投保人在投保时隐瞒病情，便着手展开调查，并获取了段兰妮的住院病案，显示其曾1998年因患肝病住院治疗。

2012年12月25日，保险公司以段兰妮未如实告知为由，发出《不理赔决定通知书》，同时解除保险合同，不退还保费。

2013年9月27日，段国良将保险公司诉至法院。

法庭上，段兰妮投保时是否履行如实告知义务，保险公司是否应承担给付义务成为争议焦点。

段国良诉称，2009年3月27日，段兰妮向保险公司投保健康福星增额终身重大疾病保险，保险期终身。2012年11月4日，段兰妮因病医治无效死亡。请求法院判令保险公司支付合同约定的10.9万元保险金。

保险公司称，段兰妮在本公司作为投保人及被保险人签订的保险合同真实有效。

段兰妮作为保险合同的投保人及被保险人，在投保时虽经本公司的书面询问，对健康状况及既往病历仍不如实告知。段兰妮作为成年人对住院的事实应该清楚明确，故本公司将段兰妮不如实告知的情形定性为故意不履行如实告知义务，根据《保险法》相关规定，对于保险公司的诉讼请求法庭应当予以驳回。

（资料来源：史友兴．“破财”与“免灾”之间的诚信博弈．工人日报，2014年6月14日第007版）

【问题】

请你运用《保险法》的相关条款，分析保险公司的拒赔合理吗？为什么？

【提示】

修改后的《保险法》第十六条规定：“订立保险合同，保险人就保险标的或者被保险人的有关情况提出询问的，投保人应当如实告知。投保人故意或者因重大过失未如实告知，足以影响保险人决定是否同意承保或者提高保险费率的，保险人有权解除合同。法律规定的合同解除权，自合同成立之日起超过两年的，保险人不得解除合同，发生保险事故的，保险人应当承担赔偿或者给付保险金的责任。”

拓展阅读

不可抗辩条款的演进

保险合同是最大诚信合同，要求投保人于投保时将保险标的状况进行如实告知，若投保人故意不尽如实告知或因重大过失未尽如实告知义务，为了整个危险共同团体之利益，赋予保险人以合同解除权非常重要。但是，若保险人的合同解除权不加以任何限制，保险人有可能滥用合同解除权，并将其作为无理拒赔的技巧性抗辩工具，这不仅不利于保护被保险人、受益人的利益，而且会危及整个保险业健康发展。

不可抗辩条款之产生对限制保险人任意解除保险合同具有重要意义，其起源于英国的保险实践。19世纪末期，随着英国寿险业的逐步发展，英国一些人寿保险公司为减轻社会大众的压力，表达公司良好的资信度，在保险合同中拟定了这一条款。随后由于许多英商保险公司在美国经营人寿保险，这一条款在美国人寿保险合同中广泛运用，其后被各国仿效。对不可抗辩条款立法，最早见于1906年美国纽约州《阿姆斯特朗法案》，其后为美国其他州所采行，美国大多数州议会制定专门法律，强制要求保险人在寿险和健康保险合同等长期保险合同中必须要有不可抗辩条款。美国保险法所创制的不可抗辩条款法则，对现代各保险立法产生了重大影响。德国《保险契约法》第163条、《日本商法典》保险法章第644条、中国台湾地区“保险法”第64条、《中国澳门商法典》第1041条对不可抗辩条款规则也作了强制性规定。在我国，首次引入不可抗辩条款是在南京国民政府时期，1937年经修正公布的《保险法》设立了不可抗争条款，其于第27条规定：“要保人故意或因过失遗漏或为不实之声明时，其遗漏或不实之声明足以交易或减少保险人对于危险之估算者，保险人得解除契约。其危险发生后亦同。前项解除权，自保险人知有解除此原因后，经过一个月不行使而消灭。契约订立后经过两年者亦同。”新中国成立后，废除了国民党统治时期的《六法全书》。于1995年颁布了《保险法》，但对不可抗辩条款未作规定，2002年对该法进行修改过程中亦未涉及。为适应保险市场国际竞争的需求，2009年在对《保险法》进行修订过程中引入了不可抗辩条款。

（资料来源：吴昊．论不可抗辩条款之适用．湖北师范学院学报（哲学社会科学版），2011，31(6)：28）

（刘　畅　杨双能　侯福妍）

第八章

健康保险营销

内容提要 本章主要介绍了健康保险营销的概念与特征、健康保险营销的构成要素；健康保险营销的队伍建设，包括保险代理人招聘、签约前培训、签约、签约会培训、激励、监管和评估环节；健康保险的营销途径主要是代理人销售途径、非代理制销售途径、直接营销途径；健康保险产品的销售离不开健康保险产品策略、定价策略、促销策略与销售渠道策略等营销策略。

第一节 健康保险营销概述

一、健康保险营销的含义及特征

（一）健康保险营销的含义

健康保险营销是市场营销理论在健康保险领域的运用，是市场营销的重要分支。菲利普·科特勒(Philip Kotler)认为，市场营销是个人和集体通过创造并同他人交换产品和价值以满足需求和欲望的一种社会和管理过程。麦卡锡(E. J. Mccarthy)认为，市场营销是企业经营活动的职责，它将产品及服务从生产者直接引向消费者或使用者以便满足顾客需求及实现公司利润，同时也是一种社会经济活动过程。克里斯丁·格隆罗斯(Christian Gronroos)认为，市场营销建立在利益基础之上，通过相互交换和承诺，建立、维持、巩固与消费者及其他参与者的关系，实现各方的目的。美国市场营销协会(American Marketing Association，AMA)2013年的定义是：市场营销是在创造、沟通、传播和交换产品中，为顾客、客户、合作伙伴及整个社会带来价值的一系列活动、过程和体系。

综合上述，市场营销概念的含义，本书认为健康保险营销是指保险企业为企业、顾客、合作伙伴及整个社会带来价值，识别潜在客户及其需求，创造、传播和交换健康保险产品，建立、维持、巩固与顾客及其他参与者关系的一系列活动。

健康保险营销在现代保险公司经营管理中的战略地位越来越重要，是保险公司经营管理的核心部分。从风险管理的角度来看，保险公司的经营管理应该是满足特定客户对特定风险管理需要的过程。因此，健康保险营销理所当然地成为保险公司经营战略的最主要部分，是制定经营战略的起点和落脚点。

（二）健康保险营销的特征

1. 健康保险营销属于主动性营销

健康保险营销最明显的特征是主动性营销，表现为以下三个方面。

(1) 变潜在需求为现实需求。健康保险营销提供给投保人的健康保险产品仅仅是对投保人的一种承诺，它只能在约定事件发生或约定的期限届满时才能给投保人带来收益，不像一般商品或服务能立即被消费者所感受。人们对健康保险的需求没有迫切性,表现为对健康保险的潜在需求,因而需要保险营销人员借助营销技巧使投保人的潜在需求变为现实需求。

(2) 变健康风险应对的消极性为积极性。在现代营销学中,健康保险产品属于非渴求商品。非渴求商品是指消费者未曾听说过或即便听说过一般也不想购买的商品。非渴求性决定了健康保险产品需要做出诸如广告和人员推销的大量营销努力,通过积极主动的营销活动,扭转人们对健康保险产品的消极态度。

(3) 变单向沟通为双向沟通。通过主动性营销,将健康保险企业要传达的信息,按消费者能够理解和接受的方式,借由传播媒介传递给消费者,并跟踪和注意消费者对信息的反馈,收集消费者对健康保险产品的意见和反应,及时调整和改进服务策略,从而使顾客满意。

2. 健康保险营销属于关系营销

建立并维持与投保人的良好关系,提高消费者的忠诚度是健康保险营销制胜的法宝。保险产品效应的延后性,使顾客购买的是未来可能的服务,保险公司将在未来风险发生时才能提供具体的核心服务,这需要跟投保人建立良好的关系;同时保险产品效应的延后性,使顾客满意与否要一个相当长的时间才能判断,这就要求保险营销过程必须建立在长期战略和良好信誉的基础上。

3. 健康保险营销属于服务营销

从根本上说,健康保险营销就是服务营销,但健康保险服务除了具有一般服务的特点外,还具有健康保险产品的消费滞后性、价格的隐蔽性。一方面健康保险产品具有消费滞后性,对于那些购买了健康保险产品但因为没有出险而没有消费该产品的消费者而言,他们可能会感觉有些得不偿失,从而保险公司可能会失去这些客户。这就要求保险公司不仅要注重健康保险的销售和理赔,同时还要做好客户服务工作,为消费者提供各种有关风险的资讯、风险管理的建议等。另一方面,健康保险产品具有价格的隐蔽性,健康保险产品的复杂性,需要一定的经济学和财务知识才能比较各保险公司产品价格的高低,且每个公司所提供的服务、偿还的时间和偿还的金额之间不具有完全的可比性。因此,消费者难以做出科学合理的判断,这就要求健康保险营销人员明确告诉客户该健康保险产品的特点及优点。

4. 健康保险营销属于专业性营销

健康保险营销需要高素质的专业营销人员。他们不仅要具备保险专业知识,还应懂得相关的其他知识,如经济、法律、医学、心理学等。对一个被保险人而言,购买保险并非纯粹是一种消费行为,更是一项风险管理计划、一项投资计划、一项财务保障计划。因而健康保险营销人员需要运用其丰富的知识,根据健康保险产品的市场行情,同时结合不同客户的心理特征,帮助其认识自身面临的风险,为其设计合理的财务保障方案。所以,保险销售从业人员的丰富专业知识是健康保险营销的根本前提。

二、健康保险营销的构成要素

(一) 健康保险营销的主体

健康保险营销的主体是指实施健康保险营销活动的当事人,包括经中国保监会核定,可以经营健康保险业务的保险公司、保险中介机构和健康保险销售人员。

1. 保险公司

根据中国保监会的规定,依法成立的人寿保险公司、保险公司,经中国保监会核定,可以经营健康保险业务。除此以外的保险公司,经中国保监会核定,可以经营短期健康保险业务。

保险公司经营健康保险,应当持续具备下列条件:①建立健康保险业务单独核算制度;②建立健康保险精算制度和风险管理制度;③建立健康保险核保制度和理赔制度;④建立健康保险数据管理制度;⑤建立功能完整、相对独立的健康保险信息管理系统;⑥配备具有相关专业知识的精算人员、核保人员和核赔人员;⑦中国保监会规定的其他条件。

从世界范围来看,健康保险企业主要有商业保险公司、蓝十字和蓝盾计划、健康维护组织和自保计划。我国的健康保险公司主要有中国人民健康保险股份有限公司、昆仑健康保险股份有限公司、和谐健康保险股份有限公司、平安健康保险股份有限公司。

2. 健康保险中介机构

从事健康保险销售的中介机构主要包括保险代理机构和保险经纪机构。保险代理机构指可以从事健康保险营销业务的保险代理机构,包括专门从事保险代理业务的保险专业代理机构和兼营保险代理业务的保险兼业代理机构。保险专业代理机构是指根据保险公司的委托,向保险公司收取佣金,在保险公司授权的范围内专门代为办理健康保险业务的机构,包括保险专业代理公司及其分支机构。保险经纪机构是指基于投保人的利益,为投保人与保险公司订立保险合同提供中介服务,并按约定收取佣金的机构,包括保险经纪公司及其分支机构。

3. 健康保险销售人员

健康保险销售人员是指为保险公司销售健康保险产品的人员,既包括保险公司专职的销售人员、保险代理机构的保险销售人员、个人保险代理人,又包括保险经纪机构的经纪人员。

(二) 健康保险营销的客体

健康保险营销的客体就是健康保险产品,即保险人与投保人就健康风险引起的损失达成的给付协议。

1. 健康保险的内容

健康保险的内容主要是指疾病保险、医疗保险、失能收入损失保险和护理保险等险种。如中国人民健康保险股份有限公司推出的疾病保险:康乐人生——个人长期重大疾病保障计划,该计划用于保障被保险人约定的36中重大疾病的保险责任赔偿。

2. 健康保险客体的特性

健康保险产品同一般商品一样,是使用价值和价值的统一体。健康保险产品还具有自身的一些特性,对健康保险产品的营销具有重要影响。

(1) 健康保险产品的不可感知性。健康保险产品是一种以健康风险为对象的特殊商品,是一种无形商品。与有形产品相比,健康保险产品没有自己独立存在的实物形式,保险业很难通过陈列、展示等形式直接激发顾客的购买欲望,这就使健康保险产品的销售比其他有形产品的销售更为困难。

(2) 健康保险产品的不可分离性。健康保险产品的生产过程与消费过程是同时进行的,这与有形产品的情况有很大的差异。在保险市场上,健康保险产品的生产者即保险人或代理人与健康保险产品的消费者即投保人是直接发生联系的,健康保险产品是在顾客在场的情况下生产出来的,健康保险产品的生产过程同时也是健康保险产品的消费过程。

(3) 健康保险产品的不稳定性。健康保险产品很难像一般工艺品那样实行机械化或标准化生产,因此健康保险产品的质量缺乏稳定性。一般而言,健康保险产品的质量取决于由谁提供,在何时、何地、以什么方式提供等几个方面的因素。不同的保险服务人员所提供的同一保单项下的服务,会由于服务人员素质及个性方面的差异而在质量上有所不同。

(4) 健康保险产品的不可储存性。基于健康保险产品的不可感知性和不可分离性,使得健康保险产品不可能像有形的消费品和产业用品一样可被储存起来,以备将来出售。健康保险产品的不可储存性要求保险企业在生产和销售健康保险产品时,必须以现实的健康保险需求和一定的潜在保险需求为依据来制定和实施营销策略,否则就会给保险企业自身的业务发展带来不利影响。

（三）健康保险营销对象

健康保险营销对象是指对健康保险产品具有现实需求和潜在需求的消费者。营销对象主要包括个体消费者（个人购买者和家庭购买者）和集体消费者（企事业单位、机关单位或其他社会团体）。

前者如昆仑健康保险股份有限公司长寿宝长期护理保险，其营销对象为：凡是出生满28日至55周岁（含28日和55周岁）的身体健康者可作为被保险人。后者如昆仑意外伤害保险，其营销对象为机关、企业、事业单位等团体。

第二节　健康保险营销的队伍建设

一、健康保险营销队伍的作用

健康保险营销人员在保险公司和投保人之间起到关键的纽带作用。在许多情况下，保险营销人员要同时服务于两个对象，一个是保险公司，一个是健康保险投保人。一方面他们对于投保人而言代表的是保险公司。他们发现一批潜在投保人，向他们介绍有关公司的健康保险产品的信息。他们通过接近潜在投保人、展示保险产品、解答疑问、协商保险产品价格和服务条件直至成交来完成保险产品的销售。另一方面他们对于保险公司而言代表投保人，在保险公司内部充当投保人利益的维护者。健康保险销售员将投保人对保险公司的健康保险产品的意见反馈给保险产品的设计开发者、销售经理等人员。他们了解投保人的需求，并同保险公司的其他人员一起完善产品与服务，提高自身在投保人中的信誉。传统观念认为健康保险销售人员应该同保险公司的获利有关，然而现在的观念认为，他们不单单从事保险产品的销售，还要懂得如何使投保人满意和提高保险公司的利润。

二、招募保险营销人员

（一）广告招聘

保险公司可以通过报刊、电视等传统媒介和互联网发布保险营销员招聘信息，以吸引求职者前来应聘。借助广告进行招募的过程中要注意两个关键因素：一是注意广告方式的选择策略，即决定选用何种媒体。这是由招聘预算和待招聘的职位特点所决定的。一般而言，由于报纸发行的地域性较强，适合于在某一地区范围内招聘保险代理人使用；专业杂志广告的优点是针对性比较强，所以当招聘职位专业性较强并对上岗时间和候选人来源有太多要求时，在专业杂志上进行广告招募是很好的选择；电视广告如能与提高保险企业知名度相结合，也可成为一个明智的选择。二是注意广告的内容与形式设计。广告的内容应包括两个方面：一是关于工作的职位描述、任职条件、福利待遇等方面的信息；二是向申请人宣传保险公司或企业的优势。

（二）校园招聘

校园招聘就是保险公司在历年的高校双选会上进行人才的选拔，也可以与大学签订实习计划来吸引大学生的加盟。当然由于健康保险对医学知识的要求较高，在学校类型选择上应以医学院校为主。而且，现代的大学生已具有较强的保险意识、交流与沟通能力、接受能力及较高的信用度，这些都符合健康保险营销人员的招聘要求，所以校园招聘成功率会相对较高。同时，随着国家对保险代理人学历要求的提高，本科以上学历才能从事健康保险营销工作，这一要求也使得校园招聘日渐成为代理人招聘的主要方式。

（三）研究会招聘

研究会招聘是指保险公司利用举办研究会（又称创业说明会）的方式来招聘代理人。在研究会召开之前，将会议邀请函寄给经过筛选的保单所有人，邀请他们及他们的同事、朋友一同参加。在研究会上，首先发放公司的宣传资料，并由销售经理介绍他们的职业和机会，其间还可以组织一些联谊活动来增强与会者的参与性，会议结束时发放精美纪念品，并让参会者留下个人基本简历，方便进一步联络。此方式，经过了第一步邀请函的筛选，会使参加者的情况更符合公司对代理人的要求，提高了招聘的成功率。当然，招聘成功率的高低与研究会组织安排情况有必然联系，可以不断探索与完善。

（四）代理人推荐招聘

代理人推荐招聘（行业内一般称为增员）是指通过代理人在各种社交活动中与客户，准保户，教师，朋友，其他有知识、有影响力的人的交谈来发现有前途的候选人。一般来讲，代理人推荐招聘具有较高的成功率，因为代理人对招聘标准有很好的把握，他们通过与候选人的交流，能够判断候选人的基本素质及是否符合要求。候选人对代理人比较熟悉，对代理人的认同度也比较高，更容易接受代理人的理念，这也是此种招聘成功率高的原因之一。

健康保险营销队伍的建设是保险公司经营目标得以实现的前提条件，但切忌盲目招聘，应该有严格的选聘机制与程序。通常在招聘阶段应该对学历、专业、诚信度、沟通能力、年龄、性格等基本情况进行筛选，以保证最终的留任率。

三、培训与签约

（一）签约前培训

经过初步筛选后的候选保险营销员，需要经过系统的培训和严格的考试，并获得保险从业人员资格证才能最终与保险公司签约。

对于候选保险代理人而言，签约前的培训是必不可少的。签约前培训的内容主要集中于基础知识培训，包括保险理论与实务、基础医学、保险法、市场营销理论、经济基础等，着重提高候选人对保险理念的理解，建立健康保险思维模式及市场观念。基于成本的考虑，培训可以外包到各大高校，鼓励候选人参加高校代理人考试培训。

（二）签约

获取保险代理人资格证以后，代理人就可以与保险公司签订代理合同。签约过程中应该明确双方的责、权、利，使双方在合作中有法可依。目前，保险公司对保险代理人的违规操作缺乏有效的约束机制，这使不少保险企业蒙受经济损失，更糟糕的是使保险行业的社会可信度降低。

（三）签约后培训

保险营销人员与保险公司签约之后，依据合同就获得了销售保险公司相关产品的权利。这时就应强调签约后培训，该培训的主要内容如下。

1. 公司的目标、计划和方针

该项内容主要介绍公司的主要产品种类、投资策略及其在市场中的实力。其中，应该特别强调公司文化，宣讲公司经营理念与宗旨，使保险营销人员对公司有正确的认识，增强其信心。

2. 公司业务程序

该项内容可以告诉保险营销人员如何填写情况调查表、投保单和其他表格，保存必要记录，掌握保单更改、替换、索赔、转换及医疗检查方面的程序。

3. 专业形象

专业形象会影响保险营销人员与客户的有效沟通及销售成功率。一个具备专业形象的保险营销人员应该具有丰富的知识、敬业的精神、饱满的情绪、得体的衣着、大方的谈吐及优雅的社交礼仪。

4. 产品知识

产品知识的掌握是保险营销人员提供优质服务的先决条件。该项内容使保险营销人员了解本公司的产品特色与卖点及竞争对手相关产品的特点，让保险营销人员学会运用费率表、说明书、计算机图示来讲解产品的保障成本和收益。

5. 销售技巧

对于健康保险这种产品，具备一定的销售技巧是必要的。销售技巧包括寻找目标市场、寻找潜在保户、电话预约、分析客户需求、进行销售介绍说明、遭受拒绝时的回答及促成的技巧等。仅仅记住相关话术并不一定会有好的效果，应该进行不断的市场实践及总结提炼。只有这样，话术技巧才会真正成为自己的技巧。

6. 职业道德准则

该项内容可使保险营销人员了解保险销售职业道德准则和适用于推销保险产品的所有法律。遵纪守法、诚实守信地开展业务活动，是保险业良性发展的必然要求。

7. 推销心态

拥有营销技巧固然重要，但心态更重要。健康保险营销具有很强的挑战性，营销过程中伴随着不断的拒绝与挫折。面对这些拒绝与挫折，善于调整心态的能力是必不可少的。调整心态的方法很多，保险公司应该组织各种活动或会议来帮助员工分析原因，并设法化解员工的消极心态，使员工长时间地保持积极心态，保持对工作的热情。

四、激　　励

激励就是通过影响营销人员个人需要的实现来提高他们的工作积极性，引导他们在企业经营中的行为。健康保险产品的营销是有很大挑战性的营销活动，保险公司必须营造一种能有效增强销售人员自我激励的组织氛围。鼓励是保持营销队伍士气与斗志的有效办法，常用的激励方式如下。

1. 目标激励

对健康保险营销团队或个人下达年度、月度等更短时间的适度业务目标，鼓励营销人员朝着各自的目标去努力奋斗。

2. 竞赛激励

组织营销人员开展业务竞赛活动，形成“比学赶帮”的竞赛氛围。

3. 奖励激励

制定与业务发展相适应的奖励措施，采取精神激励(职级晋升或参加某项有条件的象征能力的会议)与物质激励(奖金或提供免费的活动)相结合的奖励办法，对竞赛优胜者给予奖励，以期达到鼓励先进、鞭策落后的目的，借此调动全体员工的积极性。

4. 人情激励

营销经理应该经常与员工进行交流，同他们分享成功的喜悦，帮助他们分析失败的原因，总结成功的经验。以此体现管理人员对营销人员的关爱与重视，让员工有归属感与温暖感，通过人情激励来营造温馨的团队氛围。

销售经理必须帮助营销人员树立信心，保持斗志，帮助他们解决生活和工作上的问题。公司通过提供各种奖励，如佣金、奖金、销售竞赛及参加销售会议的资格来帮助销售经理激励营销人员。

五、监督与管理

1. 晨夕会监督

由于健康保险营销的独特性，晨夕会是保险公司对代理人进行监督的主要时段。代理人在展业中遇到的问题可以在晨夕会上与大家进行交流，销售经理可以通过这样的机会，发现并解决问题，规范代理人的工作秩序。

2. 展业监督

由于保险代理人的主要工作就是展业，所以展业过程中的监督就显得尤为重要。因为销售经理及公司上层很难及时把握代理人在市场上的展业情况，所以展业监督主要由投诉机制来反馈，因此投诉机制就显得很重要，它便于及时发现并纠正问题，并做出适当的处理决定。

3. 财务监督

由于保险业属于金融类业务，所以开展财务监督就成为保险公司监督机制的基本要求，保险公司应该有完善的财务监督追究制度，以保证资金的安全，维护投保方的切身利益。

六、评　　估

（一）对保险营销员的评估

保险公司可以通过几种途径来获取保险营销员的信息，在这些途径中最重要的是销售报告。此外，还可以通过个人观察，查看客户的信件和投诉，对客户进行调查和与推销人员进行谈话等途径来获得更多的信息。

销售报告可以分为保险销售计划与定期总结汇报两种。保险销售计划是保险销售人员对自己的活动进行计划和安排，它使保险公司管理者了解销售人员的行踪并为比较他们的计划和表现打下基础。这样，管理者就可以根据销售人员的“对工作进行计划和实行计划”的能力进行评估。

保险公司也可以让其推销人员写出年度区域销售计划。在该报告中，推销员概括出他们要建立的新客户和增加对现有客户的销售计划。这样，推销员便扮演了区域销售经理的角色，而销售经理就可以对这些区域销售计划进行研究，提出建议并利用这些计划来制定销售定额。

推销员将自己已完成的业务写进销售报告中，它能够使保险公司了解推销员的努力程度、保险产品的推销情况、保险收入的增减变化。推销员还要上交开支报告，部分或全部地报销所用的开销。有些保险公司还要求推销员就新投保人、续保人及退出投保人写出报告。这些报告为销售部门评估推销员的工作情况提供了原始材料。

保险公司也可以对推销人员作量化评估。它看推销员对公司、保险产品、投保人、竞争对手、工作范围及工作任务等方面的了解如何。保险销售经理也会对推销员的个人素质——礼仪、形象、语言表达、脾气，以及工作积极性或遵守纪律情况做出评价。每个公司都有自己的评估项目。

保险公司通过推销员报告和其他信息对销售队伍做出正式的评估。这种正式的评估使得保险公司规划出评价工作成绩的明确标准，并公之于众。它也为推销人员提供了建设性的反馈意见，鼓励他们更好地工作。业绩评估是指主管或相关人员对员工的工作做系统的评价。

（二）业绩评估机制

业绩评估机制包括以下内容：

(1) 数量评估，根据指标检测各项业绩情况。这种检测包括初年或续保保费收入额、佣金总额、总保险金额、销售保单数量、平均保额、有联系或已达成销售的准保户数量、续保率等。

（2）素质评估，对代理人业绩所做的鉴定。这些鉴定涉及代理人的工作态度、产品知识、销售与沟通技巧、仪表、客户联络技能、聆听技能、时间支配、个人组织能力及对有关竞争对手的了解。

（3）业绩评估的标准，包括在评估/计划周期开始时制定的目标。这些目标通常根据代理人前一年的业绩或类似的销售条件下其他代理人的业绩情况而定。

（4）评估，将代理人的业绩与各项标准进行比较。

（5）传达评估结果，将评估情况与代理人讨论，并共同制定下一阶段的计划和目标。

评估结果得出后，应该采取适当的控制措施。控制是指在特定时期内和这一时期结束时，定期把实际情况与开始时制定的经营计划中的目标相比较，并在此基础上有针对性地采取必要的纠正措施，以确保经营目标的圆满实现。营销经理通过定期分析销售和利润业绩来发现潜在问题，并采取适当的控制措施使问题得以解决。

第三节　健康保险的营销途径

一、代理人销售途径

（一）专业代理人

根据2009年修订的《保险法》规定，保险代理人是根据保险人的委托，向保险人收取佣金，并在保险人授权的范围内代为办理保险业务的机构或者个人。保险代理机构包括保险专业代理机构和保险兼业代理机构。保险专业代理机构是指根据保险公司的委托，向保险公司收取佣金，在保险公司授权的范围内专门代为办理保险业务的机构，包括保险专业代理公司及其分支机构。

1. 保险专业代理机构的设立

保险专业代理机构应当采取有限责任公司或股份有限公司的组织形式，并应当具备下列条件。

（1）股东、发起人信誉良好，最近3年无重大违法记录；

（2）注册资本最低限额为人民币5000万元，且必须为实缴货币资本；

（3）公司章程符合有关规定；

（4）董事长、执行董事、高级管理人员符合本规定的任职资格条件；

（5）具备健全的组织机构和管理制度；

（6）有与业务规模相适应的固定住所；

（7）有与开展业务相适应的业务、财务等计算机软硬件设施；

（8）法律、行政法规和中国保监会规定的其他条件。

2. 保险专业代理公司分支机构的设立

保险专业代理公司分支机构包括分公司、营业部。保险专业代理公司申请设立分支机构应当具备下列条件。

（1）内控制度健全；

（2）注册资本达到《保险专业代理机构监管规定》的要求；

（3）现有机构运转正常，且申请前一年内无重大违法行为；

（4）拟任主要负责人符合本规定的任职资格条件；

（5）拟设分支机构具备符合要求的营业场所和与经营业务有关的其他设施。

3. 保险专业代理机构的业务范围

保险专业代理机构经保险公司授权，可以经营下列保险代理业务。

（1）代理销售保险产品；

（2）代理收取保险费；

（3）代理相关保险业务的损失勘查和理赔；

（4）中国保监会批准的其他业务。

（二）个人保险代理人

个人保险代理人，指根据保险人委托，向保险人收取代理手续费，并在保险人授权的范围内代为办理保险业务的个人。

1. 个人保险代理人的从业资格条件

（1）个人保险代理人须通过中国保监会组织的保险销售从业人员资格考试（以下简称资格考试），取得保险销售从业人员资格证书（以下简称资格证书）。

（2）获得代理的保险公司在中国保监会保险中介监管信息系统中为个人保险代理人办理执业登记，并发放保险销售从业人员执业证书（以下简称执业证书）。

（3）个人保险代理人必须参加保险代理人资格考试，并获得中国人民银行颁发的保险代理人资格证书。

（4）必须与代理的保险公司签订《保险代理合同书》，持有所代理保险公司核发的展业证书，并由所代理保险公司报经其所在地的中国人民银行分行备案后，方可从事保险代理业务。

2. 个人保险代理人的业务范围

个人保险代理人的业务范围包括代理推销保险产品、代理收取保险费。

（三）兼业代理人

兼业代理人是指受保险公司的委托，在从事自身业务的同时，指定专人为保险公司代办保险业务的单位。目前，国内兼业代理的组织，主要包括银行保险、邮政保险。这两种兼业代理形式都充分利用了代理机构自有的营业网点，节省了成本，使健康保险产品更接近消费者，方便了消费者的购买，在增强人们的保险意识及改变人们对保险的认知方面都起到了积极作用。当然，如何更好地发挥兼业代理的网点优势和客户资源优势，增强兼业代理的作用，保险企业还应该在产品设计上及人员培训上花更多的工夫。

1. 银行保险代理

保险公司针对银行特定客户群体设计保险产品，通过银行进行销售。在这种合作关系中，银行是主办人，保险公司只是利用银行的客户源即银行信用卡客户或储户推销保险，并在所推销的险种上注明由某保险公司承保。如中国农业银行代理的泰康人寿保险股份有限公司的世纪泰康个人住院医疗保险产品，该产品属于住院津贴类产品。

以银行为主的保险代理已成为保险销售的重要渠道，尤其为网点和人员不多的新保险公司所看重。越来越多的保险公司通过银行代理销售保险业务，使得“银保业务”在保险公司的收入中占到了相当大的比重，个别保险公司甚至已经完全依赖银行保险销售渠道作为自己开拓市场的“法宝”，这不但限制了销售渠道的扩展，也使保险公司在获得市场的同时，另外支付给了银行高额的佣金。目前的主要代理银行有：中国建设银行、中国农业银行、中国银行、中国工商银行及中国邮政储蓄银行。

2. 邮政保险代理

邮政代理保险业务是指邮政部门受保险公司的委托，利用邮政储蓄遍布城乡的网点，为保险公司代办保险，收取保险金的中间业务。代理销售经保险监管部门批准的多家保险公司的人身险、财产险、健康险及意外伤害等保险产品。

在佣金方面，邮政网点收取的数目要远少于银行，但邮政网点代销险种主要以分红型的综合类险和意外保险为主，而对于这类产品，保险公司只有通过“薄利多销”才可获得盈利。我国邮政机构目前仅代理中邮集体旗下的中邮人寿保险公司的中邮年年好重疾保障计划。

二、非代理制销售途径

（一）保险经纪人销售

保险经纪人是基于投保人的利益，为投保人与保险人订立保险合同提供中介服务，并依法收取佣金的机构，包括保险经纪公司及其分支机构。

1. 保险经纪公司的设立条件

保险经纪公司应当采取有限责任公司或股份有限公司的组织形式，并具备下列条件。

（1）股东、发起人信誉良好，最近3年无重大违法记录；

（2）注册资本的最低限额为人民币5000万元，且必须为实缴货币资本，中国保监会另有规定的除外；

（3）公司章程符合有关规定；

（4）董事长、执行董事和高级管理人员符合本规定的任职资格条件；

（5）具备健全的组织机构和管理制度；

（6）有与业务规模相适应的固定住所；

（7）有与开展业务相适应的业务、财务等计算机软硬件设施；

（8）法律、行政法规和中国保监会规定的其他条件。

2. 保险经纪机构的从业范围

在中华人民共和国境内设立保险经纪机构，应当符合中国保监会规定的资格条件，取得经营保险经纪业务许可证。保险经纪机构应当将许可证置于住所或者营业场所的显著位置。保险经纪机构可以经营下列保险经纪业务。

（1）为投保人拟订投保方案、选择保险公司及办理投保手续；

（2）协助被保险人或者受益人进行索赔；

（3）再保险经纪业务；

（4）为委托人提供防灾、防损或者风险评估、风险管理咨询服务；

（5）中国保监会批准的其他业务。

（二）保险经纪机构从业人员

保险经纪机构从业人员是指保险经纪机构中，为投保人或者被保险人拟订投保方案、办理投保手续、协助索赔的人员，或者为委托人提供防灾、防损、风险评估、风险管理咨询服务、从事再保险经纪等业务的人员。

从事保险经纪业务的人员应当通过中国保监会组织的保险经纪从业人员资格考试，取得保险经纪从业人员资格证书。

保险经纪机构应当为取得资格证书且符合《保险经纪从业人员、保险公估从业人员监管办法》的从业人员在中国保监会保险中介监管信息系统中办理执业登记，并发放保险经纪从业人员执业证书。

三、直接营销途径

直接营销渠道，也称直销制，是指保险公司利用支付薪金的业务人员对保险消费者直接提供各种保险险种的销售和服务。直接营销渠道依据所利用的手段不同可分为自销和直复营销。

（一）自销

自销是指依靠保险公司的雇员推销保险产品并提供客户服务，这些雇员从保险公司领取薪金，并根据销售业绩获得一定的奖励和报酬。在我国，自销主要有以下几种具体的销售方式。

1. 内部营销

内部营销是指在保险公司内部全面贯彻市场营销观念，使每一个与顾客接触的部门和个人均从事营销活动，而不仅仅由营销部门和外勤人员承担营销任务。

2. 保险超市

保险超市是指同一地区的各家保险公司在同一场所设立保险门店，从事保险咨询、保险产品推销业务。保险超市具有的优点：第一，节约了搜索成本。成立保险超市，集中保险经营人员，回答顾客的提问，出售保险产品，能够节省登门拜访的时间和由此产生的费用。第二，增强了保险意识。保险超市具有一定的吸引和辐射功能，人们或出于新奇，或受他人（亲属、朋友、邻居、同学）影响来到保险超市，他们中的绝大多数未必初来乍到就购买保险产品，但至少会询问有关保险的事宜，倾听有关人员的解答，无形中增长了保险知识，提高了保险意识。第三，提高了服务质量。各家保险公司在一起经营，各自的险种和人员服务同时展现在顾客面前。产品的优劣、服务的好坏将对公司的声誉，进而对公司保险产品的推销有重要影响。这就迫使各家保险公司努力开发新险种，不断提高服务质量。

3. 摊位销售

摊位销售是保险公司在吸引顾客的场所，如零售店、汽车销售4S店及其他场所设立摊位，推销保险产品。在大多数情况下，保险公司与该销售点有某种形式的关系或已达成销售协议，销售摊位按规定时间营业，并配备佣金制代理人或付薪销售人员。

（二）直复营销

直复营销是指保险公司通过电子邮件、报纸、杂志、电话、电视、互联网等媒体直接向客户提供信息，通过获得顾客的回复信息达成交易。直复营销起源于美国，它给各行业的销售方式带来了质的变化。保险公司的所有产品都可以用于直复营销，但许多公司还是要为直复营销单独设计产品，这样会使直复营销的效果更好一些。直复营销包括三个步骤，即利用一个或多个媒体，诱导顾客做出反应，咨询或购买；记录、跟踪及分析这些反应；将信息储存到数据库里，以备检索。采用直复营销方式的保险公司可以利用以下多种不同的方式接近客户。

1. 直接邮寄

直接邮寄是一种以印刷品形式通过邮政服务来销售保险产品或提供相关广告信息的方式。直接邮寄是一种套装邮件，它包括准保户需要用来做出投保决策及投保申请的所有信息及表格，如保险产品介绍、特定保险产品的宣传手册、投保单、商业回复信函等。

直接邮寄的一般流程是：先选择发送清单上的人或单位，然后进行邮寄；最初的邮寄完成后，对那些尚未做出反应的人或单位可以再寄送几份邮件。

直接邮寄营销方式的突出优点是：量身定做，针对性强，可以消除有些客户对上门推销的反感，但成功率一般较低，容易造成印刷成本的提高。

2. 电话营销

电话销售业务，是指保险公司主动呼出或接受客户呼入，通过电话销售中心或委托保险代理机构销售保险产品的业务。电话营销也可以是紧随直接邮寄推销的一种跟踪服务。这种服务是由保险公司专门的电话营销员（坐席员）完成的。电话营销的对象主要是与保险公司有合作关系的人，如银行持卡人。

保险公司开展电话销售业务应当遵守相关规定要求，主要包括以下几方面的内容。

（1）严格遵守客户信息获取、使用和保密管理制度。应建立严格的客户信息管理制度，遵守个人信息保护相关法律法规，通过合法途径获取客户信息，有序开发、规范使用现有客户资源，确保客户资料和信息采集、处理、使用的安全性和合法性。

（2）保险公司及保险代理机构应建立健全电话销售禁拨管理制度。一是应通过电话销售系统对销售时间进行管理，根据不同地区、不同人群的生活习惯设置禁止拨打时间。除客户主动要求外，每日21时至次日9时不得呼出销售。二是应通过电话销售系统建立禁止拨打名单。对于明确拒绝再次接受电话销售的客户，应录入禁止拨打名单，并设定不少于6个月的禁止拨打时限。三是应建立因禁拨管理不当对客户造成骚扰的责任追究机制。

（3）保险公司应加强对电话销售人员的培训。培训的内容为：对电话销售人员统一进行岗前和岗中的培训教育，如业务知识、法律知识及职业道德等；由保险公司总公司统一设计制作电话销售人员培训材料，保险代理机构、电话销售中心不得擅自修改培训材料的内容；电话销售用语培训，针对不同电话销售模式和保险产品制定规范的销售用语，电话销售人员销售保险产品须正确使用电话销售用语，禁止不当阐述。

第四节　健康保险营销策略

一、健康保险产品策略

健康保险产品策略是保险企业为实现企业目标与价值，在开发、提供、维持健康保险产品过程中实施的一系列事先规划的活动，包括健康保险产品开发、健康保险产品组合、健康保险产品生命周期等策略。

（一）健康保险产品的层次

健康保险产品是保险企业生产经营的载体，完整意义的健康保险产品包含三个层次，即核心产品、实际产品、外延产品。健康保险产品的开发者需要从这三个层次上研究健康保险产品。

1. 核心产品

核心产品在产品层次中处于最基础和最主要的地位，它回答的问题是“消费者真正期望购买的是什么？”健康保险产品的核心产品就是一定条件下的保障承诺，是健康保险投保人所追求的疾病或意外伤害风险损失利益补偿，它是投保人真正购买的“物品”。保险公司在设计健康保险产品时，必须明确保险产品给健康保险投保人带来的核心利益是什么，必须理解与健康保险产品购买与使用有关的全部体验。

2. 实际产品

实际产品主要是指产品的名称、设计、特色、式样、包装等，对健康保险产品来说，其实际产品包括险种名称、险种设计、投保规则、保险责任。如昆仑健康保险长寿宝长期护理保障计划就是一款健康保险产品，在保险合同有效期内，投保人可以享受到本计划“双账户十大特色”服务。

3. 外延产品

外延产品是指在核心产品和实际产品外围延伸出来的与产品相关的附属品或服务。对健康保险企业来说，健康保险产品的外延产品是保险企业在提供各险种时所包含的各种附加服务和利益，如保单条款的详细讲解、快速的签单服务、准确的保单送达服务、准确及时的理赔服务、宽松的续保条件等。

（二）健康保险产品的开发策略

健康保险产品的开发是指保险公司根据保险目标市场的需求，在市场调查的基础上，组织设计健康保险新产品及改造保险旧产品等活动的过程。它是实现保险公司经营目标的手段，是保险公司经营的起点。产品开发的目的在于选准公司的业务经营方向和战略，争取有利的竞争地位和较大的市场份额。保险公司在产品开发时可以根据保险市场的具体情况和公司的现实条件采用不同的技术策略、组织策略、时机策略。

1. 保险产品开发的技术策略

保险产品开发的技术策略主要包括：创新策略、改进策略、引进策略和更新策略。

（1）创新策略。根据市场需求特点及趋势，设计开发出全新的保险产品，如著名的英国劳合社在保险产品开发上曾经多次首开先河，从而也奠定了其在世界保险业中300年来的特殊地位。但是因创新产品要承担较大的风险，产品创新需要企业具有雄厚的技术实力、管理实力和营销实力，一般的小公司难以为之。

（2）改进策略。即对现存保险公司的险种进行技术改进，保持其长处，克服其缺陷，以便对保险客户更具吸引力。该策略的运用可节省公司的人力、物力，所以许多保险公司采用这一策略来竞争保险业务，但它也存在着险种面孔老并易被其他公司仿效的缺陷。对于小保险公司而言，走技术创新之路比较困难。而对现有产品进行适当改进，应当是一条捷径。改进可以是功能上的完善，也可以是保险费率、缴费方式、服务形式等方面的进步。

（3）引进策略。即直接从其他保险公司那里原样引进险种。这种策略因有具体参照物又不费财力、人力，风险甚小，虽然在运作中具有滞后性，但也被许多保险公司采用。

（4）更新策略。即对公司过去开发过的老险种进行改进，使之符合保险客户的现实需求。

2. 保险产品开发的组织策略

在开发产品的过程中，如何组织人力、财力、物力和技术，保险公司需要根据实际情况采取不同的组织策略。一般有自主开发和联合开发两种方式：自主开发险种即保险公司通过自己的市场调查部门、产品设计部门及专门人员来开发保险产品，一般被实力雄厚的大保险公司所采用；联合开发险种是指保险公司通过与其他保险公司、代理人、经纪人或有关社会机构的合作，共同设计推出新险种，这样可以少走弯路，提高险种的质量。

3. 保险产品开发的时机策略

险种开发出来后，找准适当的时机进入市场也是很重要的。在保险经营实践中，并非各种险种都是率先投入市场就好。保险的竞争需要抓住时机，时不待我，但何时开发新产品，是要仔细研究的，主要有抢先、跟随和拖后三种策略。

（1）抢先策略：就是争取在保险市场上最先推出某种新产品。因为市场上有需求，又无竞争者，所以抢先推出新产品可能为企业带来可观利润，可最先占领某类保险市场、提高公司的形象和信誉，但正因为抢先一步，无先例可以借鉴，也面临着一定的风险。竞争中处于市场领先地位的企业通常采用这一策略。

（2）跟随策略：即根据其他保险公司的某一新险种经营情况，摸清市场情况及该险种的效益情况后，结合本企业的特点，紧跟潮流开发新产品，分析该险种的市场和效益。同时，当某一险种的效益滑坡、走向衰竭之时迅速撤离市场，避免损失。

（3）拖后策略：即先观察其他企业的产品经营绩效，借鉴其经验，吸取其教训，再开发或改进产品。虽然在产品开发时间上落后了，但往往具有后发优势，开发出更新、更有吸引力的险种去吸引保险客户，也会取得良好的产品营销效果。

总之，保险公司在观念上应以动态的观点去看待保险产品，因为保险产品存在的意义在于其能够满足保险客户的需求,而保险需求又在不断地变化,保险产品也应随之变化。由于保险需求具有多层次性,保险产品的保障内容也应该具有多层次性。保险产品的开发必须为保险营销、保险承保、防灾防损及保险理赔等打好基础,为其他保险经营环节的顺利开展做好准备。

(三) 健康保险产品的组合策略

1. 产品组合的概念

产品组合(product mix),又称产品集合,是指一家健康保险企业所能提供的各类保险产品的总和。产品组合又包含有四级概念。

第一级:产品类别(product class),是指一种产品所属的总体类别,如人寿保险、健康保险、年金分别代表三个产品种类。

第二级:产品系列(product line),是指属于同一种类的一系列相关产品,如个人健康险与团体健康险。

第三级:产品形式(product form),是指一个产品系列上的一种产品类别,如医疗费用险。

第四级:产品项目(product item),是指对一个产品系列上的特定产品形式的具体表述,如住院及外科手术医疗费用险。

一个保险企业的产品组合特征是可以通过深度、宽度、一致性程度来衡量的,并可通过同业比较,被描述成深或浅、宽或窄、一致或不一致。

产品组合的三个测量尺度,为保险企业制定产品组合决策提供了依据和主要的决策内容:保险企业可以增加产品组合的深度,即增加组合中的项目数,以更多的花色品种来满足顾客的需求差别,增加产品市场占有率;企业可以增加组合的宽度,即增加产品系列数,以扩大经营范围或更新旧产品系列来增加盈利;企业也可以通过改变组合相关性,在缩小营销风险或降低管理难度上进行选择,以适应营销环境的变化。

2. 保险产品开发的组合策略

在对现有保险产品进行横向、纵向或交叉组合的基础上,可开发出适合市场需求的保险新产品。组合方式一般有如下几种。

(1) 财产险之间的组合:即对现有财产保险产品进行合理重组,如汽车保险与汽车第三者责任保险组合在一起销售、家庭财产保险附加盗窃险等。

(2) 人身险之间的组合:如养老金保险为主险,大病保险为附加险的组合。

(3) 财产险与人身险相组合:即对这两个大类所含小类进行合理组合,如财产险系列中附加人身意外伤害险。

(四) 健康保险产品生命周期策略

产品生命周期(product life cycle,PLC)是描述产品从开始进入市场营销直到退出市场营销所经历的时间过程。市场营销者通常将产品生命周期描述为四个阶段:引入期、成长期、成熟期、衰退期。

1. 引入期

在这一阶段,销售量通常较低,企业更注重赢得市场的认可,设法刺激需求。由于存在开发成本和高额推销费用,这一阶段实际上是亏损的。此时,企业应该采取措施使引入期尽量缩短。

2. 成长期

在这一阶段,销售量和利润迅速增长,单位利润达到峰值。同时,新的生产者涌入市场,竞争不断加剧。最终,行业利润开始下降。此时,企业应该扩大市场占有率,并不断地降低成本,使企业快速壮大起来。

3. 成熟期

在这一阶段,总销量会持续增长,但增长率递减。市场竞争从多个层面上展开,也更为激烈。市场细分全面,市场空间逐渐缩小。此时,应该采取措施使企业尽量长时间维持在该阶段内。

4. 衰退期

在这一阶段,市场发生较大变化,利润下降,新的替代产品已经出现,很多企业开始转向。此时,企业应该将产品从市场撤回或通过减少促销或分销努力来维持销售。由于市场中参与竞争的公司减少,仍留在市场中的企业可以通过增加的市场份额来维持销售量。这些企业可以继续在该产品上获利,直至不再销售该产品。

由于产品生命周期的每一阶段表现出不同的市场状况,所以不同阶段需要不同的关于价格、分销、促销的营销策略。由于该理论假定所有企业的产品最终都将退出市场,因此它鼓励市场营销者进行产品改进并开发新产品。

二、健康保险定价策略

在健康保险中,定价(pricing)被称为费率厘定。定价策略(pricing strategies),也称保费策略,是保险公司为了实现定价目标所遵循的总体方针,这些策略帮助公司确定将价格作为营销组合的一个变量的运用方式。

一般商品企业定价时可以采用心理定价、组合定价和折扣定价等策略。保险企业定价有自身特殊性,不能完全照搬。保险定价策略一般包括以下几种。

(一) 低费率策略

低费率策略是指以低于原价格的水平确定保险费率的策略。这种定价策略主要是为了迅速占领保险市场,打开新险种的销路,更多地吸引保险资金,为保险公司资金运用创造条件,是保险公司在保险市场进行竞争的手段之一。

实行低费率策略时,保险公司既要从自身利益出发,考虑到保险险种的促销作用,又要考虑公司的社会效益,如保险公司为支持政府发展社会养老服务政策,对老年护理保险实行低费率策略。实行低费率策略,要建立在提高管理效率、加强成本与管理费用的控制、降低保险推销成本的基础之上。实行低费率策略时,要严格控制在小范围内使用。如果过分使用低费率策略,就会损害保险公司的信誉,导致在竞争中失败。因为使用不当,会导致保险公司降低或丧失偿付能力,最终损害被保险人的利益。正确使用低费率策略应考虑保险产品的具体情况,通常推出的保险险种应该是与人们生活密切相关的、能服务于家庭或个人的险种,如疾病保险。

(二) 高费率策略

高费率策略是指以高于原价格水平而确定保险费率的策略。保险公司实行高费率策略时,一般是因为某些保险标的的风险程度太高,尽管对保险有需求,但保险公司都不愿意经营;或者是因为投保人有选择地投保某部分风险程度高的保险标的,或者是保险需求过剩。实行高费率策略,保险公司可以获得高额利润,有利于自身的经济效益,同时也可以利用高费率拒绝高风险项目的投保,有利于自身经营的稳定性。但保险公司要谨慎地使用高费率策略。保险价格过高,会使投保人支付保险费的负担加重而不利于开拓保险市场;同时,定价高,利润大,极容易诱发保险市场的激烈竞争。

因此,保险公司在运用高费率策略时,应根据“价格易跌不易涨”的道理,先高后低,当竞争者大量拥入后,及时调整保险费率。

（三）优惠费率策略

优惠费率策略是指保险公司在现有价格的基础上，根据营销需要给投保人以折扣和费率优惠的策略。运用优惠费率策略的目的是保险公司为了刺激投保人大量投保和长期投保，及时交付保险费和加强安全工作，提高市场占有率。保险公司经常采用的优惠费率策略主要有以下几种。

1. 统保优惠费率

如果某个地区或某个大公司所属的分支机构全部向一家保险公司投保，保险公司可按所交保险费的一定比例给予优惠。例如，某企业为所有在职职工统一投保职业健康保险，保险公司可少收一定的保费。因为统保能为保险公司节省对各个投保人所花费的营销费用和承保费用，提高经济效益。

2. 续保优惠费率

保险公司对现已投保的被保险人，如果在保险责任期内未发生赔偿，期满后又继续投保的，可按上一年度所交保险费的一定比例给予优惠。例如，某人投保了疾病保险，在一年度内未发生索赔，期满续保时，保险公司可按上年度保费的10%折扣收费。

3. 趸交保费率优惠费率

长期寿险中，如果投保人采取趸交方式，一次交清全部保险费，保险公司也可给予优惠。因为这样减少了保险公司按月、按季或按年收取保险费的工作量。

4. 免交或减付保险费

在人身保险中，有些险种规定，如果投保人在保险期间中途丧失交保费的能力，保险公司允许免交末期的保险费或减少保险费的数额，而保险合同可继续有效。如子女教育婚嫁保险，投保人死亡或完全残废无力继续交付末期保险费时，保险合同仍然有效，子女到约定年龄仍可领取保险金。

（四）差异费率策略

1. 地理差异

地理差异是指保险公司对同一保险标的在不同地区采取不同的保险费率的一种策略。如因旅游的地点不同，其地理条件和气候状况也不同，保险公司在制定旅客人身意外伤害保险费率时也应因地制宜，加以区别。但在同一地区，风险基本相同或比较接近的保险标的的费率应保持一致。

2. 险种差异

每个险种的保险费率标准、计算方法都有一定的差异，但保险公司在实务中常将一些不同险种组合在一起，以满足不同投保人的需要。因此，保险公司应对险种组合的多种费率进行必要的调整，使其符合市场需求和竞争需要。调整保险费率的具体做法有：第一，如果在同一险种中，保险标的的风险相近而保险费率相差较大的，对费率要做出相应调整，使其保险费率也相近或相同；第二，如果在一个险种组合中，其中某个保险险种的风险发生了显著的变化，应及时调整该险种的保险费率，即保险费率应反映出该险种的风险变化情况。

三、健康保险促销策略

在现代保险市场营销中，促销起到十分重要的作用。促销是把保险产品的信息向消费者进行宣传和说明，从而让消费者认识、了解、认可并购买保险产品的活动过程。具体来说，促销活动主要有四种途径，即人员推销、广告、营业促进和宣传。

（一）人员推销

人员推销（personal selling）是一种依靠与一位或多位潜在购买者面对面交谈或电话联系提供信

息的促销手段。人员推销是保险公司主要采用的一种方式,因为它是复杂金融产品信息交流的最恰当方式之一。人员推销具有直接性、亲融性、服务性、反馈性及修正性的优点,而高成本则是它的一大缺点,个人推销形式将信息传递给每一位潜在者所花费的成本远远高于广告和宣传等非个人推销手段。

(二) 广告

广告(advertising)是由具体赞助人及传播媒体进行的、关于某保险企业及其产品和服务的任何有偿的、非个人之间的宣传与促销。用于广告的大众媒体包括电视、广播、杂志、报纸、互联网、体育活动等。广告比个人推销要经济得多,当然保险企业必须做到使广告与产品特征、市场特征紧密结合,否则,浪费也是巨大的。

(三) 营业促进

营业促进(sales promotion)被定义为:鼓励分销渠道中的成员销售某种保险产品或者鼓励消费者购买某种保险产品而制定的激励措施。促销的对象分为同业促销和消费者促销,同业促销的促销对象是分销渠道成员(如代理人和经纪人),消费者促销的促销对象是消费者或团体购买者。

(四) 宣传

宣传(publicity)是指由大众媒体以新闻方式传播有关保险产品、服务和保险企业信息的任何非个人信息交流的形式。与广告不同的是:不必为媒体付费,保险公司不是广告资助人,也不控制媒体传播的信息。宣传在促销计划中非常重要,它成为消费者和渠道成员获得保险产品信息最可靠、最经济的方式。

保险企业可以采取独立的促销策略,也可以采取组合策略。如果上述促销活动直接面向保险代理机构,那么这样的促销策略就被称为推动策略(push strategy),推动策略主要依赖于促销,如竞争、激励和直接面向保险代理机构的广告宣传。而如果促销活动直接面对消费者,则这样的促销策略就称为牵引策略(pull strategy),例如,电视中连续的保险产品介绍广告。当然,很多情况是同时采用推动策略与牵引策略的,即组合策略(combination strategy)。

四、健康保险营销渠道策略

健康保险营销渠道,又称健康保险分销渠道,是指与提供健康保险产品以供消费者使用这一过程有关的一整套相互依存的机构。保险分销渠道的起点是出售健康保险产品的保险公司,终点是购买健康保险产品的各种客户,而参与这个健康保险产品从保险公司向客户转移过程的组织和个人是健康保险营销渠道的成员。

(一) 健康保险渠道设计决策

渠道系统经常随着市场机会和条件发生演变,为使效力最优化,渠道分析和决策制定应该更有目的性。设计一个渠道系统,需要分析消费者服务的需要,建立渠道目标和限制因素,确定主要渠道选择方案,并对它们进行评估。

1. 分析顾客对保险产品或服务的需求

营销渠道可看作是由每个渠道为顾客增加价值的顾客价值交付系统。因此,设计销售渠道必须弄清健康保险目标市场中的消费者想从该渠道中获得什么价值。消费者想从保险公司直接购买,还是想到保险专业代理人处购买?他们想亲自购买,还是通过电话或邮寄购买?消费者是看重多样化的健康保险产品,还是偏好专门化服务?消费者是只想获得保险产品,还是既想获得保险产品又想要附加服务？渠道层级越长，保险产品种类越多，保险服务响应速度越快，以及附加服务越多，该渠道的服务水平就越高。但是，保险企业提供较高水平的服务对渠道来说会导致较高的成本，对消费者来说会导致较高的价格。保险企业衡量消费者服务需要时，不仅要比较满足这些需要的可行性和成本，而且还要衡量顾客的价格偏好。

2. 确定渠道目标及限制因素

（1）渠道目标应该用目标消费者的希望服务水平来表达。通常，保险企业可能识别几个渠道服务水平要求不同的细分市场。健康保险企业应该决定进入哪些细分市场，以及在每种情况下应采用哪些最好的销售渠道。在每一个细分市场，保险企业希望使满足顾客服务要求的总渠道成本最小化。

（2）保险产品特性对渠道设计有很大的影响。例如，医疗保险、疾病保险产品需要更多的直接市场营销，以便向投保人详细介绍与这类保险产品相关的医疗知识、保险待遇给付条件。意外伤害收入损失保险与护理保险可以通过保险专业代理机构营销。

（3）保险企业特性也有很重要的作用。例如，保险企业规模和组织结构状况决定了哪些营销职能可由保险企业自行承担，哪些职能必须让给保险专业代理机构或保险经纪机构。并且，向顾客提供快速服务的市场营销决策，会影响该保险企业要求其保险营销中介机构执行的职能、销售点的数目及服务方式的选择。

（4）保险专业代理机构或保险经纪机构的特性也会影响渠道设计。健康保险企业必须找到愿意并且能够履行职责的保险专业代理机构或保险经纪机构。一般来说，保险专业代理机构或保险经纪机构处理促销、顾客联系、信用方面的能力各不相同。例如，受雇于几家不同企业的保险专业代理机构可以用较低的成本和每一个顾客联系，因为全部费用由几个授权的保险公司分摊。但是，保险专业代理机构对保险产品所做的销售努力程度不如保险企业自己的销售力量。

（5）在设计渠道时，保险企业还必须考虑竞争对手的渠道。在某些情况下，保险企业可能希望就在经营竞争对手产品的保险专业代理机构或保险经纪机构内与之竞争。例如，甲保险公司希望其健康保险产品与乙保险公司相同或相似的保险产品委托同一家保险专业代理机构营销。更多的情况下，保险公司会避开竞争对手使用的渠道。

（6）环境因素。如经济条件和法律限制也会影响渠道设计决策。例如，在经济萧条时期，保险公司希望以最经济的方式销售产品，即运用较短的渠道和取消附加的服务项目。

3. 确定主要渠道选择方案

当保险企业已明确其渠道目标时，接下来就应该确定主要渠道选择方案。主要渠道选择方案由三种因素构成：渠道成员类型、渠道成员数目和每个渠道成员的责任。

（1）渠道成员类型。保险企业应该识别适合经营其渠道业务的渠道成员的类型。例如，假设一家保险公司开发了一款健康保险新产品，如何最有效地进入保险消费市场。保险企业营销部门可以对几种可能出现的渠道选择方案进行比较：一是保险企业销售人员。扩大企业直接销售人员，指派销售代表到各地区并令其负责联系该地区所有潜在顾客。二是保险代理机构。在不同地区或行业雇用保险代理机构来销售新的健康保险产品。三是个人保险代理人。在不同地区或行业中找到愿意营销这一新健康保险产品的代理人。

（2）市场营销渠道成员的数目。健康保险企业还必须决定在每层渠道上使用的渠道成员的数目。有三种战略：密集经销、独家销售和精选销售。

失能收入损失保险通常采用密集经销，即在尽可能多的保险中介机构中销售该保险产品。这些产品要尽可能随时随地都能供应。相反，一些保险企业有目的地限制经销它们保险产品的渠道成员的数目。这种做法的极端形式就是独家销售，即保险企业给予有限的几家保险代理机构在它们的地域之内销售该保险产品的权利。介于密集经销和独家经销之间的是精选销售，即使用渠道成员的数目不止一个,但对所有有意经营该保险企业产品的渠道成员并不全部加以利用。与密集销售相比较,精选销售在使保险企业获得良好市场覆盖的同时,能取得更强的渠道控制力和更低的成本。

(3) 渠道成员的责任:保险公司和保险中介机构和保险代理人需要在渠道成员的条件和责任上达成协议。它们应该在价格政策、销售条件、区域权利和每一方应执行的具体服务方面取得合意。保险公司应该为每个渠道成员制定价格目录和公平折扣系列。必须划定每个渠道成员的销售区域。在制定相互服务与责任条款时必须谨慎行事,在保险专业代理方面尤应如此。反过来,保险专业代理机构必须符合保险公司制定的有配合新促销方案、供给需要的情况。

4. 评估主要渠道方案

假设保险企业已找到了几种可供选择的渠道方案,并且想挑选一种最能满足保险企业长期目标的渠道方案。每种可供选择的渠道方案都必须从经济、控制和适应标准等几个方面进行评估。

运用经济标准,保险企业需要比较不同备选渠道的可能盈利能力,估计每个渠道的销售量和代理成本。保险企业还必须考虑控制因素。使用保险代理机构意味着给其一些产品营销控制权。在其他条件一致的情况下,保险企业偏向于尽可能多地保留控制权。最后,保险企业必须采取适应标准。渠道经常对保险企业负有责任,因此很难适应不断变化的市场营销环境。保险企业应想办法使渠道尽可能地灵活。因此,一种涉及长期承担义务的渠道,应在经济或控制方面有非常优越的背景时才能予以考虑。

(二) 保险营销渠道管理的内容

对保险营销渠道的管理,实质上就是利用保险营销渠道开展业务的动态化过程,主要包括对成员的选择、激励、影响定期评估,安排改进,冲突解决等几项工作。

1. 选择渠道成员

以选择保险代理机构为例,选择渠道成员首先要广泛搜集声誉、市场经验、产品知识、合作意愿、市场范围和服务水平等方面的信息,确定审核和比较的标准。一般情况下,选择保险代理机构必须考虑以下几方面的因素。

(1) 市场覆盖范围。市场覆盖范围是选择保险代理机构最关键的因素。首先,考虑代理机构目前的经营区域与保险公司的预售区域是否一致;其次,考虑代理机构的销售对象是否是公司所希望的潜在客户,这是最基本的条件,因为保险公司的目的是打入自己选定的目标市场,并最终说服消费者购买自己的保险产品。代理机构并非越大越好,因为在大代理机构那里,保险公司的产品不能引起足够的重视,应该选择那些适合自己的、具有发展潜力的保险代理机构。

(2) 声誉。保险代理机构的声誉非常重要,因为它将间接地影响到与其合作的保险公司的形象,而且一旦代理机构中途有变,保险公司前期支付的代理成本就会付诸东流,影响到保险公司整体销售计划的实现。

(3) 保险代理机构的历史经验。如果保险代理机构的经营水平较高,具有销售健康保险产品的成功经验,那么保险公司与其合作的风险就较小。首先,保险代理机构长期经营某种保险产品,通常会积累比较丰富的专业知识和经验,尤其是销售经验,从而能够掌握经营主动权,保持稳定的销售量;其次,经营历史长的代理机构早已为周围的消费者所熟悉,拥有一定的市场影响和一大批忠诚的客户,如果由其代理销售健康保险产品,则该健康保险产品大多会成为其忠诚客户的首选。

(4) 合作意愿。倘若保险代理机构不愿销售保险公司的健康保险产品,那么即便该组织再有实力,声誉再好,对保险公司而言没有任何意义。只有保险代理机构有强烈的合作意愿时,才会积极销售保险公司的产品,这对双方都有利。

(5) 产品组合情况。保险公司产品种类越多,销售的机会也就越大,但如果与保险代理机构已经代理的保险产品有竞争时,则应避免选用。

(6) 保险代理机构的财务状况:资金雄厚、财务状况良好的保险代理机构能够保证及时向保险公司划转保费,反之,则有可能挪用保费。

2. 激励渠道成员

激励渠道成员是指保险公司激发渠道成员的动机,使其产生内在动力,朝着所期望的目标前进的活动过程。其目的是调动渠道成员销售本公司产品的积极性。美国哈佛大学心理学家威廉·詹姆士认为,合同关系仅仅能使人的潜力发挥20%~30%,而如果受到充分激励,其潜力可发挥80%~90%,这是因为激励活动可以调动人的积极性。所以,激励渠道成员是渠道管理不可缺少的一环。如果没有一定的激励,渠道成员就不会积极推销其代理保险公司的保险产品,也不会提供对保险公司有用的相关健康保险产品销售的信息,有时甚至会隐瞒实际情况。具体的激励措施,正面的有对渠道成员提高代理手续费、组织销售竞赛、开展广告支援、培训销售技能等;反面的有威胁停止某些资源或终止合同、降低代理手续费等。

3. 运用权力去影响渠道成员

对保险公司来说,权力就是保险公司使保险代理人去做其原本不会去做的事情的一种能力。简单地说,权力就是一种影响力,影响意味着改变事件本来的进程。保险公司可以采用以下四种权利去影响渠道成员。

(1) 强制力量。当渠道成员采取不合作态度时,保险公司可以威胁停止某些资源或终止合同。在渠道成员紧密依赖保险公司的情况下,这种方法是相当有效的。但有压力就有反抗,因此,不到万不得已时切不可随意使用强制力量。

(2) 奖赏力量。奖赏力量是指某一渠道成员改变其行为而得到的补偿利益。奖赏主要是财务报酬,还有心理上的奖赏。奖赏力量比强制力量要好,但如果过分频繁地使用这种力量,则渠道成员会越来越多地索要报酬,没有额外报酬反而不行了。

(3) 法律力量。根据双方签署的代理合同的有关规定,要求渠道成员按合同规定来约束其行动。

(4) 专家力量。专家力量是指运用渠道成员不具备的某种特殊知识或有用的专长来影响对方。例如,保险公司可以帮助渠道成员训练他们的员工或帮助他们进行销售管理,而一旦对方得不到保险公司的帮助就会经营得非常糟糕。保险公司必须不断地发展自己的专长。以使渠道成员不断地要求与保险公司合作。

(5) 感召力量。这种力量是指渠道成员感到与保险企业合作非常自豪,并且希望也成为这种类型。

4. 评估渠道成员

保险公司必须定期对渠道成员进行评估,以便决定是否对渠道管理进行改进及如何改进。渠道评估指标主要有以下五个方面。

(1) 销售业绩,包括渠道成员为保险公司创造的保费收入情况,如在同类渠道中总的市场份额、完成计划情况、渠道成员的收入情况等。

(2) 成本支出,保险公司渠道成员的成本支出情况,包括直接的代理手续费支出和间接的培训、奖励、广告支出等。

(3) 忠诚度,主要是指渠道成员是否能够顺利配合保险公司的计划、是否经常违反代理合同中的条款、是否与公司竞争对手保持密切的联系等。

(4)努力状况,主要是指渠道成员是否积极应对市场竞争、是否积极增强销售技能、是否积极创新销售方式等。

(5) 客户满意,主要是指保险公司是否经常接到客户对渠道成员的投诉、渠道成员是否积极改进服务等。

5. 改进渠道安排

对渠道成员评估完成后，保险公司应该根据评估结果采取相应的措施。对于合作良好的渠道成员应给予一定奖励，对于业绩不佳的渠道成员给予建议和帮助，对于非常糟糕的渠道成员可以考虑中止合作关系。总之，要赏罚分明，充分调动渠道成员的积极性。由于实际情况不同，保险公司应该因地制宜，采用不同的渠道改进策略。

(1) 提高渠道成员的素质。通过提高渠道成员的素质和能力来提高渠道的效率，可以通过建立系统培训的方法来持续提高渠道成员的素质，也可以通过现场经验交流会议来迅速改善渠道成员的销售管理状况。

(2) 调整渠道成员的数量。通过增减某些渠道成员来提高渠道效率，对于销售量低于一定水平的渠道成员，若保险公司已加强对渠道成员的培训和支援，仍不能改善其业绩的话，保险公司可以考虑中止合作关系。因为如果渠道成员缺乏市场竞争能力，就有可能采取误导客户、诋毁其他渠道成员等不正当手段来获得客户，这样会引发其他渠道成员也采取同样的手段，整个保险市场的生存环境就会恶化。

(3) 增减某些特定类型的市场渠道。对于不适应已经变化的市场环境的特定类型的渠道，保险公司必须终止合同，同时要尝试开发一种全新的渠道销售保险产品。

6. 化解渠道冲突

由于保险营销渠道存在不同的利益主体，具有不同的特征，适用于不同的目标市场，所以，无论保险公司的营销渠道管理多么完善，各个营销渠道之间也难免会发生冲突。通常情况下，渠道之间发生冲突可能是由于各自的目标不一致；公司的管理不力，没有协调好各营销渠道的活动；保险企业对每种销售渠道的目标和行为规则阐述不清。各种营销渠道成员之间缺乏沟通也会导致矛盾和冲突。销售渠道的冲突可能来自于同一类型营销渠道的成员之间，如两个代理人在同一地区招揽业务导致的竞争；也可能产生于不同类型的营销渠道成员之间的摩擦，例如，保险公司为了扩展销售渠道，大规模地引入网络销售，保险中介面临着激烈的竞争，从而导致保险公司与保险中介之间的利益冲突。

在保险公司的经营过程中，销售渠道之间的冲突是始终存在的，只是程度不同而已，有些冲突已经公开化和表面化，而有些冲突是潜在的。然而，无论冲突程度如何，销售渠道之间的矛盾都会削弱各个销售渠道的销售效果。因此，保险公司必须进行调节，解决矛盾和冲突，以促进各销售渠道之间的合作。

保险公司调节销售渠道冲突的主要方法有以下四种途径：一是确立共同目标，这是解决冲突的首选方法；二是鼓励合作；三是鼓励各销售渠道成员之间的相互沟通，这种沟通有利于他们相互了解各自的特点和作用；四是加大管理力度，加大对主要销售活动的管理力度，促进相互间的协调和配合。

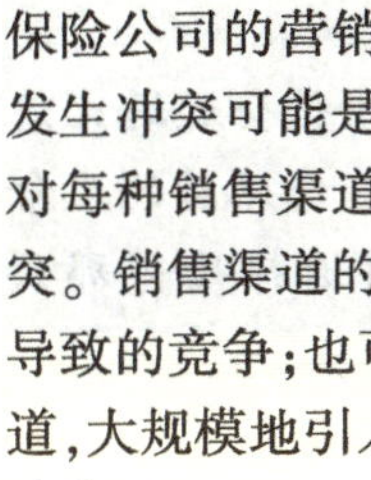

1. 如何建立健康保险营销队伍及对其实施有效的管理？
2. 如何有效地整合健康保险营销策略？
3. 联系当前保险市场的实际情况，谈谈如何进行健康保险营销模式的创新？

【案例分析】

唤醒健康保险需求与保险代理人话术

一位上市公司的董事王先生，创造很多财富和企业，觉得保险对他毫无意义。

王先生：我不知道你们来干什么？假如我要买，十年前当你们的上司来找我的时候，我就会买了也不至于拖延到现在！您都应该知道，我是一家上市公司的老板，我所创造的产业，包括房地产、工厂、农业、木业、股票、证券等等……已经过亿！我实在没有理由要考虑买保险。既然你们已经到了，您不妨说说看，不妨给我一个理由，我为什么要买保险？

保险代理人：我肯定会给您一个理由，但您不需要决定向我买保险。

王先生：那您要我做什么？那您又为什么来见我？

保险代理人：您能不能买保险其实不是基于您的决定，而是基于我公司的决定！

王先生：为什么？

保险代理人：道理很简单：您付出的保费只不过占您保额的一小部分，真正承担风险的是我们的公司，所以真正的决定不是在于您，而是在于我们的公司！我给您一个挑战好不好？我肯定会给您一个理由！假如我说得有理，我挑战您接受我一份礼物，好不好？

王先生：什么礼物？

保险代理人：假如我说得有理，您不需要决定向我买保险，您只需要接受我送您这一份礼物……一个简单的体检。您乐意接受这个挑战吗？

王先生：不需要买保险，只需要做一个简单的体检，是吗？

保险代理人：是！

王先生：那您说吧！

保险代理人：您说得好！您所创造的一切都很有价值，我完全同意！您所创造的房地产、股票、工厂、证券、农业、木业等等，都很有价值，对吗？但，不了解的是：为什么创造这一切有价值的人本身却没有价值?!

王先生：您是什么意思？

保险代理人：我们两人这一生的任何时刻，您都会比我强。只有一个时刻，我的价值会远远比您高！比方说：万一我们现在一起离开人间，我会死得很有价值，而您会死得一文不值！您死后的生命价值甚至连一位买过保险的环卫工人都不如！我给您的理由很简单：您为什么要选择死得那么便宜！

王先生：说得好！来！我们马上去看医生！

（资料来源：保险销售实战经典案例分享，百度文库）

【问题】

保险代理人是如何做到让王先生接受购买健康保险的欲望的？

【提示】

健康保险可以化解风险，小投入大产出。

（张德春）

第九章

健康保险核保

内容提要　本章主要介绍了健康保险核保的概念、目的和功能、特点，健康保险的核保程序，健康保险的风险因素评估，以及健康保险的核保管理等内容。

第一节　健康保险核保概述

一、健康保险核保

人们购买保险是因为保险具有经济补偿的功能，保险公司通过集合大量拥有同种风险投保人的保险费建立起来的风险基金，当做他们当中某个人发生风险事故时给付的来源。并且在很多种情况下，保险市场总是呈现出一种买方市场的形式。但这并不代表每个投保人或被保险人需要某种保险，他们就能够得到。实际上，即使是保险销售人员或保险中介不遗余力地劝说投保人购买保险，投保人也要受到保险人严格的检查和筛选，只有符合一定条件的投保人或被保险人才能被保险公司接受为其客户。对于保险公司而言，这样的一个过程就是核保(underwriting)。

在健康保险的承保过程中，核保是最主要的环节。核保的主要目的是避免逆向选择风险，因此也称为风险选择。健康保险的核保是指核保人员对各项要保业务进行危险鉴定、评估与选择，并就符合核保标准的危险决定承保条件与承保费率的整个过程。在核保过程中，核保人员要按标的物的不同风险类别给予不同的承保条件，保证健康保险业务的质量，保证健康保险经营的稳定性。

因此，健康保险的核保是健康保险承保工作的关键，是健康保险承保前的一项重要工作。只有在承保前对风险因素进行有效地评估筛选，才能将实际的风险事故控制在可以预测的范围内，从而有效地规避风险。此外，由于影响被保险人风险状况的因素很多，而制定健康保险费率时只能根据最重要的风险因素对被保险人进行分类，其他主要的风险因素都要在健康保险核保时才能加以考虑，因此，健康保险核保除了是控制健康保险经营风险的主要手段外，还保证了保险公司的正常运营。

健康保险的核保按业务类型首先应分个人健康险核保和团体健康险核保。个人健康保险的核保要求被保险人个人满足保险人的承保标准，而团体健康保险的核保则主要强调团体的整体特征是否满足保险人的承保标准。

二、健康保险核保的目的和功能

(一) 健康保险核保的目的

只有通过核保，才能保证保险的公平性，才能维护大多数被保险人的利益。因此，健康保险核保的目的在于有效控制承保合同的质量，使承保合同的保险事故实际发生率维持在精算预定的范围内,从而规避风险,确保保险公司持续稳健经营。同时也是为了实现对客户的公平,使每个被保险人能根据公司对其承担的风险数量支付相应的保费。尤其是对于自愿投保的商业健康保险来说,核保是非常重要的一项工作。保险公司每收到一份投保单,必须确定其风险程度,并针对该风险收取公平合理的保费。

(二)健康保险核保的功能

1. 增强保险人在市场上的竞争力,达成选择业务而非被业务选择的目标

健康保险核保要使投保人能享有公平合理的保险费率,虽然每个投保人的危险暴露情况不完全一致,但通常可根据不同特性进行分类。根据保险经营的实际损失统计分析可知,危险暴露单位的特性与预期损失密切相关。因此,应该根据风险程度确定不同的承保条件,收取不同的保险费,保证各被保险人之间不因某一个体风险程度较高而损害其他个体的利益,具有类似特性的被保人应归为团体的公平性。

从费率的观点来看,不同性质的业务应该有费率上的差别,以维护公平原则,并避免削弱保险人在市场上的竞争地位。反言之,保险人如不对被保人加以选择,对于费率若采取平等方式,必定遭到许多要保人的逆向选择,如果与按照危险分类核保的保险竞争者相比较,终将因为后者的费率较公平而损失诸多优质客户,最后必然丧失在市场上的竞争地位。健康保险的核保过程应该起到一定的费率修正作用,以确定每一个被保险人应对应哪一个费率水平、某一组被保险人群是否需要增收保费等。

逆向选择,其原意是指被保人所为与承保人的意愿相反的选择,可以从被保人与承保人不同的立场分别说明。就被保人而言,当其面临较高的风险程度时倾向于购买相应的人身保险产品;对于风险程度良好者则为不购买或不再续约决策。就承保人而言,一定选择合乎大数法则标的承保。这些逆向选择行为给人身保险公司的经营带来了较大的风险,只有通过严格的核保,剔除不符合标准的投保人,或者提高对应的投保人费率,才能有效地防止逆向选择行为的发生,减少人身保险公司面临的超过自己所应该承担义务范围内的风险,保证经营的正常进行。当然,随着保险观念的普及,被保人逆选择情况或许不至于那么严重,但是保险经营中,如不采取危险分类核保,必然产生经营上的逆选择。

道德风险,在健康保险中是指对被保险人的死亡率产生影响的一种心理状态,是投保人为了谋取保险金赔偿或给付而投保,然后促成或故意制造保险事故骗取保险金的风险。如果保险公司不剔除有逆选择和道德风险的投保单,就势必造成保险给付的上升,既损害了善意投保者的利益,又影响到保险公司的经济效益。

2. 配合危险分类制度,选用适当的费率

良好的费率制度,必须有良好的核保制度配合。所谓适当的费率,应是指个别费率的公平性。危险性质类似的业务原则上应适用相同的费率,这就是群体上的费率公平,同一危险团体内的费率应该考虑个体的损失经验以达成个体的公平,这些都是借助核保形成的。

3. 应用大数法则,达到危险的适当分配

核保的目的并非是使危险不发生,因为没有理赔就不会有保险的存在。保险人的真正目的是要将理赔金额控制在预先估计的费率结构中。要达成这种目标,必须避免短期内核保不当而使保险业务出险过多或发生巨额损失,也就是要避免业务的过度波动。因此,从长期来看,健康保险应当特别注意承保业务集中的问题,也就是危险程度的适当分配问题。危险程度的适当性设计保险标的物的种类与形态、承保区域、危险事故等的分散性。要达成这种分散性,必须对危险做有利的分配,可以分为危险品质的管制与危险地理分散两个方向。这两个方向依赖再保险的运作,不过,再保险人接受原保险人的业务,也就是承受风险,相对上应有合理的预期利润,其前提是原承保人的业务应该保持一定的品质,并初步控制危险累积的问题,这需要依赖承保人的严格核保。

4. 确保核保利润

健康保险核保人的核保原则之一就是依据保险公司预先设定的核保政策与核保标准选择被保险人。核保人员依据良好的核保政策与核保标准选择业务,可使业务的实际损失与理赔费用控制在费率结构中所设定的预期范围内,可使保险人降低其在经营上的客观风险,从而确保较高的核保利润。通过核保选择业务,可以降低保险费率,吸引更多业务增加利润;如果做不到业务选择,除将丧失以往的优质业务外,还将承受更多的劣质业务,将使核保产生亏损。

5. 形成对个人、家庭及企业的安全保障

这是核保应履行的社会责任。主要是通过核保功能,尽可能地配合危险管理技术,满足社会对保险的需求,完成保险的安全保障功能。

6. 维护保险公司的清偿能力

保险公司的清偿能力如无法确保,则无法达成对个人、家庭及企业的安全保障。确保保险公司清偿能力的第一道防线即为优良的核保。

三、健康保险核保的特点

(一)风险因素错综复杂

对影响人健康状况因素的识别是健康保险核保的首要任务,也是决定保险商品供给与否的主要依据。在健康保险风险因素当中,核保所注重的不是死亡率而是残疾率、发病率,所以要考虑的因素都集中在与残疾率相关性比较高的方面。而影响健康状况的风险因素很多,这些因素彼此影响,相互作用,形成了复杂的内外部风险环境,其中很多因素的影响和作用都较为隐蔽,难以察觉。另一方面,对健康保险风险因素的识别受认知水平制约尤为明显,这些都为健康保险风险要素识别带来了困难。

(二)损失估算难度大

因为健康状况恶化导致的经济损失因人而异。它既受个人收入能力、整体经济状况等因素的制约,也和个人的身体素质、免疫反应等因素密切相关。因此在具体估算预期损失时很难形成一个整齐划一的标准。有时对健康保险潜在损失的估算比较容易受各种主观因素的影响。此外,在健康险中投保人即为受益人,因此,投保人申请理赔的时间问题,核保时必须非常注意。

(三)专业性要求较高

商业健康保险对核保人员的专业性提出了更高的要求。核保人员主要考虑的是残疾率,而不是死亡率。与残疾率有关的各种危险因素虽然和与死亡率相关的危险因素有相似之处,但也有许多不同的方面,故应在选择中注意加以区别。这就要求健康保险的核保人员除了具备保险和风险管理类的专业知识之外,还必须具备较丰富的医药、卫生保健知识,熟悉核保工作流程。

(四)逆选择出现的可能性高

健康保险是非死亡型险种,作为给付条件的保险事故的发生对被保险人生命的威胁不如一般寿险高,加之其受益人为被保险人本人。被保险人比保险人更了解自己的健康状况,这种信息不对称明显存在时,对保险事故责任范围的界定容易存在差异,发生逆选择的机会比一般寿险大得多。

第二节 健康保险的核保程序

一、个人健康保险的核保程序

个人健康保险的核保是通过识别每个被保险人实际的风险程度,对其进行评价和分类并做出相应核保决定的过程。不管是个人健康保险还是团体健康保险,核保的目的都是确保相对于保险人提供的各项保障,实际的保险金给付总额不应该超过纯保费的总额。因此,个人健康保险核保工作的实质也是对被保险人可能的给付进行估计。

对个体将来的赔付情况进行估计,要根据以往的经验、计算出一大群人发生疾病和受伤的机会及相应的平均水平,分析具有不同特征的被保险人发生伤病的风险及平均损失与平均风险水平之间的差异,据此将被保险人分成风险水平不同的群体,给予其与之相适应的保险费率或与其所缴保险费相对应的保障。

个人健康保险核保中有许多原则和技术操作步骤与团体健康保险核保有相同之处,但在风险评估的考量因素及核保决定方面有自己的特点,个人健康保险可以做出拒保的决定。此外,个人健康保险核保中要考虑每个被保险人的健康状况、职业和经济状况等风险因素。

健康保险核保的主要工作就是对所有的投保客户进行风险选择,确定其风险所在及风险的大小,并对该风险进行正确的分类和筛选,根据风险程度决定是否承保及承保条件。健康保险的核保工作贯穿于投保的全过程并持续到承保后。一份保险合同的签订必须经过多次风险选择,一般可分为四个阶段。

(一) 销售人员核保

1. 销售人员核保的意义

保险合同的确立,通常要经过多次的危险选择过程。销售人员在业务拓展过程中所做的工作称为“第一次风险选择”,在整个核保过程中发挥着不可忽视的作用。

目前的健康报销营销模式是以大量的销售人员(营销员)去寻找目标客户为手段,绝大部分新业务的达成均有一个积累促成的过程。也就是说要和客户进行一段时间的接触。因而对客户的投保动机、保险需求、健康状况、职业及工作环境、财务状况、家族情况、生活环境及方式、其他契约上的重要事项要了解清楚。如果销售人员能审慎地收集客户的有关信息并提供正确的报告,即可达到有效的危险选择,避免逆选择的发生。而专职核保员最后所面对的只是一堆由客户和销售人员签署的书面材料,由于成本及各方面的原因,专职核保员不可能再一一会晤投保人及被保险人,或逐一调查,所以,销售人员的初步危险选择在核保工作中扮演着相当重要的角色。

通过良好的销售人员核保,可以帮助保险公司在营运上达到以下目的。

(1) 避免逆选择。通过业务人员和客户的直接接触,对健康状况不佳、投保动机不良、具有道德风险的人群予以首次排除,实现被保险人之间互助行为的公平性,使保险经营日益健全。

(2) 提高工作效率。做好销售人员核保,为核保员提供准确、翔实的资料,可以减少第二、第三次危险选择的人力、物力和时间,提高核保工作的效率。同时又可以避免因为销售人员资料不全而被核保员约见或签发核保照会,节省很多时间。

(3) 减少保险纠纷。由于销售人员核保的疏忽造成保险事故发生后保险金不能给付,引起合同纠纷的事件时有发生,而良质契约在理赔时保险金能迅速、准确、及时地给付,减少纠纷、误解,提高保险公司的信誉和形象。

(4) 提高客户服务质量、开拓保险市场。良好的危险选择,可使利益和客户共享,最终达到回馈客户的目的，并提高保险公司信誉，巩固现有业务来源和开拓新的市场。

2. 销售人员核保的内容

销售人员的核保是逐步深入的，其主要的核保内容包括以下几个方面。

（1）面晤。销售人员一定要和投保人、被保险人见面，从而做到以下内容：了解投保人的投保动机，确定投保人、被保险人、受益人之间的关系，分析其购买保险的目的是为了获得保险保障和投资，还是其中存在道德风险；指点投保人填写投保单，明确健康声明及告知必须由被保险人填写，被保险人、投保人签字。

（2）观察。详细观察被保险人的健康状况及生活环境，具体包括以下内容：被保险人的体格、外观、脸色、行动是否正常；被保险人有无残疾、智力和功能障碍；被保险人的家庭情况、工作、居住环境如何。

（3）询问。对被保险人的健康情形、职业及告知等作技巧性的询问，包括以下内容：投保的目的、投保的历史（应问明所投保的公司、险种、总投保额，既往有无被加费、限额、延期、拒保）；被保险人的既往病史、家族史；被保险人的职业及使用工具的具体情况。

（4）了解投保人的经济能力。一方面，评估投保人的续期缴费能力，即考察其所缴保费和其收入是否合适，建议投保金额应与投保人经济能力相适应；另一方面，评估投保人所购买的所有保险的累计保额是否合适，购买超额保险会诱发一些道德风险。

（5）准确填写投保单。销售人员要引导投保人、被保险人如实书面告知。各种投保资料要由投保人亲自填写，必须由投保人和被保险人亲笔签字，当被保险人为未成年人、无完全民事行为能力的人时应由其法定监护人签本人名字。此外，投保单内容不得有遗漏。

（6）填写报告。根据此次观察询问的情况，据实做出报告，提供给核保人员。报告书应实事求是、内容完整，有可疑不良因素及时反映给保险公司健康保险核保人员；对被保险人及投保人的特殊情况要做补充说明；完成时间要及时；销售人员要亲笔填写并签字。

3. 销售人员核保要求

销售人员核保是销售人员在其招揽业务过程中完成的，销售人员只有具备良好的业务素质、言谈技巧和敏锐的观察力，才能按照要求达到危险选择的目的。销售人员的品质、业务素质和风险选择意识，是做好第一次风险选择的关键，因此，加强对销售人员的诚信教育、引导和管理至关重要。销售人员在风险选择中应注意以下几个方面。

（1）作为后续阶段危险选择的基础，第一次危险选择首先应尽力排除道德风险，对非善意投保者，无可保利益者应予婉拒，并根据职业状况及收入状况提供适当的保额。

（2）详细观察被保险人的体型、颜貌、精神状态和步态等情形，对被保险人的健康状况有初步的掌握，并初步判断客户是否需要体检。

（3）应详细解说由健康保险合同所产生及衍生的法律行为，如条款责任、告知义务、责任免除、失效复效规定、宽限期及契约撤销请求权、退保规定等，以免日后客户误解或不了解而引起纠纷。投保单上的内容特别是健康和财务的告知务请投保人、被保险人详细、清晰填写，并让各自亲手签名（未成年人由其法定监护人代签），不得相互代签甚至由销售人员代签。

销售人员核保固然重要，但核保员注意的是该核保环节具有极大的不稳定性，具体原因包括两个方面：一是在目前我国的保险营销体制下，营销人员与保险公司的利益并不完全一致，极大部分的业务人员收入是佣金制，在经济利益的驱使下造成销售上的逆选择，或不考虑客户的续期保费缴付能力而希望提高保额；另一方面是营销员本身素质的局限性，一般来说，营销人员重视销售技能的培养和提高，而在风险选择上要求不高，这必然会影响营销人员的核保能力。

（二）医师核保

保险医学是以医学为中心，涉及统计学、数学、法律、保险学的一门应用医学。保险医学既依赖于临床医学知识，又与临床医学不同，体检医师与临床医师服务的对象、工作的目的、使用的手段和方法及判断的结果都有区别。体检医师的核保，就是体检医师从保险医学的角度出发，对被保险人的健康状况进行的风险选择。

1. 医师核保的意义

(1) 健康危险因素存在的要求。在现实生存环境中，存在许多不确定的危险因素，其中健康危险对人的影响很大。同时，从保险经营角度考察，因被保险人的健康因素对其实际影响极大，且这种危险比较容易促使被保险人做出逆选择，故为了维护众多保户的利益，保证保险公司的健全经营，必须对投保人群中保额较高或有潜在健康危险因素的被保险人进行身体检查，以发现危险，防止逆选择，排除不良契约。

(2) 核保工作的需要。核保工作的目的在于维护差别费率的公平性，对健康危险不同的被保险人赋予不同的费率承保。而唯有通过体检医师的诊查为核保人员提供科学准确的健康资料，使核保人员做出正确的核保结论，才能把被保险人的实际情况控制在精算人员预定的范围内，维护客户之间的公平性，保证公司安全有效的经营。

(3) 对于个别被保险人来说，通过体检可以了解到自身的健康情况，避免身体状况在不知不觉中恶化，通过体检预知可能出现的健康问题，提请受检者注意，避免身体健康受到进一步的损害。

2. 核保医师的类型

目前国内保险公司现有的检查医师一般分为两类：一类是专任医师，由保险公司的职员担任；另一类是由受保险公司委托的医疗机构的医师兼任，也叫特约医师。由于保险医学与临床医学的差异，专任医师的检查结论更贴近保险公司的要求，更有科学性、准确性及可靠性。所以在体检问题上，专任医师的结论较兼职的特约医师更有权威性。

(1)公司的体检中心及专任医师。保险公司提供全面便捷的客户健康体检，有利于搜集客户的相关资料，进一步提高承保的质量，并为客户提供医疗保健服务及其他一些客户附加服务，进而提升保险公司的品牌形象。

建立保险公司体检机构的优点：体检中心的体检结论更具准确性，为核保提供的资料更具价值；可以简化体检的手续，缩短体检时间，适当控制体检费用，顺畅体检程序，从而提高核保的效率；可以为客户提供良好的体检环境和优质的体检服务，避免和减少交叉感染的可能，给投保客户以良好的感受，有利于提高公司形象。总之，保险公司的投保体检，应尽可能在自己的体检机构由专任医师进行，同时还应与特约医院联系，作为对保险体检的必要补充，从而达到危险选择特别是健康危险评估的目的。

综合考虑当地保险市场的发展规模、市民的消费理念及行为、经济发展状况、医学发展水平及行政管理体制、公司核保健康体检的要求等诸因素，客户健康体检中心的建立可采取"先期基本到位，后期补充完善"的方案，即先期配置的仪器设备应能满足下列各项检查项目：一般物理检查，血、尿常规，血糖，血脂，HBsAg，心电图，腹部 B 超等。以后待条件成熟，可再进一步补充配置肝炎病毒五项检测、X 线检查(固定或移动式)、运动心电图等仪器设备。

考虑到医用检查仪器设备的精密性和易损性、操作的专业性、维护的复杂性，因此客户健康体检中心应由 1~2 名熟悉医技检测的公司正式员工全面负责仪器设备的使用和维护保养、样本的比对及试剂等消耗品的采购和质控、各类设备、场地消毒、废弃物的集中规范处理等。其余的则可根据体检中心的规模，聘用 2~3 名离退休的医务人员进行体检。

(2) 特约体检医院或医师。采用特约医院、聘用特约医师的方法，所选择的特约医院必须为当地管理医疗质量较高、信誉较好的区县级以上公立医院。公司通过与医院签订明确的体检要求，并规定体检医师的工作职责，还要定期与体检医师座谈，了解医疗新动向，同时对体检医师的保险知识、保险体检的侧重点进行指导。

采用特约体检医院的方式存在的不足:临床医师对保险学知之甚少,不了解健康核保的需求是什么,只能按照临床医学的观点审视检查;在医院进行检查的体检费用较昂贵,而且医院是医疗单位,以治病为主,门诊流动人员多,增加了交叉感染的机会;体检结果的索取也费时、费力,体检结果不能及时返回保险公司,影响核保工作效率;目前我国医疗体制还不完善,存在一些漏洞,且找关系出具假结果、假证明的情况屡有发生,加之某些人缺乏法制观念并同时可能有道德风险存在;个别业务员只为了眼前利益不计后果,与投保人、被保险人一同隐瞒不良的身体状况,甚至采用冒名顶替的方法使体检结论不能如实反映被保险人的真实情况;更有个别人更改体检结果以逃避公司的危险选择,这些现象对核保人员的核保结论起干扰破坏作用,其本身也破坏了保险的最大诚信原则,造成不良保件流入保险公司,严重影响了广大保户的利益。在医院进行体检很难按照公司的要求对待客户,尤其当患者多,医院的工作人员服务态度生硬不耐烦时,会给保户造成不良印象,影响保险公司的声誉。由于特约医院在时间上不能灵活变通,不能完全满足投保客户体检的需要,加之医院所处的地理位置、环境及交通状况等,这些都可能给投保客户的检查造成不便。

3. 体检医师的工作内容

(1) 听取告知。体检医师在进行体检时首先要了解被保险人的投保险种、投保金额及被保险人的年龄、既往疾病史、家族史、现病症、职业、生活环境、医疗状况及常用药物等对其身体健康状况及预期死亡率有影响的各种因素。在听取被保险人告知的同时,不断地进行询问,以得到准确、详细的相关信息,为具体体检提供线索,最终得到一份理想的体检报告。

(2) 进行身体检查。体检医师通过仔细观察被保险人的体型、体质、面色、皮肤、精神状态、言谈举止、步态等,了解其一般状况,再通过身高、体重、血压、脉搏及身体各部位的物理诊查,验血、验尿及必要的化验辅助检查后,准确掌握被保险人的健康状况,避免逆选择。

4. 体检师核保过程中应注意的事项

保险人体检时,应持有效身份证明及本公司的体检通知书由业务员(或公司核保内勤)陪同前往。体检报告书应贴有被保险人本人1年内的免冠照片,加盖体检单位公章,并注明业务员所属的业务部(或内勤所在部门)名称。体检医师应对体检表中被保险人身体状况的相关问题进行询问,且由被保险人签字确认,被保险人在体检报告上的签名应与投保单一致(另外,体检完毕后,陪检人员应在体检报告书上签名)。体检结果由公司领取,不得交由被保险人或业务员。本公司对体检结果严格保密,以保护被保险人的隐私权。

被保险人应避免在感冒、劳累、熬夜或应酬后体检。女性被保险人应于月经结束3日后体检,以避免化验时出现误差。体检时勿穿连衣衫裙。在体检前2日内不要服用药物;需要抽血化验的体检当日早晨应空腹前往。

在被保险人填写健康声明书时应再次向其说明此乃保险合同的一部分,须如实告知,若有隐瞒或不实声明会对将来不利。有既往病史的被保险人,据需要进行针对性的体检或做出补充说明。如有病历资料或近期的体检报告,一并提供,以便核保部门参考。

体检发现有可疑之处时要详细询问、检查并记录于体检报告书上,不可受他人左右,更不能草率行事,使某些居心不良者得逞,损害公司及广大客户的利益。

最终的核保结论,是由公司核保人员经综合分析后做出的,因此体检医师最好不将体检结果可能引致的承保结论告知投保人或营销人员,以免引起争议,影响核保人员的核保。

由体检中心(特约医院)出具的体检报告,普通体检、B超、胸透、X线及心电图有效期限为6个月,其余的化验报告有效期限为3个月。被保险人所提供的其所在单位集体体检资料,必须是原件,体检时间距投保日不可超过6个月,且必须经核保员确认方可采用。体检中发现的被保险人的异常情况,医师有替受检者保密的义务,不得随意告知他人。

5. 体检基本流程

(1) 健康保险核保部门根据具体情况确定体检项目和体检时间，缮制《体检通知书》，由销售人员通知客户安排时间在规定时间内到保险公司体检中心或定点医院参加体检。核保部门确定体检项目要尽量一次性决定。除确实需要补查或核查外，不得要求客户多次体检。

(2) 客户确认体检时间后，按《体检通知书》的要求做好体检准备，携带本人身份证(户口簿)、一寸近期免冠照片，由保险公司内勤人员陪同参加体检，体检过程中销售人员不得在场。

(3) 体检医师核对被保险人的身份、照片，确认是被体检人本人参加体检。若发现有身份异常，体检医师可以拒绝体检并把情况及时通知保险公司。

(4)《体检报告书》健康告知项目由被保险人自行填写或体检医师逐项详细询问并如实记录。体检医师需在此健康告知上签名确认，被保险人审核无误后签名。体检报告书告知事项将成为保险公司发出保单的依据，并与投保单一并作为保险合同的组成部分。

(5) 体检医师按《体检通知书》确定的体检项目进行检查，或安排被保险人到各科室进行各个项目的体检。体检过程中应注意为客户严守秘密，不得有体检无关人员在场。

(6) 体检医师仔细审核各项目的检查结果，并在《体检报告书》体检医师报告上如实记录异常发现，做出体检结论后签字确认。体检医师报告是保险公司与体检医师之间的保密问卷，不得向他人透露。

(7) 体检医师应将被保险人的《体检报告书》和原始检验单证密封，由保险公司专人取回并及时交至保险公司核保部门，所有体检资料及客户提供的相关病情资料都是保险公司的保密文件，严禁向无关人员泄露。核保人员审核体检报告，判断是否需要补充体检并做出核保建议。

(三) 生存调查

生存调查是指在保险合同成立前后，由保险公司调查人员收集投保方的各项资料，为核保决定提供依据的风险调查过程。

1. 生存调查的目的与意义

(1) 生存调查的目的包括：防范道德危险与逆选择，由生存调查员代表公司收集投保人、被保险人有关投保的资料，并对所告知的内容进行核对，以防止其告知不实。投保人、被保险人常有隐匿现病症、既往病症、财务状况、保险历史及现处境等，通过生存调查人员的收集与核对，摒弃不实告知，弥补业务员、体检医师或专业核保员的选择遗漏与过失，可阻止不良保件的承保，客观上收到了防范风险的效果。维护经营的稳健，健康保险的功能在于对未来可能发生的、生活工作中不确定的危险转嫁为确定的保费支出。为了确保经营的稳健性，保险公司于承保前，必须依被保险人的年龄、健康状况、职业等因素来决定危险程度，并对危险程度进行分类，以确定承保的范围及保费的高低。通过生存调查来提供审核分类的依据，进而使投保人所交保费与保险公司对其危险负担彼此相当，减少承保后合同解除的发生，使被保险人能享受保险利益，获得保障，保险公司也能获得预期的利益，以维持保险公司的健康发展。

促使客户如实告知，客户的许多资料是投保书内容难以囊括的。有一些涉及个人隐私的资料，如收入状况、婚姻家庭状况、个人嗜好、职业性质等，客户并不愿意在投保单中声明，这些情况只能通过生存调查来完成。生存调查员根据询问客户与观察的情况完成调查报告，使公司对客户的现在、未来的状况有一个全面的了解，促进危险选择的公平性。

规范业务。业务员的服务品质如何，有无超越保险法、本公司条款范围，向客户随意解释、随意承诺，有无代客户填写投保书、代客户签名等违规行为，体检医师难以发现客户健康状况以外的问题，专职核保员一般不直接面晤客户，而生存调查人员可以代表公司，对达到一定保额的保件及抽查件进行核对，能在一定程度上证实投保资料的真实程度。同时，对行为不规范的业务员起到一定的威慑作用，促使他们更好地把好危险选择第一关，更好地服务于广大客户。

（2）生存调查的意义，我国《保险法》第十六条明确规定了投保人的如实告知义务，保险人有对被保险人有关情况提出询问的权利，并明确了投保人未履行如实告知的责任。那么，如何知道客户是否履行了如实告知的义务？只有调查。通过调查，进一步核实被保险人的投保动机、财务、健康状况、职业性质及业务员的招揽情况，确定投保人、被保险人有无隐瞒告知，将可能有损公司及整体客户利益的行为消灭在承保前，达到公平合理的核保目的。

2. 生存调查的方法与内容

（1）生存调查的方法。生存调查分为直接调查和间接调查，调查时间分为合同成立前和合同成立后。对于高额保单必须实行双人调查制度。其中，直接调查是指通过直接面见投保人、被保险人的方式，了解投保人和被保险人的健康、经济等状况是否符合投保条件的要求。可采用面晤、观察、询问来完成。间接调查是通过对投保人和被保险人周围的人群，如同事、邻里、亲朋好友、医务人员及工商税务人员等的接触、交谈，了解投保人、被保险人的投保动机、身体健康状况及经济条件是否符合承保要求的一种调查方法。由于间接调查方法的消息来源是间接的，因此还要对获得的情况进一步查证，以确定其真伪。

（2）生存调查的内容。在核保的过程中，生存调查大体上有如下主要内容。

1）投保情况：保险是否被保险人同意，投保人是否了解条款内容，是否被保险人亲笔签名；投保人、被保险人、受益人的关系状况；住址、户口所在地是否确切；投保的险种、保额与其身份、经济状况是否相称；投保动机如何；销售人员的服务品质如何，有无面见被保险人。

2）健康状况：身高、体重是否与投保单中所填写情况相符；视觉、听觉有无异常；肢体运动是否协调；有无明显伤疤或残疾等；有无现症及既往症，过去有无住院或手术，近期有无参加体检；有无家族病史；过去有无因健康状况被其他保险公司延期、拒保过，或向其他保险公司申请赔付。

3）财务状况：投资情况、年收入水平及来源、家庭经济情况、投保历史等。

4）职业与环境：目前职业的具体情况，有无兼职，有无危险因素；住所及周围环境，有无危险因素，工作环境如何。

5）习惯与嗜好：是否有赌博、吸毒等不良习惯及记录；是否嗜烟、嗜酒，是否最近戒烟、戒酒；是否有参加危险运动的嗜好。

并非每一次生存调查都需要完全按上述内容进行，核保人员应同调查人员对客户提供的资料认真研究，列出调查的重点及应注意的问题。在生存调查这个核保环节中，必要时要调查被保险人的病历。调查重点是被保险人的身份、简单背景资料；重要治疗过程包括一般的生化检验、放射诊断、内镜诊断及病理切片诊断的时间及基本的身体检查等；包括姓名、出生年月日、身份证号、工作单位及婚姻状况、电话等基本资料。同时，病历调查中要密切注意以下事项：修改病历，涂改姓名、性别；以相同的笔迹书写整份或大部分病历；病历有多处相同的改动；不切实际的跨区治疗；非专业科室开具的证明；缺少该项疾病的重要检查、检验报告。

3. 生存调查的范围

生存调查的范围一般由保险公司的总公司确定。生存调查件分为新单必查件、新单问题件、新单抽查件、保全件四类。

（1）新单必查件，指必须进行生存调查的投保件，各商业保险公司根据当地具体情况自行确定需要生存调查的标准。

（2）新单问题件，指未达到必查件标准，但有以下问题需要通过生存调查进一步明确的投保件。这些问题件包括：残疾人员投保；异地投保；父母为其已到工作年龄但无固定职业的成年子女投保（在校学生除外）；为成年兄弟姐妹投保，尤其是仅为其中一中投保；为非直系亲属投保；被保险人社会关系较复杂；短期内连续投保；高危险职业或职业风险不明确；核保人员认为需要生存调查的其他情况。

(3) 新单抽查件:为严防道德风险,杜绝代签名等现象的发生,需要针对新单进行抽查生存调查,主要包括:新单件的保额临近规定的需要进行生存调查的投保件;业务质量相对较差,特别是短期保险出险率高,以及发生骗保、骗赔的机构或个人;对业务质量较差、风险较高的销售人员所做的保单;保险公司应根据自身业务情况,决定抽查生存调查比例和方式。

(4) 保全件:指保单复效、增加保额、附加险续保、保单变更等保全事项提交核保时不确定事项或可疑因素存在,需要通过生存调查进一步明确的投保件。

4. 生存调查的注意事项

生存调查人员的一举一动既代表公司形象,又影响客户投保的心理,故对下列问题应高度注意。

(1) 在调查前要做好准备工作,访问重点要非常明确。生存调查人员对调查准备要详尽,如对投保单上有关客户的基本资料、告知情况、投保内容、体检结果,要做到心中有数,从而明确此次的查证重点,然后以电话与客户联系后再前往拜访。

(2) 态度诚恳,言语友善,服装整洁,仪表端庄。在进行生存调查拜访时,应先做好"打交道"的工作,再渐渐引进主题。并随时注意客户的反应及对调查环境的观察,与客户交谈时,态度要诚恳、亲切有礼,并且注意服装仪表的整洁端庄,切勿使客户产生不良印象或反感。

(3) 根据调查内容合理选择调查地点,直接调查地点尽可能安排在被保险人的家中或工作场所。一般情况下,家庭主妇、无业者、未成年人、离退休人员等在住家拜访较为合适;其他有工作人员尽量在工作单位拜访,特别是职业有危险的人员,一定要到工作环境拜访。

(4) 拜访时间一般跟客户预约,可由客户决定,或提供时间给客户,不反对的话即可进行,也可采用"突然袭击式"。拜访的时间长短应视实际状况及客户对生存调查人员的态度好坏而决定。如实际情况显示被保险人有身体、道德上的危险时(如被保险人的行动不便或肢体异常),应立即深入调查;如客户对生存调查工作已发生反感时,切勿逗留过久。对应调查的重点要把握,以客观超然的立场为之,不能夹杂主观成见。

(5) 调查时核对调查对象的身份证件,对不同对象确定不同的调查重点。对调查资料及结果负有保密责任。

5. 生存调查报告

生存调查报告的内容要翔实,不应以主观的推测代替客观的描述。另外,要有时效性,书写要规范。

调查报告的写作要求:字迹清晰、内容完整、言简意赅、逻辑性强,内容除包括表格中所列项目外,还应包括生存调查预约及开始的过程,被保险人所有家庭成员的工作学习情况,被保险人的工作生活履历,被保险人的异常健康情况、个人爱好,其他保险公司的投保情况,既往的理赔情况和间接调查的情况等。陈述时,重要问答要记录原话,重要之处要特别提示。要多用数据陈述客观事实,避免主观臆断或虚拟推测,杜绝模棱两可的词句,如"好像"、"大约"、"可能"等词语及"被保险人也许有吸毒的不良习惯"等表述。生存调查人员要签署生存调查综合意见并签名。

一般来说,写作的时效性是指调查报告需在调查结束后当日完成。因为随着时间的推移,调查人员的记忆不断弱化和消失,这将削弱调查报告写作内容的翔实性。另一方面,绝大多数调查件,一般均为高额件或存在特殊风险的保件,具有风险高、出险频率高的特点,必须及时排除,否则会影响公司的稳健经营。

调查报告是在调查工作中形成的一种固定文字材料,在形式上必须规范、统一,反之,则会给核保人员的审核工作带来困难,并且不利于各地同行的交流和研讨。

（四）核保人员核保

1. 核保人员核保的意义

核保人员是保险公司承保健康保险业务的风险把关人，健康保险核保人员不仅要具备保险、医学等方面的知识，还要有丰富的阅历、敏锐的洞察力和综合的分析能力。核保人员核保是指核保人员根据业务人员的报告和投保单再次进行审核，判别是否可以承保或者以何种方式进行承保的过程。

核保人员的核保在整个操作过程中具有如下两方面的意义：①筛选符合保险公司预定死亡率的被保险人，淘汰危险性较高的劣质被保险人，以保证公司经营的安全；②根据被保险人的风险程度对被保险人进行细分，划分为标准体、次标准体和非保体，并采用不同等级费率，保证被保险人之间的相对公平性。

2. 核保人员核保的核保程序

（1）核保人员核保的作业流程

1）收集投保客户资料。投保资料是核保人员进行准确核保的重要依据，一般核保人员需要了解的基本投保资料有：投保单、销售人员报告书、体检报告书、补充告知、财务报告、财务证明资料、健康及疾病问卷、职业及驾驶问卷、既往病史及住院病历、生存调查报告、高额件财务状况报告书、同业资料等。

2）初步审核。核保人员在收到投保人、业务员所提供的基本资料后，即可按照有关要求，并根据公司的投保规则及经营政策对所提供的资料检查核对，以确定资料是否齐全，是否需进一步补充资料，客户的投保需求是否超出了公司的有关规定和承受能力。

3）投保资料的进一步收集。在投保金额较高，告知声明有异常、不全面或核保人员在初步审核过程中发现有疑点时，有必要进一步收集有关资料。一般对健康状况有疑点时可要求进一步提供病历资料、填写健康问卷或要求被保险人体检，以获得进一步的健康资料；对财务状况有疑问的，可有针对性地要求补充客观有效的财务证明文件或专人调查，以确定保险需求是否合理。

4）综合分析，查定核保手册。核保人员根据投保资料，对影响被保险人死亡率的有利及不利因素进行综合分析，依据核保手册，运用数理查定方法，以标准体的死亡率为基准，查定被保险人的额外死亡率，并依次确定被保险人所处的危险等级，决定承保的条件。

5）确定承保条件，核保人员依被保险人的危险程度，把被保险人划分为标准体、次标准体、拒保体。对于次标准体，核保人员依据其危险程度，做出加费、附加承保条件、限额、缩短保险期限、改变缴费方式等决定，以达到危险选择的目的。

（2）核保人员核保的基本方法，核保是一个审核、决定的过程，即根据投保申请书、业务人员报告书、体检报告书、生存调查所提供的有关投保人、被保险人的信息资料，由核保人员进行综合分析，运用数理查定法，对被保险人的危险加以量化，依其危险程度，将其划分为不同的类型。

（3）核保人员认为有疑问的核保件，有必要进一步收集资料，具体包括：告知有遗漏、有疑问的，可要求填写补充问卷、进行生存调查等；健康状况有疑问的，可要求被保险人做相应项目的体检；投保金额较大、财务状况有疑问的，可要求进行生存调查；核保人员认为有必要进一步收集资料的核保件。

（4）查定核保手册和核保指导用书并确定承保条件和承保方法，健康保险核保人员根据核保资料提供的信息，利用核保评点手册，确定被保险人的综合评点数，再根据核保手册，依据对应的评点数确定加（减）费标准得出被保险人的合理费率，并根据实际情况确定是否变更承保条件等。

二、团体健康保险核保程序

一般来说，在团体健康保险的核保过程中更加注重整个团体是否符合投保条件，而不是要求团体中的每个人都要符合投保条件。但当团体规模较小时，有时候仍需要每个投保人都必须提供满足投保条件的证明。团体健康保险核保中进行风险分类的根据是团体的预期发病率，据此即时做出是按标准体承保、按次标准体承保还是拒保的决定。

在团体健康保险核保中，通常都不会做出拒保的决定，因此，团体健康保险核保的重点是确定以何种条件来承保团体成员，以使保险人有足够的保险费收入来支付将来的所有赔款，并使公司赚取合理的利润。

此外，团体健康保险核保时保险人也不能拒保团体中某个被保险人，只能通过加费等方式承保。被保险人因某种原因退出团体，如辞职或被解聘，在保障相同的情况下，可以转换为个人保单，其缴费及赔付均按个人险处理。

团体保险是保险公司主要的业务来源之一，绝大多数适用公司或团体中的员工。因其有利于保障员工的正常生活，改善关系，从而缓解了诸多的矛盾，提高了效率，并且有政府的社会福利政策给予税务上的支持，所以团体保险在社会上受到了广泛的欢迎，成为许多公司及团体吸引人才的员工福利计划之一。

（一）团体核保与个人核保的区别

因为团体险与个人险的根本区别，所以团体险的核保是独立于个人险的核保体系的。个人险主要侧重于个体。团体险则主要着眼于团体，而不是团体中的某一个体。所以团体险核保首先是将团体作为一个整体来进行风险评估的。基于此，团体险的核保过程与个人险也是不同的。其不同主要表现在如下几方面。

1. 团体的选择

对团体的划分，不同的国家、不同的公司都有所差异，但大致上还是有以下几类：第一，单一团体，指的是共有一个法人代表或控制机构团体，具体表现有独资企业、合资企业、企业集团、总分公司等组织形式，这一类是团体选择当中最为重要的类别；第二，复杂团体，这种团体的法人代表或控制机构一般是两个或两个以上的组合，组合中的成员都具有独立性，其具体表现形式为同业协会、联合会等；第三，其他团体，即不属于以上两种团体，其形式有诸如同学会、律师协会等。在团体选择上主要从以下几点考虑：第一，是否既有的并有一定延续期团体。团体必须是已有的而且是长久存在的团体，而不应是临时拼凑或濒临解散的团体，其人员也必须有比较高的稳定性，基本能正常从事相关工作，否则，公司的经营风险和其他保户的利益损害有可能发生。第二，人数最低限。保险的一个基本原则是规模经营，也就是其必须达到一定规模才能够有收益，才能够维持正常的运转，团体险也同样如此，如果低于一定人数限额，该团体险的收益将很难保证其存在，也就成问题了。第三，投保统一。第四，保额统一。第五，时间统一。团体险主要是针对团体这一整体，这与个人险的量大不同。如果投保、保额、时间不统一的话，一是增加成本，二是核保体系将发生转变，使得团体险和个人险混淆，在实务操作中很难把握，无疑将增加诸多风险。

2. 人员范围

它主要表现为：一是人数最低限；二是投保人数占团体总人数的比重。在规模效应条件下，一般只要在保险公司的业务范围、承保能力之内，投保人数是没有最高限制的。

3. 制定赔付计划表

团体险种有时是全体投保，有时只是部分成员投保。但不管是哪一种情况，其基本原则是在允许以年龄或性别来确定是否承保和保费的，所以为了弥补这一可能出现逆选择的缺陷，必须制定赔付计划表。该计划表的保险金额大致有五种:统一保险金额、参照薪金保险金额、参照职务保险金额、参照服务保险期限、综合保险金额。

4. 团体险核保

团体险风险选择与个人险的风险不同,导致团体险风险选择的因素也是不同的。

(1) 团体性质。团体性质也就是团体从事的行业性质或者说是工作性质。不同的团体性质决定了工作对死亡率和身体健康的影响程度。由此,不同的团体性质和职业的危险程度划分相当,所以一般可参照职业划分来判断团体的性质,并确定保费和是否承保等。一般来说,有些在个人险中因高危险职业属于拒保体的,在团体险中则不应被全视作高危险职业或拒保体。如果在投保团体中的确有部分属拒保或高危险成员,则必须结合其他因素予以综合权衡,否则你选择的可能性将会很大。这是因为在这种情况下,高危险职业成员不会拒绝参加保险,但标准身体组则可能没兴趣或没有动力参加。

(2) 团体参与程度。对于团体险,保险公司一般对参加人员的数量及其在团体总人数当中的比重是有严格限定的。主要是防止逆选择的可能,因为健康状况差的人较健康状况好的对保险的需求相对要迫切些,而且健康状况差的人参与比例过高,一是促使保费增加,二是不利于健康状况好的人参加。但是随着保险业的发展、经验的积累,这一参与程度有逐渐放宽的趋势。

(3) 团体成员的年龄和性别。在评估团体平均死亡率的时候,性别比例和年龄结构仍是必须要考虑的因素。一方面是因为团体的选择总是希望年轻成员占的比重高些,这样有利于维持团体的稳定性;另一方面则是前面已经提到过的女性相对男性的寿命要长些,女性比重多些也较容易维持团体的稳定性。年龄和性别的分布合理的话,有利于降低赔付率。此外,团体的人员流动也会影响到团体的稳定性,所以在实践操作中,这一点也是需要注意的因素。

(4) 团体的发展前景。主要涉及团体的产业背景、行业地位、经营模式、资产状况、人力资源的安排等因素。一是如果团体的发展前景良好的话,其人员流动比较稳定,成员与团体的关系密切,生活福利等也都较好;二是要进入这种发展前景良好的团体的话,本身在身体等各方面就已经有过竞争,能留下来的都是各方面条件相对优越些的,包括年龄等方面,这样该团体的整体风险无疑是减少了。而且在这种发展前景良好的状态下,团体延续期也相对要长很多,这无疑也符合团体选择稳定的要求。

(5) 保费的支付方式。在团体险中有两种:一是保费分摊,即由单位和员工按一定比例分摊保费;二是保费不分摊,即保费全部由单位承担。通过对保费支付方式的考察,以及结合投保人数及比重的分析,也有利于避免逆选择问题。一般而言,在保费分摊支付方式中,个人的保费支付比重不应低于25%,且参加保险人数不应低于团体总人数的75%。否则,必须考虑是否存在逆选择行为。另外还有一种情况,即团体可能投保多个险种,其中一部分是个人分担保费,另一部分是个人不分担保费,个人不分担保费的则要求所有人都上保险,而个人分担保费的不是所有人都愿意上,特别是一些自我考虑属于低风险的人不愿意参加,所以逆选择的可能性增加。保险公司针对这种情况,通常要求参加个人分担险种的人数不能低于一定的比例,如50%、75%等,并且要对此险种进行专门的核保,要求参加的成员提供健康证明资料,或要求其进行体检,然后作具体的分析判断和处理。

(二)团体核保程序

在个人健康保险核保过程中,核保人员要通过有关的信息对每一个被保险人的风险状况进行评估并做出是否承保及在何种条件下承保的决定。在团体健康保险核保中,对于个别规模很小的团体,如人数少于10人或少于50人的团体,也需要每个成员都填写比较详细的投保书,核保人采用与个人健康保险核保非常类似的程序对每个团体成员进行逐个核保。对于规模较大的投保团体,一般不需要对每个团体成员进行单独的核保，其过程与个人健康保险核保有一定的差异，具体的核保过程包括以下主要步骤。

1. 获取核保资料

团体健康保险核保工作的第一步是获取核保所需的有关资料。团体核保主要以投保团体提供的信息为基础，但是团体健康保险投保书中较少涉及每个团体成员的具体资料，核保人员关心的是整个团体的总体特征。一般核保人员通过团体投保书、被保险人的花名册就可以获得诸如团体的平均年龄、男女比例、所在行业、团体成员的主要职业等有关信息。有时核保人员会要求团体业务员或者投保团体提供其近年来医疗保险赔付或者医疗费用支出情况的经验数据。

2. 进行风险评价

根据投保团体的规模、性质、年龄分布、性别比例、职业风险情况和投保比例及保障的选择方式等，核保人员就可以对投保团体的平均风险水平做出评估。一般来讲，投保团体的规模越大，风险状况越稳定；各种企事业单位的风险状况好于其他各类团体；团体平均年龄越小或不断有年轻成员加入的团体将来的索赔也会越少；团体中投保比例越小，团体成员对保障的选择越多，则团体的逆选择风险越大。由于团体核保中很少有拒绝投保申请的情况，因此进行风险评价的主要目的是确定采用何种方式进行承保、需要附加什么条件、如何加费、投保团体是否愿意接受等。

3. 做出最终的核保决定

团体健康保险核保的最后一步是要做出最终的核保决定，实际操作中一般不需要确定是否接受投保人的投保申请，主要是确定能够提供哪些保障项目和采用怎样的费率承保。团体健康保险核保过程中，核保人员与精算师之间有非常密切的合作，对于部分采用经验费率或主要采用经验费率的团体，精算人员通过参与对投保团体既往赔付和医疗费用的经验分析介入到核保过程中。这是团体健康保险与个人健康保险核保之间的另一个显著的差别。

第三节 健康保险的风险因素评估

一、个人健康保险风险评价的考量因子

（一）健康因素

1. 年龄

发病率通常随着年龄的增长而提高。年龄越大，被保险人的发病率越高，而且康复所需的时间也越长。人群的年龄与许多疾病有关，如癌症、高血压、心脏病、慢性支气管炎等疾病在老年人中多发，而许多传染病如麻疹、百日咳、白喉等主要威胁到儿童。不同年龄组的发病率和残疾率是不同的，从我国疾病控制部门提供的资料来看，在我国1周岁以下儿童及45周岁以上成人的发病率、死亡率较高，56周岁以上成人组的发病率、死亡率将陡增。发病率较高的年龄段的被保险人是医务核保的重点，评点时应审慎，并根据所保险种的风险限制保险金额。

(1) 0~3周岁的重点审核内容

1) 出生过程：是否为早产、难产；有无宫内窒息及并发症（如羊水吸入、感染等）；有无产伤并造成一定后果（如斜颈、面瘫、颅内出血等）；有无外观上的畸形（如兔唇、腭裂、多指等）；有无其他特殊情况。

2) 发育阶段：各个生长发育阶段是否比同龄儿童迟缓；视觉、听觉是否正常；智力发育是否正常；有无囟门晚闭、头围增大现象（提示脑积水等症）；骨骼发育有无畸形（脊柱弯曲、胸廓畸形等）；四肢运动有无障碍（有无瘫痪、痉挛等症）。

3）既往病史：有无口唇青紫、心脏听诊有无异常等症；有无传染病（如脊髓灰质炎、脑膜炎、脑炎等）及并发症或遗留残障；有无外伤史；有无抽搐史（应注意有无癫痫）；有无其他病史及其治疗经过和最后诊断；有无因上述原因导致的残疾；有无按时接种各种疫苗；有无其他特殊情况。

（2）45 周岁以上的重点审核内容

1）体格：有无肥胖、消瘦（尤其应注意近期进行性肥胖或消瘦）。

2）既往病史：有无外伤及其后果；因何原因就医或住院，诊断及治疗结果如何；了解有无心血管疾病、糖尿病、高脂血症病史等。患有某些后期可以影响全身的疾病（如高血压、糖尿病、高脂血症、甲亢、甲减、肝脏疾患、各种心脏病等），承保附加险时视其风险程度和具体情况加费或拒保。

（3）核保中对年龄的具体做法：为了保护未成年人的利益，并从保险原理出发，对未成年人有最高身故保额的限制。对 40 岁以上的投保者，需要进行比较系统的健康核保，尤其是对于首次投保者，要首先考虑其投保动机。由于年龄过高的被保险人风险较大，保障价值也小，故对最高投保年龄加以限制。这同时也是避免逆选择和道德风险的需要。

2. 性别

性别也是发病风险的影响因素。性别与某些疾病的发病率有关，如生殖系统疾病的发病率女性高于男性；消化系统疾病的发病率男性高于女性；意外伤害事故的发生率男性占多数；有些疾病只有男性才有，如前列腺炎；有些疾病专属于女性，如子宫肌瘤。总的来说，通常女性的发病率要高于同龄的男性。因此，为女性提供健康保险的成本要高于为男性提供同类健康保险的成本。

此外，同一疾病发生于不同的性别，其后果可能不同。如对于 20～30 周岁的慢性乙肝患者来说，女性一般愈后较好，而男性则有近 10% 发展为肝硬化。

3. 体格

被保险人的体格状况，指被保险人的体重是偏瘦、正常还是肥胖，也与某些疾病的发病率有关。有专家论证，肥胖症对人类的健康危害很大。据统计，肥胖者的死亡率比正常人的死亡率高 3 倍；糖尿病、脑卒中、肝硬化、胰腺炎、胆结石等易导致死亡的疾病，其发病率也明显高于正常体重者，而且与体重超标的程度成正比，随着年龄的增大，发病率也会明显增加。

目前常用的评价体重的指标是体重指数 BMI，适合所有 18～65 周岁的人士使用，儿童、发育中的青少年、孕妇、乳母、长者及身形健硕的运动员除外。在医学上，BMI 的正常值范围为 18～25。在被保人群中，BMI 的正常值范围界定较为宽松，亚洲人群为 17～25，超过 25 为超重，超过 30 为肥胖，许多核保手册基本上对 BMI 超过 30 才有评点；低于 17 为体重不足。

除了对过重体进行选择外，还要注意对高度过轻体进行选择。因为高度过轻体可能潜伏着某种疾病，其死亡率也要高于正常体重的人群（但没有过重体死亡率大，而且没有年龄的差别）。

体重在短期内明显的增减也是核保应考虑的情况。短期内体重明显变化很可能是疾病的结果，也有可能是主观行为造成的，如减肥。核保人员应当弄清楚体重变化的真正原因。如果准被保险人是有意的减肥并且体重保持稳定 6 个月以上，则健康评估时应使用近期的体重数值。

在核保时，要根据体重超常的程度、胸围与腹围的比例，是否会并发其他疾病等进行综合评定。对病态肥胖者或体重高度过轻者通常给予延期承保、拒保或加费予以承保的方法。

4. 血压

核保的高血压标准是：成年人收缩压 140mmHg 且舒张压 90mmHg，以连续 3 次非药物控制时测量的平均值为准。由于高血压会导致人体多个重要器官的严重损害，致使死亡率大幅度上升，因此在含有重大疾病责任的健康保险险种核保评点时应审慎掌握。

5. 脉搏

正常脉搏应与心率一致，每分钟 60～100 次，节律整齐。脉搏过快（>100 次/分）、过慢（<60 次/分）或节律不整齐，需对心脏做进一步的辅助检查。

6. 现症和既往症

现症指准保户现在的健康状况有哪些异常，这种异常并不仅仅限于疾病。现症是医务核保的重要依据，在投保单健康告知或体检医师报告及辅助检查结果中反映，用以判断现存健康风险。对目前正患有某种重大疾病或对其身体状况有重大怀疑者，一般不予承保。核保人员应对现病史的疾病性质、疾病病程、发作次数、治疗方法、治疗效果等进行详细了解，做出综合评估。对患有非重大疾病的准保户，通常延期承保或加费承保。既往症指准保户过去曾患过的疾病。

既往病史是与被保险人以往遭受的损伤和疾病有关的资料。既往症与现在及将来的健康状况有密切的联系。有些既往症可以根治，有的虽已治愈，但仍有复发的可能性，并可能导致其他的重大疾病。

既往病史主要包括：手术病史、意外伤害史、住院病史、过敏病史、最近就医史及地方病病史，女性还包括月经婚育史。对于有上述病史者，应特别注意视情况索取和收集门诊病历、疾病诊断书、各种检查报告、手术或病理报告、出院小结、伤残程序证明、鉴定书等。对近期就医者，应询问就诊医院和医师的诊断意见和建议。

被保险人在投保时的健康告知和体检报告书上的告知往往相当简略或避重就轻，给评估工作造成困难。核保有疑点时应要求投保人或被保险人提供相关资料，尽可能翔实地了解既往病史，以便于准确判断风险程度。对既往病史不能提供相关资料者，按本病的最高评点审慎掌握，必要时填写疾病问卷，具体情况由核保人员决定。

对于既往病史中被保险人告知有某些症状而未明确诊断时，应尽可能通过体检、生存调查、索取资料、被保险人健康声明等方法了解风险程度，不要轻易做出核保决定。

对于告知既往有手术史者，应详细了解手术原因、手术名称、病理报告及术后诊断，可以通过调阅病历了解真实情况，不能仅凭手术名称即做出核保决定。例如，肺结核当年已经治愈，但由于过度劳累或接触传染源，就会复发；精神分裂症一般都会反复发作。显然，对过去曾有过此类疾病的准保户，保险公司在核保中要倍加注意。

7. 家族史

现有资料表明，具有较强家族倾向病史者，将大大增加某些疾病在家族其他成员中发生的可能性，因此，注意收集被保险人的直系亲属的发病或死亡资料对核保是非常重要的。常见有遗传倾向的疾病有：高血压、冠心病、动脉粥样硬化、糖尿病、精神分裂症、家族性结肠息肉病、多囊肾及某些癌症（如结肠癌、直肠癌、乳腺癌）等。

在健康保险的危险选择中，对家族病史方面应主要了解被保险人的父母及兄弟姐妹的健康状况，其存残、病名、死因等，甚至要了解被保险人的祖父母及外祖父母的相关情况。这样做的原因，就是要了解被保险人是否存在心脏、血管、肝、肾、精神、糖尿病等方面的遗传隐患，因为遗传因素往往带来死亡率较高的遗传疾病。例如，父母一方患有高血压，其子女患病率为49.3%；父母双方都患高血压，其子女患病率为73%。

对家族史中有遗传倾向疾病者，审核或体检时应详细了解被保险人有无该疾病的相关征兆；有相关现症且年龄较轻者，应审慎评点。

（二）非健康因素

非健康因素，包括职业、生活习惯、生活环境、业余爱好、经济状况、道德品质等。

1. 职业

一个人的发病风险与其职业有很大的关系。影响个人发病的职业因素包括职业的固有危险、职业的稳定性，以及发病后回到正常工作岗位所需的康复时间。核保人员将不同职业按发病率大小划分为若干等级。被保险人的风险等级和适用的保费费率必须与其所属的职业等级相对应。例如，在个人健康保险的核保中，某保险公司可以采用下述标准评定职业等级。

（1）最高风险等级。最高风险等级职业包括驯兽师，歌舞厅，酒吧保安，特技演员，潜水，爆破工程人员，电力高压电工程设施人员，远洋航运船上作业人员等。这些职业通常需要高强度的体力劳动或工作环境危险性很高。在有的公司，远洋渔船船员和近海渔船船员，因其职业风险太大，都属于拒保范围。

（2）中等风险等级。中等风险等级职业包括桥梁、隧道工程人员，电力工程设施架设人员，装卸搬运工人，航空机上工作人员，内陆、沿海航运人员，港口吊车人员，货车司机，机动三轮车、摩托车驾驶员，电梯维修工人，室外装潢人员，建筑业工人，废旧材料加工工人，造修船工人，金属制造技术工人，水泥、石灰制造工人，炼焦工人，石油开采、加工、运输工人，矿采选业技术人员，渔业工人，木材加工工人等。这些职业需要专门的教育和培训，而且比高风险等级的人有较高的技术要求。

（3）最低风险等级。最低风险等级职业包括公务员、一般医务行政人员、作家、作曲家、教师、学生、店员、食品商、文具商、律师、会计师、家庭主妇等。

另外，被保险人的工作环境中安全设施不健全，有毒物质防护不严格，患职业病和中毒的可能性就很大。职业病是指企业职工在生产劳动过程中，受有害因素的影响，人体的功能受到一定程度的破坏，引起某些器官和系统的病变。生产过程中的有害因素，可以概括为以下三类。

1）物理因素：异常的气象条件，如高温、高湿、高气压等；电离辐射，如 X 线、γ 射线等；非电离辐射，如紫外线、红外线、高频电磁场、微波、激光等；噪声、震动、超声波等。

2）化学因素：有毒物质，即工人在生产劳动中使用和接触的某些有毒化学物质，如铅、汞、氯、一氧化碳、有机磷农药等；生产性粉尘，如矽尘、石棉尘、煤尘及金属粉尘等。

3）生物学因素：主要为生产中接触的各种病原微生物（如炭疽杆菌、布氏杆菌、森林脑炎病毒等）、寄生虫等。

2. 生活习惯

生活习惯也可能给被保险人带来很高的意外伤害风险和发病风险。不良的生活习惯，如吸烟、酗酒、赌博等会提高人群遭受意外事故和患病的可能性，提高其风险等级；同性恋者则是发生艾滋病的高危人群。

3. 生活环境

环境危险包括自然环境因素和社会环境因素。在人类所赖以生存的自然环境中，存在许多威胁人类健康的危险因素，例如，异常气候、离子辐射、噪声等。地质中存在有害元素或缺乏必要元素、恶劣的气候、能源匮乏、土地贫瘠等，是许多地方性疾病的原因。在自然环境中的动物也存在可能感染人类的病原体。社会环境因素是指社会制度、经济发展水平、文化教育、科学技术发展水平和人口状况等。例如，经济发达国家的生活环境，是冠心病、高血压、精神疾患、糖尿病、某些癌症等疾病的高危险环境；另外，许多落后的国家和地区的政治、文化、经济环境是传染病和死亡的高危险环境；自然灾害、战争、社会经济衰退、社会政治动乱等都是不利于健康的高危险环境。

4. 业余爱好

业余爱好也是个人健康的重要风险因素。热衷于某项运动或爱好的人会明显增加伤残或发病概率，其风险程度相对较高，通常这些会作为除外责任在承保时明确列明。例如，一个登山爱好者比一个集邮爱好者更易于发生意外伤残。因此，业余时间的安排对个人的健康会产生显著影响。

5. 经济状况

经济状况的核查是核保中的重要因素，主要核实投保人经济收入及申请金额是否适用，从而确定合理的费率，并确保合理的保费支付能力，减少保单失效率，并降低投保人的逆向选择和道德风险。对经济状况的审核主要包括对投保人收入及保费支付能力的核实，区分投保人不同的收入类型。即在提交投保单时要对收入状况进行告知，并对保险金额过大的保单填写收入相关资料及其他收入的证明材料。对保费支付能力的审核主要基于收入的一定比例,一般控制在6%~20%进行核对,确保保单的有效性。

6. 道德品质

投保人或被保险人的道德品质关系到投保人或被保险人的投保行为是善意的还是恶意的;在核保工作进行中,投保人或被保险人能否给予积极配合。如果投保人的道德品质不好,就比较容易发生欺诈、不实告知、隐瞒事实等危险。为了达到骗保、骗赔的目的,投保人可能会虚报年龄、隐瞒既往症和现症等达到以较低的保费骗取保险人承保或者以拒保风险投保的目的。为了骗取保险赔付,甚至可能发生谋杀、自杀、自残等行为。

二、团体健康保险风险评价的考量因子

团体人身保险起源于企业为雇员提供的福利待遇。企业除了支付员工工资以外,仍然需要保障员工因死亡、伤害、疾病,甚至退休后所造成的压力及经济损失,因此团体人身保险成为企业提供的重要员工福利待遇。随着团体人身保险的逐渐发展,企业只有提供更好的人身保障,才能吸引人才或留住员工。

团体人身保险是以整个团体为核保对象的,保障团体员工(成员)及其家属因疾病、伤残、死亡和退休等经济损失遭受的风险,以补充社会保险保障之不足。团体保险相对于个人人身保险来说具有以下特征:团体人身保险参加人数较多;团体人身保险关注于团体整体利益;团体人身保险的核保过程简捷;团体人身保险以较低的成本获取较高的保障;保费根据具体团体特征核定。团体人身保险的核保是对团体风险程度的核查,确保团体不会因为团体内个体风险程度的增加而发生承保风险范围外的较大波动;同时确保团体保险的承保条件和费率持续满足承保要求。团体核保的要素主要包括如下几方面。

1. 团体所处行业

不同行业的团体,其面临的职业风险也不相同,部分行业具有较为普遍的风险,如海上运输行业、煤炭行业、化工行业、消防行业等,因而适用于不同的团体人身保险费率。对团体所处行业的特定风险特征进行分析,研究风险事件发生的概率是核保要考虑的重要因素。通常对于这些团体的风险是根据职业进行分类的,特定职业的团体往往被认定为拒保团体,如海上远洋船员团体等,但并不一定对所有的特殊行业团体都一概拒保,人身保险公司在某些情况下,可通过确定恰当的费率水平,对风险进行精确控制,也可进行相关产品的有限制条件承保。

2. 团体的性质

团体的性质主要是指团体的属性,其是否具有法人资格、经营状况如何,从团体性质角度核保团体人身保险。团体是机关事业单位,还是外资企业;是长期稳定的组织,还是临时组织,不同团体的性质决定了工作对死亡率和身体健康的影响程度。通常对于临时组织的团体不予承保,否则极有可能遭遇逆向选择风险。

3. 团体成员的投保资格

参与团体人身保险的成员必须是符合人身承保条件的、在团体内从事工作的人。整个团体成员的年龄结构、性别组成、婚育比例和收入水平都将影响到团体平均死亡率和健康水平。因此,这些也是核保时要考虑的重要因素。

4. 团体的规模和参保率

团体规模主要是控制团体参保的最低人数和比例,保证团体投保人数和比例的合理性,减少逆向选择风险。对于一个固定团体来说,参与投保的人数越少,团体的风险程度越高,越存在逆向选择的可能;而团体投保规模越大,则越有利于降低经营成本,有效地分散风险。因此,团体投保规模也将影响到承保条件的确定。

5. 团体成员的流动率

团体成员的流动性过高，相应的保险计划的附加处理费用也会较高；而反过来，流动性过低的团体则可能面临成员的整体平均年龄偏高的情形，由此带来较高的死亡率和患疾病的可能性。因此，过高和过低的流动性都将增加团体的平均风险水平，人身保险公司在承保的时候应该根据不同行业的特点，对不同团体成员流动率进行合理评估。

6. 团体成员的保险金额

团体成员的保险金额是根据对团体的整体评估确定的统一保险金额，团体内每个成员都是相同的，只能接受它，不存在选择保险金额的自由。

7. 团体的理赔经验

在团体人身保险持续运营期间，核保人员要根据所掌握的资料对团体进行定期评估，核实其是否符合承保要求，确保承保费率的合理有效。核保人员应根据团体持续期内历年的经验数据及其他类似团体的理赔经验，对承保条件进行动态调整。

三、风险分级

在经过人身保险核保程序的一系列风险选择后，对来自投保单、业务员的报告书、体检报告书，以及健康状况及生存调查报告的信息进行核实后，核保人员将对被保险人的风险程度进行分类，对相应的风险等级做出是否承保及以何种条件进行承保的结论。一般人身保险公司将被保险人的风险等级划分为不同的承保群体。

（一）标准体

标准体是以标准费率承保的被保险人全体。对于标准体来说，身体状况完全符合人身保险公司的承保要求，风险程度也在保险公司的可接受范围之内，有着正常死亡率和健康状况。在人身保险公司的承保中，标准体占了相当大的比重。一般来说，寿险公司 90% 以上的承保对象是标准体。寿险公司所承保标准体的范围通常因公司经营能力、市场所占份额的不同而有所差异，市场占有率较高的公司通常会采取较宽松的标准体核算方式。对于标准体的承保通常是按照标准费率进行无条件承保的。

（二）次健体

次健体，也即次标准体，是相对于标准体来说具有较高死亡率的群体。次健体面临较高的健康和疾病损害的危险，人身保险公司不能按照标准体的费率进行承保，但又达不到拒绝其投保的水平，因此通常会采取附加条件限制的方式对其承保。次健体相对于标准体来说，存在额外的伤亡和疾病的风险，而这种额外风险的性质也存在个体的差异。承保中常见的次健体包括：患有某种疾病的人，如患有糖尿病、高血压、肾病、结核病等的投保人；有家族病史的人；身高、体重、体型等偏离正常标准的人；从事较为危险职业的人，如警察、医生等；所处生活环境恶劣的人；具有不良生活习惯和方式的人等。

（三）拒保体

拒保体是指由于本身的风险程度过高而被保险公司拒绝承保的群体。拒保体的身体健康状况不符合人身保险公司的承保条件，其预期死亡率严重超过人身保险公司通常可接受的范围，导致承保风险过大，为了维持人身保险公司的稳健运营，保护其他投保人的利益而采用的核保结果。由于拒保的方式将给投保人造成较大的伤害，因此对于拒保结论通常不予采用。拒保通常发生在身体存在较严重的疾病威胁的情况，如尿毒症、艾滋病等；拒保的现象通常也发生在有不良投保记录的情况及投保者存在明显的道德风险的情况等。

(四) 延期体

延期体是指由于目前无法确定所处风险程度而被人身保险公司给予延期处理方式的群体。核保人员采用不予承保而延期处理的核保结论,主要在于对于危险因素的程度没有明确的定义,无法进行准确评估,通常发生于以下情形:短期内无法获取用于评价被保险人风险等级的资料;短期内无法准确预测现有疾病未来的发展状况;暂时的疾病;无法确定风险程度的较高的预期死亡率等情况。这些状况都面临较高的额外死亡风险,属于风险程度较高的群体,因此对他们暂时不予承保。对于延期体的投保申请,可在资料完备后或者延期时限期满时对其重新核查,满足风险等级要求后承保。

第四节 健康保险的核保管理

一、健康保险核保人员的管理

(一) 实行资格准入制度

健康保险核保人员作为保险公司承保健康保险业务的风险人、把关人,他们的专业素质与公司业务质量的好坏有直接的关系,事关公司经营的安全性和稳定性,所以必须实行资格准入制度。

(二) 加强健康保险核保人员的培训

健康保险核保人员的素质及管理是保险公司人才管理和业务管理的一个重要内容,而对健康保险核保人员的管理的关键是加强培训,提高其素质。对健康保险核保人员培训的主要内容如下。

1. 核保专业知识

核保专业知识包括医学、保险、财务、精算等专业知识。

对于核保人员,特别是医学核保人员,应当接受系统的医疗卫生专业训练,同时,要跟踪医学科学的进展,不断学习新知识。非医学专业人员,也必须具备相应的医学基础知识,对人体解剖学、生理学、病理学等有一定认识,特别是要接受医学核保的专业训练,掌握医务查定的技术和操作方法。这是因为,健康保险是以人的生命和疾病作为保险标的的,对于人的生命和健康的研究是健康保险学中的重要内容,同时就风险选择而言,健康因素占有相当大的比重,一个真正的核保人员是无法回避健康风险因素的选择而完成核保工作的。

2. 其他相关知识与经验

一名合格的核保人员不仅要具备保险、法律、金融、经济、医学、心理学等各方面的专业知识,还要有丰富的阅历、敏锐的洞察力和综合分析能力,以便对保险业务内部及市场上的各种信息进行收集、整理、存储、分析和利用。主要包括:职业核保方面的知识;了解各类职业的性质和危险,搜集各类职业的风险统计资料;财务核保方面的知识;了解整体经济及各行业的运行状况。

3. 健康保险产品知识

随着市场竞争的加剧、健康保险新产品层出不穷,产品知识成了健康保险核保的一个重要部分。

需要了解的健康保险产品知识包括:产品设计时所参考的费率计算基础数据、产品所预定的利润、产品的保障责任和风险、产品所提供的服务项目等,根据具体产品要求,确定相应的核保标准。

4. 成本控制意识

核保业务环节所涉及的成本包括:核保体检费、生存调查费等。

费用支出与控制风险是矛盾的两个方面:就风险控制而论,获得尽可能多的客户资料,将有利于核保做出准确的判断;但从另一个角度来看,此举将使体检费用支出加大,以及核保工作时间延长,导致成本增加。

5. 风险控制质量与服务效率

就核保而论,花费时间越多,所做出的核保决定可能越准确。但这样做,会导致核保处理时间过长,如多次体验反复调查,容易使客户失去耐心从而转往其他公司投保。反之,由于缺少足够评估风险的信息,核保人员会倾向于征收较高的附加费,从而导致客户无法接受。另外,如果以时间作为服务目标,核保人员将会以最快的速度审核保单,这样风险控制质量就不能保证了。因此,核保人员要在风险控制质量与服务效率之间做出平衡,兼顾风险控制质量与服务效率。在核保经验的不断积累下,核保人员还要不断提高承保风险敏感度,即对来自各个方面的危险信息感觉灵敏,并能迅速做出反应。

6. 沟通能力

核保人员还要与销售人员和投保人进行沟通,解释核保结果及相关事项,使他们了解并接受核保结果,顺利实现承保过程。

(三) 建立健康保险核保人员合理的晋升机制和考核制度

建立一支专业化的健康保险核保人员队伍,对保险公司的风险控制将起到巨大的作用,所以应制定合理的健康保险核保人员奖励制度,打通健康保险核保人员的晋升渠道。

二、健康保险核保组织的管理

国外健康保险公司核保机构的设置主要有以下几点:核保部门主要设置在契约部门或新客户服务部内,另设有医务室和医务总监,与契约部或新客户服务部并列。核保部门承担公司对新契约的风险选择工作,对要约的承保与否,以及以何种条件承保做出决定。医务部主要负责医学核保的技术指导,协助生命表的制定、健康险产品的设计、数理变定制度的修订和补充;医务总监作为公司核保、理赔和其他业务部门在相关业务上的医务总监理,同时担任医务培训工作。

我国各家商业寿险公司或健康保险专业公司的核保组织架构虽各有特色,但大体上相同。核保部门的基本结构包括新契约部、核保部和体检中心。

(一) 新契约部

新契约部主要负责新契约资料的录入,同时对保单资料进行初步的审核,以保证保险合同出具的及时性和正确性。

(二) 核保部

核保部的工作由各级核保人员担任。依据资格和所授予的权限,一般分为初、中、高级核保人员和总核保师。一些公司在核保部内成立核保小组,由多名核保人员组成,主要工作是定期讨论一些典型和疑难核保案例,借以提高核保人员的素质和个案处理能力。有的公司还成立核保委员会,由核保部门会同公司各相关业务部门如销售业务部、精算部、理赔部等各部门组成。通过核保委员会的工作,不仅可以更广泛地提高众多相关部门的风险意识,更重要的是从公司的角度出发,站在更高的位置上,对一些高额、巨额及超巨额保件、特殊人物的特殊投保件,从业务发展、资金运用、风险管理、社会效益及经营决策全方位考虑,力求确定更为合理的承保条件。为准确评估健康保险的要约风险,保险公司在核保部门内设立了调查管理岗。调查管理岗设立的目的是在保险合同订立前后,由公司调查人员通过面见投保客户或对其周围环境的调查取证,进一步采集、核实风险评估所需的信息,为评估要约风险或重新确定保单风险(合同成立后)提供辅助证据。

有些国外保险公司核保部门内部并不设立调查管理岗,如日本寿险公司雇请专门的调查公司为其做调查,直接面见被保险人,询问“你是否投保?是否健康?”一类问题,以及核对现实生活、职业状况、收入水平等。公司契约部门(核保部门)的合同确认人员根据调查报告核对要约资料,若有两者不相符的,还要与营销人员核对,必要时可再次进行调查。

(三)体检中心

为了保证体检结果的真实性和可靠性,获取被保险人准确的健康资料,同时更好地方便服务客户,大多数健康保险公司都建立了自己的体检中心。国外健康保险专业公司多拥有自己的体检网络和相当数量的体检医师,大型公司还开办了自己的医院,小公司则用医务总监管理合同医院的服务质量,对合同医院指定的体检工作进行质量管理。

1. 如何防止核保中的逆向选择和道德风险?
2. 个人健康保险核保程序和团体健康保险核保程序存在哪些差异?
3. 团体核保的要素主要包括哪些方面?
4. 健康保险核保人员应具备哪些基本的知识或素养?

【案例分析】

健康保险体检结果被涂改

A单,女性,查体血压100/90mmHg,从扫描影像上看,基本毫无破绽。但在后面有体检大夫的建议:注意血压波动。在看此单时,首先疑问的是:血压在正常范围,大夫为何建议注意血压波动;其次脉压差为10mmHg,存在疾病。针对疑问,要求分公司予以调查。陪检人员称,血压应为190/90mmHg,大夫记录准确。事情原来是:月底服务部内勤将体检资料等打包,正好此单业务员去车站,便让其捎带。业务员私自拆开,将血压涂改。至于改成100,那应该是9改0,好改,不易察觉的原因了。

B单,男性,查体空腹血糖高于正常。血常规:白细胞9.0×10^9/L,中性19.4%,淋巴……查看此单,自然把注意力集中于血糖异常。血常规一般在白细胞、红细胞、血红蛋白、血小板正常的情况下,其他轻微异常是可以看作正常的。但是令核保人员奇怪的是,正常的白细胞总数前竟然有“H”,另外就是白细胞各项分类汇总远超总数。对于此疑惑,一可能为医院仪器混乱,二为体检结果被篡改。针对此将问题反馈分公司。分公司人员辨认原件,高度怀疑体检结果被修改,白细胞总数应为29,前面的2,可能被覆盖,重新复印了一份结果。

【问题】

1. 从案例中我们可以发现在核保体检过程中哪些环节容易出现漏洞?
2. 如何避免核保环节中存在的风险?

【提示】

A单,其实发现并不难,毕竟医生有提示。这也提醒我们,加强体检过程管理的重要性。B单,虽然没有最终证实被修改,但从目前情况来看,体检结果肯定是不能取信的。

从体检开始到结果为核保人员所见所经过的环节及各环节的风险控制。被体检者→体检医院→体检结果→服务部→中支→核保人员。被体检者,首先要保证被体检者身份的真实性,要求体检的是A,B来体检,那以后的任何结果都是没有意义的。针对于此,各保险公司一般采取陪检制度或医院核实身份。公司人员陪检的优点是:保证被体检者真实,缺点是:人力成本及时间成本过高;医院审核的优点是:人力成本及时间节省,缺点是:被体检者容易被替换。此处要想控制好,一是陪检人的选择,二是医院的约束。目前国内医院的现状,小核保员倾向选择陪检制度。为降低人力及时间成本,可固定体检日期。人员环节之后,将进行体检,由于现在医疗水平的提高,实验诊断检查部分,风险不大。主要问题在于体格检查部分。体检结束后将出体检报告。对此各保险公司一般规定:体检报告只能由公司内勤人员取回,代理人及客户是不允许取回的。如果能够按照规定执行,此处风险将能较好地控制。很多涂改问题,大多是因为业务员或客户自行取回体检报告,然后便将对自己不利的结果,进行了修改。体检结果取回,现在一般采取的是影像扫描进系统。影像操作的缺点:容易造假,这也就是很多公司招聘只看原件不认可复印件的原因。

(魏 宁)

第十章

健康保险理赔

内容提要

健康保险理赔是健康保险经营的重要环节，是为兑现健康保险承诺而进行的计划、组织和控制的管理过程。广义的健康保险主要包括商业健康保险和社会医疗保险，而本章的健康保险理赔，主要阐述商业健康保险理赔。本章将介绍健康保险理赔的概念、目的和功能、特点和原则，健康保险的理赔程序，以及健康保险理赔的人员和组织管理等。

第一节　健康保险理赔概述

一、健康保险理赔的概念

健康保险理赔(health insurance claim)是指被保险人发生保险事故后或保险期限届满时，要求保险人承担赔偿或给付保险金的责任，保险人对事故进行核定并做出相应处理行为的过程。健康保险理赔由索赔过程和保险金给付过程两部分组成。当被保险人发生了健康保险合同中保险责任范围内的疾病或伤害事故后，向保险人报案并提供相应的损失证据，这一过程即为索赔的过程；保险人以保险合同和相关法律法规为依据，对索赔请求进行处理和审核并做出是否给付和给付多少的决定，这一过程就是保险金的给付过程。理赔是被保险人享受权益，同时也是保险人履行义务的主要形式，它依据保险合同和保险相关法律法规及国际惯例，也是保险法律制度中十分重要的一环。

我国《保险法》对被保险人发生保险事故后，保险人的索赔、理赔或拒赔有着明确的规定。《保险法》第二十二、二十三条规定："保险事故发生后，依照保险合同请求保险人赔偿或者给付保险金时，投保人、被保险人或者受益人应当向保险人提供其所能提供的与确认保险事故的性质、原因、损失程度等有关的证明和资料。保险人收到被保险人或者受益人的赔偿或者给付保险金的请求后，应当及时作出核定，并将核定结果通知被保险人或者受益人；对属于保险责任的，在与被保险人或者受益人达成有关赔偿或者给付保险金额的协议后十日内，履行赔偿或者给付保险金义务。"本条款体现了被保险人或受益人享有索赔的权利，同时保险人有履行赔偿或给付保险金的义务，这个过程就是保险理赔的过程。《保险法》第二十四条规定："保险人依照本法第 23 条的规定作出核定后，对不属于保险责任的，应当自核定之日起三日内向被保险人或者受益人发出拒绝赔偿或者拒绝给付保险金通知书，并说明理由。"此条是关于保险金拒绝赔付的规定。除此之外，与健康保险理赔工作相关的法律法规还有：《健康保险管理办法》、《保险管理暂行规定》、《医疗机构管理条例》、《病历管理条例》、《刑法》、《民法通则》、《继承法》等。

在健康保险理赔中，提出索赔申请的人称健康保险索赔人或保险金申请人。健康保险索赔人通常可以是投保人或被保险人，亦可是受益人或索赔人指定的代理人。健康保险的被保险人得到医疗费用或收入补偿基本上是以被保险人的存在为条件的，一般无须指定受益人，最常见的索赔人就是被保险人。在处理保险金给付时，除保险合同另有规定外，只要被保险人存在，保险金的请求权人即为被保险人本人，只有当被保险人死亡时，受益人才享有受益权。在理赔的过程中，审核索赔人的申请及开始一系列理赔活动的人称为理赔人员，其可以是某个人或某一机构，也可以是保险公司内部的理赔机构、人员或是其他的保险中介机构。在健康保险理赔实务中，根据不同的理赔形式和具体情况保险人选择不同的组织方式进行管理。

二、健康保险理赔的目的和功能

（一）健康保险理赔的目的

1. 确定造成被保险人或受益人损失的真正原因

健康保险理赔人员可以通过全面调查，来掌握出险情况并客观分析被保险人损失的真正原因。由于健康保险以人的身体为保险标的，调查被保险人及其亲属、就诊医院和相关医疗人员，尽量查明其病因、疾病诊断、就诊和住院情况及当前的身体状况，做出损失原因判断。

2. 确定被保险人或受益人的损失是否属于保险责任

保险人应根据保险事故原因并对照保险合同条款，判断被保险人的损失是否属于保险责任。确定被保险人的身体受损害状况和治疗情况等是否符合合同条款规定，保险事故是否发生在保单有效期间内，是否在规定时间提出保险申请，以及是否为保险责任范围内的事故等。

3. 确定被保险人或受益人损失程度和损失金额

健康保险是对被保险人因疾病或伤害而需治疗时提供经济上的保障，对被保险人因此所支付的医疗费用进行的补偿，赔付金额应是保险金额之内实际发生的医疗费用，被保险人不能获得超出实际费用的赔偿，不能从中获利。在理赔时，对应承担保险责任的，根据保险合同的规定项目和给付条款确定被保险人的损失金额。

4. 确定被保险人或受益人应得的赔偿金额

健康保险理赔人员按保险合同规定的项目、给付额度和比例来计算保险金的给付数额，确定被保险人的赔偿金额，经审核后做出赔付决定。如果是拒赔案件，理赔人员应做拒付确认，并做相应的处理意见和原因记录。

（二）健康保险理赔的功能

1. 兑现保险人承诺补偿被保险人损失

消费者购买健康保险的主要目的就是为了在发生疾病或伤害的时候得到保障，通过健康保险理赔服务，兑现保险人承诺，可以使被保险人遭受的损失及时得到补偿，也充分体现了保险的经济补偿和保障职能。

2. 规范管理

健康保险理赔是健康保险整体经营的重要环节，通过对理赔相关数据进行统计分析，检验承保业务和经营状况，发现在保险条款、保险费率制定等工作中存在的问题和不足，从而为改进保险条件、提高承保业务质量和完善风险管理提供一定的依据，进而规范健康保险的经营和管理。

3. 树立品牌

健康保险事故发生频率较高，理赔申请也多，因此合理快捷、公平有效的健康理赔是赢得社会大众信赖的关键因素。良好的理赔服务可以促进健康保险业务的发展，提高保险企业的信誉，树立良好的品牌形象，扩大企业在社会上的影响。

4. 保护被保险人权益

通过及时、正确、合理、公平的健康保险理赔，被保险人正当权益得以实现，不仅保护了所有诚实投保人的利益，还有利于提高公民的法律意识。

三、健康保险理赔的特点和原则

（一）健康保险理赔的特点

健康保险和人寿保险理赔在很多方面都是相同的，但由于两者所承担的责任不同，在责任审核、保障范围和保险给付金额计算等方面有很大的差异，因此健康保险理赔相比人寿保险理赔有如下一些特征。

1. 除外责任的规定

健康保险条款中常有除外责任条款，一般包括战争或军事行动导致的疾病和伤害、非意外伤害所致的美容手术、自身原因或犯罪行为所导致的人身伤害、疾病和死亡及其他保险机构已支付的医疗费用或免费的医疗服务项目等。这些一般比人寿保险合同的规定要复杂得多，不同类型的健康保险合同除外责任内容可能有所不同，在理赔过程中要仔细审核，明确除外责任内的损失。

2. 特殊条款的使用

健康保险合同中，除适用一般人寿保险的不可抗辩条款、宽限期条款、复效条款等外，还有一些特殊条款，主要有既往症、等待期、协调给付等。

（1）既往症，是被保险人在健康保险合同生效前就已存在的健康问题或疾病状态。在健康保险合同中一般都有既往症除外的条款。也就是说在健康保险合同有效期内，因既往症导致的健康保险事故是不能获得保险金给付的。在理赔过程中，理赔人员应注意使用该条款，来避免因被保险人知晓自身的健康问题而没有向保险人如实告知所带来的逆选择风险。但如果被保险人在投保时就已说明的既往情况除外。

（2）等待期，又叫观察期，是保险合同生效后预先规定不属于保险责任范围的一段时间。此条款是保险人为了防止被保险人因既往症所带来的医疗费用而给付保险金，降低赔付率而做出的规定。一般规定在保险合同生效后的等待期为30日至1年不等（短期健康保险为30日，长期健康保险为90日、180日或1年）。健康保险条款规定了观察期的，在理赔责任审核时，应注意被保险人的损失发生是否在观察期结束后。

（3）协调给付，又叫比例分摊，是当被保险人同时拥有不同保险人的健康保险时，应根据协调给付的原则得到保险金赔偿，使被保险人得到的所有保险金给付额不会超过其实际损失的总额。在现实情况中，被保险人可能会同时拥有多份健康保险合同，为防止被保险人从保险事故中不当得利，大多健康保险特别是团体健康保险合同都有此项条款，因此，在健康保险理赔过程中要注意有无保险金协调给付条款的规定。

3. 费用的分摊方式

（1）免赔额，又叫自付额，是在保险人根据保险的条件做出赔付之前，被保险人必须自行承担一定比例的医疗费用，保险人只负责超过自付的部分。在健康保险中，一般对一些金额较低的医疗费用采用免赔额的规定，理赔人员必须严格审核保险合同有无免赔额的规定，有免赔额部分应由被保险人自己支付。而且，还要注意确定免赔额的方式，是基于每次给付还是基于一个保险年度给付，这些将会影响保险金给付额的计算。

（2）比例共付，又叫比例自付，是保险人与被保险人按一定比例共同分摊被保险人的医疗费用进行保险赔付的方式。既可以按某一固定比例给付，也可按累进比例给付，通常情况是随着实际医疗费用支出的增大，被保险人承担的自付比例累计递减。在大多数健康保险合同中，对于保险人医疗保险金的支出均有比例给付的规定。与此相关还有一个常见条款是损失停止，即当被保险人的自付总额达到一定程度时，保险人支付全部医疗费用。因此，在理赔中计算保险金给付金额时，要注意有无共付比例和损失停止的规定。

（3）给付限额。由于健康保险的被保险人个体差异很大，其医疗费用支出的高低差异也很大，因此，在补偿性的健康保险合同中保险人给付的保险金有最高限额的规定，超出最高给付限额的部分由被保险人承担，如住院费用给付限额、单项疾病给付限额、手术费用给付限额等，采用此方法可以控制总的支出水平，保障保险人和被保险人的利益。理赔人员在计算保险金给付金额时，也要注意有无给付限额的规定。

4. 就诊医疗机构的规定

保监会《健康保险管理办法》第二十三条规定："保险公司可以在医疗保险产品中约定，以被保险人在指定医疗机构网络中进行医疗为给付保险金的条件。保险公司指定医疗服务机构网络应当遵循方便被保险人、合理管理医疗成本的原则，引导被保险人合理使用医疗资源、节省医疗费用支出，并对投保人和被保险人做好宣传解释工作。"因此，在健康保险理赔过程中要注意有无指定医疗机构就医的规定。

5. 具有补偿性

在健康保险中，保险人给付的保险金具有补偿性质，如医疗费用保险，强调对被保险人因伤病所致的医疗花费或收入损失提供补偿。健康保险在给付方式上有时也采用定额式给付，如重大疾病保险的保险金给付，保险人可以按事先约定的保险金额给付。而健康保险的大多数业务都采用补偿式给付，保险金给付往往按照实际发生的费用和收入损失而定，因而赔付金额应在保险金额之内且最高不能超过被保险人实际发生的费用。

6. 保险金给付的不确定性

除定额健康保险外，大多数健康保险保险金给付按照实际发生的医疗费用和收入损失来确定，因此，对医疗费用和收入损失的补偿不是一个固定的金额，无法事先约定。并且医疗费用和收入损失又受许多主观和客观因素的影响，如临床上新技术和新药物的使用、医生的诱导需求、被保险人的道德损害行为等，存在许多可变的因素导致医疗费用的上涨，使得保险金的给付数额有不确定性，但为控制道德风险，一般在健康保险合同中有给付限额的规定。

7. 理赔难度大

由于医疗费用和收入损失受许多因素的影响，理赔存在的道德风险也较高。医疗费用的补偿一般认为是合理和必需的费用，这可能导致赔付时的不同理赔人员把握程度不同，同样在进行失能收入保险理赔时，对收入损失的测试也很难把握，往往保险金的给付需要根据理赔经验。这使得健康保险理赔十分复杂，而且理赔涉及较多的医学知识和法律知识，技术难度较高，一旦处理不慎，容易与被保险人发生纠纷。

（二）健康保险理赔的原则

1. 重合同、守信用原则

保险金给付是保险人履行保险合同义务和实现经济保障职能的体现。在处理各种健康保险给付案件时，要严格按照保险合同和有关法律法规进行理赔，不得无故拒赔或进行不合理的赔付。

2. 实事求是原则

保险人应该本着实事求是的原则来进行保险理赔，在每一个案件的处理上，坚持以客观事实为依据，不掺杂任何个人的主观臆断，对待复杂赔案应根据实际情况进行灵活处理，做到不缩小、不夸大，既不惜赔，也不滥赔。

3. 公平原则

在处理理赔案件时，理赔人员有时会因为条款等方面的原因难免与索赔人发生一些纠纷。在具体问题的分析上应采取不偏不倚、立场公正的态度，正确处理好保险人与被保险人的利益关系，既不过分偏袒被保险人的利益，也不能仅考虑自身的经济利益而损害被保险人或受益人的权益。

4. 及时、主动、准确、合理原则

当保险事故发生后,保险人应主动、迅速地采取行动,展开理赔工作,并客观、准确、合理地估算理赔金额,及时将保险金给付给被保险人后,快速结案。要在准确的基础上,力求及时、合理,最大限度地满足被保险人的合理需求。

第二节　健康保险的理赔程序

一、个人健康保险的理赔程序

(一) 登记立案

1. 报案

保险事故发生后,投保人、被保险人或受益人将事故发生的时间、地点、原因等有关情况通知保险人,然后提出索赔申请。报案可采用上门、信函、电话、传真或电子邮件等方式。保险人需向被保险人提供索赔申请书,并询问被保险人姓名、证件号码、保险合同号、出险日期和地点、事故经过、治疗情况,以及报案人姓名、联系地址、联系电话等重要信息。

2. 申请人提供所需材料

(1) 被保险人按要求填好并签名的索赔申请书。

(2) 证明被保险人身份和保险合同有效性的材料,如身份证、户籍证明、保单或保险凭证的正本、缴纳保费收据等。

(3) 保险事故的性质、原因、损失程度等的证明和材料,例如,保险公司指定或认可的医疗机构出具的诊断证明、出院证明、伤残程度证明、住院费收据、病历,以及公安有关部门出具的死亡证明、销户证明等。

(4) 保险公司认为有必要的其他证明材料。健康保险险种不一样,申请索赔时所需要的申请材料也有所差异。如果为意外事故,还须提供有关部门出具的意外事故证明书。

3. 立案

接到索赔申请后,健康保险理赔人员主要看保险金申请材料是否齐全、事实是否清楚、证明材料是否充分和各种单据是否一致,特别注意有无冒名、伪造或篡改的单证,病史或病程记录有无前后矛盾、不连贯或与事实不符的情况等。对于索赔材料不完整的申请,理赔人员应通知被保险人补齐后,再来重新审核。符合立案条件的,进行立案登记;不符合立案条件的,按撤销案件处理。

(二) 单证审核

1. 审查保险合同的有效性

理赔人员在接到索赔申请后应对案件的性质、合同的有效性等进行初步审查,主要包括出险人是否是保单上的被保险人;审查出险时保险合同是否有效;保险事件是否发生在保险有效期间内,是否在合同规定时效内提出的保险申请。

2. 审查相关单证的有效性

除审查保险合同外,对其他的保单证也必须初步审查。审核申请人所提供的证明材料是否完整、有效,如诊断、病历和住院费收据等证明是否由保险公司规定的医疗机构出具,医疗费用和收入等损失是否发生在保险责任范围内等,审查证明材料是否有不清楚和可疑的地方,是否需要理赔调查。

（三）现场调查

1. 提请调查的情况

一般情况下，以下案件须提请调查：医疗费用或津贴给付金额达到一定标准的案件，不同保险人可能规定的金额数不一样；首次投保1年内因慢性疾病第一次申请理赔的案件；需要核实事实具体内容和健康告知的案件；索赔申请资料可疑、可能影响理赔决定的案件；存在保险欺诈、保险犯罪或其他保险责任免除可能的案件等。

2. 调查的主要内容

核实被保险人的身份，投保时的年龄；如有因年龄错误少缴保险费的，按实际缴费与应缴保费的比例重新计算确定保险金额；事故的性质和成因；是否存在冒名顶替；有既往病史的被保险人主要指既往症和重大疾病调查；是否存在不合理医疗，包括不合理医疗行为、医疗费用和住院天数等；其他存在道德损害与欺诈违法的行为等。对于有第三方责任的案件，或索赔人同时拥有其他保险人保单的案件，还要调查第三方责任人和其他保险人的医疗费用等详细情况。

（四）责任审定

1. 保险责任的审核

理赔人员根据案件事实的现场调查，审核被保险人是否有保险利益、索赔单证是否有效、被保险人是否有违约行为等，理赔人员还要仔细审核索赔申请书和各种医疗费用、损失证明、专家鉴定等单据中的项目是否在保险责任范围内。特别要认真核对保险合同中的责任免除范围，将某些需要被保险人自付的、按比例自付的和与本次无关的诊治费用，以及因在等待期内或因既往症发生的医疗费用等都扣除不予赔偿。如果案件由第三责任方造成被保险人损失的，保险人应根据法律依据，核定第三方的过失责任所应承担的赔偿金额。

2. 理赔的处理

理赔人员通过上述对各项单证的审查和对案件事实的调查，审定损失责任，做出相应的理赔处理。对于属于保险责任的，要确定保险人的保险赔偿责任范围和应承担的给付责任比例；对于不属于保险责任的，理赔人员须向被保险人或受益人做出拒赔的处理。常见的理赔处理有给付、拒赔和豁免。

（五）保险金计算

在做出给付保险金的处理后，理赔人员要进一步确定保险金的给付数额是多少。有些情况下给付额度在保险条款中有明确约定，如重大疾病保险。而大多数健康保险，如医疗保险，则是根据保险合同中规定赔付的最高额度，然后以被保险人所发生的实际治疗费用和天数，按保险条款规定进行分类确定具体赔付额。理赔人员在核定保险责任的基础上，对于应承担保险责任的，应当根据保险合同规定的保障项目、给付额度和赔偿比例准确计算保险金的给付数额。计算应注意保险人和被保险人之间的协调给付及健康保险特有的、涉及给付的条款，如免赔额等，对医疗费用和住院天数的核定应遵循常规、必要和合理的原则。

（六）复核审批

复核是较高级别的理赔人员对其下级理赔人员处理的案件再次审核的过程，是理赔程序的把关环节。复核的关键在于及时发现理赔过程中的问题和纰漏，以防范理赔的内部风险，保证理赔处理的正确性和客观性。理赔人员在对所有材料的完整性、有效性和准确性核查完后，核对赔付金额并签署意见，复核完毕后向上级理赔人员报批。

（七）赔付结案

案件处理准确无误后，经相应权限的理赔人员签署意见，即可做出给付或拒赔的决定。如果是拒赔处理，保险人拒绝给付保险金并明确原因和意见。如果是给付案件，理赔人员则应确定保险金给付对象，具体支付对象根据保险合同中的有关规定。一般情况下，保险金的给付对象为保险金申请人，通常就是被保险人。在办理给付手续时，应注意确认领款人与被保险人的关系。领款人需提供理赔领款通知书、被保险人身份证明等相关材料领取保险金。给付完成则视为结案，之后理赔人员须将理赔案件资料装订并归档。

二、团体健康保险的理赔程序

（一）报案

在团体保险理赔中，保险事故的报案通常由被保险人或受益人亲自报案或由保险公司业务代表转达报案，在实际操作中，由业务代表转达报案的情况较多。案情通知业务代表后，就需要代表很清楚地了解事故的各种信息，包括事件发生时间、地点、原因、经过、保单信息等，再向保险人报案。理赔人员应将所有信息记录后，等被保险人准备好申请材料后及时处理案件。

（二）申请立案

被保险人向保险人提出理赔申请并填写申请表，不仅要申请人签字，团体保险理赔的申请表上还须要加盖投保人单位公章，这个程序是由投保单位确认被保险人身份和保险事故的环节，也是有别于个人健康保险理赔的地方。这不仅具有形式上的意义，更重要的是据此来开展审核工作，这就要求投保人对申请中的事故陈述负责。除申请表外还应提交与保险事故相关的证明材料，主要包括病历、检查检验报告、出院小结，以及医疗费用原始收据、费用清单等；有时由于健康保险险种不同还要提供其他证明材料，如工伤证明、意外事故证明等。如果是身故理赔，还要提供身故证明的相关资料。材料内容上要能证明发生的事故是保险责任范围内的，如果申请人发现理赔申请有明显不符合赔偿条件的情况应通知保险人撤销。如果保险人发现申请人所提供的材料不全，应及时通知申请人进一步提供。单证齐全、审查通过才能予以立案。

（三）审核与调查

健康保险理赔案件经立案后，进入审核阶段。审核的主要内容有审理申请人提交的各项证明材料，判断保险事故发生后被保险人是否遭受损失，判断保险事故是否在保险责任范围内，核实事故的证明材料，判断事故证明是否有效，是否需要进一步开展调查等。这与个人健康保险的内容基本一致。此外，针对团体健康保险的保单，如团体医疗保险，对某个团体中的多个被保险人在同一时间段内的集中索赔案件进行理赔处理时，保险人往往采用批次处理的方式，以简化操作、方便处理、加快理赔。在处理时，理赔人员对同一批次的多个申请单只产生一次报案号，对这一批次的所有理赔申请进行审核与调查，以及做出相应处理。

（四）保险金计算与审批给付

健康保险理赔案件经审核和调查，即应做出理赔给付或拒付相应的处理。如果是拒赔案件，保险人依据法律或合同拒绝给付保险金，并给出原因和意见。如果是给付保险金的处理，则应根据合同规定的保障项目、给付额度及比例计算赔付的保险金额，经相应级别理赔人员审批后，做出给付决定。团体健康保险理赔的保险金既可以直接给付团体，也可以直接给付个人。这与个人健康保险的给付有所不同。通常情况下,团体医疗保险保险金从申请到给付都是投保单位办理的,赔付的保险金也是由单位统一领取的。理赔人员以清单的形式列出每个被保险人应赔付的金额,并将总额以现金或其他方式给付投保单位,最后由投保单位向每位被保险人分发。而团体重大疾病保险,因其数额较大、出险概率较低,保险人一般直接向被保险人或受益人支付保险金。

(五) 结案归档

团体健康保险与个人健康保险的理赔结案归档方式不同,个人保险理赔一人一案,而团体保险在一张保单上往往有几个险种和众多的被保险人名单,而且对事先约定的定期集中索赔处理时常使用批次处理的方式统一结案归档,因此,团体保险理赔通常是多人一案即一险种一案,是按投保人和所投险种为单位的。

总之,团体健康保险与个人健康保险的理赔流程大致相同,但在具体操作和某些细节上存在差异。这也是由团体健康保险与个人健康保险理赔本身的区别决定的。个人保险理赔的对象是每一个被保险人,团体理赔是以群体为单位的。在理赔过程中,个人保险的理赔人员通常直接接触被保险人,而团体保险在理赔人员和被保险人之间有保险公司的业务人员和投保单位的经办人员作为沟通桥梁,理赔人员可以通过业务和经办人员来解决理赔问题。此外,个人保险理赔是以险种的条款作为依据来赔付的,团体保险除了依据条款,还要依据附加于条款的一些协议或特别约定。

三、健康保险理赔中的注意事项

(一) 个人健康保险的理赔

个人健康保险理赔的逆选择和道德风险较大,理赔中应注意对欺诈行为的识别和防范。要特别注意以下几个方面。

1. 既往症

既往症,通常是在保单生效前被保险人已经知道或应该知道的疾病或症状,包括医生已经明确诊断的、或治疗后症状未完全消失并间断用药的、或未经诊断治疗症状明显且持续存在的疾病。既往症调查一般以医院的住院病历为线索,寻找诊断及治疗的证明。在审核中,发现有既往症的时候,要首先确认被保险人在投保时是否告知有该疾病或症状,然后再依据保险合同做相关处理。

2. 不合理医疗

不合理医疗主要包括住院天数和医疗费用的不合理。理赔中应根据被保险人的病历资料确定住院是否必要、是否符合入院体征;再根据病程和病历记录判断住院时间是否合理,例如,被保险人临床症状消失、病情已稳定时的住院天数视为必要的住院时间,之后的住院和诊疗费用应视为不合理医疗;还应审查具体的医疗费用是否合理,结合被保险人病情审查超出条款规定范围的诊查、用药和治疗费用。

3. 证明材料和单证

证明材料和单证的合法性、真实性和有效性在健康保险理赔中是审核的重要内容,而且直接决定是否处理和赔付。因此,在理赔时应特别注意审核诊断证明书、医疗费发票和核保资料等相关材料和单证的有效性和可靠性。例如,确定诊断证明书是否是保险人认可的医院或指定的医院,诊断书字迹是否清楚、有无涂改和加盖公章等;确定医疗费发票是否符合常规,是否由指定医院开具,收款人有无签章等。

(二) 团体健康保险的理赔

团体健康保险理赔与个体健康保险理赔在承保对象、理赔方式上有所不同。因此,在团体业务理赔时，应根据承保的告知情况进行审核。要特别注意以下内容。

1. 证明材料

确定投保团体是否为合法团体，保险合同是否有效；投保的人数、保额、职业、年龄等信息投保前是否如实告知，有没有逆选择的倾向；了解该保单的理赔情况，如在本年度或前几个年度的理赔情况；注意被保险人有无被解雇、调换工作及投保人修改合同内容的情况；为了证明被保险人在投保清单上，并且经投保单位认可索赔申请人是投保清单的受益人，需让被保险人提供保单号和经投保人盖章的索赔申请书；死亡保险的受益人必须要有足够的身份证明，理赔时要处理好被保险人遗嘱和受益人的关系问题，注意投保单位提供清单的受益人是否合法，以避免纠纷。

2. 保险额度

团体保单保障范围内的众多被保险人应分别明确其保险额度，团体保单保障了多个被保险人，如果一个或几个被保险人理赔后，可能已足额赔偿或还有剩余保额，对其他被保险人保额没有影响，在有效期内保单仍有效，因此，对单个或多个被保险人在理赔后应明确其个人剩余保额。

3. 合理和快捷的理赔服务

在团体健康保险合同期满后，理赔人员要多总结团体保单的理赔经验并分析，以便在日后续期业务中为其提供合适的费率和服务；而且团体保单应当给予合理、快捷的理赔服务，因为团体保险理赔面对的是社会团体的众多被保险人，服务质量好坏影响面大，可能会直接影响保险业务的发展。这就要求理赔要尽可能简单、高效。

第三节　健康保险理赔的管理

一、健康保险理赔人员的管理

（一）实行资格准入制度

1. 专业知识

健康保险理赔是一项专业性强、技术性含量高的工作，一名合格的理赔人员必须具备保险、医学、法律、金融等方面的专业知识。

（1）保险知识。健康保险理赔人员首先要具备基本的保险知识，了解保险合同的特性，合同的订立、生效与履行过程，合同的变更、终止，合同的解释原则和争议的解决方式等基本知识，以及健康保险每一个险种包含的保险责任及其特点，只有详细了解、熟练掌握，才能在理赔决策中做出正确的决定，做好理赔风险管理。

（2）医学知识。健康保险以人的生命和健康作为保险标的，所发生的保险事故基本上都与生命和健康有关。在理赔实务中，对被保险人的健康状况审核主要根据其投保时的告知情况、体检资料和事故发生后理赔调查的病历资料、各项检查报告资料的综合分析，而且还要完成对健康因素所导致的保险事故性质及损失程度的判断和评估。所以理赔人员须具备一定的医学基础和临床经验。此外，由于我国个人健康档案的建立和管理起步较晚，理赔人员对个人健康资料的获取难度较大，这就需要对来自不同渠道的健康资料进行综合分析和判断，才能为合理赔付提供可靠充分的依据。

（3）法律知识。在整个保险经营过程中，保险人和被保险人双方的行为自始至终都受法律的监督和约束，同时双方的利益也都受法律的保护。理赔过程涉及合同效力和保险责任的认定及受益权的确定等诸多法律问题，就要求理赔工作须在《保险法》及其他相关法律法规的指导下完成。因此理赔人员也要具有一定的法律专业知识才能胜任理赔工作。

（4）金融知识。保险公司属于金融机构，其保险行为是一种商业行为，所以保险经营是以盈利为目的的活动。理赔是保险经营的重要环节,在这一过程中要防范风险,保护公司利益。因此,理赔人员需要有一定的金融与财务知识,还要有经营意识。在案件审核过程中,理赔人员要了解被保险人的财务状况,特别是对高保额客户和在多家保险公司同时投保的客户,要加强风险管理。

此外,对于保险责任的认定并不只限于保险合同和健康问题的判断上,还包括投保动机、职业、道德因素及对事故经过的调查等,要具备良好的沟通能力和洞察力。做好理赔工作不仅要有保险、医学、法学、金融知识,还要具备其他多方面的知识和技能,包括社会学、心理学等。

2. 职业道德

理赔人员行使审核和认定保险责任的理赔过程,也是在行使一种权力。正确使用这种权力,可充分发挥保险理赔的作用。但如果权力使用不当,则会损害保险双方的利益。理赔人员的职业道德水平是权力能否正确使用的关键。

(1) 实事求是、公平公正。诚实信用,客观公正是基本准则。理赔人员应准确快速地处理每一个案件,廉洁自律。行使善良管理人的职责,切实维护保险双方的利益。

(2) 有强烈的责任感。健康保险理赔工作十分复杂,理赔人员应热爱本职工作,要以饱满的精神和强烈的责任心投入工作。特别是健康险的道德风险较高,这就需要理赔人员工作中须精通业务、熟知条款,并认真核查各种理赔资料、深入细致地做好理赔调查和审核工作。

(3) 保密意识。理赔人员应遵守相关法律法规,调查时采取合法、合理的方式获取信息。不仅要尊重客户的隐私权,为其保守秘密,还要注意保护本公司的经营策略等商业机密。

3. 准入资格

鉴于理赔工作对从业人员的综合要求较高,目前,在我国的一些大型保险公司已实行了严格的资格准入制度。2011 年起各家保险公司对理赔人员的招聘主要采用公开招募和大学生集中招聘,就业前一般不需要特殊的职业证书。在基层从事理赔柜面岗位 2 年以上的可以申请各公司内部组织的核保核赔两核人员专业资格考试,通过后方可获取初级核赔员资格。

(二) 加强理赔人员培训

1. 岗前培训

健康保险理赔部门新进员工培训是一个使新聘人员熟悉和适应理赔工作环境的过程,是掌握理赔必要的工作技能。对从事理赔工作的新员工培训主要包括:使新员工了解本公司的发展历史、经营环境和目标,遵守规章制度,树立工作责任心;了解公司的保险经营产品及保全、承保、核保和续期等方面的基本知识;熟悉理赔的岗位职责、操作流程、作业规则与系统操作,并掌握理赔的基本技能。

2. 岗位培训

健康保险理赔人员的岗位培训就是使其了解理赔岗位的工作特点和意义,使之形成良好的职业道德意识和职业自豪感,激发其工作热情,促进做好本职工作。通过岗位培训,培养他们为社会、为公司和客户服务的思想,充分发挥个人的工作潜能,体现理赔工作人员的自我价值。岗位培训的内容应包括岗位职责、操作流程、作业规则和理赔技巧等。

3. 在职培训

健康保险理赔人员的在职培训是在实际工作环境和条件下进行的并贯穿于具体工作中,由经验丰富的理赔人员结合实际工作开展的指导和培训。目的是使参训人员掌握理赔的工作技能,有效地提高工作效率。实施在职培训时,在立足于公司内外部现有的培训资源的基础上,可以开展集中现场培训、外部资源培训、常规技能培训及实践考察等,也可以开展视频和互联网培训等,并根据不同的培训内容采用不同形式的培训,使其发挥最大价值,达到最好的效果。在职培训的主要内容包含健康险的基础理论、医学基本常识、法律法规基本知识和公共基础管理四大理论和实践相结合的课程。

4. 脱产培训

健康保险理赔人员的脱产培训是理赔人员在工作期间,根据工作需要或公司安排,暂时离开理赔岗位去接受继续教育,或去相关的保险、医疗研究机构,或到上级理赔机构去接受学习与培训。在健康保险理赔中,理赔人员在工作中除了保险,还要运用到法律、社会及医学等多方面的知识,这对理赔人员的能力提出了相当高的要求,只有持续强化相关业务知识学习,才能使理赔人员不断提高业务水平,确保理赔工作质量。

(三) 建立理赔人员合理的晋升机制及分配薪酬机制

1. 晋升

当理赔人员积累了丰富的工作经验,通过晋升晋级考核后,就可以参与更多的管理工作。在我国,一般获得初级核赔员资格后,4 年后可申请中级核赔师(纳入全国经济专业技术资格考试体系)。高级核赔师原则上需要报请总公司一级审批。高级核赔师相对较难获取,部分省直辖市仅个位数,多从事业务主管和后台审批工作。

2. 薪酬机制

从核赔员、理赔师到高级理赔师,不同级别的理赔人员其责任和权利大小不同,责任与权利又与处理案件的类型和金额有着直接的关系。对于级别低的理赔人员而言,其被授予的理赔审核权较小,承担的责任也不大,而高级别的理赔人员,被授予更高金额的理赔审核权,同时承担的风险管控职责也较高。依据理赔人员责任大小确定合理的薪酬机制,建立一支专业化的理赔人员队伍,对健康保险公司的经营稳定能起到巨大的作用。

3. 奖励制度

作为一种有效激励的办法,合适的奖励制度可激发理赔人员的工作热情,提高工作技能,充分发掘自身潜能。对于合理合法拒赔且为公司避免了较大损失的理赔机构或人员,可以酌情给予适当的奖励。对于违反公司理赔管理规定,对公司经营造成较大风险的理赔机构或人员,应当酌情给予相应的处罚。

二、健康保险理赔组织的管理

(一) 理赔组织的架构设置

在我国,健康保险业务主要由人寿保险公司经营,还有专门的健康保险公司,不同的保险公司,健康保险的理赔管理有不同的组织形式。目前,有两种常见的理赔组织设置:一是在总公司设立健康保险理赔管理部门,专门处理所有的保险理赔工作;二是在众多的分支机构中设立理赔管理部门,而两种方式各有利弊。

1. 总公司设立健康保险理赔管理部门

这种组织架构属于集中式管理。当接到索赔案件时,总公司的理赔管理部门直接开展理赔处理,这样可以节省人员培训、管理等方面的费用,而且也方便与核保、精算等相关部门的专业人员沟通协商。集中式管理有利于强化理赔部门人员的专长和技能,有利于控制业务风险,有利于建立资源共享机制。这种组织设置通常也有两种具体的模式:一种是单独设立理赔管理部,来处理所有健康保险产品的理赔工作;另一种是按照健康保险产品的分类分别设置理赔管理部门。按照产品的类别管理时,每一个理赔部门处理同类业务,可以提高理赔人员的业务水平,但可能会造成部门之间的处理缺乏一致性;而单独设立理赔部处理所有的案件时会一致性较好,但在促进专业提高方面会有欠缺。

随着保险行业的发展和大数据的积累，尤其是计算机信息技术的广泛运用，保险公司理赔流程的标准化水平显著提高，有力地支持了对理赔部门职能实行集中式管理的做法。目前西方国家的健康保险公司在理赔管理上主要采用集中式管理的做法，通过专门的理赔部门进行统一管理，利用信息技术系统，实现理赔流程的标准化，大幅提高了理赔环节的管理效率，节约了费用。

2. 分支机构中设立理赔管理部门

这种组织架构属于分散式管理。当接到索赔案件时，公司分支机构的理赔部门可直接处理理赔案件，这会使理赔人员更方便与客户联系和现场调查，有利于及时处理客户的理赔申请。但是，由于专业的核保、精算人员往往设在总公司，这种情况下理赔人员与他们的联系与沟通上会有一定不便。而且各分支机构的业务范围和规模不尽相同，索赔的发生可能有一定的区域和季节聚集性，会造成管理成本的增加、资源的浪费。

总之，无论是集中化作业模式，还是分级授权到分支机构的分散作业模式，健康保险公司的理赔组织架构，应遵从集中管理、分级授权的原则，逐步形成理赔管理部门和理赔作业部门的分工协作。理赔管理部门的工作重点应该放在政策制度建设、系统建设、参与产品开发和组织管理与绩效考核等上，而理赔作业部门负责理赔案件处理、分析统计和风险预警等。

（二）理赔组织的管理模式

随着理赔管理的发展和完善，健康保险理赔管理逐步走向专业化和规范化，目前理赔组织管理模式主要有两种：一是行政管理模式；二是专业管理模式。

1. 行政管理模式

保险公司在经营管理中，为了达到预期目标，须对各环节采取行政管理手段，组织相应的行政管理模式，制定严格的规章制度和实施细则，以保证本公司的正常运营和发展。在理赔部门的行政管理上，当确定了理赔行政管理模式后，也要制定相应的规章制度，并加强各部门之间的协作。通常在岗位设置、人员安排、组织纪律和理赔人员的思想品德、行为规范及服务意识等方面的管理，由相关机构的人事行政部门和理赔所在的部门进行管理。

2. 专业管理模式

理赔是保险公司控制风险的一个重要环节。风险的发生可能受来自公司内部和外部因素的影响，为了避免行政干预和人情关系等因素影响理赔的过程，导致理赔结论的不公正。为防止理赔风险的发生，目前许多保险公司在理赔业务管理方面建立了理赔流程和作业规则，制定了理赔人员专业技术培训计划，实时监督审查理赔过程和执行情况，形成了专业理赔管理模式。这种管理模式就需要权责分明，将理赔与行政管理分离。不同级别理赔人员在各自的授权范围内行使理赔权职责，并在上级理赔人员的指导下完成理赔工作，并且建立了相应的考核制度和分配机制。这种模式明确了理赔人员的权力、责任和利益，有利于进行理赔业务的风险评估和管理控制。这种管理模式目前在我国的健康保险公司采用得较多。

1. 健康保险理赔的概念和特点是什么？
2. 试分析个人健康保险理赔与团体健康保险理赔的联系和区别。
3. 健康保险理赔人员应具备的基本职业素质有哪些？

【案例分析】

J市某人民医院引进商业保险理赔医疗费用的实践

商业医疗保险作为健康保险的一种，也是多层次社会保障体系的一个重要组成部分，已渗透到社会生活的各个方面。目前许多人在享有基本医疗保险的同时还购买了商业医疗保险，门诊费用、住院费用在医院收费处结算后，涉及商业医疗保险报销必须到相应的保险公司进行理赔，有时医疗证明材料等手续不全,在保险公司和医院间往返,十分不方便,而且浪费了许多时间。J市某人民医院从2011年3月起,引进1家商业健康保险公司进驻该医院,现场理赔医疗费用。现场理赔的具体做法有主要有以下三个方面。

1. 在医院住院收费处旁设理赔办公室

该保险公司与医院签订合作协议,指定专人负责。保险公司在医院住院收费处设立现场理赔窗口,办公面积25.2m,配备计算机等办公设施,公布理赔窗口服务电话,医院在门诊大厅和住院大楼各病区设置引导牌、海报、电子滚动屏宣传等。

2. 保险公司现场理赔的管理

患者入院24小时内须向保险公司报案登记,理赔办公室理赔代表到病房核实信息,意外险客户须在此验伤及提供书面事情经过。公司理赔代表献上鲜花慰问,并告之患者出院结账后理赔地点和所带资料,包括出具诊断证明、出院小结、住院发票、费用明细清单、医保结算单、保单原件及复印件、保费发票复印件、出险人身份证原件及复印件正反面。公司理赔代表每天通过医院计算机系统查询患者用药、材料、检查等费用明细、长期医嘱、临时医嘱、检查报告单(如CT、彩超等大型检查结果)进行审核。患者出院后,在医院住院收费处按照医保、合作医疗或自费结账后,带齐理赔所需材料,再到医院理赔办公室理赔,公司理赔代表打印出具《个人理赔通知书》和《J市某人民医院商业保险理赔付费单》,《个人理赔通知书》栏目包括投保者姓名、险种、保险合同号、起保时间、医疗费用总额、核准金额、免赔额、给付金额;《J市某人民医院商业保险理赔付费单》栏目包括患者姓名、付费金额、理赔办公室负责人签名、赔付专章。患者凭《个人理赔通知书》和《J市某人民医院商业保险理赔付费单》到医院住院收费处填写《领款单》后领款。门诊患者就诊结算后直接凭门诊病历、身份证到医院理赔办公室理赔,再到住院收费处领款。

3. 医院垫付理赔金的管理

患者在医院住院收费处领取的商业医疗保险赔付金是由医院垫付的。每月最后一天,住院收费处凭《个人理赔通知书》、《J市某人民医院商业保险理赔付费单》和《领款单》与医院理赔办公室进行对账,金额核对无误后,保险公司在7天内转账到医院指定账户。

结果在2011年3月至2012年12月,门诊赔付373人次,发生金额253774.66元,赔付金额为134017.62元。住院赔付2028人次,发生金额14682671.61元,赔付金额3961550.45元,其中周边县市赔付119人次,发生金额899641.25元,赔付金额260835.52元。

(资料来源:邢程. 医院引进商业保险理赔医疗费用的实践. 医院管理论坛. 2014, 3(31):15~16.)

【问题】

试析J市某人民医院开展商业医疗费用保险理赔实践的优势。

【提示】

从商业健康保险理赔的目的、功能和程序考虑。

扩展阅读

印度健康保险第三方管理机构

第三方管理机构(Third Party Administrators,简称TPA)是为保险公司开展的医疗保险计划或企业团体自保计划提供医疗管理服务的保险中介机构,起源于商业健康保险高度发达的美国。2001年,印度保险监管部门出台了《健康保险第三方管理监管条例》,把TPA作为保险中介机构加以监管,有力地促进了TPA及健康保险的发展。

1. TPA 的服务领域

TPA 建有自己的医疗服务网络，这个网络由医院、全科医生、诊断中心、药房等医疗机构组成。TPA 拥有自己的医学专家、医院管理者、保险咨询师、法律专家、信息技术人员和管理咨询师。TPA 凭借其医疗服务网络及专业管理力量，为保险公司提供医疗管理和理赔处理等系列服务。

保险公司与 TPA 签署协议，委托 TPA 为被保险人提供医疗费用理赔管理工作。当被保险人接受住院治疗时，医院首先通知 TPA，TPA 对医院的诊断及医疗费用预算做预审核，医院在 TPA 的预授权下开展治疗活动。当被保险人出院时，医院将医疗费用清单传输到 TPA，经审核同意后直接结算医疗费用，无需被保险人支付现金。

实际上，保险公司是将健康保险业务的后台处理（主要是医疗服务管理、客户服务和理赔处理）外包给 TPA，根据保单数量和服务范围，向 TPA 支付一定比例的服务费用。目前，在印度市场这笔服务费用约占保费收入的 5.5%～10%。概括而言，TPA 的服务领域主要有以下几个方面：一是被保险人接受医疗服务时，TPA 与网络医院直接结算医疗费用，被保险人无需支付现金；二是提供 24 小时全天候的电话热线，为被保险人提供医疗咨询等支持服务；三是使用专业的理赔系统，为被保险人提供医疗费用理赔服务；四是对网络医院进行医疗费用成本控制，保证其提供高质高效的医疗服务，避免医疗资源的滥用；五是直接为企业团体客户设计雇员福利计划。

2. TPA 的主要职能

按照运作流程，TPA 主要在以下环节发挥作用：一是医疗网络管理：包括提供网络医院手册，建立网络医院遴选标准并进行信用评级，与网络医院协商费用折扣，对网络医院进行满意度调查，为医院提供培训等；二是医疗服务管理：包括对被保险人住院医疗出具事先授权函，制定常规合理的费用标准，对医疗服务行为进行监督，提供医疗数据分析报告，使用工具和技术控制医疗服务成本等；三是理赔管理：包括收集理赔文档，理赔流量管理，医疗费用审核，理赔结算付款，为保险公司提供理赔管理报告等；四是客户服务：包括提供 7 天 24 小时服务热线，客户投诉热线，网络医院无现金支付，客户满意度调查，客户现场培训，医疗服务质量评估等；五是增值服务：辅助设计保险条款，制作管理表格，开展专业培训，提供核保指南支持，提供精算支持，支持营销活动等。

3. TPA 的监管政策

印度保险监管部门是 TPA 的法定监管机构。2001 年，保险监管部门针对 TPA 制定了专项监管条例，把 TPA 界定为保险中介组织，严格限制和规范 TPA 的经营行为，主要有以下方面要求：一是需要获得保险监管部门颁发的营业执照才能营业；二是营运资金至少达到 1000 万卢比（约 25 万美元）；三是外资所占比例不能超过 26%，一旦股权转移超过已付资本的 5%，需通知保险监管部门；四是可以与多家保险公司签订协议，保险公司也可以与多家 TPA 合作；五是不能向被保险人收取额外的服务费用；六是不允许销售健康保险保单。

在保险监管部门的支持和倡导下，印度 TPA 发展势头良好，目前印度健康保险的大部分业务都是通过 TPA 机构提供医疗管理和理赔服务，这种第三方管理模式已得到保险公司、被保险人和医疗机构的普遍认可。

（资料来源：印度健康保险及第三方管理考察报告 . 2007. 中国保险监督管理委员会 . http://www. circ. gov. cn/web/site0/tab5267/info261544. htm）

（卢曼曼）

第十一章

健康保险客户服务

内容提要

本章主要从健康保险公司的角度对健康保险客户服务进行阐述：界定健康保险客户服务的概念和内容；从健康保险客户服务的途径、健康保险客户服务实务（客户沟通和服务技巧）两个方面深入阐述健康保险客户服务；阐述了健康保险客户服务文化的概念及其建设的相关内容，并从质量管理与评价的角度，论述了健康保险客户服务的质量管理与评价体系。

第一节　健康保险客户服务的概念及内容

一、保险客户服务

保险客户服务是指保险公司针对保险投保人、被保险人、受益人、准保户等外部客户所开展的各种活动和采取的各种措施的总称。具体而言，是指保险人在与现有及潜在客户接触阶段，通过畅通有效的服务渠道，为客户提供产品信息、接受客户询问、品质保证、合同义务履行、客户保全、纠纷处理、服务追踪、满意度调查等有关保险的所有服务，以及基于客户的特殊需求和对客户的特别关注而提供的附加服务内容。广义而言，任何能提高保险客户满意度的服务内容都属于保险客户服务的范围。

保险客户服务的发展历程已经从以保单为中心的服务阶段开始，经过以客户为中心的阶段，到目前以客户关系管理（customer relationship management）为核心的阶段。客户关系管理的定义是：企业利用相应的信息技术及互联网技术来协调企业与顾客间在销售、营销和服务上的互动，从而提升其管理方式，向客户提供创新式的个性化服务的过程，以达到吸引新客户、保留老客户及将已有客户转为忠实客户的最终目标。

保险客户服务是以产品或服务为依托的行为，其对象是那些现实和潜在的保险产品的消费者。保险客户服务的方式多种多样，可以是具体的行为，也可以是信息支持或价值导向。其接触方式可能是面对面，也可能是电话、短信、微信等非面对面的方式。保险客户服务要强调保险企业利益与社会利益的平衡协调，信守自己与社会公众一起发展的原则。保险客户服务的目标和所有其他企业客户服务的目标是一致的，即①提高客户的满意度，挖掘和开发客户的潜在价值；②争取社会公众的理解和支持，为保险的生存、发展创造必需的内部环境和外部环境。保险企业在进行客户服务时，必须注重社会公众的利益，在保证保险企业基本利益的前提下，最大限度地满足社会公众的利益，以此来促进保险企业和社会公众双方的相互理解、信任，从而达成合作，创造最佳的社会舆论与和谐的社会环境。

二、保险客户服务内容

保险客户服务以实现客户满意最大化，维系并培养忠诚保险客户，实现客户价值与保险公司价值的共同增长为目标。保险客户服务包括保险产品的售前、售中和售后三个环节的服务，其中售前服务是指保险人在销售保险产品之前为消费者提供的服务；售中服务是指在保险产品买卖过程中，保险人为客户提供的各种服务；售后服务是指在客户签单后保险人为客户提供的一系列服务。在服务的每一个环节上又都包含着一些具体内容(图 11-1)。

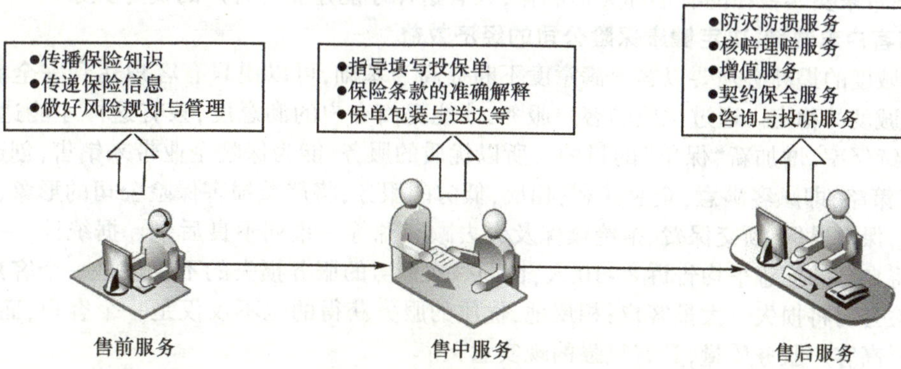

图 11-1 保险客户服务内容

三、健康保险客户服务

(一) 健康保险客户服务的概念

健康保险客户服务是为健康保险客户提供全面的服务，是保险人围绕健康保险投保人、被保险人、受益人、准保户等外部客户的需要提供售前、售中和售后各项服务的总称。其目的为：满足客户有关健康的基本要求和期望，促进客户的健康。其内容包括：以先进的技术支持系统为硬件，以产品开发、机构网点发展为支撑，以融合管理创新的营销服务、高素质的从业人员、服务功能的扩展为软件，增强业务竞争力和扩大并稳定市场占有率，提高保险公司的品牌和市场价值，从而建立良好的社会形象。

(二) 健康保险客户服务的重要性

保险业属于特殊服务行业，较其他的行业，服务性更强。同其他形式的商品相比，保险产品买卖的只是合同，交易的实质却是服务。保险人和被保险人两者的关系也是提供服务和接受服务的关系。客户服务对保险企业而言具有非常重要的意义。客户服务贯穿于整个保险活动中，是保险公司的生命。保险公司有一句名言“成于价格，败于服务”。客户服务是一个涉及公司员工素质、企业文化、工作流程等多方面因素的工作。客户服务质量的好坏、服务水平的高低决定着保险公司的兴衰存亡。保险公司提供优质客户服务的能力对建立和保持积极、持久和紧密有力的保险客户关系是十分重要的。健康保险公司属于保险公司的一种，客户服务同样重要，其重要性表现如下。

1. 提高健康保险公司的竞争力，塑造品牌形象

健康保险业竞争的内涵已由单纯的规模竞争发展到以服务为主要内容的质量竞争。因此，客户服务是健康保险公司生存和发展的关键，谁能为客户提供独具特色的优质服务，令客户满意，谁就会赢得客户，就会在竞争中获胜。如今消费者变得更加挑剔、精明，其消费行为也日趋成熟。因此，平庸的服务再也不能赢得消费者手中的货币选票，而优质客户服务可以帮助健康保险公司塑造强势品牌，是公司走向成功、保持长期发展的一把金钥匙。

2. 建立良好的客户关系，提高客户满意度

与客户建立良好的关系才能够提高客户的满意度。购买健康保险后，客户会产生许多疑难问题，诸如保险责任、内容变更、理赔情况等，有问题就需要得到答复，这就需要对客户亲切地关怀，认真地倾听，委婉地说明，专业地解答，提出恰当的建议或解答方法，对客户反映的事实负责并且采取行动，为客户带来实实在在的有形和无形利益，只有这样才能建立与客户的良好关系。

3. 提高客户忠诚度，决定健康保险公司的经济效益

客户忠诚度的提高必须要以客户满意度不断提高为基础，可以说只有客户达到完全满意，才能保证客户忠诚度的稳定。通过优质的客户服务，才能提高客户的满意度，只有这样才能达到提高健康保险公司续保率、增加新“保单”的目的。所以优质的服务，能为保险企业带来销售，创造利润，是一种“双赢”策略，即顾客满意，企业获利；相反，低劣的服务，将严重损害保险公司的形象，造成原有顾客群流失，保户退保、断交保费、拒绝续保及失去顾客源等一系列不良后果。据统计，一个不满意的客户，会将自己的抱怨平均告诉8~10人，也即一次低劣的服务损失的不仅仅是一个客户，根据连锁反应，保险公司将损失一大批客户；相反地，优质的服务获得的也不仅仅是一个客户，而是一批客户。因此，提高客户服务质量，具有很强的现实意义。

四、健康保险客户服务的内容

健康保险的服务项目内容是随着客户需求变化而变化的，不同的客户群对服务的要求不同。因此，针对每一个目标市场都应该设计出与之相适应的服务内容。另一方面，服务项目内容还受到医疗提供机构、市场成熟程度、保险公司拥有的资源状况等因素的影响。保险公司承诺的健康保险服务往往是由保险公司以外的机构来提供的，而这些机构的服务能力受到很多限制，如医院的病房环境、诊疗设备等状况。因此，在指定服务内容时，要充分调查相关机构的能力，与服务提供者之间签署合作协议，建立合作联盟和利益共享机制。只有这样，才能够把服务内容落到实处。根据服务时间划分，健康保险客户的服务工作同样也包括售前服务、售中服务及售后服务三个阶段，其中，健康保险服务的重点通常是售后服务阶段。健康保险客户服务的主要内容如下。

（一）宣传咨询服务

保险公司要通过媒体，组织宣传活动，设立咨询系统、网络等立体服务沟通平台，进入社区开展宣传等方式，为消费者提供各种有关保险行业、产品的信息，增强民众的保险意识，普及保险知识，另外要对健康保险进行介绍宣传，宣传现有保险产品和保险条款内容。如对年轻人要优先介绍其购买疾病保险产品，特别是重大疾病保险；对中年人要介绍其优先购买终身重大疾病保险等健康险种；对老年人要介绍其优先购买护理保险或重大疾病保险等。在咨询服务中，当顾客有购买保险的愿望时，一定要提醒顾客阅读保险条款，同时要对保险合同的条款术语等向顾客进行明确的说明。尤其要对责任免除、投保人、被保险人义务条款的含义适用情况、将会产生的法律后果进行明确的解释与说明。

（二）核保和投保服务

销售人员对被保险人的健康风险情况进行评估和分类，决定是否接受健康保险合同要约或者以怎样的条件接受要约，此即为核保。核保后，销售人员要指导客户填写健康保险投保单，同时要耐心指导客户，提醒投保人应该注意的问题，特别是注意免责条款和“保证续保”条款，从而切实维护客户利益，确保投保体现客户的真实意愿。客户完全理解保险合同后，再与客户订立保险合同。在此过程中，还要进行核保体检、首期保费征缴及保单递送等一系列投保事宜，协助客户进一步了解和确认自己的合法权益。

（三）接报案、查勘与定损服务

对于客户有关健康损害的报案，要坚持“主动、迅速、准确、合理”的原则，严格按照岗位职责和业务操作实务流程的规定，做好接客户报案、派员医疗查勘、健康定损等各项工作。在定损过程中，如果与客户存在分歧（如客户所患疾病是否可认定为大病），要坚持协商的原则，与客户解释相关规定，尽量以共同协商的方法解决问题。

（四）理赔服务

理赔是指被保险人在承保的保险事故发生后或保险期限届满时，受益人要求保险人承担赔偿或给付保险金责任时，保险公司依据保险合同的规定，对造成保险事故的原因及损失情况进行确认并向被保险人提供赔偿处理及支付保险金服务的过程。理赔服务应根据保险合同的约定，优质、高效地履行赔偿和给付责任。理赔部门在与查勘定损部门意见有分歧时，应共同协商解决，赔款额度确定后要及时通知客户，如发生争议，应告知客户解决争议的方法和途径。理赔人员要对理赔结果是否符合保险条款及国家法律法规负责。

（五）保全服务

保全服务是指保险公司为了维持健康保险合同的持续有效，根据保险合同条款约定及客户要求而提供的一系列服务。保险公司对于合同保全作业一般经过客户申请、受理初审、经办、复核、单证缮制与清分和日结归档等处理阶段。保全作业包括续保、保险合同效力终止与恢复、客户资料变更、缴费期限变更、要件错误变更、主附加险加保及减退保、领取形式变更、补发保单、生存金给付、保险合同解除、保单迁移、儿童成年后增补身份证等保全基础服务。

（六）保费收缴服务

健康保险合同生效的一个前提条件是需要投保人缴纳保险费。保费收缴服务包括发送保费通知单和保险费收缴等。保费通知单的主要内容是通知投保人缴纳续期保费或续保保费及保费缴纳的日期，主要目的是为了防止投保人非故意原因造成保单失效。健康保险的保费包括首期保费、续期保费及续保保费。在健康保险中，首期保险费一般都是由保险营销员在招揽业务过程中代收的，第二期及以后的分期保险费应依照保单所载缴付办法向保险公司缴费，保险公司提供相关服务。保费收缴方式主要包括由客户直接缴纳、保险公司人员上门缴纳和银行转账三种，其中银行转账的保费缴纳方式是现在保险公司最常用的收费方式。

（七）回访服务

商业保险公司为了加强与客户的联系，维护客户的合法权益，在保单达成后的一段时间内，会对新契约客户进行回访，目的是使客户确认自己的权益及应履行的义务；以提高客户满意度，降低退保率，维护新契约的稳定性。回访活动一般以电话为主，信函为辅，当然也可以采取上门回访、电子邮件回访、手机短信回访、微信回访等其他多种方式。

（八）咨询、投诉及市场调查服务

保险公司为了方便客户及时了解健康保险产品的相关信息，会设置电话服务中心或者开设专门网站，为客户提供保单信息、公共信息、业务员信息、业务员认证、特殊产品、理赔状态、费率及现金价值等方面的查询服务。为了提高服务质量和效率，保险公司都会为客户提供相应的投诉服务，解决公司在服务中的不足，提高客户满意度。保险公司的投诉部门，负责客户对保险公司的各种投诉管理,要求做到“事事有回音、件件有落实”。另外,客户服务也会通过主动拨出电话,或者利用网络、手机等载体,收集一线业务员的意见,调查并了解客户对现在和未来的保险需求和期望,据此认真改进和提高服务水平,从而丰富保险企业客户服务内涵。

(九) 附加值服务

附加值服务,即延伸性业务,是保险公司为健康保险客户提供的有形或者无形的附加利益服务,这种服务一般与消费者购买的产品及附带服务无关,内容非常广泛。此部分服务最能体现保险公司对保户的重视和关怀的一部分,其既能帮助提高保险公司的公众形象,又能达到很好的风险控制效果。附加值服务一般有:免费提供酒店预订及折价房服务、免费的票务服务、旅游咨询及相关服务、急难医疗救助服务等。

第二节 健康保险客户服务的途径

一、柜台服务中心

健康保险公司为了提高自己的服务质量,往往会设立柜台客户服务中心,为客户提供“一站式”服务。柜台服务中心提供的柜台客户服务是现代保险公司最重要的服务途径。柜台服务指各单位在营业网点内由柜台工作人员为客户所提供的关于各类保险的服务。柜台人员指在客户服务柜面上从事具体服务工作的内勤人员。其岗位职责一般是以客户服务为中心,负责客户需求开发与服务创新,从而为客户提供个性化服务,以及协助客户理赔、处理客户投诉等工作。柜台人员应当具备良好的服务意识、沟通能力和专业的知识技能。柜台服务工作中要注意:①良好的礼仪;②使用文明的语言;③认真扎实的心态;④优秀的团队合作。在实践中,柜台服务中心提供的服务主要包括合同管理和保单续保两种,部分公司柜台服务中心也同时提供保费缴纳的服务。

二、保费收缴服务中心

保费,也称保险费,是指被保险人参加保险时,根据其投保时所订的保险费率,向保险人交付的费用。保费的收缴工作主要由保费收缴服务中心负责。保费收缴的服务人员一般为保费部的收费员,主要跟踪固定客户的缴费情况。其服务的内容为与那些在保,但还没有缴纳保金的客户进行沟通,协调续费。保费部是人寿保险公司的重要组织部门,从工作性质来说属于后援服务部门,是保险公司对于续期客户接纳的服务界面,也是对续期客户服务的体现。要求其向寿险保单的老客户提供标准化、高品质的综合金融保险服务。

三、电话服务中心

保险公司都开设了电话服务中心,通过电话服务中心,解决相关保险问题,提供个性化的保险保障计划,并通过完善的附加值服务来提高保险公司在客户心中的形象和地位,为客户提供全方位、交互式、个性化和智能化的服务。目前,保险公司的电话服务中心提供的服务内容主要是保险咨询和一些辅助性的服务,包括:保险产品介绍、保单内容答疑、索赔辅助、旅行前咨询服务、紧急票务服务、医疗援助服务、一般支援服务等。对于健康保险企业而言,做好电话服务需要完善电话客服制度,制度要有详细的奖罚措施,并且还要涉及鲜明的绩效考核体系,从而带给员工工作动力,也体现了制度的人性化。

四、网站服务

保险公司多依托现代网络技术建立网站,以提供更加便捷的服务,这种服务渠道在健康保险客户服务中占据越来越重要的地位。网站服务包括:①介绍、宣传公司及文化。如公司的经营范围、经营理念、核心价值观和使命、服务内容、产品介绍、取得的成就等;②提供在线产品销售及理赔服务。如提供在线销售、简单的保全业务、网上理赔、在线报案登记等;③专项服务。如对贵宾专区提供会员的专有服务;对投连险客户提供网上自助交易服务;对续期客户提供网上自助缴费服务;对浏览客户提供寿险知识介绍和保险代理人查询等服务;④专业支持。如对业务团队的红利演示表的打印、保费的计算、保单价格的查询、保单证的下载或打印等服务;⑤提供即时互动服务。通过即时互动服务,实时与客户进行互动沟通,解决客户的保险问题。同时对于业务团队,通过虚拟服务中心的建立为业务人员提供专业的支持和帮助。

五、微客服

随着手机的普及,微信、飞信等已成为受众最广泛的移动即时通讯方式。为满足客户随时随地即时办理业务的服务需求,部分保险公司开发了微信或飞信等账号服务的功能。客户关注相关保险公司的公众账号后,即可收到来自该公司的欢迎词和文字业务菜单,客户可通过回复业务序号进入对应的业务服务,如查看产品介绍或者购买产品、保单查询、保单红利、续期服务、理赔报案、查询理赔进度、卡单激活等在内的互动保单服务。微客服还增加了多项查询功能、随身随行的专属服务、服务指南、特色增值服务等信息。微客服平台为健康保险公司开辟了一个崭新的业务发展模式。

第三节　健康保险客户服务实务

一、客户沟通技巧

沟通是一种信息交换的过程,是人与人之间、人与群体之间交流信息、观点和了解信息的过程,以求达成思想的一致和感情的通畅。客户沟通一般可以分为面对面沟通和非面对面沟通。

(一) 面对面沟通

1. 倾听的技巧

在沟通过程中,倾听具有至关重要的作用。做一个好的听者,不仅是一件很难做到的事情(日常生活中"说"的能力远远超过"听"的能力),而且也是发挥其他技巧的基础。因此,"倾听"排在沟通技巧的首位。倾听的基本要求是集中注意力,用心去听。具体技巧:①既要听事实又要听感情;②不要有意打断客户;③适时发问,帮助客户理清头绪;④弄清楚各种暗示,听出对方的谈话重点;⑤适时地表达自己的意见;⑥肯定对方谈话的价值;⑦配合表情、使用并观察肢体语言;⑧保持微笑;⑨避免虚假的反应。

2. 提问的技巧

提问对于客户服务同样重要,正如《礼记》所言"善问者如攻坚木:先其易者,后其节目",翻译过来就是:会提问的人,像木工砍木头,先从容易的地方着手,再砍坚硬的节疤一样,这样问题就会容易解决。弗朗西斯·培根也曾经说过"谨慎的提问等于获得了一半的智慧"。客户服务提问的技巧:①站在顾客立场上提问;②尽量避免用提问的语句接近顾客,从客户感兴趣的地方提问;③提问要通俗易懂;④回避敏感性问题;⑤提问时必须保持礼貌和谨慎;⑥服务开始时一般使用请教式提问;⑦服务过程中适当使用引导式提问和建议式提问;⑧服务结束时可以使用封闭式提问。

3. 沟通语言使用的技巧

客户服务中,客服人员的语言是否热情、礼貌、准确、得体,直接影响客户服务的质量,并且影响客户对企业的印象。在沟通中,语言的使用技巧:①语言要有逻辑性,层次分明;②语言要突出重点和要点;③语言内容要真实准确;④语言文明礼貌;⑤语调和语速适当;⑥尽量使用客服标准用语;⑦避免使用蔑视语、烦躁语、斗气语等服务禁语;⑧经常赞美客户,最经典的四句话为"你真不简单"、"我很欣赏你"、"我很佩服你"、"你很特别";⑨要做到"七不问",即不问年龄、婚姻、收入、地址、经历、信仰、体重。

尤其强调的是,在客户服务的语言表达中,应尽量避免使用负面词语:①客户服务的语言没有"我不能"。当说"我不能"的时候,客户的注意力就不会集中在所能给予的事情上,反而会集中在"为什么不能"等方面;②客户服务的语言没有"我不会做"。当说出这个时,客户会产生负面感觉,认为客户服务人员在抵抗;③客户服务的语言没有"这不是我应该做的"。客户会认为他不配提出某种要求,从而不再听解释;④客户服务的语言没有"我想做做不了"。这样会处于一种消极气氛中,应该告诉客户能做什么,并且非常愿意帮助他们;⑤客户服务的语言中没有"但是"。无论前面讲得多好,后面出现"但是",就等于把前面的话否定了。要让客户接受建议,应该告诉他理由,不能满足客户的要求时,要告诉他原因。

4. 身体语言使用的技巧

有研究显示,在面谈时,身体姿势、面部表情占谈话效果的55%。在进行客户服务中,一方面自己要有得体的身体语言,另一方面要观察客户的肢体语言,服务才能有的放矢。对于客户服务人员自身身体语言来讲,要从以下方面传递自己对客户的真诚和关心:①经常微笑;②用热情的目光感染客户,如稳定的目光接触、看正确的地方、目光要敏锐、适当的目光接触时间、感情投入等;③适当地利用手势语,注意手势力度大小、速度快慢、时间长短,不宜单调或手足舞蹈;④养成行、走、坐、立都得体到位的良好习惯;⑤避免行为对客户产生压力,如交谈时与顾客至少要保持1.5米以上的距离;⑥不要阻挡客户前行的通道,不要给客户制造任何障碍。

另一方面,客户服务人员要认真观察、准确解读客户的身体语言,可从以下方面观察:①客户眼神的变化,如谈话时,发现客户已经闭起双眼,或者开始东张西望,那就表明其已经没有谈话的兴趣了;②面部表情可以反映客户心理,如表情严肃、双唇紧闭、说话速度不紧不慢但语气却非常坚定的客户通常更为理智,与这些客户沟通时,最好把话题集中到与健康保险有关的内容上;③客户的手势动作,如当发现客户用手用力敲桌子、摆弄手指或摆动手臂时,就应该反思自己此前的言行是否令客户感到不满或厌烦了,然后再采取相应的措施缓解局面;④从不经意的小动作中捕捉有效信息,有些客户不愿意通过口头表达或其他方式透露相关信息,但是他们的一些不经意的小动作常常会暴露他们真实的想法。

(二)非面对面沟通

1. 电话沟通

客服人员在电话服务中要学会换位思考,并且在电话服务过程中注意以下技巧:①要有喜悦的心情;②清晰明朗的声音;③迅速准确地接听;④认真清楚地记录;⑤了解来电话的目的;⑥重点的地方要重复叙述;⑦挂电话前有礼貌结束语,且一定要顾客先挂断电话。

2. 网络沟通

网络沟通,是基于互联网的一种客户服务工作,主要是指在开设网店这种新型商业活动中,充分利用各种通讯工具,并以网上即时通讯工具为主,为客户提供相关服务。为了促成交易,网络沟通必将扮演重要角色。面对面交谈的时候可以通过微笑、动作、语气等方式了解对方的心理状态变化,而网络沟通因为看不到实物，所以给人的感觉比较虚幻，虽然说网上与客户交流是看不见对方的，但文字言语之间可以表达服务的诚意。在网络服务过程中特别要注意以下技巧：①在线即时交流时要注意保持通道的畅通，回答迅速，不要让消费者久等；②沟通中多用感叹词，如使用“哟”、“啊”、“呀”、“呢”、“啦”、“嗯”等词语以增加感情色彩，避免字体语言的冰冷感；③沟通中多使用表情，适当地使用聊天表情可以增加客户对客户服务人员的好感；④网上网下行为一致；⑤注重网络礼仪等。

二、客户服务技巧

（一）接待客户的技巧

1. 日常接待的技巧

日常接待客户的技巧：①友好的问候，同时应轻轻点头并面带微笑，这样可以将客户引入到一个信任、友善的氛围中；②郑重地交换名片，双手主动递给客户自己的名片，拿名片的标准方法是双手捏住名片上侧，将自己的名字正对客户；③对客户一定要使用尊称，使用“您”等敬语能够使客户明白你对他的尊敬；④和客户交流时，寻找共同的话题；⑤关注客户的需求，如信息需求、环境需求、情感需求和便利需求。

2. 访客的接待

遇到有访客来时，客服人员应该起身，面朝向来访者点头、微笑致意：“您好，请问有什么需要帮助的？”确认访客预约之后，请来访者稍等，立即帮其联系。若要找的人暂时无法过来，要注意两点：①若我方人员不能到达接见，要明确告诉对方，要找的人到何处去了，何时回本单位。请客人留下电话、地址，明确是由客人再次来单位，还是我方人员拜访客户；②若我方人员由于某些原因不能及时接见，要向客人说明等待理由与等待时间，若访客愿意等待，应该向客人提供饮料、杂志，并时常为客人换饮料。

（二）理解客户的技巧

实践证明，如果与客户之间并未建立任何关系，客户不会轻易把他/她的需求告诉你。只有客户对你有一定的信任，才有可能把他/她的需求告诉你。因此，如何建立客户对你的信任，就是销售员首先要解决的问题。通过倾听、提问、沟通语言的使用及身体语言的使用，可以逐渐和客户熟悉，理解客户的期望，并且识别客户期望的层次，委婉指出客户不合理的期望。另外，通过复述来理解客户的需求和期望，复述技巧包括两个方面：一方面是复述事实，就是把客户的意思重新说一遍；另一方面是复述情感，就是对客户的观点不断地给予认同，如“您说的有道理”，“哦，我理解您的心情”，“我知道您很着急”等。在复述技巧中，复述情感尤为重要。

（三）满足客户的技巧

理解客户的期望后，就可以提供相应的健康保险服务。然而客户有些期望能够被满足，有些无法得到满足，客户服务如何满足客户期望，达成协议呢？需要以下技巧。

1. 健康保险产品的介绍

首先要对客户进行产品介绍，这是客户购买健康保险的前提和关键，技巧：①专业地介绍健康保险产品，这需要客户服务人员对健康保险产品非常熟悉，热爱健康保险产品；②介绍时要条理清晰、符合逻辑；③以客户的兴趣为中心，吸引客户注意；④引用相关健康保险产品案例；⑤调动客户的积极性。

2. 提供更多的选择信息

客户人员可以向客户提供更多的选择信息，以满足客户需求。作为客户，需要得到尊重和认可。

不管其要求能否满足，客户服务人员都要表现出一种很积极的愿望，给客户一种已经尽力的感觉，这样才能获得客户的认同。如果服务人员有多套健康保险产品供客户选择，即使这些产品，客户都不满意，客户也会觉得服务人员已经尽力了，甚至能看在服务人员的面子上选择一个产品。另外，更多的信息和选择也利于增值服务的提供。

3. 超越客户期望的技巧

要超越客户的期望，可以尝试以下技巧：①熟悉你的客户；②要利用各种渠道了解目标顾客的合理期望；③管理顾客期望值，如正确处理不合理的顾客期望、适当降低顾客期望值等；④创造能够兑现的顾客期望；⑤满足客户的期望，兑现你的承诺；⑥保持言行一致，即承诺后一定要做到；⑦提供个性化服务等。

4. 拒绝客户的技巧

客户服务中，有相当部分无法满足客户的期望，这时候就要适当地拒绝客户，技巧：①用肯定的口气拒绝，如先肯定，然后使用“然而”来拒绝；②用恭维的口气拒绝；③用商量的口气拒绝；④用同情的口气拒绝；⑤用委婉的口气拒绝等。

5. 捕捉客户成交的信号

常见的反映客户同意成交的信号有：①对方有积极反映；②因心中紧张，眯着眼睛或者眨眼次数减少；③客户大肆的评论产品（无论是正面或负面）；④褒奖其他公司的保险产品，甚至列举健康保险产品的名称；⑤征求第三者的意见或者看法：“你们看如何”，“怎么样？还可以吧”等，这是在寻找认同，很明显，他的心中已经认同了；⑥进一步提出更详细的问题，如产品价格、售后服务、产品的保险范围等。只要把握住客户成交信号的普遍规律，便可以充分抓住时机，促成成交。

6. 达成协议的技巧

达成协议是与客户服务的最后一步，也是非常重要的一步，技巧：①强调双方进行达成协议的理由，并把你想满足客户需要的诚意传达给客户；②主动提出达成协议的意愿；③适当的时候帮助客户做出选择决定；④向客户提供保证或做出承诺；⑤有时候可以与客户达成一项暂时协议。

（四）留住客户的技巧

常用的留住客户的技巧有：①检查客户的满意度；②向客户表示感谢，因为客户都希望结束服务后能够得到感谢，而且有礼貌的感谢服务能够给客户留下良好的印象；③与客户建立联系，在表示感谢后，要留下联系方式，便于日后联系；④与客户保持联系，如建立客户档案资料、及时定期对客户进行回访。

第四节　健康保险客户服务文化

一、保险客户服务文化的概念

（一）服务文化

服务文化是以服务价值观为核心、以客户满意为目标、以形成全员共同的价值认知和行为规范为内容的文化。广义而言，服务文化是能够体现企业的服务特色、服务水平和服务质量的物质和精神因素。服务文化作为公司文化中非常核心的一个部分，体现了各家公司的服务形象，而服务形象又作为文化在客户服务方面的外延表现，展示了各家公司的企业文化。建立先进良好、具有引领作用的服务文化，有利于形成企业员工、服务对象对企业生存价值的普遍认同；有利于赢得政府部门、社会各界对企业发展的大力支持；有利于在激烈的市场竞争中求得生存先机、赢得发展空间，从而提升企业核心竞争力。因此,建设服务文化是现代企业的战略任务,是提高企业竞争力的最有效手段。

(二) 保险客户服务文化

保险客户服务文化是指保险企业在长期对用户服务的过程中所形成的服务理念、职业观念等服务价值取向的总和。保险服务文化是保险企业综合实力的重要组成部分,关系到保险企业的生命力、凝聚力和创造力。如今日趋成熟的服务体系,正在改变着人们的生活,影响着人们的思维,左右着保险企业的经营发展,给保险企业提出了新的挑战。建设高品质的服务文化,提高服务质量,提升服务文化贡献度,已成为保险公司谋求发展的必然选择,也成为保险公司的第一要务。

二、健康保险客户服务文化建设

(一) 健康保险客户服务文化建设步骤

保险客户服务文化的中心问题是人的问题,是尊重人、相信人的主动精神、进取精神和创造精神。要用启发、诱导、吸引、熏陶、激励等多种方式,在员工中逐步树立形成行业的服务价值观、道德规范、行为准则,提高其业务和文化素质。健康保险的文化建设步骤主要包括以下几方面。

1. 提炼核心价值观

核心价值观的形成,要建立在中国传统文化和保险企业文化的基础之上,并融合保险公司当地的风土人情、文化历史和公司各层员工的意见。最后将这些内容与实际相结合,最终提炼出符合当地实际情况的服务文化理念。在提炼核心价值观时,具体工作人员必须与健康保险企业管理高层反复沟通,在全面深刻领会领导人的经营管理思想和战略规划的基础上,进行准确提炼,确保所提炼出的核心价值观是企业一定时期经营管理思想的准确反映,而不是闭门造车弄出的标语口号。如"健康使生活更美好"口号就具有生动性和感染力,也有效地形成了标语口号独有的文化性。

2. 搭建支撑性的管理组织

服务文化建设具有"由上而下"的特性。海尔文化始终浸透着张瑞敏的思想,IBM 现在还隐含着老沃森的身影,万科文化有挥之不去的王石痕迹。因此,服务文化的建设离不开支撑性的管理组织。只有建立相应的管理组织,才能提高各级领导的重视度和参与度。该组织可以是虚拟的,由保险公司领导层组成。对于制定出的文化制度体系和策划的相关活动,要由该组织去强力推进。

3. 建立科学的制度体系

健康保险公司服务文化要落到实处,使员工在实践中能真正地自觉遵守价值观,关键要靠科学的制度体系,尤其是要建立以业绩论英雄、让优秀人才脱颖而出的绩效考核制度,以及以绩效为中心的考评体系。通过这些规章制度的执行带动文化的灌输,例如,制定营业窗口人员的具体管理规则、服务奖励制度、领导层管理服务体制、内部服务承诺体系等。通过这些制度的贯穿,营造出互相服务的氛围,同时服务文化的理念也在这些制度体系中得以体现。

4. 灌输服务文化理念

员工对服务文化的接受需要一个过程,要使服务文化被员工理解、认同并自觉遵守,关键在于需要努力搭建全方位、多层次的服务文化信息沟通平台。在此平台上,通过一系列的文化灌输活动,使员工在参与该活动中养成习惯的行为方式。文化灌输活动不是短期的行为,而是要长久地做下去。因为文化建设不是一蹴而就的事情,要经过长期的沉淀和融合才能形成。服务文化灌输活动可以包括系列服务培训活动、向客户承诺的服务活动、公司内部的服务活动等。灌输服务文化过程中,要强调服务文化传播的共享意识,并且对参与企业知识共享突出的员工予以奖励。通过员工的相互交流和知识共享,对员工之间的行为方式和价值观念也产生潜移默化的影响。实际工作中,可以通过企业领导人的言传身教、评选"展业明星"和"服务明星"等手段将服务文化的理念融入到员工们的服务行为方式中去,达到传递服务文化思想、影响其他员工的目的。

(二)健康保险客户服务文化展示

保险服务文化实际上是一种价值观。这种价值观最终需要通过一定的载体体现出来。对内,指导员工的言行;对外,引导客户的选择。构建良好的服务形象是健康保险文化展示的着力点。“服务形象”是接受或接触服务的受众对于服务及服务提供者的印象、认知、看法的综合体,本质是对服务品质的一种期望性的认知。

1. 服务视觉展示

统一的外在形象让客户首先从视觉上直观感受到服务的专业性,让客户能够直观地辨识出服务场所、服务人员及服务产品。如所有的服务大厅采用统一的视觉形象识别系统(包括服务制服、铭牌标识、业务单据、宣传册页等),使客户能够快速识别各柜台的职能和相应的服务人员,并根据业务项目顺畅地选择使用相应的业务单据或者服务设施;又如为客户设计人性化的座椅和业务办理环境,将服务温馨小贴纸张贴在健康保险公司大厅的各个角落;同时包括:在工作环境设计中体现服务文化气息,为员工设立休息室、更衣室,设立人性化的温馨提示等。这些视觉识别展示能够使客户和员工切身体会到服务文化为自己带来的好处。客户和员工认为服务文化不是空谈,从而就会在无意识中将这种服务文化传递给他人,将服务文化传承下去。另外可以在产品展示区设置光电的健康模型,强调健康带来了美妙生活等。

2. 服务行为展示

一般通过统一的服务礼仪规范和作业标准流程及服务品质监督机制来展示服务文化,并且只有这样才能够从制度上保证服务产品具有稳定的服务质量。其中,礼仪规范包括仪容规范、仪态规范、服饰规范、语言规范等。例如,对于住院医疗保险的标准流程,健康保险接到报案后可以派专人对客户进行住院探视慰问,首先在符合服务礼仪的前提下向客户问候,并表明身份“××先生/女士,您好,我是××健康保险公司的××,本次案件由我为您服务”。同时,向客户出示工作证,并向客户送去温馨的慰问,然后指导其填写申请材料,提供理赔及健康咨询服务。当然,查勘员也需要根据不同的现场情况灵活地采用不同的服务流程。统一的服务礼仪规范和作业标准流程是服务形象构建的制度基础,其属于外驱力驱动下的服务行为,目标是保证在客户服务中不出错。

3. 服务理念展示

服务理念是指由服务人员在服务中形成和共有的观念和价值体系,是一种服务意识形态。服务人员由内而外的良好客户服务理念可以作为一种内驱力,保证在客户服务中始终追求客户满意,是服务形象构建的精神基础。对于健康保险公司而言,从服务理念上,“对客户所遭受损失的同情”是健康保险企业服务文化重要的一部分。因为作为经营健康风险的保险公司,随时与客户就遭受的各种损失打交道。长此以往,员工有可能形成职业性冷漠,对患者的病痛甚至身体的创伤没有情感上的感性怜悯,只剩下职业上的理性检查。故基于此,健康保险公司建立一种对客户遭受的损失“感同身受”的服务理念有其现实意义,在这个理念的指导下,服务的流程和服务人员的行为及语言上均应对此均有所体现。“服务理念”是服务形象构建的思想基础,在一定程度上属于内驱力驱动下的服务行为,目的是保证在客户服务中不断满足客户的期望,甚至通过优质的服务超越客户的期望。

第五节 健康保险客户服务质量管理与评价

一、客户服务质量管理

（一）服务质量

由于服务本身具有无形性的特性，学者一般从客户对质量的理解和感受这一角度进行研究。学者们普遍认为服务质量（service quality）是一个主观的范畴，它取决于客户对服务质量的预期（即期望的服务质量）同其实际体验到的服务质量水平的对比。如果客户所体验到的服务质量水平高于或等于顾客预期的服务质量水平，则客户会获得较高的满意度，从而认为企业具有较高的服务质量；反之，则会认为企业的服务质量水平较低。服务质量（service quality）是指能够满足规定和潜在需求的特征和特性的服务总和，是指服务能够满足客户需求的程度。服务质量既由服务的技术质量、职能质量、形象质量和真实瞬间构成，也由感知质量与预期质量的差距所体现。

（二）客户服务质量管理要素

服务质量管理就是对于影响服务质量全部要素的管理，是服务管理的重要内容。服务质量管理包括：组织文化管理、员工行为管理、客户心理管理、服务设施及技术管理。

1. 组织文化管理

组织文化是企业的软实力，对服务质量具有积极影响。组织效力对顾客感知的服务质量有很强的正面影响。其中，团队共识是重要的调节因素，组织氛围对服务质量管理也具有重要的意义。如保险公司管理者通过影响力形成诚信服务的服务文化氛围，让员工时刻意识到诚信服务可减少保险合同纠纷，提高顾客满意度。除了内部作用，组织文化也具有对外渗透作用（即对外界有潜移默化的影响）。在顾客高参与度的行业，理解组织文化对顾客感知服务质量的影响具有重要意义。

2. 员工行为管理

员工行为是影响顾客服务质量感知的最重要因素，有利于提高服务质量的员工行为包括：清晰地了解服务接触（指顾客与服务人员之间的互动）、了解顾客需求知识并迅速判断其需求。此外，关于如何让员工履行积极的行为测评，包括以自愿小费为代表的买方监测机制，还包括为保险企业采纳的神秘人服务测评机制，测评一线员工是否能够准确执行服务标准及规范、竞争对手的员工表现如何等问题，并根据客户体验对标准进行优化调整。另外，在服务质量管理中，发现员工的闪光点和适时鼓励一样重要。

3. 顾客心理管理

服务质量的主观特征体现了顾客心理管理在服务接触管理中的重要性。顾客心理管理的重要内容之一是顾客期望管理，包括顾客期望的静态识别和动态管理。有学者认为，期望包括“向量特性”期望和“典型理想点特性”期望，前者满足得越多，感知服务质量越高，后者在达到最佳期望水平时，感知服务质量会降低。另外，顾客的需求服务可以分为两类：隐性的需求和显性服务需求。保险员工一方面要善于发现隐性的顾客需求，并使其显性化；另一方面要善于辨别显性服务需求，帮顾客将非现实期望转化为现实期望。此外，顾客期望的动态变化既受到之前服务经历的影响，还受到当次服务中感知动态变化的影响。保险服务中也存在一定的双重不对称，即企业提供服务和客户认知的服务是不对称的。第一个可能是保险企业认为很好，但是客户不一定认为好；第二个就是服务标准和客户期望可能不对称，这就需要通过顾客心理测评和顾客心理管理来解决。

4. 服务设施及技术管理

随着自助服务技术(SST),如微客服的推广使用,顾客与技术交互变得愈加频繁和重要,自助技术服务质量(SST service quality)也渐受重视。国内外学者研究了顾客对各类SST属性(可用性、易用性)、绩效、愉悦、风险的态度及使用意愿,发现了顾客特性与人口统计变量会影响顾客对SST的态度,建立了各类自助技术服务质量评价体系,为自助技术服务质量管理提供有益参考。此外,有研究表明,技术焦虑会降低顾客的自助技术感知服务质量,技术准备则有利于提高顾客的自助技术感知服务质量。

二、健康保险客户服务质量评价

(一) 客户服务质量评价的概念及意义

健康保险客户服务质量评价体系是指通过一定的方式,评价健康保险企业向客户提供健康保险服务质量高低的技术手段。建立客户服务质量评价体系具有以下意义:①有助于健康保险公司了解自身的不足。客户对服务的评价可以充分反映健康保险公司提供保险服务的总体质量,了解哪些方面得到了客户的认可,哪些方面做得不够,从而发现自身在经营管理中的问题;②有助于消费者选择正确的保险公司进行消费。在了解客户服务评价结果之后,可以根据保险公司服务水平的高低进行市场选择,在服务水平评价高的公司投保;③有助于引导保险公司不断优化服务流程、改进服务质量。客户服务评价体系建立之后,服务水平较高的健康保险公司将受到消费者的青睐,服务屡遭诟病的公司将无人问津,因此,这种客户服务评价体系促进市场的优胜劣汰,进而推动各家保险公司重视客户服务,不断完善服务手段,提高服务质量,最终实现全行业服务水平的提升。

(二) 客户满意度

1. 客户满意度的概念

客户满意度(CS, customer satisfaction)就是客户对其要求被满足程度的感受,是其享受了服务或者使用了产品之后的主观感觉。客户满意度反映的是顾客的一种心理状态,它来源于顾客对企业的某种产品或服务消费后,所产生的感受与自己的期望所进行的对比。也就是说,“满意”并不是一个绝对概念,而是一个相对概念。客户服务能否实现客户满意有三个重要因素:①客户对服务的预期期望;②服务的实际表现;③产品表现与客户期望的比较。客户满意度是客户服务质量评价最重要的方面,其不仅促进了企业的利润增长也加速了企业的发展与壮大。

2. 客户满意度的测评技术

顾客满意度调查进入我国已经有10多年的时间,从初始的服务落实度调查到感知质量调查,到满意度指数模型调查,不断与多种研究技术和理念相结合,发展出满足不同需求的满意度调研技术。根据满意度调研的关注点和解决问题不同,到目前为止,满意度调研技术可归为10代。其中,前3代是基础,经历了从第1代的服务过程调查到第2代的服务效果调查,从服务质量调查再到满意度指数调查(第3代)的发展过程。后7代是在前3代的基础上,根据不同应用要求延伸发展而来的。以提升不满意客户为关注点,发展了不满意度调查(第4代)、短板改进调查(第5代);为优化资源配置策略、确定资源投入边界,应用发展了第6代的KANO模型(模型包括基本型需求、期望型需求和兴奋型需求);为分析差异化服务需求,第7代将U&A研究(usage and attitude research 指消费者使用习惯和态度研究,是针对某一种或某一类产品消费者的深入研究)融入了满意度调查;第8代重点关注高满意人群,第9代将提升用户体验作为调研重点,第10代强调以满意度调查为核心建立服务管理体系。

第1代到第10代的满意度调研技术,并不存在替代关系,各代技术适用不同的类型,满足了不同发展阶段的单位需求。循序渐进地采用有针对性的技术级别，可显著有效地提升企业管理效果和保险客户服务水平。另外，针对客户角度，不同于客户满意度，对保险公司或产品的信任度评价也逐渐受到了越来越多的重视。

（三）健康保险客户服务质量评价

中国保监会2013年印发了《人身保险公司服务评价管理办法》（简称《办法》）的通知（保监发〔2013〕73号），此《办法》所称公司或保险公司是指人寿保险公司和健康保险公司。根据《办法》健康保险客户服务质量评价主要包括下列要素。

1. 服务评价工作应当遵循的原则

健康保险公司服务评价工作应当遵循的原则：①全面评价。服务评价应当覆盖健康保险公司售前、售中、售后各个环节中与客户的所有接触点；②客户导向。服务评价应当以客户感受为中心，对健康保险公司服务的过程和结果进行评价；③持续改进。服务评价应充分发挥导向作用，引导健康保险公司不断提高服务水平；④客观透明。服务评价应当考虑不同人身保险公司发展阶段、经营模式和服务地域导致的客观差异，确保评价过程公正、规范、科学，实现评价结果真实、客观、透明。

2. 服务评价体系

服务评价应当从影响服务质量的销售、承保、保全、理赔、咨询回访、投诉等环节，对健康保险公司的服务品质和服务效率进行全面评估。服务评价指标体系由定性指标、定量指标和客户满意度指数构成。定性指标包括基本原则、基本要求和创新指引三部分；定量指标以保监会和各人身保险公司系统数据为基础，根据特定口径和计算公式，对公司与客户各环节接触点的服务品质和服务效率进行客观评价的指标体系；客户满意度指数是以客户感受为中心，委托独立第三方机构从客户角度对人身保险公司服务品质和服务效率进行评价的体系。

3. 客户满意度测评

《办法》规定：健康保险公司客户满意度测评工作由服务评价委员会组织、保险公司参与、第三方机构实施。客户满意度以人身险行业客户满意度指数（ICSI, insurance customer satisfaction index）作为衡量客户服务质量的关键指标。人身保险行业客户满意度指数体系包括：人身保险行业整体客户满意度指数、各人身保险公司客户满意度指数、各地区人身保险行业客户满意度指数、人身保险各业务环节客户满意度指数。人身保险行业客户满意度指数模型采用结构方程模型，模型由企业形象、客户期望、感知质量、感知价值、客户满意度、客户关系管理和客户忠诚度七个潜变量构成。每个潜变量由与之对应的观测变量决定。所有观测变量的基础数据通过问卷调查方式获得。《办法》还规定：客户满意度测评数据每年采集一次，由具备调查资质的第三方调查机构依据当年颁布的《人身保险行业客户满意度指数测评实施方案》执行。

复习思考题

1. 健康保险客户服务包括哪些内容？如何在提供这些服务的过程中，展现健康保险企业的服务文化？
2. 健康保险客户服务有哪些途径？你觉得今后哪种方式会成为主要途径？
3. 你觉得应该从哪些方面进行健康保险客户服务质量评价？

【案例分析】

如何改进客户服务

某健康保险公司的客户服务部门包括新单业务岗、保全服务岗、理赔岗、单证管理岗、收付费岗、投诉咨询回访督察岗。新单业务岗负责处理新单受理、承保的全过程，包括业务员交单，接单初审，新单受理，投保资料录入、交接、归档，核保等业务。保全服务岗提供保险合同期间，为维持合同持续有效的一系列服务，包括客户资料变更、合同内容变更、生存领取、合同解除、续期收费、合同复效、合同挂失补发等业务。理赔岗负责赔案过程的所有业务,包括结案受理、调查取证、复核审批、理赔处理等业务。单证管理岗主要负责业务单证的印刷、入库、申请领用、发放、调拨、核销、销毁和结算等。收付费岗负责保险费、保险金等业务收付的行为。投诉咨询回访督察岗负责处理客户的投诉,回复客户关于保险行业情况、保险市场情况、保险公司情况、现有保险产品及保险条款内容等方面的咨询,对客户进行新单回访、代办回访、失效回访、永久失效回访、给付回访等回访工作,并对业务员进行监督,处理业务员的离司工作。客户服务部有1名主管,管理并负责该部门的所有工作,另也可以直接处理客户的投诉、纠纷及对业务员的督察工作。

该公司的客户服务工作从总体上看不是很理想。在服务效率方面,存在着"三快三慢"的现象。"三快",即动员投保快、新单收费快、首年服务快;"三慢",即承保出单慢、理赔结案慢、续期收费慢。在服务方式方面,还局限于传统式、功能性、基础性的服务,公司提供的只是与保单有关的服务,只有出险或缴费时才能享受,客户需要的一些延伸服务还远远不能得到满足。在服务环境方面,公司重服务设施添置,轻服务体系的建设和完善;重服务项目的开发和引进,轻后期管理与落实;重一时性、大规模的集中服务活动,轻日常细微的、扎实的服务工作;重服务目标和任务的提出,轻服务质量的考核和奖惩等,存在严重的形式主义,致使客户服务的水平不能提高或提高很慢,远远跟不上健康保险市场的发展需求。在服务项目方面,还比较原始,既不完善,也不规范,造成保单的失效率、退保率、投诉率居高不下。几乎每天都有客户打电话或直接到公司进行投诉,主要是投诉业务员或大厅服务人员的服务态度及违规行为,例如,业务员不上门服务,业务员收费不开收据,业务员收费后不将保费交到公司造成保单失效,公司不进行售后服务,大厅服务人员服务态度差、办事拖拉,客户理赔困难等问题。公司的服务很难让人满意,业务员违规行为特别多,因而造成很多客户退保或保单失效,不仅造成公司的经济损失,更影响了公司的声誉,使公司失去了很多客户源,造成公司连年亏损。那么从完善客户服体系的角度来说,如何提高客户服务水平呢?该公司经过调查分析,采取了以下措施。

(1) 建立和完善客户关系管理的规章制;

(2) 建立客户关系管理系统;

(3) 高度重视理赔服务;

(4) 优化服务理念的创新;

(5) 合理设置服务工作岗位,改进服务工作流程。

通过以上措施,该公司客户服务质量得到了很大的提升,公司迅速扭亏为盈,成为当地有名的健康保险公司。

(根据《保险公司客户服务问题探析》、《浅论新形势下的保险客户服务》及《保险公司客户服务创新研究》等文章整理而成)

【问题】

该案例中对健康保险客户服务有何启示?

【提示】

加强健康保险客户服务质量管理。

拓展阅读

微信健康咨询服务创新推出

微信已成为受众最广泛的移动即时通讯方式,据统计,微信用户数量已突破6亿,越来越多的企业开始重视微信方式的服务和营销。许多保险公司打造的微信公众平台正式上线,为客户提供各种保险、企业年金等业务咨询和投保服务。

客户关注“中国人寿保险”微信公众账号后，即可收到来自中国人寿保险的欢迎词和文字业务菜单，客户可通过回复业务序号进入对应的业务服务，查看产品介绍或者购买产品。微客服平台的上线更加缩短了客户或潜在客户与中国人寿保险的距离，微客服平台可以发送文字、图片、语音，甚至视频，企业可以推送更漂亮的图文信息给客户，迅速拉近了与客户之间的距离，使营销活动变得更生动、更有趣，这种由客户主动发起的服务方式相比较传统的电话营销方式，更容易让客户接受，有利于营销活动的开展。

“新华保险”官方微信实现了包括保单查询、保单红利、续期服务、理赔报案、卡单激活在内的五大类全方位互动保单服务。新华保险微信服务号还增加了多项查询功能：“掌上新华”栏目为客户打造随身随行的专属服务并支持直接下载应用；“服务锦囊”为客户提供更为全面的服务指南；“高端尊享”助力高端客户独享新华特色增值服务；“产品资讯”栏目方便客户在手机端按照分类查询在售产品信息。

中英人寿推出微信健康咨询服务，该服务具有专业阵容大、服务对象广、服务免费、操作方便、响应快速五大特点，不管是否为中英人寿客户，只需关注或绑定中英官方微信，即可通过“健康自查”功能查询到医生对相关疾病或症状的专业分析和建议；更具创新及实用意义的是，该服务的“健康咨询”功能可让广大消费者随时随地与专业医生线上交流，获得医生的专业指引和解答。

安邦保险也推出微信服务。用户只需在微信中关注安邦保险公众号，选择自己感兴趣的保险产品，在输入投保人相关信息并在线支付后，很快就会收到一份安邦保险发来的电子保险单。从打开微信到完成出单，整个过程不超过15分钟，大大节省了用户的时间和精力。除微信数字营销外，“安邦客服之家”微信订阅号也同时开通，该服务号会定期给订阅者发送有关保险的基本常识、保险误区解答、保险术语解释、保险理赔注意事项及案例分享等内容，还会结合时事热点，向用户提供安全保险故事、健康养生、营养菜谱等。

（资料来源：中国人寿保险强力推出微客服平台、新华保险微信公众号开通在线服务、中英人寿微信服务号上线、安邦保险开创定制化服务等新闻报道）

（汪文新）

第十二章
健康保险风险的防范

本章从健康保险风险的内涵出发，阐述健康保险风险的特征、分类。健康保险风险的管理与控制可以从外部风险控制、内部风险控制、加强健康管理及共同保险与再保险等方面着手。

第一节　健康保险风险概述

一、健康保险风险的内涵

健康保险风险的内涵为被保险人发生疾病或意外伤害及其程度的不确定性和由此而给保险人带来的所需要补偿的费用或损失的不确定性。

健康保险业务所经营的对象是被保险人发生疾病或意外伤害的风险，在当今的社会，这种风险的影响因素是极其复杂的，有环境因素，有个人生活方式因素，还有社会或心理因素等，不一而足，与人身保险中的另外两种保险，即人寿保险和意外伤害保险相比，要复杂得多。另外，健康保险是对被保险人因疾病或意外伤害而发生的费用或损失进行补偿，但是，医疗服务提供者在很大程度上决定着医疗服务的数量和价格，由此，健康保险所面临的来自被保险人和医疗服务提供者两者的逆向选择与道德风险都会比人寿保险和意外伤害保险要更为严重，由此决定健康保险的经营将面临着更为特殊和复杂的风险局势。

二、健康保险风险的特征

健康保险风险的主要表现形式是疾病或意外伤害。作为风险中的一类，健康保险风险拥有与其他各类风险一样的共性特征，即风险的客观性、风险的损失性和风险的不确定性。除此之外，健康保险风险还拥有其独特的风险特征，从风险的结构来看，主要包括如下几方面。

（一）风险因素的复杂性

疾病或意外伤害是健康保险的风险因素，是引起或增加健康保险风险发生机会或扩大其损失程度的原因和条件，是导致健康保险风险发生的潜在原因或间接原因。这种风险因素具有高度的复杂性，主要体现在以下几方面。

（1）疾病的复杂性：一是疾病种类的复杂性。自古以来，人类所遭遇的疾病种类是极其繁杂的，而且，即使是同一种疾病，因为个体差异性的存在，疾病的表现也是千差万别的；除此以外，尚有相当数量的潜在疾病甚或未知疾病需要我们应对。二是疾病原因的复杂性。即便是同一种疾病，其发生的原因是极其复杂的，有环境因素，有个人生活方式因素，还有社会或心理因素。

（2）治疗的复杂性：对于同一种疾病或伤害疾病或伤害的治疗，因为设施条件、技术水平、文化习惯等的差异性，医生可以选择不同的方案进行治疗，由此就可能导致治疗费用的差异性。另外，即便是面对同一种疾病或伤害，采用同一种治疗方案，也可能因为被保险人在性别、年龄、体质方面存在的个体差异，以及治疗的时机、有无合并症等原因的存在而导致治疗结果的差异性及医疗费用的差异性。再者，基于医学科学技术本身具有高度的专业性和科学性，非相关领域者一般难以进行判断和评估，由此造成医疗信息不对称，从而有可能会增加道德风险。

（二）风险事故的多发性

人的生老病死是自然规律。从纵向的时间角度来看，任何一个人，在其出生开始到最终死亡的整个生命过程当中，必定会遭遇疾病或意外伤害；从横向的空间角度来看，任何一个时刻，每一分、每一秒，在整个人类世界当中，必定会有人遭遇疾病或意外伤害。因此，可以毫不夸张地说，生病和就医已然成为人们日常生活的一个构成部分。

（三）风险损失的严重性

健康保险风险是疾病或意外伤害，损害的是被保险人的身体。这种风险一旦发生，必将对被保险人的身体健康造成损害，可能使得被保险人暂时性地或永久性地丧失其劳动能力，更严重者，可能会导致被保险人死亡。除此之外，若这种风险来源于传染性疾病，则受损害的将不仅仅是被保险人个人的身体健康，还有可能会影响到其家人、周边社区，更严重者甚或影响到整个地区乃至全社会，其损害的严重性由此可见一斑。

第二节　健康保险风险的分类

一、外部风险

所谓外部风险，是指保险公司外部因素的变化所导致其健康保险经营管理的风险。这些外部因素，主要可以从以下的几个方面来考虑。

（一）逆向选择与道德风险

逆向选择（adverse choice/adverse selection），一般是指由于交易双方的信息不对称（information asymmetry）和市场价格下降产生的劣质品驱逐优质品，进而出现市场交易产品平均质量下降的现象。具体来说，逆向选择一般是这样的一种情况，市场交易双方的信息不对称，其中一方处于信息优势，另一方处于信息劣势，若信息优势方将自己的信息多于对方的这种状况加以利用，则信息劣势的一方便有可能难以顺利地做出买卖的决策，从而使得信息优势方受益，信息劣势方受损，继而造成交易价格扭曲，进而导致市场效率降低。因此，逆向选择现象的本质是存在于交易契约签订之前的信息问题。

具体到健康保险市场来说，一般情况下，对于投保人自己的身体状况，投保人比保险人拥有更多、更真实的信息，加之投保人（尤其是那些风险较高的投保人）不仅不愿意诚实地与保险人共享自己身体的真实风险状况，有时甚至还会故意地制造虚假的或模糊的信息以便与保险人签订保险合同。这样，在保险人与被保险人订立健康保险合同时，若保险人因无法具体鉴别每一个隐瞒其个人信息的投保人而采取“一刀切”的处理方式，亦即将所有投保人的风险程度设定为某个平均的程度，这样，那些风险程度高于平均程度的投保人将会更倾向于投保，而那些身体状况较好，从而其风险程度低于平均程度的人将会更倾向于不投保。如此，则保险人实际面临的风险程度将会高于平均程度，继而面临着较大的赔付概率，甚至有可能亏损，增加健康保险经营管理的风险。

道德风险(moral hazard)是健康保险风险中最难以控制的外部风险。它是指“从事经济活动的人在最大限度地增进自身效用的同时做出不利于他人的行动”。或者说是,当签约一方不完全承担风险后果时所采取的自身效用最大化的自私行为。道德风险属于契约的执行问题,也就是说,被保险人不以完全负责的态度行事。

具体到健康保险市场来说,道德风险可以分为两种,即事前道德风险(ex ante moral hazard)和事后道德风险(ex post moral hazard)。

事前道德风险是被保险人以危险的态度来行动,增加风险事故发生的可能性,从而导致保险人有可能支付更多的负面结果。例如,有了健康保险之后,由于被保险人疾病或意外伤害的损失将由保险人来承担或补偿,有些被保险人就有可能会不太关注自身的身体健康,尤其是在其行为脱离有效监控的情形下,被保险人就有可能会更加忽视自身健康的保护。如此,被保险人对发生疾病诱因的预防降低,有可能会提高罹病的概率,从而增加保险人赔付的概率,甚至导致保险人的亏损。

事后道德风险是被保险人拥有的保险范围增加的时候,被保险人以更自利的态度来行动,甚至通过不诚实的或者不正直的行为或企图而人为故意使风险事故发生,以致造成损失结果或增加风险事故损失额度,从而导致保险人有可能支付更多的负面结果。例如,在没有健康保险的时候,有些人可能会由于伤病不太严重或者是医疗费用太高而放弃伤病的治疗;但是在有了健康保险之后,被保险人就医时所面对的医疗费用价格将降低,由此将提升被保险人的医疗服务需求,甚至是过度需求和过度医疗;更有甚者,可能出现一些违规违法行为,如“挂床住院”(又称“假住院”)、冒名顶替(被保险人实际上并未发生保险事故,但是编造虚假的原因而谎称发生了保险事故,并通过编造或伪造有关的资料、证据或者证明等材料,向保险人提出赔偿要求)等医患双方联合骗保行为。这些行为都是被保险人要求保险人支付那些没有必要发生的医疗费用,从而增加保险人赔付的概率,甚至导致保险人亏损。

(二)人口老龄化

对于健康保险的经营来说,要减少健康保险的风险,保证健康保险的稳健经营,对被保险人群体的年龄结构会有一个合理的要求,如年龄中等的比例高、年龄小和年龄大的比例低,这样的年龄结构对于健康保险的经营来说,是比较合理的。但是,随着经济社会发展水平的提高和医疗保健技术的发展,人民群众的平均寿命不断延长,加之计划生育政策的影响,我国社会人口的结构和比例发生着调整和改变,老年人口数量越来越多、比例越来越高,人口老龄化的程度和趋势都在增加;同时,与非老年人相比,老年人的人年均医疗费用也较高。这种情况的出现,虽然也能刺激健康保险的发展,但同时也增加了健康保险经营的风险。

(三)医药卫生体制改革

我国的医疗卫生事业具有相对较强的公共产品性质,是政府实行一定福利政策的社会公益事业。但同时,也在医疗卫生服务领域引入市场机制,以发挥市场机制调节资源配置的优势,从而提高效率。为解决医疗卫生领域的“市场失灵”和“政府失灵”问题,必须通过市场机制与政府作用的有机结合,对医药卫生体制进行改革,建立起与社会主义市场经济体制相适应的医疗卫生体系,推动我国医疗卫生事业的进一步发展。

为此,我国在2009年4月6日发布了《中共中央国务院关于深化医药卫生体制改革的意见》(中发〔2009〕6号),提出相关目标和任务:到2020年,覆盖城乡居民的基本医疗卫生制度基本建立。普遍建立比较完善的公共卫生服务体系和医疗服务体系,比较健全的医疗保障体系,比较规范的药品供应保障体系,比较科学的医疗卫生机构管理体制和运行机制,形成多元办医格局,人人享有基本医疗卫生服务,基本适应人民群众多层次的医疗卫生需求,人民群众健康水平进一步提高。为此,将重点抓好基本医疗保障制度五项改革，即加快推进基本医疗保障制度建设、初步建立国家基本药物制度、健全基层医疗卫生服务体系、促进基本公共卫生服务逐步均等化、推进公立医院改革试点，明显缓解中国民众“看病难、看病贵”的问题。

2014年8月10日，国务院发布了《关于加快发展现代保险服务业的若干意见》（国发〔2014〕29号），也提出“要把商业保险建成社会保障体系的重要支柱。商业保险要逐步成为个人和家庭商业保障计划的主要承担者、企业发起的养老健康保障计划的重要提供者、社会保险市场化运作的积极参与者。支持有条件的企业建立商业养老健康保障计划。支持保险机构大力拓展企业年金等业务。充分发挥商业保险对基本养老、医疗保险的补充作用”，同时“鼓励政府通过多种方式购买保险服务。鼓励各地结合实际，积极探索运用保险的风险管理功能及保险机构的网络、专业技术等优势，通过运用市场化机制，降低公共服务运行成本。对于商业保险机构运营效率更高的公共服务，政府可以委托保险机构经办，也可以直接购买保险产品和服务；对于具有较强公益性，但市场化运作无法实现盈亏平衡的保险服务，可以由政府给予一定支持”。

这一系列的改革，无疑将为健康保险的经营管理创造有利的外部发展环境，从而降低健康保险经营管理风险。

（四）保险业产业政策与税收政策

保险产业是现代经济的重要产业，能够提升人民群众的社会安全感，从而提高人民群众的生活质量，继而保障社会的稳定运行，同时，保险产业作为金融产业的重要组成部分，能够完善现代金融体系，对于带动和扩大社会就业、对于促进我国经济的提质增效和升级都有重要的作用。但是，若没有相应的产业政策与税收政策支持，包括健康保险在内的保险业的发展将会受到很大的影响，并增加了健康保险经营管理的风险。

《国务院关于保险业改革发展的若干意见》（国发〔2006〕23号）明确提出“统筹发展城乡商业养老保险和健康保险，完善多层次社会保障体系。大力推动健康保险发展，支持相关保险机构投资医疗机构；积极探索保险机构参与新型农村合作医疗管理的有效方式，推动新型农村合作医疗的健康发展。”2013年9月28日，国务院发布《国务院关于促进健康服务业发展的若干意见》（国发〔2013〕40号），提出要“积极发展健康保险”，“丰富商业健康保险产品。在完善基本医疗保障制度、稳步提高基本医疗保障水平的基础上，鼓励商业保险公司提供多样化、多层次、规范化的产品和服务。鼓励发展与基本医疗保险相衔接的商业健康保险，推进商业保险公司承办城乡居民大病保险，扩大人群覆盖面。积极开发长期护理商业险以及与健康管理、养老等服务相关的商业健康保险产品。推行医疗责任保险、医疗意外保险等多种形式医疗执业保险。发展多样化健康保险服务。建立商业保险公司与医疗、体检、护理等机构合作的机制，加强对医疗行为的监督和对医疗费用的控制，促进医疗服务行为规范化，为参保人提供健康风险评估、健康风险干预等服务，并在此基础上探索健康管理组织等新型组织形式。鼓励以政府购买服务的方式委托具有资质的商业保险机构开展各类医疗保险经办服务”。

2014年8月10日，国务院发布《关于加快发展现代保险服务业的若干意见》（国发〔2014〕29号），提出要发展多样化的健康保险服务。鼓励保险人大力开发各种疾病保险、医疗保险和失能收入损失保险等商业性健康保险产品，同时要发展商业性的长期护理保险，并与我国现有的基本医疗保险相结合；同时提出要研究完善健康保险的有关税收政策。要落实和完善企业为职工支付的补充养老保险费和补充医疗保险费的有关企业所得税的优惠政策。

这些相关政策的实施，必将有利于促进健康保险的发展，有利于降低健康保险经营管理风险。

二、内部风险

所谓内部风险，是指保险公司内部因素的变化所导致其健康保险经营管理的风险。这些内部因素,主要可以从以下的几个方面来考虑。

(一) 非专业化经营的风险

健康保险业务的经营过程本身亦是一个风险管理过程,涉及风险管理的方方面面,因此,需要建立特定的组织系统来完成。保险公司要经营健康保险业务,除设定健康保险业务发展战略、设计健康保险相关产品的整个完备系统之外,还必须要有一个专业化的组织系统来进行经营,实现其经营目标,也就是说,要进行专业化经营。专业化经营除了有利于保证保险公司正常的业务经营活动以外,更重要的是,还能更有效地促进保险公司谋划市场竞争并有效地控制健康保险经营风险。

与同属于人身保险的人寿保险相比较,健康保险因其独特的风险特征而对其专业化经营提出了较高的要求,要求健康保险与人寿保险相分离,走专业化道路,进行专业化经营。主要体现在以下几个方面:①精算基础不同。人寿保险的精算基础是大数法则和生命表(亦称"死亡表"),而健康保险的精算基础是大数法则和疾病分布与医疗费用分布。与人寿保险相比,健康保险的保险期限更短、出险率更高、理赔工作量更大、赔付率更高,这些情况都将造成健康保险的经营技术要求较高、经营管理成本较高,容易导致保险公司资金运作困难,经营管理风险较高;②服务管理不同。与人寿保险相比,健康保险的出险率更高,所以其给付的发生频率也更高,从而其服务管理的难度也更大,对健康保险经营提出更高的要求。若没有相应的专业化的服务与管理系统的支持,不仅无法体现出健康保险的业务优势和经营特色,而且也无法保障其最终的经营效益,从而增加经营管理风险。

世界上健康保险业务经营比较成熟的国家,都重视健康保险的专业化经营。例如,在德国,其业务经营模式是人寿保险业务和健康保险业务分开,由不同的保险公司进行分业经营;在某些欧洲或美洲国家,其业务经营模式是由比较大的保险集团同时兼业经营人寿保险业务和健康保险业务,但是其内部的组织和系统则是完全独立的。

我国的健康保险事业起步较晚。2002 年底,中国保监会颁布《关于加快健康保险发展的指导意见》(保监发〔2002〕130 号),以正式文件的形式鼓励保险公司推进健康保险业务的专业化经营。2004 年中国保监会批准筹建中国人民健康保险股份有限公司等 5 家专业性健康保险公司,2005 年,4 家专业性健康保险公司先后开业,专注于健康保险业务,积极探索健康保险业务的专业化经营模式。之后,中国保监会颁布《健康保险管理办法》(保监发〔2006〕8 号)对健康保险业务的专业化经营提出了更进一步的规范和要求。目前我国健康保险业务的经营主体主要有人寿保险公司、财产保险公司和专业性健康保险公司,形成了多种主体共同经营健康保险业务的局面。但迄今为止,我国商业健康保险的发展尚处初级阶段,整体规模较小、专业化经营程度依然较低,外部经营环境还有待改善,因而健康保险经营管理风险控制能力还较薄弱。

(二) 产品开发设计的风险

健康保险产品的开发与设计,应当综合考虑各个国家或地区的经济社会发展水平、社会医疗保障体系及消费者的医疗观念和医疗服务消费习惯。

就我国当前来说,社会医疗保障体系和医疗制度尚不完善,医药服务市场环境尚不健全,保险公司关于健康保险业务的经营经验和数据积累都不足,从而在健康保险产品的开发与设计方面遭遇更为复杂的境况,存在着产品开发设计的风险,主要来自以下几个方面。

(1) 在产品的开发方面,由于市场定位的盲目性,导致产品开发缺乏系统性和应有的针对性。国内很多的健康保险产品从投放市场的一开始就留下了很大的经营风险和经营隐患,关键就是在于在其产品开发的时候,没有全面深入地重视和考虑消费者多方面的需求,没有很好地综合考虑消费者的文化品位和心理特征及其医疗观念和医疗服务消费习惯等众多因素,因而不能有效地为消费者提供人性化的健康保险产品,导致过高的成本投入和较低的市场认同,增加了健康保险经营管理的风险。

(2) 在产品的设计方面,由于相关基础数据的缺乏,导致产品设计时保险费率的厘定缺乏科学性和合理性。在国外,保险业务经营时间较长,保险市场相对成熟,保险公司拥有自身历年积累的经验数据,相关的保险协会及保险专业组织等也会定期地公布相关的基础数据,使得保险基础数据积累较为充分,从而在进行保险产品开发设计时,其产品的定位、定价及保险费率的调整等,都更具有科学性和合理性。而在国内,保险业务经营时间较短,保险市场也相对不成熟,很多保险公司缺乏自身历年的经验数据,在公共数据方面,我国的卫生部门和社会医疗保险机构及相关的统计年鉴等公开资料中拥有的可用信息量也较少,结果导致健康保险产品在保险费率厘定和保险责任设计等方面缺乏科学性和合理性,从而增加了健康保险经营管理的风险。

(三) 专业人才不足的风险

健康保险业务所经营的对象是被保险人发生疾病或意外伤害的风险,涉及人体的健康,尤其是在保险业务中的核保与核赔等关键环节,必不可少地要涉及专业性和科学性都非常强的医药学专业领域,因而是一项专业性要求比较高的业务。健康保险业务所涉及的知识体系,既包括保险学知识体系、相关法律与政策知识体系,更包括医药学知识体系;目前,健康保险实际运营过程当中,相关人员所必须具备的各种专业技能,既包括一般的人际沟通技能、社会调查技能及相关法律与政策的运用技能,更包括医疗活动的识别和归类技能等。但是,随着健康保险业务的不断发展和完善,目前我国这类人才的缺口一直比较大。专业人才的不足,明显地影响着对健康保险业务中的逆向选择和道德风险的防范和规避能力,影响健康保险业务的经营质量,增加健康保险经营管理的风险。

(四) 服务不佳的风险

包括健康保险在内的整个保险行业本身就属于服务性行业,因此,服务质量的优秀与否,攸关保险公司的整个经营和管理。

基于健康保险产品本身及其风险因素的多样性与复杂性,加之健康保险事故的多发性与时效性及健康保险风险损失的严重性等,被保险人与保险人之间存在着严重的信息不对称,因此,被保险人对保险人的全面而优质的专业化服务有很高的要求和期望,甚至是依赖。保险人若是专业化服务意识不强烈、服务机构不健全、标准化咨询系统不完善、业务处理不及时、保险事故核赔不规范、服务质量不优秀等,将有可能引起被保险人与保险人之间不断的纠纷,损害其客户群的稳定性和忠诚度,从而严重影响被保险人的信誉、口碑和品牌,降低通过优质服务获得附加值利益的可能性,甚至有可能造成客户群的流失,从而增加健康保险业务经营管理的风险。

第三节 健康保险风险的管理与控制

一、健康保险经营管理风险的管理与控制

风险的管理与控制,简称风险管控,一般指的是风险管理者用以降低其所面临的各种风险的负面结果的决策与管理过程。在风险识别与风险估测及风险评价的基础上,对各种风险管理技术进行选择和优化组合,从而有效地控制风险并妥善地处理风险事故发生所致损失的后果,以期减少甚或消灭各种风险事故发生的可能性,或者是减少风险事故发生后所造成的损失程度,从而投入最小的成本以获取最大的各种安全保障。

一般而言,风险管控有四种基本的思路和方法,分别是:风险回避、损失控制、风险转移和风险保留。

风险回避是风险管理者有意识地放弃风险行为，以完全避免某些特定的损失风险。其实，简单的风险回避实质上是一种最为消极的风险管控方法，因为风险管理者在选择放弃风险行为的同时，往往也就意味着其对潜在的目标收益的放弃。

损失控制并不是放弃风险行为，而是事先制定周全的计划并采取有效的措施以降低其损失的可能性或者是减少风险事故实际发生时的损失。在逻辑上，损失控制可以划分为事前控制、事中控制和事后控制三个相联系的阶段。其中，事前控制主要的目的是降低其损失的可能性，而事中控制和事后控制主要的目的是减少风险事故实际发生时的损失。

风险转移是指让渡人通过契约的方式将其风险转移给受让人去承担的风险管控方法。让渡人通过风险转移的方法可以使其面临的风险程度大为降低。一般而言，风险转移的形式主要有两种：一是合同转移，一是保险转移。合同转移是通过签订契约的方式将让渡人的部分或者全部风险转移给一个或多个受让人去承担；而保险转移是风险管理者减少甚或消灭风险所使用得最为广泛的风险转移方法。

风险保留，亦称风险承担，是风险管理者在风险事故损失实际发生时以其当时所可能利用的任何资金进行损失支付的风险管控方法。

随着我国健康保险事业的发展，健康保险经营管理所面临的风险也将与日俱增。未来健康保险经营者之间竞争的核心是其风险管理与控制水平的竞争。如何及早化解已然形成的经营管理风险，防范、管理与控制新形成的经营管理风险，使自身在保险市场竞争中处于不败之地，是当前我国健康保险经营管理亟须解决的问题。

（一）外部风险的管理与控制

1. 优化健康保险业发展的外部环境，实现制度创新，减少其经营管理风险

健康保险是我国医疗保障体系的重要组成部分，与我国最广大人民群众的健康和幸福密切相关。当前，随着我国社会对多元化保险服务需求的日益增长，我国健康保险的发展也面临着难得的历史机遇。我们要把发展包括健康保险在内的现代保险业融入到经济社会工作的整体布局中加以统筹和考虑，为此，我们要通过改革创新、扩大开放、健全市场、优化环境、完善政策等途径，完善保险经济补偿机制、强化风险管理核心功能和提高保险资金配置效率等，优化健康保险业发展的外部环境，实现制度创新，减少其经营管理风险。

我国政府非常重视保险业的发展，多次出台与健康保险业发展有关的促进政策。例如，《国务院关于保险业改革发展的若干意见》（国发〔2006〕23号）、《健康保险管理办法》（保监发〔2006〕8号）、《国务院关于促进健康服务业发展的若干意见》（国发〔2013〕40号）、《关于加快发展现代保险服务业的若干意见》（国发〔2014〕29号）等，大力推动了我国健康保险业的发展，力图为我国健康保险业的专业化快速发展创造良好的外部环境。特别是在我国医药卫生体制改革中的医疗卫生体制改革及药品流通体制改革和社会医疗保险制度改革等诸多重要的环节中，充分重视健康保险业的发展，给其发展带来了很好的外部环境和发展机会，有利于降低健康保险经营管理的风险并促进其健康稳定发展。

2. 加强保险业基础设施建设，巩固和完善健康保险业务的经营管理体系

（1）加强保险业基础设施建设：加快建立健全保险业务所需的各类风险数据库，修订保险业经验生命表（如《中国人寿保险业经验生命表》等）、疾病发生率表（如《中国人身保险业重大疾病经验发生率表》）等。生命表（亦称“死亡表”），其所反映的是整个社会人口的平均年龄及不同年龄的人群生存的概率和死亡的概率，可以广泛地应用到保险产品的定价、计算现金价值、评估准备金、计算内含价值和保险业风险管理等多个方面。对于保险业来说，科学准确的生命表是防范经营管理风险的重要手段和基础条件。“重大疾病经验发生率”是按照保险合同所规定的诊断标准而确认的患重大疾病的概率,主要应用到有关重大疾病保险产品中的定价方面和评估准备金方面。我国的第一套人身保险业重大疾病经验发生率表《中国人身保险业重大疾病经验发生率表》迟至2013年11月14日才发布,该表的编制和发布是我国人身保险业的一项基础性和长期性的工作,对于健全保险监管制度、夯实保险行业发展基础、促进保险业健康发展等都有着很深远的意义。此外,还需要组建或完善保险业防灾防损中心、保险资产交易平台、保险资产托管平台、再保险交易平台等基础平台,以促进保险业风险管理水平的提升。

(2) 全面加快我国保险业信用体系建设:加强建设我国保险信用信息基础设施,扩大我国保险信用记录的覆盖面,并构建保险信用的信息共享机制,从而引导我国的保险机构对不同的保险信用级别者采用差别化的保险费率:对讲信用的人要给予激励,对不讲信用的人要给予约束。同时,对于保险服务供应方的信用信息,也需要记录。我们需要完善保险机构的信用评价体系及其失信惩戒制度,并完善保险业从业人员的信用档案管理制度。

(二) 内部风险的管理与控制

(1) 在经营条件上,要建立相对独立的专业化的健康保险业务经营管理组织系统和信息管理系统。配备具有相关专业知识的核保人员与核赔人员,对从事健康保险的核保、理赔及销售等工作的从业人员进行健康保险专业知识和技能培训。专业化的经营管理是健康保险业务今后发展的方向,是保险机构改善经营管理和提高经营效益及有效地控制经营管理风险的重要组织手段。

(2) 在产品体系上,要建立健全健康保险产品体系,注意产品开发与设计的风险管控。为规避产品开发与设计的风险,可以在健康保险合同中设定特殊条款,如观察期条款、免赔额条款、共保比例条款、给付限额条款、既存状况条款等。

1)"观察期"条款:在健康保险合同中,往往在保险的责任条款中规定该保单对生效后的一定时期内(如90日或者180日内)所发生的疾病事故不予以赔偿,不承担保险责任。这个时期即为所谓的"观察期"。设立"观察期",对于减少投保人的带病投保或逆向选择、控制道德风险,进而控制健康保险经营管理风险有着重要作用。

2)"免赔额"条款:在健康保险合同中,一般均对医疗费用采用免赔额的规定,亦即在一定金额以下的医疗费用支出由被保险人自理,而保险人不予以赔偿。免赔额有"相对免赔额"和"绝对免赔额"两种方式。"相对免赔额"规定一个固定的限额(具体如150元或250元),当被保险人在保险事故发生后所遭受的实际损失若在该限额以下时,则保险人不必履行赔偿责任,只有在被保险人的实际损失额达到或超过该限额时才予以全额赔偿;"绝对免赔额"则指无论被保险人的实际损失有多少,保险人都要在扣除该免赔额之后才予以赔偿。在健康保险合同中,一般来说,会更多地采用"绝对免赔额"方式。免赔额条款可以推动被保险人加强自我保护和自我控制意识,减少因为疏忽等原因而导致的保险事故的发生和损失的扩大,从而可以避免不必要的费用支出,并最终减少道德危险。

3)"共保比例"条款:又称"比例给付"条款。"比例给付"是保险人与被保险人按一定的比例来共同分摊被保险人的医疗费用,这实际上是相当于保险人与被保险人的共同保险。如果在同一份健康保险合同中既有"共保比例"条款,又有"免赔额"条款,则其中的"共保比例"意即保险人对超出免赔额以上部分的医疗费用,采取与被保险人按一定比例共同分摊的方法进行保险赔偿。因为健康保险业务是以被保险人的身体为标的的保险业务,与一般的财产保险不同,健康保险并不存在是否足额投保的问题。但是因为逆向选择和道德风险的存在,使得保险人难以控制其风险,因此,在大多数健康保险合同里,保险人通过采用"共保比例"条款,让被保险人也按比例承担其中的部分医疗费用,既有利于被保险人有动力积极地控制医疗费用,也有利于被保险人经济利益的保障,达到保险保障的目的,同时也降低了保险人的经营管理风险。

4)"给付限额"条款:在具有补偿性质的健康保险合同中,保险人可以设定医疗费用补偿的最高限额，如设定门诊费用补偿的最高限额、住院费用补偿的最高限额、手术费用补偿的最高限额、单项疾病补偿的最高限额等。因为健康保险中被保险人个体的差异性，其医疗费用的差异性也可能很大，因此，设定医疗费用补偿的最高限额，可以控制总体支付水平，可以有效地使保险人和大多数被保险人的利益得到保障，从而降低其经营管理的风险。但是，对于非补偿性质的健康保险，如“大病保险”等具有“定额保险”性质的健康保险，通常不会设定赔偿限额，而是按合同约定的保险金额实行定额赔偿。

5）“既存状况”条款：在健康保险合同中，“既存状况”条款规定，在保险单生效的约定期间内，保险人对被保险人的“既往病症”将不予给付保险金。“既往病症”是指被保险人在健康保险的保单签发之前就已患有，但却未在其投保单中对保险人进行如实告知的疾病或伤残。保单中通常会规定被保险人必须如实告知在保单签发之前的2年或者更长的年份内所罹患过的各种疾病。若被保险人因为“既往病症”而发生属于保险责任范围内的损失，则保险人将只在保险单生效的2年以后才会给付保险金。“既存状况”条款有助于避免那些得过某些疾病但是有复发风险或者是得过某些疾病而尚未痊愈的投保人通过购买健康保险而获得保险给付，可以在一定程度上减少投保人的逆向选择，从而降低健康保险的经营管理风险。

（三）核保与核赔风险的管理与控制

1. 建立健康保险核保与核赔专门体系

与同属于人身保险的人寿保险相比较，健康保险的保险期限更短、出险率更高、理赔工作量更大、赔付率更高，从而经营管理风险亦更高。为此，需要建立健康保险核保与核赔的专门体系，要建立和完善并及时更新健康保险核保与核赔专用手册等专业性的操作技术工具，要进行专业人员的培训、培养和引进，建立一支高素质的员工队伍，制定并实施健康保险核保与核赔人员专门管理办法。这也是健康保险建立专业化经营管理组织系统的重要组成部分，是健康保险经营管理风险管理与控制的重要技术手段。

2. 积极将新技术运用于核保与核赔

健康保险的保险标的是人体的健康，而对于人体健康的诊断和治疗，其技术一直在创新和发展。核保是健康保险业务经营管理和风险管控中极为关键的环节，其水平的高与低将会直接影响到其他业务环节的运作，也会直接影响健康保险经营业务盈利的可能性及盈利的大小。因此，需要想方设法提高核保的水平，其中就包括追踪采用最新的医学技术及其成就。如基因诊断技术，若能够大规模地应用于医疗保健领域，则保险机构对人体健康风险的识别技术及核保技术都将会进行革命性的改变。

理赔是保险机构兑现保险合同、支付被保险人医疗费用补偿金、实现被保险人保险保障的过程，健康保险机构的理赔工作经常会处于既想让被保险人满意又想要控制保险人医疗费用补偿额度的两难境地，因此，理赔和核赔在健康保险经营管理风险管控中起到十分重要的作用。要做到合理合法地理赔和核赔，就需要掌握最新最科学的相关技术。健康保险的理赔和核赔技术要以专业的医学知识和长期的数据积累为基础，不能仅仅依托理赔和核赔业务人员的个人经验。要求核赔业务人员一方面必须要熟悉和了解医学专业知识与医务环境，另一方面必须要能运用健康保险专业知识及原理，按照健康保险相关条款约定，判断厘清被保险人的索赔申请客观真实与否、符合给付条件与否。另外，健康保险业务成熟发达的一些国家及其机构积累有相当丰富的基础数据，有的还建立起健康保险相关信息数据库，开发出健康保险核保软件工具及其系统，我国都可以适当地参考和借鉴。

3. 把握理赔核赔中风险管控的关键环节

制定严格的理赔核赔审核制度及相关规定，建立理赔的审批权限及垂直审定制度，明确组织系统内各方的管理职责，严控健康保险业务中的道德风险。准确区分健康保险业务中的除外责任与责任免除,特别要提防的是重复检查及过度医疗。此外,还要加强对健康保险业理赔经验数据进行统计并定期对数据进行分析和挖掘,辨识各理赔项目的异常发展趋势,分析探究个中原因并及时有效地采取应对措施。

(四) 医疗服务行为风险的管理与控制

健康保险业务经营管理的风险,尤其是其中的逆向选择和道德风险,很大程度上都有医疗机构的医疗服务行为参与其中。因此,为从根本上控制由医疗服务技术或医疗服务行为产生的风险,在风险管理与控制中,需要加强对医疗机构的管理和对医疗服务行为过程的监控。

为此,在医疗服务的网络选择上,保险机构可以建立指定的医疗服务机构网络。保险机构可以在健康保险合同中约定,被保险人只有在保险机构指定的医疗服务机构网络中进行的医疗服务行为才可以获得医疗费用补偿。同时,要求保险机构所指定的医疗服务机构网络要遵循方便被保险人合理控制医疗服务费用支出的原则,从而引导被保险人合理地选择和使用医疗资源、合理地控制其医疗费用支出,这同时会要求保险机构要对投保人和被保险人做好相关的宣传和解释工作。

在医疗服务管理方面,保险机构需要加强与医疗服务机构和健康管理服务机构的合作,适时介入其医疗服务的行为过程,参与并监督其医疗质量的控制和医疗服务费用支出,从而加强对医疗服务成本的管理,监督其医疗费用支出的必要性与合理性。从而将健康保险的风险管理与控制由单纯地重视事后的风险管理与控制向前延伸到包括事前积极预防在内的全过程的健康管理,整体性地降低健康保险经营管理的风险。

二、事前控制,加强健康管理,控制健康保险经营风险

要真正有效地对健康保险经营管理风险进行管理与控制,保险机构不可避免地要与医疗服务机构建立起通畅高效的合作机制。对被保险人的行为进行事前控制,重视并加强其健康保健管理,能同时降低健康保险业务经营管理风险中的外部风险和内部风险。

(一) 健康管理的内涵

健康管理是以现代健康概念(生理、心理和社会适应能力)、新的医学模式(生理-心理-社会)及中医治未病为指导,通过采用现代医学和现代管理学的理论、技术、方法和手段,对个体或群体整体健康状况及其影响健康的危险因素进行全面检测、评估、有效干预与连续跟踪服务的医学行为及过程。其目的是以最小的投入获取最大的健康效益,亦即预防及控制疾病的发生与发展,降低医疗费用支出水平,提高生命质量。

健康管理是20世纪50年代末最早在美国提出的概念,其核心内容主要是医疗保险机构通过对其医疗保险客户(包括疾病患者或高危人群)开展系统的健康管理,达到有效地控制疾病的发生或发展,显著地降低其出险的概率和实际的医疗费用支出,从而有效地减少医疗保险赔付损失的目的。美国最初的健康管理概念还包括医疗保险机构和医疗服务机构之间签订最经济适用的处方协议,以保证医疗保险的客户可以享受到较低的医疗费用支出,从而减轻医疗保险机构的赔付负担。这几年来,健康管理在我国发展很快,高收入群体开始逐步认同和接受。

(二) 健康管理的内容

(1) 针对医疗保健在职人员和医学管理人员,对其知识更新、服务扩展与能力提升进行培训,包括现代健康管理概念与内涵、技术与标准等。培训要严格遵循相关规定与指南,突出新颖性、专业性与实用性。

(2) 针对健康管理(体检)机构人员,对其上岗、转岗、跨岗的职业技能进行规范化培训,包括健

康管理的相关概念、技术、技能、标准、流程及模式等。培训要严格遵照健康管理师国家职业标准，突出职业资质、职业技能、职业服务与职业活动能力。

(3) 针对公众及家庭健康服务者，对其多样化的需求进行培训，包括健康理念、健康意识、健康知识、健康技能等自我健康管理能力。

(4) 转变服务理念，创新服务模式。医疗机构设置的体检中心要逐步由传统的辨病体检向健康体检转型，由单一的健康体检服务向集体检、评估、干预及跟踪于一体的综合健康管理服务转型升级，实现健康体检中心向健康管理部门的转型和升级。

(5) 规范质量控制流程，提高服务能力与效率。严格执行国家卫生部颁布的《健康体检管理暂行规定》及《体检基本项目目录》，针对不同的个体或群体的不同健康管理需求，科学设计健康检测及监测项目与流程，通过健康注册建立健康管理档案；通过过程控制提高服务质量；通过信息技术手段的应用提高服务效率；通过培训与严格的术标准及规范，提高服务能力与水平。

(6) 生活社区。针对不同地域的特点及其经济社会的发展状况，以预防及控制社区的慢性病及其风险因素的流行为目标，通过规范化地实施健康教育与促进、个体健康咨询与指导、生活方式改善、非药物干预等健康管理医学服务项目，促进提高社区人群高血压、糖尿病、冠心病、骨质疏松等慢性非传染性疾病的知晓率、治疗率与控制率。认真贯彻“保基本、强基础、广覆盖、可持续”的新医改方针，从农村和农民的实际情况出发，积极探索开展健康管理医学服务的模式与路径。

(7) 功能社区。针对不同的职业及其环境特点，以节约健康劳动力资源、促进生产率可持续发展为目标，通过实施企业员工健康与生产力管理规划、个体健康自我管理培训项目、不良生活方式干预与健康促进等，促进提高企业员工的健康素养与自我健康管理能力，有效防控慢性病，降低疾病负担。

(8) 老年健康管理。根据不同老人不同健康服务需求，积极探索开展居家养老式健康管理、候鸟式健康颐养、旅游与健康疗养等健康管理服务的模式与路径。

(9) 高端人群健康管理。针对高端人群的健康服务需求，相应提供量身定制的健康管理医学服务内容与服务套餐，可以包括：私密性健康信息管理；全面系统的健康检测/监测与评估；连续动态的专职保健与跟踪服务；个性化的健康解决方案与措施；及时提供人性化的就医绿色通道等。

(10) 第三方健康管理医学服务。针对健康管理服务的市场化与产业化的需求，主要由新兴的健康管理服务机构提供的商业性的健康管理医学服务。以健康服务信息化平台为依托，以慢性病早期和康复期人群为对象，以俱乐部为组织形式，提供疾病防治与就医指导等健康管理医学服务。

（三）健康管理的流程

1. 健康状况的信息采集

健康状况的信息采集即寻找、发现健康危险因素的过程。信息采集的途径包括日常生活调查、正常体检（健康体检）和因病检查等方式。采集的信息中既有患者的年龄、性别、身高、体重等基本情况，也有体检后身体各系统的功能状况，实验室检查后的血糖、血脂等一些重要指标，还包括家族史、膳食习惯（如谷类、肉类、干豆类、咸菜、酒类等摄入情况）、生活方式（如吸烟、睡眠、体力活动、锻炼、精神及社会因素等）等多方面资料。

通过健康状况的信息采集，全面收集个人健康状况信息，为被管理者建立健康档案，进行健康危险因素的分析和评价，及早发现健康危险因素，为制定健康促进计划提供基础资料。

2. 健康状况的评价和预测

健康状况的评价和预测即认识健康危险因素的过程。根据采集到的被管理者的各种信息，对其健康状况进行评估，确定处于何种健康状况，并系统分析存在的危险因素及其发展变化趋势，为促使其改变不良的生活方式、降低危险因素做好前期工作。

3. 健康促进、行为干预、咨询指导

健康促进、行为干预、咨询指导即解决健康危险因素的过程。根据评估、预测结果，制定个性化的健康计划，并督促其实施，把健康理念和健康计划转化为健康行为，指导被管理者采取正确的生活方式和行为来减少发病危险。这是整个健康管理过程的核心环节。

在此过程中，要通过各种途径与被管理者保持联系，对其给予及时的咨询和科学指导，并及时了解其健康状况的改变，定期进行重复评估，给个人提供最新的健康维护方案。

4. 效果评价

通过以上步骤，如健康促进、行为干预、咨询指导，对个体和群体的健康干预效果进行评价；同时实施信息反馈，进一步制定下一步的干预计划。

（四）健康管理与健康保险风险的管理与控制

通过促进被保险人合理地实施科学的健康管理，健康保险业务经营机构可以将以前单一的疾病或意外伤害的事后理赔转变为一个全过程的科学的健康管理服务，从而在早期阶段介入，变事后被动理赔为全程主动干预。将健康保险经营管理风险的管理与控制和健康管理结合在一起，能够非常有效地克服和改变过去传统的健康保险机构经营管理思想中只注重其内部而忽视外部的医疗服务管理过程；过度强调保护保险人单方面的利益而忽视保护被保险人、社会及医疗服务提供者的利益；一味考虑节约医疗费用支出而忽视医疗服务的品质和服务的利用等种种弊病。通过对被保险人进行健康教育、建立起个人健康档案、定期对被保险人进行健康体检等综合手段与措施的实施，既可以有效地维护和促进被保险人的身体健康，降低其疾病或意外伤害的发生率，从而从根本上减少双方的医疗费用支出，同时也可以提高健康保险的美誉度与信誉度及社会对健康保险的认同感。因此，健康保险业务经营机构可以通过对被保险人的个人健康进行系统化全面管理的方式，鼓励被保险人采用健康的生活方式，培养其体育爱好，加强身体锻炼；通过建立被保险人的个人健康档案对其健康状况进行跟踪调查；通过对被保险人定期进行健康体检，将被保险人以治病为中心的理念转变为以预防保健为中心的理念等。总之，健康管理理念是从被保险人身体健康的角度出发，通过降低被保险人的身体疾病或意外伤害的实际发生率来控制保险人对其的赔款支出，从而从源头上根本地堵住或减少医疗费用支出。由此，加强健康管理已然成为成熟的健康保险经营机构提供优质的服务和控制其经营管理风险的重要和有效的方法。

二、实施共同保险与再保险，转移健康保险经营风险

（一）共同保险与再保险

共同保险(coinsurance)，又称“共保”，是指由两个或两个以上的保险人联合起来与投保人共同订立一个保险合同，共同直接承保同一保险标的及共同承担同一风险责任，保险金额总和不超过保险标的的可保价值的保险。共同保险是直接保险的一种，即由多个保险人对于所承保的风险进行一次性的分摊。

再保险(reinsurance)，又称“分保”，是指保险人在原保险合同的基础上，通过签订分保合同，将其所承保的部分风险和责任向其他保险人进行再次保险的行为。其中，转让业务的是原保险人，接受分保业务的是再保险人。这种风险转嫁方式是保险人对原始风险的纵向转嫁，即第二次风险转嫁。

就风险分担而言，共同保险是风险的第一次分担，而再保险是风险的第二次分担。就投保人与保险人之间的关系而言，在共同保险关系中，投保人与保险人之间建立的保险关系是横向关系，投保人与每个保险人之间都有直接的法律关系；而在再保险关系中，投保人与原保险人之间、再保险人与原保险人之间都有直接的法律关系，但是投保人与再保险人之间却没有直接的法律关系，再保险人

也仅与原保险人之间有直接的法律关系，因此，投保人无权向再保险人直接提出索赔请求，而再保险人同样也无权直接请求投保人缴纳保险费。

共同保险与再保险都是风险分散原则的具体应用，因而保险人为了保证其保险业务的收支平衡与经营的稳健性，要使其承保的风险种类与风险程度及其承担的保险金额等都尽可能地符合大数法则。保险人要实现风险分散、风险转移，共同保险与再保险是最为有效的方法和手段，能够有效地降低保险机构的经营管理风险，有力地保障保险机构的业务经营。共同保险与再保险的业务模式对健康保险的业务经营也普遍适用，对于健康保险市场还不是十分成熟、健康保险经营经验还不是十分丰富的中国健康保险业尤为重要。

共同保险的历史要比再保险长，而再保险则富于融通性。但是与再保险相比，共同保险显得手续非常繁琐和费时费力，投保人必须与每个保险人商洽有关的保险事项，而不同的保险人之间的商洽也是颇为繁杂和费时，因而共同保险一般较少采用。本文也主要介绍再保险的业务安排。

（二）再保险的业务安排

所谓再保险的业务安排，指的是原保险人与再保险人之间如何运用多种再保险的业务方式来建立起它们之间的再保险关系，这是保险机构经营管理决策中非常重要的一个环节。再保险业务安排得合理与否，将直接影响到其再保险方式分散其风险、稳定其财务的功能好坏。

再保险的业务安排方式主要有三种：临时再保险、合约再保险和预约再保险。由于这三种方式各有特点，原保险人需要根据其自身业务的特点和性质，综合考虑其与再保险人之间的长期合作伙伴关系等多种因素而合理地进行选择与安排。

1. 临时再保险方式的特点及其业务安排

临时再保险指的是原保险人根据自身业务的特点及需要，临时地与再保险人达成再保险业务协议，临时地将其承保的有关风险或责任分出给再保险人的再保险业务安排方式。临时再保险是原保险人对其个别特殊的保单或风险单位所采取的临时的风险处理措施。

对于临时再保险业务的分出和接受，原保险人和再保险人均无事先约束，双方都可以灵活而自由地进行选择。原保险人可以根据自身所承保的风险程度及自留能力来决定是否分出及分出多少，同样的，再保险人也可以根据原保险人所分出的业务质量和自身的承受能力来决定是否接受。原保险人在安排临时再保险时，必须将分出业务的具体情况和分保条件如实地告知再保险人，以便于再保险人能明确分出业务的性质并决定是否接受，但这种业务方式对原保险人的业务竞争其实并不利。此外，临时再保险业务是逐笔逐笔进行安排分保的，虽然其保费支付较为快捷和迅速，有利于再保险人资金的充分使用，但是因为手续繁琐，反而增加了经营成本。

对于原保险人新开办的业务，因为新业务的佣金高，其他费用支出大，业务量又较少而且经营不稳定，其损失的状况也相对地不稳定，因而宜于采用临时再保险的业务方式。对于那些需要超赔保障的业务，原保险人在综合考虑自身利益或者双方利益的基础上，可以用临时超赔再保险的业务方式来减少其自身所承担的赔偿责任；对于合约再保险中除外的业务或者业务质量较差而由原保险人通融承保，但又不愿加入合约之中以免影响合同质量的业务，则可以通过安排临时再保险的方式来转移风险；对于一些超过合约承保限额的超大保额业务，为了增强其承保的能力，原保险人也可以采用临时再保险的业务方式。

2. 合约再保险方式的特点及其业务安排

合约再保险指的是原保险人与再保险人之间预先订立分保合约，将再保险的业务范围和地区范围、除外责任与分出标准和分保佣金、合约最高限额等分保条件事项事先逐一地约定清楚，以供双方共同遵守。

与临时再保险相比较，合约再保险有三个特点：①合约再保险业务针对的是整个风险组合而不仅仅是某个单个的风险单位。这就是说，原保险人若要将某项业务放入再保险合同，则其必须将某一个险种所有的全部业务单位都放入该合同中，不能选择性地将某个或某些业务单位分保给再保险人，以避免原保险人的逆向选择；②合约再保险对原保险人和再保险人均有约束力，原保险人和再保险人都必须按照合约中事先约定的条件进行分保和接受合约规定的全部风险，双方都不再具有选择权；③由于合约再保险的方式采取预先订立合约的方式，因此，凡属于合约规定范围内的业务，都会自动地进行分保，而不是逐笔逐笔地安排分保，从而大大地简化了再保险的业务手续，也降低了双方再保险业务安排的经营成本，因而受到了原保险人和再保险人双方的欢迎。但是，另一方面，随着经济社会的快速发展，各种新风险也层出不穷，预先订立的再保险合约可能无法适应新的情况和特殊情况，有可能需要采用临时再保险的业务方式作为完善和补充。

合约再保险的业务方式中，原保险人和再保险人之间的合约关系是固定的。通过合约再保险方式的业务安排，既可以使原保险人及时转移其所承保的风险，保证其业务经营的稳定性，又可以使再保险人获得数量较多而且较为均衡和稳定的保险业务来源。因此，在所有的三种再保险业务安排方式中，合约再保险方式占有主导地位。对于一般的保险业务，无论是比例再保险方式抑或非比例再保险方式，均可采用合约再保险的方式来安排。

3. 预约再保险方式的特点及其业务安排

预约再保险方式是介于临时再保险方式和合约再保险方式之间的一种再保险业务安排方式，通常也被认为是合约再保险方式的补充。对原保险人来说，预约再保险方式具有临时再保险的性质，原保险人可以自主地选择是否分出及分出多少，而对再保险人来说，预约再保险方式却具有合约再保险的性质，再保险人必须按预约再保险的事先约定而无条件地接受原保险人的业务分入。显然，对于原保险人来说，预约再保险方式具有灵活性，原保险人可以根据其业务的具体情况，决定是否办理业务分保；而对于再保险人来说，预约再保险方式具有强制性，凡是属于预约分保范围内的业务，一旦原保险人决定分出，再保险人就没有选择的余地，必须接受。由于预约再保险方式是预先约定合同的业务范围，对于一些特殊的业务，如超出合约再保险合同限额的业务，原保险人不必以临时再保险的方式进行安排，只要将该业务放入预约再保险的合同中，再保险人就必须接受。因此，对于原保险人来说，预约再保险方式不仅手续简单，而且能够使得自己及时获得再保险保障；但对于再保险人来说，预约再保险所安排的业务质量将难以选择和掌控。因此，一般情况下，原保险人为了使自身的经营保持稳定，会选择性地自留其中稳定性好的业务，而分保其中稳定性差的业务，亦即原保险人可以有一定程度的逆向选择。

复习思考题

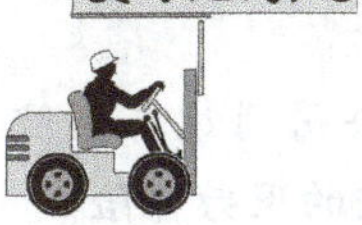

1. 健康保险经营管理所面临的风险有哪些？
2. 什么是健康保险经营管理的内部风险和外部风险？如何控制？
3. 健康管理对我国健康保险的经营管理有什么重要意义？
4. 如何根据保险机构的业务情形选择恰当的再保险业务安排方式？

【案例分析】

美国的医疗保险计划

美国的医疗保险计划有Fee for Service、HMO、PPO、POS等不同类型，近年来又出现了健康储蓄账户计划。这些保险计划给予投保人不同的选择就医机构的自由度，相应地，其保险费用也各不相同。

一、按服务收费

美国传统的医疗保险是一种按服务收费（fee for service）的医疗保险（fee for service plan）。您可以选择在任何时候，去任何医院、诊所就诊。但您必须先支付所有的医疗费用。然后凭收据去保险公司报销。保险公司一般报销80%的医疗费用，您需要自己支付20%的费用。

按服务收费的医疗保险比较昂贵。如果您不太在意保险的费用,而需要更多的选择余地,那么按服务收费的医疗保险可能适合您的需要。

二、管控型医疗保险

目前在美国,大多数的私人医疗保险公司都属于管控型医疗保险(managed care)。这种保险模式对医疗费用和投保人使用医疗保健服务都有限制。您在使用某些医疗服务前,如做医学检查、看专科医生和住院治疗等,需经保险公司同意,否则保险公司可以拒绝支付医疗费用。此外,若保险公司认定您使用的医疗服务超出合理范围,会要求投保人自己负担。

管控型医疗保险公司也对医疗服务提供方(医生、医院等)的医疗行为进行控制,防止医生为自身利益滥用医疗服务。管控型医疗保险有利于降低总体的医疗费用,但也可能影响患者及时获得合理的治疗。

在美国,主要有三大类管控型医疗保险公司:健康维护组织(Health Maintenance Organization,HMO)、优选医疗机构(Preferred Provider Organization,PPO)、定点服务组织(Point-of-Service,POS)。

1. HMO

HMO是一种管理式的保险公司,是管控型医疗保险计划中最便宜的类型。

HMO保险计划的保险费(premium)相对比较便宜,患者看病后自付费用的比例也较低。

HMO的目标是为每一个会员提供健康管理,强调通过预防性和综合协调医疗服务,提高投保人的整体健康水平,从而减少医疗费用。所以,HMO计划有更多预防性医疗的福利,如为会员提供免费的年度体检、疫苗注射、女性乳房检查等。

HMO的缺点是就医的选择性少。每个HMO都有自己的医生和医院网络,会员必须在网络内的医疗保健单位就医,保险公司才会报销相关的费用,急诊情况除外。如果您在HMO指定网络外的医院或诊所就医,则您必须自费支付所有的费用。

此外,成为HMO会员后,保险公司会要求您指定一位家庭医生作为您的基础保健医生(primary care physician)。患者每次看病,必须首先去指定的医生处就诊。保健医生在某种意义上成为保险公司的看门人(gatekeeper),这是保险公司控制医疗费用的手段之一。

这种模式的优点是:您的保健医生比较熟悉您的整体健康状况,能够协调治疗;缺点是:患者必须通过基础保健医生转诊才可以去看专科医生或住院治疗,有时候这种转诊方式可能拖延患者的治疗。

如果您需要就医的情况比较多,那么选择HMO的计划后您个人需要支付的医疗费用较低,可以相对节省看病的开支。

2. PPO

PPO是介于按服务收费保险和HMO之间的一种自选式保险计划。PPO保险公司通过与医院医生谈判获得优惠的医疗服务价格,这样,PPO保险公司就可以向其会员提供更便宜的医疗保险。

参加PPO保险后,保险公司向会员提供一份优选医疗机构名单,会员可以从名单上选择自己喜爱的医生诊所。当您在网络内的医疗机构就诊时,您可以得到会员的优惠折扣价,保险公司将支付大部分的医疗费用。

PPO的会员也可以选择网络外的医疗机构,但个人自费的比例就会比较高,保险公司报销医疗费用的比例也相应更低。而且,在网络外的医疗机构看病也不能获得医疗服务优惠折扣,这样医疗费用就更高。

PPO的优点是:它给予您更多的选择性。投保人不需要指定基础保健医生,看专科医生也不需要通过基础保健医生转诊。

参加PPO保险计划有更多的选择医院或医生的权利,但PPO的保险费通常比HMO更高。

3. POS

POS是一种结合HMO和PPO的保险形式。它比HMO有更多的选择性,同时也比PPO的费用更低。

POS也有自己的医疗保健网络。与HMO一样,POS的会员需要指定基础保健医生。在需要时,必须由您的基础保健医生将您转诊到保险公司指定网络内的专科医生,这样确保降低医疗费用。如果您在POS的网络内就医,您个人支付的医疗费用比例较低,保险公司会承担大部分的费用。

与HMO不同的是,POS的会员也可以自己直接到POS网络外的专科医生诊所就诊。在这种情况下,POS保险公司也会报销您的部分医疗费用,但患者需要自己支付的自付款(deductible)和共同付款(co-payment)部分相对较高。

所以,POS具有HMO的较低保险费的优势,但也给了会员更多自主就医的选择。

三、健康储蓄账户

健康储蓄账户(Health Saving Account,HSA)是美国最近几年开始流行的一种新的医疗保险形式。HSA的主要特点是您必须加入一种自付款很高的医疗保险计划。这样您可以利用HSA内的资金支付医疗费用,并享受免税待遇。

建立HSA的必要条件是:您必须为个人或家庭购买一种高自付(high deductible)的医疗保险产品。通常个人保险的自付要求最低为1200美元,而个人每年自付和其他自理费用(out-of- pocket)总共不超过5950美元。家庭保险的自付要求最低为2400美元,家庭每年自付和其他自理费用总共不超过11 900美元(2011年标准)。

您存入HSA内的资金在计算您的收入所得税时可以扣除,是100%税收减免(tax-deductible)的资金。每年能够存入HSA的资金也有限制,根据目前的标准,个人账户不超过3100美元,家庭账户不超过6250美元。年龄在55周岁以上者每年可额外存入1000美元。

您可以从HSA中提取资金支付您的医疗费用,如自付款、共同付款、门诊费、处方药费等。

如果您存入HSA的资金在当年没有用完,账户内的剩余资金可以累积到新的保险年度。退休后,您也可以提取所有累积的资金用作其他用途。

需注意的是,高自付额保险计划的保险费通常较低。但这种计划比较适用于大病保险,平常因普通疾病就诊时个人须分担较多的费用。

【问题】

美国的医疗保险计划对我国健康保险经营管理风险的防范有何启示?

【提示】

从保险公司、投保客户、医疗机构三方入手进行分析。

(张文龙)

第十三章
健康保险监管

内容提要 本章主要介绍健康保险监管的概念、基本原则，健康保险监管体系，健康保险偿付能力监管，以及健康保险监管实践等方面的内容。

第一节　健康保险监管概述

一、健康保险监管的概念

健康保险作为我国医疗保障体系的重要组成部分，在为国民提供医疗保障、解决医疗费用问题等方面起到了不容忽视的作用。但是由于健康保险所保障的风险具有频率高发性、原因复杂性等特点，使得我国保险公司在经营过程中面临经营风险高、费率厘定困难、经营难度大等问题。因此，为了确保健康保险业的有序发展，需要对健康保险实施严格的监管。

健康保险监管(health insurance regulation)是对健康保险业的监督和管理，有广义和狭义之分。广义的健康保险监管是指政府机构、保险行业自律组织、健康保险企业内部的监管部门及社会对健康保险市场及市场主体的组织和经营活动的监督或管理。对于广义的健康保险监管而言，可以将其分为四个层次的内容：第一层次是健康保险的政府监管，由国家保险监管机构通过法律和行政手段对健康保险市场和保险企业行为实施的监督与管理；第二层次是健康保险行业自律，又称健康保险行业自我监管，是指通过建立保险行业组织，依据现行法律、法规制定保险行业自律规则，在健康保险行业内部进行自我调节，实行自我管理，同时协调保险自律组织与国家保险监管机构之间的关系、保险行业与其他行业之间的关系；第三层次是健康保险企业内部控制，是指保险企业明确各层级机构和人员的职责，采取内控措施，合理防范和有效控制健康保险经营管理中各种风险的过程；第四层次是社会监管，主要通过保险信用评级机构、独立审计机构、社会媒体等多种方式实施监管。

狭义的健康保险监管是指一个国家的保险监督执行机构依法对健康保险市场及经营健康保险业务的保险人实行监督和管理，以确保保险人的经营安全，维护被保险人的合法权益。在我国保险监管机构起初是中国人民银行非银行金融机构管理司的保险处，《保险法》颁布后，中国人民银行内部进行机构调整，成立了保险司，专门负责保险市场的监管。1998 年 11 月 18 日成立了中国保监会，是国务院直属事业单位。根据国务院授权履行行政管理职能，依照法律、法规统一监督管理全国保险市场，维护保险业的合法、稳健运行。

二、健康保险监管的基本原则

（一）依法监管原则

依法监管是健康保险监管的首要原则，是市场经济的客观要求，保险监管机构必须依照有关法律或行政法规实施保险监管行为。同时保险监管机构必须履行法律或者行政法规规定的职责。

（二）风险防范原则

健康保险业是经营健康风险的特殊行业，稳健经营是保险企业的最基本目标。因此保险监管机构在行业监管过程中要始终贯彻防范风险原则，对健康保险业进行系统的风险预防和检测，把稳定经营与防范化解风险紧密结合起来。同时保险监管机构制定的各项监督管理规定及细则应当以防范行业风险为出发点。

（三）间接监管原则

保险公司是自主经营、自负盈亏的独立企业法人，它享有在法律、法规允许的范围内，自主决定经营方针和经营策略的权利。保险公司在经营过程中只要不违反国家相关法律、法规和政策，不违反社会公共利益和公共道德，保险监管机构就不得干预其经营自主权，也不对监管对象的盈亏承担相应责任。

（四）独立监管原则

保险监管机构应独立行使法律、法规赋予的监督管理职权，不受其他单位和个人的非法干预。同时保险监管机构实施监管行为而产生的责任应由其自己独立承担。

第二节 健康保险监管体系

一、健康保险监管目标

（一）保护被保险人的合法权益

健康保险是以被保险人的身体作为保险标的，当被保险人因疾病或意外事故的伤害发生费用支出或收入损失时获得补偿的一种保险。因此，健康保险合同实质上所保障的是被保险人的利益。被保险人虽然在法律上是保险制度的受保障者，但与保险人相比，其在现实中却明显居于弱势地位。这主要是因为，首先，健康保险业务具有很强的专业性。被保险人如果没有经过相关知识的学习和培训，对保险只能是直观和片面的了解，因而在保险交易中，如果保险人有误导、欺骗等行为，被保险人是很难识破的。其次，保险合同具有附和性。保险合同由保险公司单方面拟定，对于保险费率、保险责任等重要事项均已在保险合同中事先约定，作为保险消费者只能被动选择接受或拒绝保险合同。基于上述原因被保险人的合法权益需要通过政府监管的方式以获得保障。保险监管部门应该通过规范保险公司的销售行为，加强对保险公司在市场准入、条款审核备案、准备金提取等方面的监管，以确保保险公司的偿付能力，维护被保险人的合法权益。

（二）维护健康保险市场的公平竞争秩序

适度的竞争是健康保险市场繁荣发展的前提，良好的竞争环境是健康保险业能够持续发展的有力保证。因此，必须要维护行业秩序，促进健康保险业的公平竞争。在我国健康保险的发展过程中，要尽量防止出现市场垄断、恶性竞争等扰乱市场正常秩序的行为发生。保险监管部门可以通过整顿和规范市场秩序，营造公平竞争的良好环境，鼓励保险公司在产品创新、服务创新和渠道创新等方面积极探索，以达到促进市场良性竞争的目的。因此，整顿健康保险市场、维护正常的保险市场秩序是健康保险监管不可或缺的目标。

（三）维护健康保险业的整体安全与稳定

健康保险业整体的安全与稳定是维护被保险人合法权益及实现健康保险市场公平竞争的前提和基础。相反，如果整个健康保险业的安全和稳定得不到保障，被保险人的合法权益也难以得到保障，健康保险市场也将处于一个无序发展的环境。因此，维护健康保险体系的整体安全与稳定是保险监管的宏观目标，但是，同样需要注意的是在确保健康保险业安全与稳定的同时，不能以有损被保险人利益、抑制竞争、降低效率为代价。

（四）促进健康保险业持续健康有序发展

科学、有效的监管能够使健康保险逐步进入良性发展模式，更好地为保险消费者服务。保险监管部门通过调整监管政策、完善市场结构、创新改革监管措施等手段构建新型健康保险监管体系，促进健康保险业持续健康发展。

二、健康保险监管的内容

（一）市场行为监管

1. 经营范围的监管

经营业务范围的监管是指政府通过法律或行政命令，规定保险企业所能经营的业务种类和范围。我国《保险法》规定："保险人不得兼营人身保险业务和财产保险业务。但是，经营财产保险业务的保险公司经国务院保险监督管理机构批准，可以经营短期健康保险业务和意外伤害保险业务。保险公司应当在国务院保险监督管理机构依法批准的业务范围内从事保险经营活动。"因此，依据法律规定，保险公司只能在被核定的经营范围内从事保险经营活动。我国《健康管理办法》第七条规定："依法成立的人寿保险公司、健康保险公司，经中国保监会核定，可以经营健康保险业务。前款规定以外的保险公司，经中国保监会核定，可以经营短期健康保险业务。"依据规定目前我国健康保险市场中允许经营健康保险业务的主体包括人寿保险公司、健康保险公司，以及经保监会批准可以经营短期健康保险业务的财产保险公司。这些保险组织的设立必须依据我国《保险法》和《保险公司管理规定》的相关规定，包括组织形式、注册资本、高级管理人员资格，以及应提交的相关文件、材料等。一旦一家公司获得了经营业务的许可，它必须接受监管部门的持续监督，同时对监管部门履行法定义务，如定期提交财务报表、接受监管部门的检查等。

2. 保险条款的监管

保险条款是健康保险合同的核心内容，是对保险人与投保人各自权利和义务的约定。对于保险条款的规范，各国一般通过保险合同法来进行。由于保险业的专业性及保险合同附和性，通常各国保险监管机构都会对保险条款进行比较严格的监管。对于保险条款的监管首要的是对保险条款内容的监管，如保险标的、保险责任与责任免除、保险费率、保险期限等。

我国《保险法》第一百一十四条规定："保险公司应当按照国务院保险监督管理机构的规定，公平、合理拟订保险条款和保险费率，不得损害投保人、被保险人和受益人的合法权益。保险公司应当按照合同约定和本法规定，及时履行赔偿或者给付保险金义务。"第一百三十六条规定："关系社会公众利益的保险险种、依法实行强制保险的险种和新开发的人寿保险险种等的保险条款和保险费率，应当报国务院保险监督管理机构批准。国务院保险监督管理机构审批时，应当遵循保护社会公众利益和防止不正当竞争的原则。其他保险险种的保险条款和保险费率，应当报保险监督管理机构备案。"

在对健康保险条款的监管方面，《健康保险管理办法》第十二条规定："保险公司拟定健康保险的保险条款和保险费率,应当按照中国保监会的有关规定报送审批或者备案。"在《健康保险管理办法》对于产品管理这一章中,对于健康保险条款中涉及的保险责任、犹豫期条款、产品参数、保证续保条款、医疗保险产品条款等方面的内容进行了明确规定。如果保险公司在实际操作中违反了规定,中国保监会将责令保险公司停止销售该产品,并对保险公司处以3万元以下罚款,对负有责任的精算责任人、法律责任人予以警告。

3. 保险费率的监管

保险费率是保险人用以计算保险费的标准,是保险商品的价格。健康保险的费率受诸多因素的影响,如疾病的发生率、残疾的发生率、利率等,另外,诸如承保、销售、理赔等也会间接影响到健康保险产品的费率。因此,对于健康保险的费率监管要遵循三个基本原则,即在费率厘定时看是否满足充足性、合理性、公平性这三个基本原则。目前,健康保险市场中最突出的问题是公司经营中盲目扩展责任、随意降低费率等问题屡禁不止,这种费率竞争很可能会影响保险公司的财务稳定性,导致保险公司偿付能力不足。因此,为了避免恶性竞争,应加强对健康保险费率进行管制。通过加强对公司财务真实性的监管和偿付能力变动情况的监测,对偿付能力恶化的公司及时采取惩罚性措施,引导保险公司能够更加理性地经营。

《健康保险管理办法》规定,短期个人健康保险产品可以进行费率浮动,费率浮动是指保险公司在销售产品时,在基准费率基础上,在费率浮动范围内,合理确定具体保险费率,短期个人健康保险产品的费率上下浮动范围不得超过基准费率的30%。短期团体健康保险产品可以对产品的保额、起付金额、给付比例、除外责任、责任等待期等进行调整,同时应根据调整办法计算相应的保险费率,要保证费率的计算方法和基础数据不变。《健康保险管理办法》第二十四条规定:"保险公司应当根据健康保险产品实际赔付经验,及时修订新销售的健康保险产品费率,并按照中国保监会有关规定进行审批或者备案","保险公司违反本办法第二十四条规定,可能危害保险公司偿付能力的,由中国保监会责令停止销售该产品"。2011年12月30日施行的《人身保险公司保险条款和保险费率管理办法》进一步加强了对保险公司拟定保险费率的监管,要求保险公司在相关精算报告中包括定价方法、定价假设、利润测试参数及主要参数变化的敏感性分析;同时,对于保险期间超过1年的险种,要求公司提交产品利润测试模型的电子文档。强化了保监局的监管职责,明确中国保监会派出机构可以根据当地市场情况要求保险公司分支机构报告保险条款和保险费率的相关信息等。

4. 对保险中介的监管

健康保险中介是健康保险市场的重要组成部分,它的建设和完善可以有效地促进健康保险业的发展。目前,在我国健康保险市场上,保险中介主要包括保险代理人和保险经纪人。我国《保险法》第一百三十一条规定:"保险代理人、保险经纪人及其从业人员在办理保险业务活动中不得有下列行为:(一)欺骗保险人、投保人、被保险人或者受益人;(二)隐瞒与保险合同有关的重要情况;(三)阻碍投保人履行本法规定的如实告知义务,或者诱导其不履行本法规定的如实告知义务;(四)给予或者承诺给予投保人、被保险人或者受益人保险合同约定以外的利益;(五)利用行政权力、职务或者职业便利以及其他不正当手段强迫、引诱或者限制投保人订立保险合同;(六)伪造、擅自变更保险合同,或者为保险合同当事人提供虚假证明材料;(七)挪用、截留、侵占保险费或者保险金;(八)利用业务便利为其他机构或者个人牟取不正当利益;(九)串通投保人、被保险人或者受益人,骗取保险金;(十)泄露在业务活动中知悉的保险人、投保人、被保险人的商业秘密。"我国《保险法》、中国保监会《保险代理机构管理规定》、《保险经纪机构管理规定》、《保险公估机构管理规定》、《保险营销员管理规定》等法律和规定都是对保险中介实施监管的主要法律依据。

健康保险的专业性特点决定了从事商业健康保险销售管理活动、经纪活动等均是一项技术性非常强的工作,要求从业人员必须具有专业商业健康保险相关的业务能力和素质。《健康保险管理办法》第九条规定:"保险公司应当对从事健康保险的核保、理赔以及销售等工作的从业人员进行健康保险专业培训。”同时《健康保险管理办法》在对保险公司的销售管理中明确规定：“保险公司销售健康保险产品，不得夸大保险保障范围，不得隐瞒责任免除，不得误导投保人和被保险人。投保人和被保险人就保险条款中的保险、医疗和疾病等专业术语提出询问的，保险公司应当用清晰易懂的语言进行解释；保险公司销售费用补偿型医疗保险，应当向投保人询问被保险人是否拥有公费医疗、社会医疗保险和其他费用补偿型医疗保险的情况。保险公司不得诱导被保险人重复购买保障功能相同或者类似的费用补偿型医疗保险产品。”对于违反销售管理规定的，《健康保险管理办法》第四十七条规定：“保险公司违反本办法有关销售管理规定的，由中国保监会给予警告，处以3万元以下罚款；对负有直接责任的高级管理人员和其他直接责任人员予以警告、处以5000元以下罚款。”

（二）偿付能力监管

根据《保险公司偿付能力管理规定》的定义，偿付能力(solvency)简单地说就是“保险公司偿还债务的能力”。具体的健康保险偿付能力是指经营健康保险的保险公司能够履行保险合同约定的给付责任的能力，它体现了保险公司资产和负债之间的一种关系。偿付能力是保险公司能否稳定发展的重要标志，是保险公司市场竞争力的重要组成部分。只有确保保险公司具有足够的赔偿和给付能力，才能有效地保护被保险人的合法权益，实现保险业的稳健发展，维护社会秩序的正常与稳定。因此，偿付能力监管已经成为保险监管的核心内容。偿付能力监管(solvency regulation)是指保险监管部门对各家保险公司偿还债务的能力进行监督和管理，当偿付能力出现不足或具有偿付能力不足趋势时，由保险监管部门发出预警或给予相关处置。

我国监管机构对保险公司偿付能力的监管经历了从无到有、逐步发展的过程，大致可以分为三个时期。

1995年《保险法》实行以前，我国保险业的监管机构是中国人民银行，当时以保险市场行为监管为主，很少涉及偿付能力监管。20世纪80年代中期我国恢复保险业务后，开始对保险机构进行监管。从新中国建立到1984年期间，没有实际意义上的保险监管。1985年3月3日，国务院颁布了《保险企业管理暂行条例》，对保险企业设立、中国人民保险公司的地位、偿付能力、再保险等方面内容作了规定。但由于当时历史条件所限，该条例的规定存在很大的局限性，对保险企业的经营活动准则规定较少，对违规行为也无具体规定，缺乏执行的可操作性，而且混淆了偿付能力和偿付能力额度，只是提及保险公司偿付能力不足时应增加资本金。

1995年《保险法》实行后到2003年新《保险法》实行之前，我国的保险监管以市场行为监管和偿付能力监管并重。1995年通过的《保险法》是中国第一部保险大法，其中对偿付能力作了具体规定：“保险公司应当具有与其业务规模相适应的最低偿付能力。保险公司的实际资产减去实际负债的差额不得低于金融监督管理部门规定的数额；低于规定数额的，应当增长资本金，补足差额。”其后，1996年的《保险管理暂行规定》和2000年的《保险公司管理规定》都对保险公司的偿付能力制定了具体规定。2001年中国保监会颁布了《保险公司最低偿付能力及监管指标管理规定》，文件中详细制定了两套针对保险公司偿付能力的监管规定，是我国第一份比较系统和全面的关于偿付能力监管的规则。

2003年《保险法(修正案)》实行后，我国的保险监管由市场行为监管和偿付能力监管并重过渡到以偿付能力监管为核心。2003年《保险法》第一百零八条规定：“保险监督管理机构应当建立健全保险公司偿付能力监管指标系统，对保险公司的最低偿付能力实行监控。”在2003年全国保险工作会议上，保监会主席吴定富指出，保监会要抓好偿付能力监管的基础性工作，修订保险公司偿付能力额度和监管指标的管理规定，对保险公司实行最低偿付能力监管。2003年3月，保监会颁布实施《保险公司偿付能力额度及监管指标管理规定》，开始具体实行对保险公司的偿付能力监管。2008年7月，中国保监会颁布《保险公司偿付能力管理规定》，同时废止《保险公司偿付能力额度及监管指标管理规定》(保监会令〔2003〕1 号)。新规定包括偿付能力评估、偿付能力报告、偿付能力监督、偿付能力管理四方面内容。这标志着我国进入由传统偿付能力框架向基于风险的偿付能力框架转变的新阶段。

(三) 保险公司治理结构监管

目前在我国健康保险公司、人寿保险公司和财产保险公司经过保监会批准都可以经营健康保险业务,各类型保险公司的治理结构将对健康保险的经营效果产生影响。保险公司治理结构的核心就是建立资本充足、内控严密、运营安全、服务和效益良好的现代保险企业,完善公司治理结构是促进健康保险业快速发展的重要体制保障,因此要对保险公司治理结构实施监管,进一步防范和化解保险公司在经营中的风险。所谓保险公司治理结构监管,是指通过股东及其他利益相关者对经营者进行监督,尽可能实现利益最大化,促使保险公司正常有效地经营。

为了进一步加强对保险公司治理结构监管,2006 年初中国保监会颁布了《关于规范保险公司治理结构的指导意见(试行)》,2007 年保险公司治理结构的各项规章制度进一步完善,相继发布实施了《保险公司独立董事管理暂行办法》、《保险公司风险管理指引》、《保险公司关联交易管理暂行办法》、《保险公司总精算师管理办法》、《保险公司合规管理指引》等指引性文件,2008 年以后中国保监会又先后制定实施了《企业内部控制基本规范》、《关于规范保险公司章程的意见》、《保险公司董事会运作指引》、《保险公司财务负责人任职资格管理规定》等。根据目前的各项规章制度,对于经营健康保险业务的保险公司治理结构监管的内容主要有以下方面。

1. 对保险公司股东资格的要求,设立了严格的市场准入条件

我国《保险法》、《保险公司股权管理办法》等对股东的资格都进行了明确的规定,对于保险公司经营管理能够产生较大影响的股东要求其必须具有良好的财务状况及较强的持续出资能力。

2. 对保险公司董事、监事和高级管理人员的任职资格进行监管

我国《保险法》第八十一条规定:“保险公司的董事、监事和高级管理人员,应当品行良好,熟悉与保险相关的法律、行政法规,具有履行职责所需的经营管理能力,并在任职前取得保险监督管理机构核准的任职资格。保险公司高级管理人员的范围由国务院保险监督管理机构规定。”在 2014 年经过修改后发布施行的《保险公司董事、监事和高级管理人员任职资格管理规定》中进一步明确了保险公司董事、监事和高级管理人员的任职资格条件、任职资格核准的相关事宜,具体规定了保险公司董事、监事和高级管理人员的监管内容及法律责任。保险公司董事、监事和高级管理人员要对公司经营情况负有连带责任,因保险公司董事、监事和高级管理人员的违规行为造成保险公司经济损失的,应当承担赔偿责任。

3. 对关联交易和信息披露的管理

我国《保险法》第一百零八条规定:“保险公司应当按照国务院保险监督管理机构的规定,建立对关联交易的管理和信息披露制度。”

(1) 关联交易:保险公司关联交易是指保险公司与关联方之间发生的交易活动,包括:保险公司资金的投资运用和委托管理;固定资产的买卖、租赁和赠与;保险业务和保险代理业务;再保险的分出或者分入业务;为保险公司提供审计、精算、法律、资产评估、广告、职场装修等服务;担保、债权债务转移、签订许可协议及其他导致公司利益转移的交易活动。保险公司关联交易分为重大关联交易和一般关联交易。重大关联交易是指保险公司与一个关联方之间单笔交易额占保险公司上一年度末净资产的 1% 以上并超过 500 万元,或者一个会计年度内保险公司与一个关联方的累计交易额占保险公司上一年度末净资产 10% 以上并超过 5000 万元的交易。一般关联交易是指重大关联交易以外的其他关联交易。计算关联交易额时,保险公司与关联方,以及该关联方的关联方之间的交易应当合并计算。保险公司应当建立控制和管理关联交易的有关制度。保险公司的重大关联交易应当按照规定及时向中国保监会报告。保险公司的控股股东、实际控制人、董事、监事、高级管理人员不得利用关联交易损害公司的利益。我国《保险法》第一百五十二条规定:“保险公司的股东利用关联交易严重损害公司利益,危及公司偿付能力的,由国务院保险监督管理机构责令改正。在按照要求改正前,国务院保险监督管理机构可以限制其股东权利;拒不改正的,可以责令其转让所持的保险公司股权。”

(2) 信息披露:按照我国《保险法》、《保险公司信息披露管理办法》的相关规定,信息披露是指保险公司向社会公众公开其经营管理相关信息的行为。保险公司应当披露的信息:基本信息;财务会计信息;风险管理状况信息;保险产品经营信息;偿付能力信息;重大关联交易信息;重大事项信息。保险公司应当建立信息披露管理制度并报中国保监会。保险公司的信息披露管理制度应当包括的内容:信息披露的内容和基本格式;信息的审核和发布流程;信息披露事务的职责分工、承办部门和评价制度;责任追究制度。保险公司应当在公司互联网站主页的显著位置设置信息披露专栏。保险公司信息披露应当遵循真实、准确、完整、及时、有效的原则,不得有虚假记载、误导性陈述和重大遗漏。保险公司信息披露应当尽可能使用通俗易懂的语言。中国保监会根据法律和国务院授权,对保险公司的信息披露行为进行监管。

4. 健康保险内部控制监管

健康保险内部控制,是指保险公司各层级的机构和人员,依据各自的职责,采取适当措施,合理防范和有效控制健康保险经营管理中的各种风险,防止公司经营偏离发展战略和经营目标的机制和过程。根据保监会在2010年发布实施的《保险公司内部控制基本准则》,保险公司内部控制体系由三个部分组成:内部控制基础,包括公司治理、组织架构、人力资源、信息系统和企业文化等;内部控制程序,包括识别评估风险、设计实施控制措施等;内部控制保证,包括信息沟通、内控管理、内部审计应急机制和风险问责等。

(1) 保险公司应当加强内部控制基础建设,为有效实施内部控制营造良好环境。保险公司应当建立规范的公司治理,形成授权清晰、运作规范、科学有效的决策、执行、监督机制。公司董事会、监事会和管理层应当对内部控制高度重视,带头认真履行内控职能。保险公司应当根据保险业务流程和内部控制的需要,建立合理的组织架构。按照便于管理、易于考核、简化层级、避免交叉的原则,科学设置内设机构、分支机构和工作岗位,明确职责分工,规定清晰的报告路线。保险公司应当建立与内部控制需要相适应的人力资源政策,确保关键岗位的人员具有专业胜任能力并定期接受相关培训,公司关键岗位的考核、薪酬、奖惩、晋升等人力资源政策应当与内部控制成效相挂钩。保险公司应当建立安全实用、覆盖所有业务环节的信息系统,尽可能使各项业务活动信息化、流程化、自动化,减少或消除人为干预和操作失误,为内部控制提供技术保障和系统支持。保险公司应当培育领导高度重视、内控人人有责和违规必受追究的内控企业文化,形成以风险控制为导向的管理理念和经营风格,提高全体员工的风险防范意识,使内控制度得到自觉遵守。

(2) 保险公司应当根据风险规律,合理设计内嵌于业务活动的内部控制流程,努力实现对风险的过程控制。保险公司应当对经营管理和业务活动中可能面临的风险因素进行全面系统的识别分析,发现并确定风险点,同时对重要风险点的发生概率、诱发因素、扩散规律和可能损失进行定性和定量评估,确定风险应对策略和控制重点。保险公司应当根据风险识别评估结果,科学设计内部控制政策、程序和措施并严格执行,同时根据控制效果不断改进内部控制流程,将风险控制在预定目标或可承受的范围内。保险公司应当加强内部控制基础建设,为有效实施内部控制营造良好的环境。保险公司应当根据风险规律,合理设计内嵌于业务活动的内部控制流程,努力实现对风险的过程控制。保险公司应当建立多层次、全方位的监控体系,实现对内部控制活动的事前、事中、事后有效监控,为实现内控目标提供保证。

(3) 保险公司应当建立信息和沟通机制,促进公司信息的广泛共享和及时充分沟通,提高经营管理透明度，防止舞弊事件的发生。保险公司应当建立内控管理及评价机制，通过对公司内部控制的整体设计和统筹规划，推动各内部控制责任主体对风险进行实时监测和定期排查，并据此调整和改进公司的内部控制流程。保险公司应当加强对内部控制的审计检查，定期根据检查结果对内部控制的健全性、合理性和有效性进行评估，并按照规定的报告路线及时向审计对象、合规管理职能部门和上级领导进行反馈和报告。保险公司应当建立内控风险应急管理机制，制定周全和可操作性强的应急预案，明确各种风险情形下的应对措施，尽可能减少内控风险的影响和损失。保险公司应当严格内部控制责任追究，对于违反内部控制要求的行为，不管是否造成损失，都要进行严肃处理，追究当事人和领导责任。

三、健康保险监管的方式

（一）现场检查

现场检查是保险监管部门通过派出监管人员进驻保险机构，对其经营和风险情况按照一定程序实施全面或重点的检查。现场检查是监管部门履行其职责的主要方式，2005 年 12 月，中国保监会将现场检查的实践在《现场检查手册》中做出了详细总结，并对现场检查及其规程、内部控制检查、财务检查、业务检查、资金运用检查、精算及责任准备金检查、偿付能力检查等作了详细总结和规定。通过现场检查可以使监管部门更好地掌握保险公司的经营情况及财务状况，是监管部门了解保险公司经营健康保险真实情况的重要工具。通过现场检查可以及时发现保险公司经营过程中的违法、违规行为，依据现行法律、法规予以处理，以此规范保险公司的经营行为，维护健康保险市场公平有序的经营环境，保护被保险人的合法权益。

（二）非现场检查

非现场检查是监管部门在采集、分析、处理保险公司经营信息的基础上对保险公司风险状况进行监测、评估，从而采取异动预警和分类监管的过程。非现场检查的主要内容有：规定保险公司提供财务报告、统计报告、精算报告及其他信息的频率和范围；设定编制财务报告的会计准则；确定保险公司外部审计机构的资格要求；设定技术准备金、保单负债及其他负债在报告中的列示标准等。非现场监管与现场监管一起，构成了保险监管手段的主要内容。在实际工作中一是建立识别、评价、控制风险的监管预警机制，对健康保险市场苗头性问题和风险隐患做到早准备、早发现、早防范，增强监管的预见性和前瞻性。二是建立和完善分类监管制度，从公司治理、内部控制、偿付能力指标、合规经营、准备金评估、财务管理、再保险管理、信息化管控等多个方面，对现行保险公司分类监管制度修改完善，全面系统梳理保险公司风险点和重点管控环节，加强风险动态预警监测。三是建立综合评价制度。对保险公司的内控管理和风险状况进行全面综合评价，为分类监管提供依据，推动保险公司不断健全完善内部控制和风险管理体系，提高内控管理能力和风险防范能力。四是建立系统性保险监管调控机制。以偿付能力监管为核心，在精算制度、产品审核、保险投资等各个环节采取针对性措施。五是建立跟踪研究制度。跟踪研究经济金融形势变化和宏观调控政策对保险业的影响，定期分析保险市场运行情况，把握市场运行特点和发展趋势。

第三节　健康保险偿付能力监管

一、影响健康保险偿付能力的主要因素

（一）医疗费用数据

医疗费用数据是健康保险定价时重要的参考依据。在我国医疗费用增长速度过快，近年来卫生

总费用增长已经超过了 GDP 增长。导致医疗费用增长过快的原因有很多，如随着科学的发展医疗技术不断进步，医疗器械、治疗手段和医疗药品不断更新，与此相对应医疗费用的支出水平不断上升；随着社会的发展疾病谱也发生了改变，评估其危险程度和测定保险费的情况非常复杂；我国已经进入到了老龄化社会，人口老龄化带来的直接影响就是患病率增加，这也导致了医疗费用的增长；医疗费用还会受到一些人为因素的影响，医生在治疗过程中可能会出现对患者过度治疗、不合理用药等行为，患者在接受治疗时易出现过度医疗消费和超前医疗消费。这些因素都会增加保险公司的经营风险，使保险公司对医疗费用估价困难，在提取健康保险赔款准备金时需要考虑更多因素。在健康保险中医疗费用的变动对医疗费用保险的影响更为明显。所以医疗费用的这种特点决定了我们在考察健康保险公司资本充足性时，必须要考虑医疗费用的长期变化趋势，以保证健康保险业务的长期稳定经营。

（二）疾病发生率

健康保险在厘定费率时主要依据的是疾病发生率，但在实际操作中患病率厘定困难。首先，为了明确保险责任，保险公司需要对所保障的疾病进行明确、清晰的定义，否则，就可能会使实际的保险责任大于预期。然而，很多疾病即使在医学上可能也没有非常准确的定义，这会加大健康保险的经营难度。其次，疾病的成因复杂，种类繁多，每种病的根源也是不一样的。一切不利的因素都可能导致对健康乃至对生命的危害，增加参保人患病的概率。再次，社会的发展，疾病的种类越来越多，表现形式千差万别，人们对它们的认识涉及很多医学和技术问题，评估其危险程度和测定保险费的情况非常复杂，结论难免不一和变动。最后，保险公司承担责任通常以被保险人被确诊为患有疾病开始，疾病的诊断标准是判断是否赔付的关键，而疾病的诊断标准随着科技的进步是不断变化的。疾病发生率的不规则性，导致了健康保险精算定价的复杂性，从而使得健康保险的偿付能力监管更为复杂。

（三）健康保险合同条款的特殊性

健康保险公司为了控制健康保险的风险，除了在核保和理赔两个环节上制订并实施严格的标准外，往往也会从保单设计和保单条款等方面来限制风险。同时，这些条款也会对健康保险公司资本充足性产生影响。在健康保险合同中一般都会列有免赔额条款，可以减少保险人的理赔业务，减少理赔费用和成本，有利于保险人的管理和经营；等待期条款会影响到风险分布的区间，进而影响准备金的提取；对于长期健康保险合同会设有不可撤销条款和保证续保条款，因此，在提取责任准备金时所使用的评估方法、评估假设等，都应该与短期健康保险相区别；比例给付条款可以减少保险人的保险金支出，有利于对医疗费用的控制。

（四）健康保险承保质量

承保质量主要反映的是保险公司在承保时对保险标的的选择，承保质量的高低往往通过公司的赔付率体现，它是衡量保险公司经营好坏的重要标准。如果保险公司的承保质量高，基本符合保险合同对保险标的的要求，公司的赔付率就会相应降低，承保利润相应增加，以资本金、总准备金、未分配盈余构成的偿付准备金也将增加，公司的偿付能力较强；反之，如果公司为盲目追求保费收入不顾承保质量，公司的赔付率就会上升，从而削弱其未来的偿付能力。

二、健康保险偿付能力监管要求

(一) 提交财务报告

经营健康保险业务的保险公司应当按照中国保监会有关规定提交上一年度的精算报告或者准备金评估报告,其中应当详细报告健康保险的准备金计算基础、方法、结果及对公司偿付能力的影响,并由精算责任人遵循审慎原则签字确认。

(二) 报送偿付能力报告

保险公司应按保监会要求定期报送偿付能力报告,包括年度报告、季度报告和临时报告。年度偿付能力报告的内容包括:董事会和管理层声明、外部机构独立意见、基本信息、管理层的讨论与分析、内部风险管理说明、最低资本、实际资本、动态偿付能力测试等。保险公司董事会和管理层对偿付能力报告内容的真实性、准确性、完整性和合规性负责。

(三) 对偿付能力产生不利影响的事项及时报告

保险公司发生对偿付能力产生重大不利影响的事项的,应当自该事项发生之日起5个工作日内向中国保监会报告,具体包括:重大投资损失;重大赔付、大规模退保或者遭遇重大诉讼;子公司和合营企业出现财务危机或者被金融监管机构接管;外国保险公司分公司的总公司由于偿付能力问题受到行政处罚、被实施强制监管措施或者申请破产保护;母公司出现财务危机或者被金融监管机构接管;重大资产遭司法机关冻结或者受到其他行政机关的重大行政处罚;对偿付能力产生重大不利影响的其他事项。

(四) 对保险公司的偿付能力实行分类监管

保监会根据保险公司的偿付能力状况将保险公司分为三类:不足类公司,指偿付能力充足率低于 100% 的保险公司;充足Ⅰ类公司,指偿付能力充足率为 100% ~ 150% 的保险公司;充足Ⅱ类公司,指偿付能力充足率高于 150% 的保险公司。对于不足类公司,中国保监会应当区分不同情形,采取下列一项或者多项监管措施:责令增加资本金或者限制向股东分红;限制董事、高级管理人员的薪酬水平和在职消费水平;限制商业性广告;限制增设分支机构、限制业务范围、责令停止开展新业务、责令转让保险业务或者责令办理分出业务;责令拍卖资产或者限制固定资产购置;限制资金运用渠道;调整负责人及有关管理人员;接管;中国保监会认为必要的其他监管措施等。

三、健康保险偿付能力监管模式

(一) 常规监管

1. 资本金的监管

资本金是保险公司得以设立和运作的基础。保险公司开业必须具有国家规定并与其生产经营和服务规模相适应的资本金数额,能够独立承担民事责任。足够的资本金是保障保险公司正常经营的重要条件,也是公司进行资金积累的坚强后盾。因为保险公司承保的业务属于风险性业务,在公司开业初期应当具有充足的资本金作为保险赔付的基础,否则,保险公司可能会由于开业初期的大量赔付而出现经营危机,在公司遇到重组和清算的情况下,资本金既可以为重组和清算活动提供相关费用,又可以减少被保险人或债权人在清算时的损失。我国《保险法》第六十九条规定:“设立保险公司,其注册资本的最低限额为人民币二亿元。国务院保险监督管理机构根据保险公司的业务范围、经营规模，可以调整其注册资本的最低限额，但不得低于本条第一款规定的限额。保险公司的注册资本必须为实缴货币资本。”《保险公司管理规定》第十六条规定：“保险公司以2亿元人民币的最低资本金额设立的，在其住所地以外的每一省、自治区、直辖市首次申请设立分公司，应当增加不少于人民币2千万元的注册资本。申请设立分公司，保险公司的注册资本达到前款规定的增资后额度的，可以不再增加相应的注册资本。保险公司注册资本达到人民币5亿元，在偿付能力充足的情况下，设立分公司不需要增加注册资本。”

2. 责任准备金监管

责任准备金(reserve)指保险公司为了确保如期履行保险赔偿或给付义务而从保险费收入或经营利润中提取的与其所承担的保险责任相对应的一种资金准备。保险责任准备金是影响偿付能力的最重要因素，准备金是保险公司为承担未来赔付责任而预先从保费中提存的资金，是保险公司的主要负债。责任准备金提存数量不足将直接影响到保险公司的偿付能力。健康保险公司的责任准备金包括未到期责任准备金、未决赔款准备金及长期健康险责任准备金。

(1) 未到期责任准备金。按照《健康保险管理办法》的规定，健康保险未到期准备金的提取应该分短期和长期的健康保险业务分别来提取。对短期的健康保险业务提取的未到期责任准备金，可以采用以月为基础的二十四分之一毛保费法、以天为基础的三百六十五分之一毛保费法，以及按照其他方法提取但是要求结果不能小于二十四分之一毛保费法和三百六十五分之一毛保费法的最小值。短期健康保险的未到期责任准备金金额应该不低于以下两者中的最大值：①预期未来发生的赔款与费用扣除相关投资收入之后的余额；②在责任准备金评估日假设所有保单退保时的退保金额。如果未到期责任准备金不足，则要提取保费不足准备金，用来弥补未到期责任准备金和前款两项中较大者之间的差额。长期健康保险业务的未到期责任准备金参照保监会的其他规定提取。考虑到健康保险产品都有等待期条款，在等待期内发生的事故保险公司不承担给付责任。

(2) 未决赔款准备金。我国的健康保险需要提取的未决赔款准备金有：已发生已报案未决赔款准备金、已发生未报案未决赔款准备金、理赔费用准备金。

对于已发生已报案未决赔款准备金我国《健康保险管理办法》第三十六条规定：“对已经发生保险事故并已提出索赔、保险公司尚未结案的赔案，保险公司应当提取已发生已报案未决赔款准备金。保险公司应当采取逐案估计法、案均赔款法等合理的方法谨慎提取已发生已报案未决赔款准备金。保险公司如果采取逐案估计法之外的精算方法计提已发生已报案未决赔款准备金，应当详细报告该方法的基础数据、参数设定和估计方法，并说明基础数据来源、数据质量以及准备金计算结果的可靠性。保险公司精算责任人不能确认估计方法的可靠性或者相关业务的经验数据不足3年的，应当按照已经提出的索赔金额提取已发生已报案未决赔款准备金。”

对于已发生未报案未决赔款准备金我国《健康保险管理办法》第三十七条规定：“对已经发生保险事故但尚未提出的赔偿或者给付，保险公司应当提取已发生未报案未决赔款准备金。保险公司应当根据险种的风险性质和经验数据等因素，至少采用链梯法、案均赔款法、准备金进展法、B-F法中的两种方法评估已发生未报案未决赔款准备金，并选取评估结果的最大值确定最佳估计值。保险公司应当详细报告已发生未报案未决赔款准备金的基础数据、计算方法和参数设定，并说明基础数据来源、数据质量以及准备金计算结果的可靠性。保险公司精算责任人判断数据基础不能确保计算结果的可靠性，或者相关业务的经验数据不足3年的，保险公司应当按照不低于该会计年度实际赔款支出的10%提取已发生未报案未决赔款准备金。”

对于理赔费用准备金如果是直接理赔费用采用逐案预估法提取；间接理赔费用采用较合理的比率分摊法提取。

3. 保险保证金

这是国家控制保险公司偿付能力的有效手段。通过提取保证金，掌握一部分实有资本来保证保险公司变现资金的数量，是保险公司的所有者权益。我国有关法规规定，保险公司成立后，应将其注册资本总额的20%作为法定保证金，存入保险监管部门所指定的银行，在解散或清算时用来清偿债务。为加强对保险公司保证金的管理，维护保险市场的平稳、健康发展，保监会于2007年8月2日颁布了《保险公司资本保证金管理暂行办法》，对于保证金监管做出了具体规定。保险公司对保证金实施以下处置行为，必须事先经过中国保监会审批：其一，变更存款性质；其二，提前支取或到期支取（到期后在原存放银行续存除外）；其三，转存其他银行；其四，清算时使用资本保证金偿还债务；其五，注册资本减少时，部分支取资本保证金；其六，其他动用和处置资本保证金的行为。保监会一般采取书面审查方式对保险公司提交的处置申请做出准予批准或不予批准的决定。

4. 保险保障基金

保险保障基金是为保障被保险人的利益，支持保险公司稳健经营，由保险公司依照保险法和保险监督管理部门的规定，从其保费收入中提存的。当保险公司陷入财政困难，无力根据保单支付款项时，该基金便可向保单持有人做出赔偿。保险业作为非银行金融业，具有较大的经营风险，不论其中哪一家保险公司经营失败，丧失偿付能力，都会对保险业的健康发展和社会稳定造成影响，甚至带来危害。依法设立保险保障基金，是为了完善金融市场的退出制度，保障存款人、投资人或保单持有人的利益，维护公众对行业的信心和社会的稳定。为此，我国《保险法》规定："为了保障被保险人利益，支持保险公司稳健经营，保险公司应当按照保险监督管理机构的规定提存保险保障基金；并对保险保障基金集中管理，统筹使用。保险保障基金管理使用的具体办法由保险监督管理机构制定。"

（二）偿付能力额度监管

对于健康保险偿付能力的第二层次监管是偿付能力额度监管。在非正常年度，保险公司可能发生巨额支付，使实际赔偿或给付超出预定额度。此外，投资收益偏离预期目标、定价和准备金的精算假设与实际经历产生偏差等，都会危及保险公司的偿付能力。这就要求保险公司能够保证其实际资产减去负债后的余额经常保持法定的最低额度，以应付可能产生偏差的风险。目前在我国对经营健康保险业务的保险公司的偿付能力监管一直以来都是参照寿险公司的偿付能力监管来进行的，并没有根据健康保险经营的特殊性做单独的监管。2008年，中国保监会颁布了《保险公司偿付能力管理规定》（以下简称《管理规定》），其中首次引入"资本充足率"的概念，使用"最低资本"和"实际资本"取代此前的"最低偿付能力额度"和"实际偿付能力额度"，建立了偿付危机预警机制。《管理规定》的颁布标志着我国建立起以风险为基础的动态偿付能力监管机制，监管理念和原则基本与国际接轨，中国特色现代化保险监管体系初步建立起来。

我国《保险法》第九十八条规定："保险企业应当具有与其业务规模相适应的最低偿付能力。保险企业的实际资产减去实际负债的差额不得低于保险监督管理机构规定的数额，低于规定数额的，应当增加资本金，补足差额。"《保险公司偿付能力管理规定》第三条要求"保险公司应当具有与其风险和业务规模相适应的资本，确保偿付能力充足率不低于100%。偿付能力充足率即资本充足率，是指保险公司的实际资本与最低资本的比率"。修改后的《管理规定》用"最低资本"一词替代了原1号令中的"最低偿付能力额度"一词，用"实际资本"一词替代了原1号令中的"实际偿付能力额度"一词，并首次引入了"资本充足率"概念。《管理规定》不再规范最低资本和实际资本的具体计算规则，只是对最低资本、实际资本的定义和确定依据作了原则规定，具体评估方法由偿付能力报告编报规则进行规范。

第四节 健康保险监管实践

一、健康保险专业化监管框架基本形成

（一）萌芽阶段

初期商业健康保险主要开办的为医疗费用保险。最早为1982年经上海市人民政府批准，1983年1月起正式实施的原中国人民保险公司上海市分公司试办的《上海市合作社职工医疗保险》。这是中国内地恢复保险业务后的第一笔健康保险业务。1985年，中国人民保险公司开始在部分地区试办附加医疗保险和母婴安康保险。1990年以后，随着我国保险市场上保险公司数目的增加和竞争格局的形成，各保险公司纷纷加大了市场开拓力度，相继推出中小学生平安保险附加医疗保险、节育手术平安保险、母婴安康保险、住院医疗保险、综合医疗保险、防癌保险等健康保险险种，有力地拉动了居民对医疗保险的需求。此外，保险公司还在部分地区为公费和劳保医疗提供第三方管理服务，有效地促进了公费和劳保医疗制度的改革。

我国保险监管工作是从1985年开始起步的，1985年国务院颁布了《保险企业管理暂行条例》。1989年国务院办公厅下发了《关于加强保险事业管理的通知》，提出了整顿保险市场的一系列措施和方法，其中涉及保险企业税收分配、新公司设立等重要问题。在这一阶段中国人民银行是保险业的主管机关。为了强调对整顿保险市场的重视，1991年中国人民银行针对各地在执行《关于加强保险事业管理的通知》过程中出现的问题，又制定下发了《关于对保险业务和机构进一步清理整顿和加强管理的通知》。在我国《保险法》正式颁布以前，它一直是中国人民银行各级分支机构监管保险机构与保险业务的重要依据。这段时期整个保险业监管尚处于起步阶段，我国并没有对商业健康保险进行专业监管，也没有出台商业健康保险监管相关的法律、法规。

（二）初级发展阶段

从保险业内部来看，保险市场的竞争主体增多，中国人民保险一统天下的格局不复存在。随着我国保险市场竞争主体的增加，各保险公司在提高服务水平的同时，也积极吸取国外的经验，积极开发新产品。1995年，我国人身保险市场首次出现了个人附加定期重大疾病保险，该保险包括癌症、脑卒中、心肌梗死、冠状动脉绕道手术、尿毒症、瘫痪和重要器官移植在内的7种重大疾病保障，此后各家寿险公司相继推出了多款重大疾病保险产品。险种责任由最初的七大种类疾病扩展到20多种，极大地激发了市场需求，成为寿险公司的主营产品，取得良好的经济效益和社会效益。

1995年10月1日，《保险法》正式颁布施行。在这部法律中对保险公司、保险合同、保险经营规则、保险业的监管及代理人和经纪人等进行了比较详细的规定。为了配合《保险法》的实施，1996年7月5日，中国人民银行下发了《保险管理暂行规定》，它从保险监管的角度，对保险机构的设立、变更和终止，保险公司的业务范围，保险资金管理及运用，保险条款和保险费率管理，保险公司偿付能力管理，保险经营行为管理和监管制度等方面均作了较为详细的规定。在这段时期，国内保险监管体系逐步建立了起来。但是，并没有对商业健康保险进行专业监管。对于商业健康保险业务的监管，主要还是在《保险法》的大框架下进行的。

（三）专业化经营阶段

1999年以后，各家寿险公司认识到参与国家医疗改革的重要性，开始从战略高度重视商业医疗保险尤其是职工补充医疗保险业务的发展，各类商业健康保险产品纷纷亮相，逐步开发出一系列与

社会基本医疗保险制度相衔接的高额医疗保险，以及包括住院和门诊医疗保障综合性医疗保险等产品。2005年，人保健康、平安健康、瑞福德健康、昆仑健康4家专业健康保险公司顺利开业，我国健康保险专业化经营迈出了实质性的步伐。

1998年，为加强保险监管，落实银行、保险、证券分业经营、分业管理的方针，党中央、国务院决定成立中国保监会。为了规范健康保险的有序发展，2002年12月16日，中国保监会专门下发了《关于加快健康保险的指导意见》，提出了加快健康保险业务、加强健康保险专业化经营和管理、建立适应国情的健康保险发展模式等方面的原则要求。2006年9月1日，中国保监会颁布了我国第一部专门规范商业健康保险业务的部门规章——《健康保险管理办法》。《健康保险管理办法》统一了财险公司、寿险公司、专业健康保险公司在健康保险业务经营上的监管标准，为多种主体的公平竞争提供了制度保障；明确了健康保险在经营管理、产品管理、销售管理、负债管理方面的基本监管要求。这有助于规范健康保险市场，维护投保人的合法权益，促进健康保险可持续发展。同时，《健康保险管理办法》贯穿了推进健康保险专业化经营的基本思想，设定了经营健康保险的专业化条件，明确支持保险公司加强与医疗机构深层次合作，管控医疗服务质量，强化健康管理服务等。

二、我国商业健康保险的行业自律工作已经有了一定的基础

由于经济和保险业发展等历史原因，我国各类商业保险的自律监管是由统一的行业组织——中国保险行业协会来完成的。我国的地方性保险行业协会大都由中国人民银行牵头，成立于20世纪90年代，成立之初的作用仅限于每一季度通报一下保险业务发展情况，这种情况在当时维持了很长一段时期。2001年3月，由国家民政部批准，我国的保险业自律性社团组织——中国保险行业协会正式成立。2003年7月，中国保险行业协会寿险工作委员会下成立了健康险工作部，专门针对健康保险业务开展行业自律工作，以此促进商业健康保险的快速健康发展。自成立健康险工作部以来，中国保险行业协会于2003年和2005年先后颁布了《关于经营健康保险业务的自律公约》、《全国个人意外伤害保险、健康保险服务承诺》，以此来规范健康保险业务的市场行为，要求各成员公司遵守相关法律法规及行业规定和承诺，公平竞争，严格自律，加强同业合作。2007年，行业协会出于方便消费者比较和选择重大疾病保险产品，保护消费者权益的目的，颁布并实施了我国第一个重大疾病保险的行业规范性操作指南——《重大疾病保险的疾病定义使用规范》，对重大疾病保险产品中最常见的25种疾病的表述进行了统一和规范，规定了6种保险公司销售的重大疾病保险产品中必须包含的疾病，对重大疾病保险产品涉及的保险术语制定了行业标准，并且规范了重大疾病保险产品的相关除外责任，提出了重大疾病保险条款和配套宣传材料中所列疾病排列顺序的规范性要求。该规范的颁布，一方面有利于消费者比较和选购重大疾病保险产品，保护消费者权益；另一方面，有利于中国自行积累重大疾病的经验数据，促进健康保险产品的自主创新。

三、逐步实现从静态偿付能力监管向动态偿付能力监管的转变

目前我国正在尝试进行动态偿付能力测试，2007年施行的《保险公司偿付能力报告编报规则第11号：动态偿付能力测试（人寿保险公司）》实务指南，对寿险公司、健康保险公司的动态偿付能力测试进行了详细的规定说明，在偿付能力年度报告中也要求提交动态偿付能力测试报告。2008年《保险公司偿付能力管理规定》指出要建立以风险为基础的动态偿付能力监管机制。这标志着我国进入由传统偿付能力框架向基于风险的偿付能力框架转变的新阶段，正在逐步实现从静态监管向动态监管的转变。对保险公司进行动态的偿付能力测试，可以起到预警的作用，预防保险公司出现偿付能力不足的状况。虽然规定中表明，健康保险公司也是参照这个规则进行测试，但是由于健康保险公司经营业务的特殊性，其偿付能力的动态测试与寿险公司还是有一定的不同。进行动态偿付能力

测试，要求有较高水平的精算技术和大量的基础数据才能得到精确的动态预测结果，目前国内的健康保险公司的发展才刚刚起步，数据有限，市场发展不完善，都限制了将动态偿付能力测试作为健康保险公司偿付能力的评判标准，因此目前都是将动态偿付能力评估结果作为参考，而不针对该结果做强制监管要求。

四、保险监督机构进一步规范健康保险发展

中国保监会颁布了一系列规章制度来规范健康保险的发展。2006 年以来，随着《健康保险管理办法》、《重大疾病保险的疾病定义使用规范》、《健康保险统计制度》、《关于保险业深入贯彻医改意见积极参与多层次医疗保障体系建设的意见》和健康保障委托管理业务、统计制度等方面规范性文件的发布，基本形成了健康保险专业化监管框架。2007 年颁布的人寿保险公司（包括健康保险公司）动态偿付能力测试实务指南，标志着我国健康保险从静态偿付能力监管逐步向动态偿付能力监管转变。2008 年 9 月 1 日起施行的《保险公司偿付能力管理规定》中关于“偿付能力是指保险公司偿付债务的能力”的规定，标志着我国进入由传统偿付能力框架向基于风险的偿付能力框架转变的新阶段。

1. 试析影响健康保险偿付能力的因素。
2. 试述健康保险监管的内容。
3. 如何构建健康保险监管体系？

【案例分析】

中国保险监督管理委员会对保险公司违规行为的行政处罚

经查，中国××××保险股份有限公司存在未按规定使用经备案的保险条款的行为，违法事实具体如下：

2014 年 3 月，中国××××保险股份有限公司向保监会备案“空气污染健康保险”条款费率。3 月 17 日至 22 日，中国××××保险股份有限公司在官方网站销售该产品 27 份（含退保 5 份），实现保费收入 2629.16 元。在已售的有效保单中，中国××××保险股份有限公司均通过保单上的“特别约定”改变了经备案条款中的保险责任。

该公司经保监会备案的条款中，“保险责任　保障Ⅰ”为“保险期间内，自保险期间开始之日起经过保险合同所约定的等待期后，被保险人所在的指定区域的空气质量指标、持续时间等空气污染指标均达到保险合同约定的条件，对被保险人健康造成损害并需要治疗、护理的，保险人依照空气污染健康津贴保险金额及免赔额、给付比例、每人最高给付限额、每次事故给付限额等给付标准，给付空气污染健康津贴保险金”。而在销售的保险单上，“特别约定”删除了“对被保险人健康造成损害并需要治疗护理”的内容，改变了备案条款的保险责任。中国××××保险股份有限公司未按规定销售“空气污染健康保险”的行为，造成了不良的社会影响，危害后果较为严重。时任意外健康险部副总经理××，对上述违法行为负有直接责任。

上述事实，有现场检查事实确认书、备案条款和相关备案文件、涉案保单、公司内部职责分工文件、相关人员调查笔录以及任职文件等证据证明，足以认定。

综上，中国保险监督管理委员会对保险公司作出如下处罚：

中国××××保险股份有限公司未按规定使用经备案的保险条款的行为，违反了《保险法》第一百三十六条。根据该法第一百七十二条，保监会决定对中国××××保险股份有限公司罚款 50 万元；根据该法第一百七十三条，保监会决定对××警告并罚款 5 万元。

当事人应当在接到本处罚决定书之日起 15 日内将罚款缴至中国保险监督管理委员会，并将注

有当事人名称的付款凭证复印件送中国保险监督管理委员会财产保险监管部备案。逾期,将每日按罚款数额的3%加处罚款。

当事人如对本处罚决定不服,可在收到本处罚决定书之日起60日内向中国保险监督管理委员会申请行政复议,也可在收到本处罚决定书之日起3个月内直接向有管辖权的人民法院提起行政诉讼。复议和诉讼期间,上述决定不停止执行。

依据《中华人民共和国保险法》的有关规定,中国保险监督管理委员会对中国××××保险股份有限公司涉嫌违法一案进行了调查、审理,并依法向当事人告知了作出行政处罚的事实、理由、依据以及当事人依法享有的权利。上述当事人在法定期限内未提出陈述申辩意见。本案现已审理终结。

(资料来源:中国保险监督管理委员会行政处罚书)

【问题】

请具体分析保险公司在本案中的违规行为会产生的不良影响?中国保监会对其进行监管的必要性体现在哪些方面?

【提示】

从健康保险监管目标入手进行分析。

(温琳琳)

第十四章

健康保险制度创新

内容提要

本章主要介绍与商业健康保险制度创新相关联的主要因素及健康保险组织制度创新，社会健康保险制度改革的宏观环境与微观措施，商业健康保险与社会健康保险协作模式构建的国内外经验等内容，并对健康保险未来发展趋势进行了展望。

第一节　商业健康保险制度创新

一、社会医疗保障制度与商业健康保险制度创新

商业健康保险在社会医疗保障体系中的定位是保险经营者关心的一个重要问题，这决定了商业健康保险经营面临的政策风险和发展空间。在改革开放之前，我国实行的是公费医疗、劳保和农村合作医疗制度，筹资来源于国家财政或集体，这一阶段没有商业健康保险供给。改革开放之后至20世纪末，随着经济体制由计划经济向市场经济转型，医疗保障制度也发生了相应的变化，公费医疗和劳保制度得以延续，而农村合作医疗制度逐渐解体，以致2000年WHO报告认为中国的健康筹资公平性位列191个被调查国的188位，健康系统总绩效列144位（所谓公平性反映的是医疗保险的普及程度，如果一个国家的居民大部分采用现金支付医疗费用，得分就低，如果普遍使用保险支付医疗费用，得分就高）。这一时期社会医疗保障体系处于探索阶段，伴随着并不稳定的社会医疗保障制度，新兴的商业健康保险重新登上历史舞台：首先是1982年中国人民保险公司与上海市政府合作，经办职工健康保险；之后随着平安、太平洋、新华、泰康等一批保险公司的相继开业，以及1992年美国友邦公司将保险营销员制度引入大陆，我国商业健康保险随着整个国内保险业的发展而快速发展，陆续推出了医疗保险、重大疾病保险等，商业健康保险产品种类逐步丰富并被消费者了解认识。

20世纪末至新世纪前10年，我国社会医疗保障制度仍处于探索调整阶段。1998年实施了城镇职工基本医疗保险改革，2003年实施了新型农村合作医疗制度，2003~2005年逐步建立起了城乡医疗救助体系，2007年开展了城镇居民基本医疗保险，将公费医疗纳入城镇职工基本医疗保险也在这一时期进行了试点和探索；这一时期商业健康保险与政府频繁开展合作，如参与城镇职工大额医疗保险（厦门模式）、参与新型农村合作医疗（新乡模式）等。然而，2005年7月《中国医疗卫生体制改革》课题组的研究报告指出，中国的医疗卫生体制改革基本是不成功的，主要反映在医疗提供的公平性下降和卫生投入的效率低下。虽然社会基本医疗保险制度建设广为诟病和质疑，但这一时期商业健康保险迎来了快速的发展，相继成立了专业健康保险公司，颁布实施了《健康保险管理办法》，商业健康保险产品数量也达到数千款，人们对商业健康保险的接受程度显著提高。21世纪前10年我国商业健康保险虽然有了长足发展，但是由于整个社会医疗保障体系处于探索调整阶段，社保与商业保险定位并不清晰，再加上医疗服务机构存在效率低下等诸多弊端，商业健康保险面临的制度环境并不稳定。

在总结前期医改经验和教训的基础上，2009年，中共中央、国务院颁布《中共中央、国务院关于深化医疗卫生体制改革的若干意见》，新医改的序幕正式拉开，这是我国医疗卫生改革中具有里程碑意义的重要事件。新医改明确了未来我国医疗卫生制度的基本方向、思路和政策框架。与商业健康保险相关的内容主要包括以下几个方面：第一，明确了政府主导的基本医疗保障制度将覆盖城乡全体居民，其特点是"广覆盖、保基本、可持续"，商业健康保险作为多层次医疗保险体系的组成部分。第二，在制度中明确提出在保证基金安全的前提下，积极倡导以政府购买医疗保障服务的方式，探索委托具有资质的商业保险公司经办各类医疗保障管理服务。第三，突出了加强公共卫生服务的重要性，新医改提出加强健康促进和教育，加强健康、医药卫生知识的传播，提高群众的健康意识和自我保健能力。公共卫生服务作为前端管理，立足于提高群众健康意识和健康生活方式，力争从源头上缓解医疗保障的压力。第四，提出公立医疗机构为主体、非公立医疗机构共同发展的办医原则，制度上进一步放开非公立医院门槛，非公立医院将在未来医疗服务的提供上扮演更重要的角色。

至此，未来商业健康保险面临的社会保障制度政策环境和发展定位已比较明确，政策风险基本消除，新医改实施使商业健康保险的业务范围更加明确，对商业健康保险丰富风险管理手段有促进作用。

二、保险行业制度与商业健康保险制度创新

（一）《健康保险管理办法》奠定创新基础

从1982年保险业务恢复算起，我国商业保险已有30余年的发展历程，但相比欧美等保险发达国家，我国保险制度建设还存在较大的差距，还有很多需要完善改进之处。我国商业健康保险制度更是近十几年时间才建立起来的，商业健康保险由于和社会医疗保障体系关联密切，涉及民生问题，经营管理的环节多，因此在制度建设上比寿险更为复杂，在协调性、可及性上需考虑更多问题。

2006年中国保监会颁布的《健康保险管理办法》是我国商业健康保险的基本法，对健康保险业务经营管理做出了系统全面要求，从产品分类、经营条件、销售活动、精算要求等各个方面确立了健康保险经营的基本制度。该办法的最大特点在于引导保险公司健康保险业务经营管理走专业化道路，对保险公司经营健康保险业务的条件进行明确规定：保险公司对健康保险业务应建立单独核算制度、精算制度、风险管理制度、核保制度、理赔制度、数据管理制度，建立功能完整、相对独立的健康保险信息管理系统，配备具有相关知识的精算人员、核保人员和核赔人员。上述要求如能落实必将对保险公司，尤其是寿险公司的健康保险业务风险管理、专业化经营有重要促进作用，但是，上述要求在大部分寿险公司并未真正执行，目前保险业在健康保险风险管理研究和实施技术方面仍比较薄弱。

《健康保险管理办法》一方面对保险公司的经营条件进行了规定，另一方面也在产品、销售等方面提出了要求，加大了保险公司健康保险业务风险管理的难度。在产品方面加大管理难度的规定主要包括：第一，疾病保险与医疗保险不得包含生存责任；只有长期疾病保险可以包含死亡责任，其他类别的健康保险只能包含疾病身故责任，并且死亡保额不得高于疾病最高给付额度；第二，对于包含保证续保的产品，续保时保险公司不得调整保险责任和责任免除范围；第三，对于条款内容，保险人应尊重被保险人接受合理医疗服务的权利，不得在条款中设置不合理或违背一般医学标准的要求作为给付保险金的条件。对于约定的疾病诊断标准，应符合通行的医学诊断标准，被保险人于合同生效后根据当时通行医学标准确诊疾病的，保险公司不得以该诊断标准与合同约定不符而拒绝赔偿。在销售方面加大管理难度的规定包括：第一，保险人应高度重视被保险人的隐私保护；第二，投保人、被保险人对条款中的医疗和疾病专业术语提出询问的，保险公司应当用清晰易懂的语言进行解释。

（二）保险公司开展健康服务的相关制度

2008年中国保监会颁布的健康保险统计制度，将保险公司经营的健康保险业务明确划分为健康保险、健康保障委托管理业务和健康服务业务，该制度第一次明确了保险公司可以经营健康服务类业务。2012年8月，保监会又下发了《关于健康保险产品提供健康管理服务有关事项的通知》，对于在保险产品中健康服务的提供方式、健康服务费用的列支处理、条款书写等作了明确规定，为保险公司在产品设计中加入健康服务内容提供了合规依据，监管政策体现了对“健康保险+健康服务”模式的鼓励。2013年10月，国务院印发《关于促进健康服务业发展的若干意见》，明确提出通过调动保险公司等社会力量，到2020年，基本建立覆盖全生命周期、内涵丰富、结构合理的健康服务业体系，健康服务业总规模力争达到8万亿元以上，成为推动经济社会持续发展的重要力量。从以上制度可见，无论保险行业内部，还是上升到国家发展战略，保险公司发展健康服务业务面临前所未有的利好制度环境，这为保险业务进行保险产品和服务创新奠定了制度基础。

（三）保险公司投资医疗机构制度

保险公司与医疗机构最有效的合作是在股权层面结合，通过股权渗透，有利于控制医疗过程风险。2008年，《国务院办公厅关于当前金融促进经济发展的若干意见》中指出，推动健康保险发展，支持相关保险机构投资医疗机构和养老实体；2009年4月，中国保监会在《关于学习贯彻〈关于深化医药卫生体制改革的意见〉和〈医药卫生体制改革近期重点实施方案（2009-2011）〉的通知》明确提出保险业积极探索兴办医疗机构、参与公立医院改制重组的可行性和有效途径；2010年11月，国务院办公厅转发了国家发展和改革委员会（简称国家发改委）、原卫生部等《关于进一步鼓励和引导社会资本举办医疗机构意见的通知》提出“鼓励社会资本举办非盈利性医疗机构，支持举办盈利性医疗机构”。以上频繁颁布的政策制度为保险公司参与医疗机构扫清了政策障碍，保险公司可以投资医院、体检中心、健康管理公司等实体，不仅可以获得所投资医疗机构的盈利，而且可以通过参与所投资医疗机构管理，为健康保险业务风险管理提供支持，实现“双赢”效果。

三、商业健康保险组织制度创新

（一）我国健康保险组织制度的现实分析

以美国、日本为代表的发达国家，其金融发展先后经历了从混业经营到分业经营，又从分业经营发展到目前的混业经营的金融控股模式。中国加入世界贸易组织（WTO）之后，国际金融发展趋势对中国金融发展的影响越来越大，中国的金融业也受到了这种趋势的巨大影响。保险金融控股公司的经营范围有了极大的拓展，涉足人寿保险、财产保险、养老金业务、证券投资业务，当然也包括专业的健康保险公司的发展。保险金控集团的建立，为专业公司的建立创造了有利的条件。中国保监会的集团化运营研究报告中指出：“保险集团化运营便于发挥协同效应，为获得规模经济和范围经济优势提供了组织条件。当保险控股集团各子公司实现了共享品牌、产品互补、交叉销售的时候，在不引起固定成本增加的条件下，能够扩大渠道，增加产品销售，或者扩大业务范围，从而降低了平均成本。”

我国商业健康保险经过30多年的发展，已经成为与人寿保险、财产保险并列的、重要的保险系列，特别是中国人保健康保险公司和中国平安健康保险公司的开业，标志着健康保险事业进入到了新的发展阶段。企业组织制度的形式也形成了以专业健康保险公司为主，寿（产）险公司健康保险专业部门为辅，其他公司开展健康险业务为补充的多种形式，其组织形式归纳起来有以下几种：①独立法人专业公司。专业公司具有完整的健康保险发展的战略和规划，可以独立进行资金运用、人员招募和财务核算,调动各种资源统筹支持健康保险主营业务;②事业部或利润中心,指在寿(产)险公司中独立的机构,独立核算,自主经营,自负盈亏,专业经营健康保险业务;③专业职能部门,指在寿(产)险公司中相对独立的职能部门,专门经营健康保险业务;④附属的业务形式,指依附于寿(产)险公司的其他职能部门中,辅助销售健康保险业务,该业务形式主要为最近几年新成立的合资保险公司和股份保险公司(寿险),以及财产保险公司中的意外健康保险业务所采用。

健康险经营的四种主要组织形式是资本、劳动力和生产工具等要素资源不同配置的结果,组织形式的复杂程度和资源配置的复杂程度呈现出正相关的关系。同时,健康保险企业组织制度安排和要素配置的复杂程度,决定了其价值链的参与程度,也决定了价值的获取程度。同样,两者也呈现出正相关的关系。假定在要素约束确定的前提下,企业的组织形式追求要素配置最优、价值最大,从而达到企业制度均衡。根据这个原则和现实的企业制度安排,我们可以把健康险经营组织形式分为制度均衡和制度非均衡两种形式。

(二)制度均衡条件下的组织制度形式

专业的健康保险公司是独立的法人实体,具备完整的业务职能和利润最大化的目标导向。健康保险是核心业务,围绕这个核心业务,组织具备所有生产要素,可以统筹调配各种资源,进行最佳配置,发挥最大效用,通常可以达到协同效应和规模效应。在控制风险方面,除了采用传统的风险控制手段之外,还探索性地采用新型的风险控制手段,包括管理式医疗和健康管理,达到价值最大化,实现公司的利润目标。这种组织制度安排,使组织的资源配置、目标设定和价值创造达到了统一,获取最大化的价值盈余,具体包括下几个方面:第一是费差、利差价值;第二是风险控制盈亏价值,即通过传统的核保核赔及事前、事中、事后风险控制手段降低风险所带来的盈余;第三是管理服务盈余,这就大大地延伸了组织的价值链,获取了组织提供的金融服务所带来的附加价值贡献,这是其他组织制度安排所不具备的优势;第四是组织内部资源的合理配置,一方面减少了组织内部信息沟通成本,提高了组织工作效率,另一方面资源配置的协同效应可以得到充分的发挥;第五是开展业务的规模效应所带来的规模收益。因此,这种组织制度安排是价值最大化的盈利模式和企业制度安排。

(三)制度非均衡条件下的组织制度形式

1. 附属的业务组织形式

此种组织形式只具备单纯的业务销售职能,是最简单的要素组合与制度安排。通常是健康保险产品以附加险的形式附着在其他主险之下,主险可以是人寿保险、财产保险或其他意外险。销售范围通常局限在个人业务,作为公司主营业务的配合与补充,没有单独的核保、核赔人员和作业流程,也没有独立的计算机信息支持平台。在要素组合中只涉及单纯的销售职能,其他要素是与其他产品系列和组织共用。企业组织只局限于部分销售职能,组织参与价值链的程度最低,价值创造只取决于部分费差的获得。

2. 专业职能部门形式

此种组织形式具备业务销售与风险控制部分环节(核保、核赔)职能,以市场开拓和销售管理为主,兼顾部分"两核"工作和其他职能(如产品前期调研、部分医务管理职能)。销售的产品可以是附加险或是独立的主险,附加险通常是配合主险的销售,以一年期业务为主,起到带动主险增长的"敲门砖"作用,销售渠道与其他销售渠道共用,业务范围可以是个人、团体和中介业务,也可能是集中在其中的部分范围。在风险控制方面,主要是通过核保、核赔环节进行,有单独的专业人员和作业流程,也会涉及市场的调研和定点医院管理等部分职能,计算机信息系统通常与公司的主营业务系统共用。所以,在要素配置方面涉及销售代理人员、专业技术人员和专业作业流程,以及部分计算机信息系统。就价值链的参与程度,兼顾型组织制度安排,参与了价值中的费差创造、部分的风险控制盈亏价值创造(其中的核保核赔、产品开发的参与)。

3. 事业部或利润中心的组织制度形式

此种组织形式职能相对完备兼具财务目标导向型:具备相对独立完整的健康保险业务的销售、风险控制和产品精算的全过程,具备部分或全部计算机信息系统的支持平台;同时,以独立核算、自负盈亏的财务要求为目标。在这种制度安排下,组织有比较明确的发展战略和市场策略,可以在其职能范围内,运用各种资源支持健康保险业务的顺利开展。由于财务指标考评,组织尽可能最优化地配置资源,降低业务的交易成本,发挥要素的最大效用,特别是在风险控制全过程中,把风险的预测、防范、转移、化解等环节贯穿起来,达到降低风险、提高效益的目的。这种组织制度安排,由于最大限度地参与了健康保险业务的全过程,同时由于财务目标的约束,一方面使企业更多地关注风险控制的各个方面,把风险损失降到最低;另一方面尽可能最大化地参与到组织的价值链中,获取最大的价值创造,包括费差、风险控制盈亏和部分利差(资金使用权的转让费用)。

第二节　社会健康保险制度改革

一、概　　述

在当前的中国,社会健康保险制度实际上是基本医疗保险制度。而中国基本医疗保险制度改革面临两个基本前提。一方面,中国事实上正以一个发展中国家的经济水平维持着类似于发达国家的健康水平。2004年,我国人均GDP接近1200美元,但居民期望寿命和健康水平已经位居中等发达国家前列,接近世界发达国家水平,这几乎是一个奇迹。另一方面,中国将进入老龄化社会,医疗健康维持成本会十分高昂。人口老龄化是一个显著的社会标志,它将推动疾病图谱转变、医学模式转变和医疗卫生服务模式转变。与计划经济时代不同,在市场经济和高技术条件下,较高的健康水平需要一定的经济承受能力来支撑,并伴随着对医疗服务的高需求、医疗技术的高要求、医疗服务的高利用率和医疗消费的高费用。

因此,我国医疗卫生事业的发展既是一个奇迹,又存在潜在的矛盾且处于高风险位运行。如果不能解决矛盾,奇迹必难以维持。因此,必须设计一个有效的医疗服务与保险制度。自从1998年中国政府确定了在城镇建立基本医疗保险制度以来,经过近年的改革与推进,中国社会医疗保险制度在全国各地城镇(地区)、农村虽然已经基本建立起来,但是暴露出来的问题却越来越突出。

由于存在上述诸多缺陷,中国基本医疗保险制度面对社会经济环境的变化而不断做出的调控不仅缺乏效率,而且也失去其公正性,我们称为医疗保险制度改革的“低效率应变”。从中国基本医疗保险制度改革的目标及其不成功的根源分析来看,医疗保险制度改革与完善仅仅依赖自身是不行的,还必须在重塑基本医疗服务体系的基础上,强化制度设计与政府责任机制改革。

二、外部环境改善

(一) 完善社区卫生服务体系

尽快改革现有的社区医疗服务机构(此处也包括农村社区),建立以政府为主导、社区自治组织参与管理、卫生行政部门实施行业管理的社区卫生服务机构主任负责制,形成由政府购买公共卫生和预防保健服务,医疗保险机构购买基本医疗服务及社会购买延伸服务的新体系。新体系的特征是通过户籍制管理模式,以家庭健康档案为抓手,建立以“全科团队服务组”为核心的新型社区卫生服务模式。通过与居民签约的方式,社区卫生服务机构主要为居民提供基本医疗服务和预防、康复、保健、宣教、计划生育“六位一体”的卫生服务。

（二）设计激励相容制度

改变过去由政府财政投入和经营收入相结合的补偿机制，克服过度用药和过度检查的弊端。根据某地社区卫生服务改革的经验，对中心各类人员实施分类补偿，并逐步由后付制向预付制过渡。分类补偿的内容包括：全科团队服务组的劳务性收入用来补偿其成员及服务系统工作人员的劳务性成本（工资收入和社会保障"四金"的缴纳）及部分管理和服务的成本；药房工作人员的收入来自药品的利润，其标准按中心平均水平核计，与药品利润脱钩；检查工作人员的收入来自检查项目的利润，其标准按中心平均水平核计，与检查获得的利润脱钩。通过"药品费和检查费的剥离、以劳务补劳务"的原则改革补偿机制，在现行条件下使社区卫生服务中心、社区居民和医疗保险三方形成良好的运行和补偿机制。药品收益和医技收益单独核算，并与医生的收入完全脱钩，从机制上杜绝医生通过过度用药和过度检查获得利益的可能性。还有近来国家实施的药品零差率政策也基本达到了同样的目标。这样，医护人员获得的经济利益将依赖于其为社区居民患者提供的医疗卫生服务量（包括数量和质量）。将药剂人员和医技人员的收入剥离出来，分别由药品收益和医技收益支付，一方面在不突破医疗保险总额的情况下使医护人员收入增加成为可能，另一方面大大促进中心的"医药分离"，减少浪费，提高卫生资源利用的效率，并为"药、检收支两条线"的零结余运行模式奠定了基础。

（三）强化政府责任机制改革

关于基本医疗保险制度改革，政府的角色应主要定位于财政支持、行业监管和信息披露等方面。首先，应重新定位公共财政在医疗保险方面的功能。在当前公立非盈利性医院仍然占据主导地位的背景下，公共财政在医疗服务市场中的功能应定位在重点保障基本医疗服务需求上。在此基础上，还应当支持社区卫生服务中心建设，促进医疗卫生机构转制和加强人才培养和科学研究。其次，打破行政性垄断之后，政府要加强对医疗服务机构、药品流通及价格方面的监管，尤其是建立医药专营制度和医药信息披露制度。实行医药专营制度的目的在于打破医药不分的垄断体制，促使医药经营分开，以实现"医院出方、药店售药、参保人员直接购药"的国际通行模式。最后，强化医疗信息披露制度则有助于减少或消除医疗保险相关主体（如医保中心、医院、药品企业及患者等）之间的信息不对称问题，并进而遏制由此产生的道德风险和费用上升问题。信息披露的主要内容应包括医疗服务、药品价格及与医疗保险基金和被保险人利益密切相关的信息，如医疗组和医生的背景信息、医疗服务价格和明细清单、医疗用品及费用，各医院和药店主要药品的出厂、批发和零售价格信息等。

三、内部自身改革

（一）医疗保险支付方式改革

随着基本医疗保障制度的全面覆盖，对医疗费用的控制将会显得越来越重要，需方控制难以抑制医疗费用的过快增长，供方控制是国际管理的趋势，对供方的医疗保险支付方式是其中的一个关键环节。目前，在我国比较广泛实行的是按服务项目付费，属于后付费制度。在这种支付方式下，付费方在医疗服务行为发生后按实际费用进行补偿，难以有效控制费用，从国内外医疗保险的经验教训来看，按项目付费这种单一的支付方式是造成过去几十年医疗费用上涨过快的一个重要原因。各地医保支付方式的探索和改革，目标在于在保证医疗服务质量和控制医疗费用之间寻求一个平衡点，充分体现了付费方与服务提供方进行博弈的过程。各地医保部门在支付方式改革探索过程中普遍意识到，支付方式作为一种激励手段关系到整个医疗服务体系的良性运行，医保支付方式改革的目的应该超越过去医保控制费用保持基金平衡的单一行政目的，而是应通过支付方式的创新，发挥合理的支付方式手段对服务提供方的激励机制，改变不合理的医疗行为，规范引导医疗行为，提高服务质量和效率，促进医疗机构加强内涵建设和自我管理，推动内部运行机制改革。

我国实行医疗保险制度改革的时间较短，对社会医疗保险的认识程度不高，管理手段和管理措施还有许多不足，加之不同地区间发展差距较大，各地区在医疗保险制度改革探索中，尤其是在医疗保险费用支付方式上，很难找到一个全面、合理与统一的支付方式。在有些医保管理经验较丰富的省市，已经认识到医保支付方式的重要作用，根据当地实际情况，探索适合本地的支付方式，并不断调整完善，形成了各具特色的支付方式典型。例如，上海市的“总额预算管理”，江苏省镇江市的“总额预算、弹性结算、部分疾病按病种付费”，以及云南省禄丰县新型农村合作医疗实行的“门诊总额预付，住院单病种付费与床日付费相结合”，这些地区在支付方式改革方面的探索都取得了较好的效果。各地经验表明，医保支付方式改革的趋势是预付制与后付制相结合，实行混合支付制度。就一般情况而言，混合支付方式优于单一方式，大多数支付方式可以与其他方式配合，以消除某单一方式的负面效应而保留综合优势。

（二）医疗保险体系的碎片化问题应该逐步得到缓解

目前，我国已建立起覆盖城乡的基本医疗保障制度，但由于多轨运行、多头管理、资源分散等因素，城乡居民医保待遇目前差距较大、衔接困难，“碎片化”现象严重。根据不同人群社会身份设置的基本医疗保险项目应该减少，不同人群的基本医疗保险项目应该逐步并轨和统一。从全国范围来看，医保制度并轨任务进展仍然缓慢，何时完成改革至今尚无明确的时间表。2013 年 4 月，国务院《关于实施国务院机构改革和职能转变方案任务分工的通知》要求，2013 年 6 月底前完成整合城镇职工基本医疗保险、城镇居民基本医疗保险、新型农村合作医疗的职责等。然而，文件发布和限期已过去 1 年多时间，成效并不显著。

从各试点地区的做法来看，有三个经验可循：其一，城镇职工医保、城镇居民医保、新型农村合作医疗三保合一条件不够成熟，先探讨两保合一，即先将城镇居民医保和新型农村合作医疗进行整合；其二，经济欠发达地区亦可有所作为，如通过“一制多档”等制度设计，在政府不增加太多投入的情况下就可以使参保人员得到更多的自主选择权；其三，对于暂时不具备城乡统筹条件的地区，可探索通过大病救助、引入商业保险等方式提高参保人员，特别是农民的保障水平，缩小城乡差距。

（三）医疗保险跨区域协作机制应该逐步建立

基本医疗保险跨区域协作机制是未来一段时期基本医疗保险管理中需要重点解决的问题之一。这一问题的解决关系到劳动力的合理流动、参保人员的基本医疗保障权益乃至国民经济的协调发展。基本医疗保险在实现地级市统筹的基础上应逐步探索省级统筹的时间、步骤和方式，应该构建顺畅衔接的基本医疗保险跨区域协作的信息平台。2014 年 1 月 16 日消息，国家发改委会同中央机构编制委员会办公室（简称中央编办）、工业和信息化部、财政部、教育部、公安部、民政部、人力资源和社会保障部、国家卫生和计划生育委员会（简称国家卫生和计生委）、审计署、食品药品监督管理总局、国家标准化管理委员会（简称国家标准委）等发布了《关于加快实施信息惠民工程有关工作的通知》（以下简称《通知》）。《通知》要求，中国将建设跨地区医保费用中央和省级结算信息平台，制定跨地区医保联网结算标准规范，在全国范围实现公民的合规异地就医费用医保持卡即时结算。根据《通知》安排，中国先期将在 15 个省份 100 个地市开展跨省医保即时结算试点。届时，服务城乡居民将超 3 亿人，逐步建立跨地区医保即时结算模式和协作机制，实现跨地区一体化服务初见成效的目标。

第三节　商业健康保险与社会健康保险协作模式

一、中国当今主要模式

近年来,保险业按照《中共中央国务院关于深化医药卫生体制改革的意见》、《关于保险业深入贯彻医改意见积极参与多层次医疗保障体系建设的意见》等有关文件精神,积极发挥专业优势,积极稳妥参与基本医疗保障经办工作,服务国家医疗保障体系建设。无论通过何种模式合作,商业健康保险参与医疗保障体系建设,不仅能够提高民众健康保障水平,还能够提高医疗保障体系运行效率,促进医疗资源的合理配置和利用,也是保险业充分发挥经济补偿和社会风险管理功能、服务民生的重要业务领域。中国商业健康保险参与社会保障体系建设,经办各类医疗保障管理服务,主要有以下三种模式。

(一) 委托管理型

这种模式即政府委托商业保险公司对医疗保险基金进行管理和运作,基金运作产生的风险由政府承担,商业保险公司提供方案设计、咨询建议、委托基金管理、医疗服务调查、医疗费用审核、医疗费用报销支付、健康管理等服务,收取一定的管理费用,但不承担任何风险。在这种模式下,政府和保险公司之间实际上是一种委托代理关系,实质是政府购买保险公司的服务。该模式最早由太平洋人寿无锡分公司江阴支公司创办。2001 年 11 月,江阴市政府正式委托太平洋人寿无锡分公司江阴支公司为江阴市新型农村合作医疗提供经办管理服务。规定"征、办、管"相分离,创建了一套政府、保险公司与相关职能部门既分工明确,又密切配合的运作机制。江阴市政府负责制定农村医疗保险政策、制度和保障方案,实行三方筹资,由政府负责保费征缴,委托太保公司进行专业管理,政府卫生行政管理部门和审计部门负责对保费征缴、专业管理、医疗服务、基金运行等全过程进行监督。该模式后来为中国人寿深化发展,由此逐渐形成了"政府组织引导,职能部门监督管理,保险公司承办业务,定点医疗机构提供服务"的管办分离的运行机制,取得了参合农民满意、政府满意、参与保险公司满意的效果。

(二) 保险合同型

这种模式即以居民自愿缴纳的保费及政府的财政补贴作为保费,向保险公司投保,与保险公司订立保险合同,保险公司按照合同约定提供基金管理、理赔服务,并承担基金运作的全部风险。在这种模式下,被保险人是参保居民,投保人是政府,承保人是商业保险公司,各方权利义务由保险合同来约定。所谓"湛江模式",是指 2007 年以来,广东省湛江市委、市政府转变行政理念,引入人保健康深度参与医疗保障体系建设,形成的以"政府主导、合署办公、专业运作、便捷服务"为基本特征的社会医疗保障体系管理运行模式。该模式不仅实现了政府、社保机构与专业健康保险公司的优势互补,同时也形成了参保群众保障提高、政府机构负担降低、医疗资源充分利用、保险公司业务发展多方共赢的局面。

(三) 混合型

这种模式即是在保险合同型的基础上,政府承担确保参保人数、一个有限的基金盈亏区间等责任,保险公司则在一定的盈亏区间内,承担风险或盈利,超出盈亏区间,风险由政府承担,盈利也归入医疗保险基金内。在这种模式下,政府与商业保险公司的合作更加紧密。该模式也称"共保联办",典型代表为"平谷模式"。所谓"共保",是指政府与保险公司共同承担社会基本医疗保险责任,保险公司在相应的保险责任内自负盈亏；所谓“联办”，是指政府与保险公司共同管理基本医疗服务，双方人员相互配合，联合办公，建立统一的管理机制，共同完善制度，管控风险，提供全流程经办服务。

二、国际经验借鉴

（一）美国

美国实行的是以商业健康保险为国家医疗保障主体的制度，政府主办的各种医疗保障项目，由美国卫生部下的联邦政府医疗照顾和医疗救助服务中心（CMS）统一监管，其经费来源主要是工资税、财政拨款等，主要为一些特殊群体提供医疗保障服务，包括低收入人群的医疗救济计划（medicaid）、老年人医疗照顾计划（medicare）、军人及家属医疗服务等，覆盖人数不足美国人口的30%，大多数美国人通过商业健康保险获得医疗保障。

1. 政府积极引入保险公司参与政府医疗保障项目经营

为了抑制医疗费用上涨，提高政府医疗保障制度的运行效率和效益，鼓励和支持商业保险公司参与政府医疗保障制度的运营管理服务，一是鼓励商业保险公司为政府保障计划提供管理式医疗服务、理赔审核、信息咨询、结算方式创新及代支代付等专业化经办服务，不承担基金运行风险，按照约定收取一定管理费用；二是支持商业保险公司与政府合作，共同经营政府医疗保障计划。保险公司按照监管规定设计医疗保障计划，除包含政府规定的保障内容外，也可以增加牙科、视力、疾病管理（护士服务、预约）等特色保障项目，受益人自愿选择参加并需额外负担不同保费。政府根据保障计划按人头支付费用，保险公司自负盈亏，自行承担经营和管理风险。

2. 专业健康保险公司逐渐成为商业健康保险市场的主体

在美国商业健康保险发展初期，市场经营主体众多，既有综合型保险公司，也有专业健康保险公司。但随着商业健康保险的长期持续快速增长，一方面，受人口老龄化、医学技术发展等因素的影响，加之健康保险经营技术复杂、市场门槛很高、医疗费用增长刚性等特点，导致许多综合型保险公司将健康保险业务逐渐与寿险、年金等业务分离，转型为专业的健康保险公司，走上专业化发展之路；另一方面，专业健康保险公司在参与经办政府医疗保障计划的过程中，凭借自身的专业优势，在帮助美国政府提高了医疗保障运行的效率、减缓了医疗费用增速、丰富了参保人可选择服务内容的同时，实现了商业健康保险规模效益的良性发展，越来越在商业健康保险市场扮演重要角色，逐渐形成专业健康保险公司垄断发展的趋势。

3. 商业健康保险经营模式以管理式医疗为主

管理式医疗提出了将医疗服务的提供与资金的供给结合起来的理念，确保在降低服务费用的同时保证医疗服务的质量。管理式医疗主要通过采用总额预付制、按人头支付和按疾病诊断相关分组支付等预付制，在医疗费用发生之前，保险方将医疗费用预先支付给医疗服务提供方，鼓励医疗服务提供方主动干预医疗行为，对费用发生的过程实施主动、积极的干预，更好地控制医疗资源的利用，并且对医疗服务直接监督，最终达到降低费用支出的目的。管理式医疗的优势主要体现在医院会主动降低服务、管理和运营成本，提高资源利用效率，使复杂的医疗支付标准化，费用控制效果好。同时，改变了医疗保险作为第三方的被动局面，把经营的重点引导到“预防为主”上，一定程度上可降低发病率。但管理式医疗对精算技术要求高，同时也增加了管理成本。

（二）德国

德国是典型的社会保险模式，社会法定医疗保险是主体，商业健康保险只处于补充位置，只有工资收入超过法定工资线的居民才能选择商业健康保险，仅覆盖了约10%的德国居民。

1. 政府严格明确的法定医疗保险界限,促进了商业健康保险市场的高度成熟

德国通过严密的健康保险法律框架,对商业健康保险和法定医疗保险的保障人群、保障范围等进行了明确的法律规定,使商业健康保险和法定医疗保险有着明晰的界限,确保了商业健康保险在国家医疗保障体系中重要的补充地位。例如,德国《社会保险法》中明确规定了税前年收入低于49 950欧元的人必须参加法定医疗保险;而税前年收入超过这个标准的人就不被强制参加法定医疗保险,可以在法定医疗保险机构或商业健康保险公司之间进行选择。但一旦选择投保商业健康保险公司的保险,就不得随意退出而转入法定医疗保险机构参加法定医疗保险,而参加了法定医疗保险的人可以自行决定是否改为参加商业医疗保险。在德国,约 10% 的人口投保了商业健康保险;近 90% 的人口投保了法定医疗保险,其中约有 10% 的人口既投保了法定医疗保险又投保了商业健康保险。

2. 政府严格的分业监管,促进了商业健康保险的专业化发展

德国通过对健康保险实行分业监管,寿险、财险、健康保险分业经营,即寿险、财险不得经营健康保险,健康保险不得经营寿险、财险。严格的分业监管,使商业健康保险经营主体专心致志地发展健康保险,在产品开发、核算定价、运营管理、信息系统、数据统计分析、经营流程、客户服务和管理、医院管理等方面,发展了极其系统而又精细的理论和技术,积累了丰富的经验,促进了德国商业健康保险的良好发展。

3. 健康保险公司积极参与医疗保障体系建设,深度耕耘健康产业

健康保险公司,深入研究政府政策,在法定医疗保险的基础上,充分拓展医疗保障体系中的健康保险市场,从各个环节进行健康保险价值创造,开发健康保险新的商业需求,打造健康产业价值链。通过提供深入的新的健康保险服务,例如,在门诊领域提供高质量的医疗救治、提供以人为本的护理服务、为老年人提供可居住的深度护理、专门进行慢性病的管理和控制等,为参保人提供良好的预防、护理、治疗等服务,获得参保人的持续投保和消费者的信赖。

(三)澳大利亚

澳大利亚的商业健康保险作为全民卫生服务体系的重要组成部分,在健康保障体系中扮演了非常重要的角色,覆盖人群比例达44%。澳大利亚商业健康保险的持续、健康发展,很大程度上得益于该国逐渐趋于良好的政策环境,特别是 20 世纪 80 年代以来推行的各项监管和支持政策。

1. 健全的法律体系清晰地界定了商业健康保险的经营范围

澳大利亚政府非常重视通过立法来界定不同医疗服务提供者或医疗保障提供者的经营行为,针对商业健康保险行业的经营行为要求非常严格,涉及商业健康保险的法律法、规近 20 部,如《1953 年国民健康法》、《1973 年健康保险法》、《1986 全民健康保险税收豁免法》、《1995 人寿保险法》、《1998 私人健康保险激励法》、《1998 年私人健康保险税收修正法案》、《2007 年私人健康保险法》等。其中《2007 私人健康保险法》是目前澳大利亚私人健康保险管理委员会(Private Health Insurance Administration Council, PHIAC)对私人健康保险行业进行管理和监督的专门法规,自颁布以来,已经进行了 4 次修订,最近一次修订完成于 2009 年 7 月 15 日。该法旨在监管和确保私人健康保险行业的合法经营、维护被保险人的合法权益及促进私人健康保险行业的发展。因此,从内容上来看,不仅对私人健康保险行业的经营行为和 PHIAC 的监管机制等进行了细致严格的规定,还囊括了刺激消费者购买私人健康保险的激励机制;既继续保护了消费者利益,还真正降低了私人健康保险行业的法律负担。

2. 独立的监管部门确保了商业健康保险市场的有序竞争

澳大利亚 PHIAC 是监督管理商业健康保险市场的独立法定管理部门,在培育效率与竞争兼顾的健康保险行业、保护消费者权益及确保商业健康保险安全稳健经营之间达到一种完美的平衡。一方面,PHIAC 要针对商业健康保险公司的财政经营提供及时、准确、有价值的信息和建议,具体包括收集能评估行业、消费者及政府相关政策的信息、对保险公司提交的费率变动申请进行审议、及时处理行业危机、管理风险平衡信托基金,保证风险在商业健康保险基金间的公平分配等,以确保商业健康保险公司持续健康发展,另一方面,PHIAC 要及时向联邦政府、行业及消费者报告保险公司的保险覆盖人群、赔付情况、风险平衡情况、医疗费用缺口弥补情况等财务和相关经营行为。同时,为防止市场的过度开发,PHIAC 鼓励商业健康保险机构针对不同目标市场进行有序竞争,以避免恶性价格竞争对客户资源的破坏。

3. 允许商业健康保险公司经办法定医疗保险为商业健康保险发展提供了动力

为抵消政府推行法定医疗保险给商业健康保险造成的保费大幅下降、客户大量流失等巨大冲击,澳大利亚政府推出了多项鼓励私人健康保险市场发展的政策。一是通过市场化运作模式将法定医疗保险交由商业健康保险机构经营,保护商业健康保险的发展空间,充分发挥商业健康保险的专业技术优势,使商业健康保险与法定医疗保险形成一种综合的医疗保障机制和财政供给制度,对控制医疗费用快速增长形成合力。二是鼓励参加法定医疗保险的人群购买私人健康保险。例如,对其购买保险的人群,不受收入限制,均可享受至少 30% 的保费补贴,65~69 岁的客户可享受 35% 的保费补贴,70 岁以上客户的保费补贴比例高达 40%;政府针对未购买私人健康保险的高收入人群惩罚性地征收医疗附加税,力求稳定并扩大已有的私人健康保险市场份额。

(四) 典型国家医疗卫生费用融资的构成

商业健康保险可以满足消费者多样化和高程度的保障需求。消费者对保险的需求通常取决于其风险状况、风险态度、收入、家庭结构等因素。而社会医疗保险由于其强制性和普及性,一般采取统一标准缴费和给付,政府相关补贴也不例外。因此,国家应鼓励商业健康保险充分发挥在保障程度上的补充功能和保障范围上的替代功能,从而构造完整的、多层次的医疗保障体系。发达国家的经验表明,即使是社会保险福利水平很高的国家,商业健康保险的作用也不容忽视(表 14-1)。以德国为例, 20 世纪 80 年代以来,政府鼓励高收入阶层通过购买企业团体或个人商业健康保险的方式,部分或全部替代社会医疗保险的缴费义务和保障利益,使国家对社会医疗保险的财政扶持能更有效地发挥在中低收入阶层,切实履行社会保险的收入再分配功能。2005 年,德国的商业健康保险在医疗费用融资中的比例已接近 10%,有 24.3% 的民众购买了各种形式的商业健康保险。

表 14-1 典型国家医疗卫生费用融资的构成(2005)

国家	医疗总费用占 GDP 比例(%)	人均医疗费用开支(美元)	人均实际医疗费用增长率 1995~2005 年(%)	医疗卫生费用融资比例(%)			商业保险参保人口比例(%)
				公费医疗和社会保险	商业保险	自费	
荷兰	9.2	3.094	3.0	66	20	8	92.8
加拿大	9.8	3.326	3.2	70	12	15	66.0
德国	10.7	3.287	1.8	77	9	13	24.3
日本	8.0	2.358	2.6	82	1	17	16.8
经合组织国家(OECD)简单加权平均	9.0	2.759	4.0	73	5	20	-

数据来源:OECD Health Data 2007 edition

（五）对中国的启示

从以上国际经验来看，虽然由于各国医疗保险制度的差异而引起商业健康保险在医疗保障体制中的作用各有不同，但各国普遍重视商业健康保险的发展。一方面通过积极引入商业保险公司，发挥市场机制在医疗保障管理服务方面的积极作用，为实现某些政策目标的工具；另一方面，通过在维持国民医保基本制度架构不变的前提下，政府通过直接补贴、税务优惠等多种方式推进商业健康保险业的发展，成为医疗保障体系的重要补充。对中国改革的启示主要有以下几方面。

1. 充分认识商业健康保险在医疗保障体系中的作用，并为之提供更大的发展空间

国外医疗保障体制改革的基本方向是强化个人责任和市场功能，更多地利用市场机制改善社保体系，提高资金使用效率和国民的福利。各国采用的主要方式是按照专业化、市场化、社会化的思路，积极探索将政府医疗保障经办管理的全部或部分业务委托专业性的商业保险公司承办，采取商业管理的理论、方法和技术，引入市场竞争机制，改善医疗保障管理的治理结构，努力解决公共医疗保障管理机构动力不足的问题，提高管理水平和服务质量。对于发展中国家而言，商业健康保险的发展具有特殊意义。在发展中国家，政府财力有限，社会保障的首要目的是以社会公平为导向建立全民保障。发展商业健康保险，能够更好地满足高收入人群的保障需求，有利于政府集中有限的资源为相对弱势群体提供更充分的保障，以更好地实现社会目标。

2. 通过政策支持保险公司，特别是专业健康保险公司更好更快地发展商业健康保险

由于商业健康保险是投保人自愿的行为，政府优惠政策对于引导消费者的投保意向影响极大。国际经验证明，在商业健康保险的发展初期，政府都给予一定的政策支持和鼓励。一是出台健康保险购买的税收优惠政策。企业或个人购买商业健康保险可以享受一定的税收优惠；二是对经营商业健康保险的公司，特别是专业健康保险公司，营业税和所得税给予一定的减免；三是支持保险公司投资医疗机构的政策，鼓励保险公司通过资本纽带，与医疗机构建立“风险共担，利益共享”机制，提升专业化经营管理水平。

3. 改善管理和监管，协调好商业保险和社保两种运行体制的关系

一是从改进保险服务、提高资金效率、促进有效竞争的角度出发，限制社会保险体系无限制地扩张，鼓励商业保险公司发挥更大的作用，政府主要行使监督的职责。二是积极引入商业保险在社会保险领域的竞争机制，使社会保险市场更具灵活性并确保市场竞争的公平，以促进整个社会保险系统效率的提升。三是健康保险业务管理复杂，风险大，受医疗卫生环境的影响大，需要专业化的风险管控技术和手段，要实行业务专属经营和单独监管。在初期，可以考虑将基本医疗保险及补充业务委托专业健康保险公司经办和单独监管，确保医疗保障基金的安全、管理使用效率，规范经营行为，推进医疗保障体制的改革发展，促进商业健康保险行业的可持续健康发展，借助社会保险，尽快做大做专做强商业健康保险，使之真正成为全民健康保障体系中的重要组成部分。四是需要特别强调有效监管的重要性，避免过度竞争或者不规范竞争，维护市场秩序。注重要加强消费者的教育和保护，防范监管机构被“俘获”的危险，避免政府目标的偏离。

4. 建设健康保险专业人才队伍

商业健康保险是一项专业技术强、管理难度大的业务，迫切需要一支高素质的人才队伍，如医学技术、精算、核保核赔、健康管理等方面的专业人才。而社会健康保险和商业健康保险融合互补业务的开办和未来发展更需要综合性的专业人才。

第四节　健康保险发展趋势

一、完善的健康保险产品体系

开发适合群众需要的健康保险产品，关系到保险公司能否在健康保险体系中发挥其应有的作用及发挥作用的程度。随着经营经验的积累和外部条件的逐渐成熟，保险公司将逐步开发在保单中增加保证续保的条款等，并积极探讨长期护理保险、失能收入损失保险、全球医疗保险等险种的供给，使健康保险的责任不仅包括对被保险人医疗费用损失方面的经济补偿，还要包括被保险人因疾病或伤残而不能工作引起的收入损失的经济补偿及生活不能自理时所需要护理的经济补偿。

在产品形式上，也将体现多样化原则。例如，传统的费用补偿型保险一般为一年期的短期险种，具有低保额、高保障的特点，能满足公众的日常医疗需要。但保险公司一般都对一年期的健康险制定了投保年龄上限，并且会对投保人的续保请求进行严格的审查，使得消费者的持续性需求无法获得满足。而一些创新型的终身医疗保障计划，突破投保年龄上限和社保赔付范围的限制，且没有续保风险，则能够为这一部分消费者提供健康保障。多种类、多形式的保险产品有助于满足各个层次消费者的健康保障需求，也是扩大健康保险覆盖面的重要途径。

二、专业化的经营模式

首先，专业化经营的组织架构将得以实现。专业化经营的组织架构有多种形式，可以是专业健康保险公司，也可以是集团下的专业子公司，还可以是公司内的一个业务管理系列。事实上，各种经营模式都各有其优势和不足，没有适合所有保险公司的标准模式。我国的寿险公司具有较为丰富的健康险经营经验，同时拥有庞大的营销网络，因此，仍然是健康保险的重要供给方。而专业健康险公司则更能够在满足客户多样化和个性化保险需求上发挥专业优势，同时较多的健康管理经验有助于建立更加完善的服务体系。保险公司应根据其规模、发展目标、市场定位和战略，选择适合自己的组织架构和经营模式。此外，我国各地区之间发展不平衡，也应该鼓励市场的多样性，关键在于赋予所选择的组织形式充分的技术开发、业务管理、产品开发等的权限和职能，彻底改变健康保险业务的被动局面。

其次，专业管理体系将得到进一步完善。这包括建立专门的核保和核赔体系，加强内控制度和系统性风险管理体系的建设；注重积累精算数据，加强精算评估，科学厘定产品费率，建立专业的精算体系；通过自主开发或引进信息管理系统，建立和完善与健康保险业务相适应的信息管理系统，特别是完善健康保险的核保、核赔管理系统和数据统计分析系统，满足业务发展和服务的需要。

三、更加深入的健康管理

从本质上讲，健康管理是保险公司通过与医疗机构建立各种沟通合作机制来实现有效的风险管理和服务管理。医疗机构与保险公司的合作很早就存在，最常见的模式是在医疗理赔上进行合作，即保险公司指定当地几家医疗机构作为定点医疗机构，负责被保险人的体检、疾病确诊及治疗事宜，是一种松散的联系。而现行的健康管理在一定程度上深化了保险公司与医院的关系，使被保险人接受服务时能够获得健康指导和诊疗干预，包括健康咨询、健康维护（包括体检）、诊疗干预、诊疗管理和就诊服务等。但从总体来看，我国的“健康管理”仍主要集中在提供不同类型的健康管理服务计划，而较少与医疗服务机构建立实质性的财务关系，对健康风险进行量上的控制。

未来保险公司将进一步加强预防保健和健康教育及被保险人生存期间的健康管理，同时致力于研究和推动与医院之间的费用直接结算机制，探索投资、参股医疗服务机构的实现途径和操作方案，开展管理式医疗试点工作，最终建立与医疗卫生机构风险共担、利益共享的合作机制。《国务院关于保险业改革发展的若干意见》提出支持相关保险机构投资医疗机构，为保险机构与医疗机构之间的合作扫除了政策性障碍。

四、商业保险与社会保险的密切融合

一个国家商业健康保险的经营和发展与该国的医疗保障制度密切相关，尽管一国公共医疗保障制度对商业健康保险会产生一定的“挤出”，但社会保险与商业保险在本质上是一个利益整体，在共同构成健康保障体系的过程中存在相互促进的互补效应。实践表明，即使在公共医疗保障制度保障水平较高的国家和地区，也仍存在商业健康保险的发展空间，而在我国社会保障制度转型、健康保障水平较低的情况下，商业保险参与到健康保障体系建设中来尤其显得意义重大。

人保健康在与社会保险结合方面步伐较快。它参与了新型农村合作医疗领域的“新农村建设安康工程”，为城镇低保人群、青少年、外来务工人员等提供健康保险服务的“社会弱势群体关爱工程”，与社保机构合作、共同构建多层次医疗保障体系的“政府社保福佑工程”，将原先政府承担的高额医疗费用保险纳入商业化管理和服务运作中等。成功的经验表明，选择理想的合作模式、明确各方所需承担的职能和职责，可以使商业健康险与社会医疗保险实现高效协作，促成多层次健康保障体系的快速建立。

从长期来看，医疗市场上必然可以实现市场的归市场，政府的归政府，有效的医疗服务竞争环境及有效的价格体制将会形成，这将会逐渐减少由市场不完善性给社会带来的净效应损失。与此同时，随着医疗保健服务市场的完善，健康保险市场也将显现出更为清晰、更为科学的发展前景。

1. 试述商业健康保险和社会健康保险的发展趋势。
2. 商业健康保险与社会健康保险之间如何进行有效协作？

【案例分析】

湛江模式：医保基金中提取15%购买商业保险服务

湛江模式的特色是由政府促成社保部门、定点医院和保险公司之间新的合作机制，引导社保部门和保险公司积极探索补充医保的合理费率水平，推动医保改革实现可持续发展。湛江模式在缴费、管理、监控等方面做出了创新。中央充分肯定“湛江模式”在转变政府职能、借助第三方的专业优势、效率优势、创新公共服务提供方式等方面的价值和意义，无疑会引导社会各界更加注重从制度、机制层面研究保险业在服务新医改中的积极作用，为推广“湛江模式”争取更大的政策支持。“湛江模式”创新具体如下：

1.“城镇+农村”，惠及城乡居民

2007年9月，人保健康充分发挥在精算管理、风险管理和理赔管理等方面的专业优势，在湛江配合当地政府推进城乡居民医保一体化改革。2009年1月实现新农合和城镇居民医疗保险并轨运行，建立城乡居民统一参保的全民医保体系。人保健康同时参与了湛江城镇和农村社会医疗保障体系建设，具体包括“城乡居民基本医疗大额补助保险”、“城镇职工医疗大病救助保险”、“公务员基本医疗统筹补充医疗保险”等。据了解，截止2009年11月，人保健康经办的医保项目覆盖湛江全市11个县市区，累计承担医疗保障责任2500多亿元，承保人数644万人，占全市人口的85%以上。

2. 管理+经营”，放大保障效应

首先，将原城乡居民基本医疗保险个人缴费部分的85%继续用于基本医疗保险支出，将其余15%提取用于购买人保健康的大额医疗补助保险服务。在政府财政支出和个人缴费标准不变的情况下，根据缴费档次的不同（城乡居民以户为单位按年度参保缴纳基本医疗保险费，每户可选择每人每年20元或50元两种缴费标准缴纳），湛江城乡居民的保额限额由原来的1.5万元分别提高了3.5万元和6.5万元。

其次，人保健康为“城镇职工基本医疗保险”、“城乡居民基本医疗保险”提供无偿管理服务，为参保人提供建立专业医疗档案、开展医疗保健知识讲座、提供全国性合作合作医疗服务网络等多元化健康管理服务。

3.“基本+补充”，降低运行成本

人保健康同时参与基本医疗和补充医疗管理服务，建立起以基本医疗为主、大额补助为辅的全面医疗保障体系。在湛江市各级社保部门的办公大厅，均可看见人保健康设立的服务窗口，由人保健康向参保人员提供基金征缴、凭证审核、费用报销等项服务。由湛江市社保基金管理局设立的12333医保咨询热线，有6名工作人员来自人保健康，负责向保户提供医保政策咨询服务。

另外，人保健康和社保部门共同开发医保管理信息系统，共享费用结算信息，共同完善医疗服务质量评价制度，共同加强定点医院管理，建立“统一政策、统一核算、统一管理”的运作模式，基本医疗和补充医疗业务均可一站完成。

4.“信息+资金”，提高管理水平

人保健康与定点医院签订合作协议，明确各自权力、义务和处罚规定。在一个社保年度结束前，人保健康会配合当地社保部门共同对定点医院医疗服务质量进行审核评价，通过定点医院的评价选择机制，强化对医疗服务的约束和监督，确保参保人员得到合理、有效的治疗。

此外，湛江市112家医保定点医院和人保健康医保专员组建医疗巡查队伍，通过信息管理系统，对参保患者从入院到出院进行全称监控服务，确保医疗信息及时传递到保险公司，若发现挂床住院现象，人保健康有权拒绝向医院支付相关费用。

人保健康和社保部门对定点医院采取“总量控制、按月预付、年终结算”的先预付后审核结算方式，每月按实际应付款总额的80%预付给定点医院，10%左右作为年终结算资金，10%作为审核资金，待赔付案件审核完毕后，根据审核结果多退少补，这样，参保人员在出院结算时，只需向医院支付本人承担的医院费用即可出院，简化了理赔手续，避免了之前凭就医凭证层层审批、多次往返报销的问题，极大便利了参保人员看病就医。

（资料来源：聂蓉.2010.解读“湛江模式”.中外企业文化：保险文化，(5)：38-39）

【问题】

“湛江模式”属于商业健康保险与社会健康保险协作的哪一种模式？如何进一步完善？

【提示】

保险合同型。

（周尚成）

参考文献

鲍勇,吴克明,顾沈兵.2013.家庭健康管理学.上海:上海交通大学出版社.
布莱克,斯基博.2003.人寿与健康保险.第13版.孙祁祥,郑伟,等 译.北京:经济科学出版社.
曹晓兰.2012.健康保险.北京:中国人民大学出版社.
陈滔.2011.健康保险.北京:中国财政经济出版社.
郭清.2014.中国健康服务业发展报告(2013).北京:人民卫生出版社.
韩雪.2009.保险客户服务与管理.北京:中国金融出版社.
黄占辉,王汉亮.2006.健康保险学.北京:北京大学出版社.
贾洪波.2013.中国基本医疗保险制度改革关键问题研究.北京:北京大学出版社.
李先国,曹献存.2011.客户服务实务.第2版.北京:清华大学出版社.
李玉泉.2012.中国健康保险市场发展研究报制(2010).北京:中国经济出版社.
刘金章,王晓珊.2013.保险营销理论与实务.北京:北京交通大学出版社.
舍曼·富兰德,等.2004.卫生经济学.王健,孟庆跃译.北京:中国人民大学出版社.
孙祁祥,郑伟.2010.商业健康保险与中国医改——理论探讨、国际借鉴与战略构想.北京:经济科学出版社.
孙祁祥.2013.保险学.北京:北京大学出版社.
陶存文.2010.保险百年.北京:中国财政经济出版社.
陶阳,刘子操.2001.健康保险.北京:中国金融出版社.
威廉·考克汉姆.2014.医疗与社会.高永平,杨渤彦 译.北京:中国人民大学出版社.
袁辉.2010.健康保险制度创新研究.北京:中国社会科学出版社.
张晓.2004.商业健康保险.北京:中国劳动社会保障出版社.
周绿林,李绍华.2013.医疗保险学.第2版.北京:科学出版社.
Huggins K, Land R D. 1999. Operations of Life and Health Inurance Companise. 2nd Edition. U S A: Life Office Management Association. Mangaement Institute.

常用英汉词汇

按病种或诊断相关分组付费	diagnosis related groups，DRGs
澳大利亚私人健康保险管理委员会	Private Health Insurance Administration Council，PHIAC
保险标的	insured object/insurance object
保险代理人	insurance agent
保险费率	premium rate
保险利益/可保利益	insurable interest
保险人	insurer
被保险人	insured
不可抗辩条款	incontestable provision
产品生命周期	product life cycle
长期护理保险	long-term care insurance
偿付能力	solvency
偿付能力监管	solvency regulation
除外条款	exclusion provision
道德风险	moral hazard
低收人人群医疗救济计划	medicaid
第三方管理机构	third party administrators
定价策略	pricing Sstrategies
费用分担	cost — sharing
风险控制	risk control
服务质量	service quality
复效条款	reinstatement provision
个人健康保险合同	personal health insurance contract
共同保险	coinsurance
国际疾病分类	international classification of disease，ICD
核保	underwriting
基金总体均衡	collective equivalence
健康	health
健康保险	health insurance
健康保险合同	health insurance contract
健康保险监管	health insurance regulation
健康保险理赔	health insurance claim
健康风险	health risk factors
健康管理	health management
客户关系管理	customer relationship management
客户满意度	customer satisfaction，CS
宽限期条款	grace period provision
老年人医疗照顾计划	medicare
免赔额条款	deductible provision
逆向选择	adverse selection
年龄误告条款	misstatement provision
赔偿限额	limit of indemnity
人身险行业客户满意度指数	insurance customer satisfaction index，ICSI

生存调查	survival survey
失能收入损失保险	disability income insurance
事后道德风险	ex-post moral hazard
事前道德风险	ex-ante moral hazard
受益人	beneficiary
投保人	applicant
团体健康保险合同	group health insurance contract
完全积累模式	fully funded
现收现付模式	pay-as-you-go
循证医学	evidence-based medicine
医疗费用保险	medical expense insurance
隐私保护	privacy protection
再保险	reinsurance
责任准备金	reserve
重大疾病保险	critical illness insurance